# 임상심리학

조옥귀 · 문지혜

창지사

# 머리말

임상심리학이라는 학문이 등장한 이래로 임상심리학의 정의는 계속 변화되면서 확장되고 발전되었다. 임상심리학의 초창기에는 평가와 진단에 초점을 맞추었으나 지금은 다양한 중재(개입) 및 치료, 예방 서비스까지도 다루고 있다. 이를 반영하듯 임상심리학자는 연구, 자문, 중재 및 예방프로그램 개발, 프로그램 평가, 정신건강전문가에 대한 지도, 건강관리 서비스 등의 시행 등과 같은 다양한 영역에서 활동하고 있다. 임상심리학은 심리학의 다른 분야에서와 같이 과학적 연구, 증거기반의 평가 및 중재(개입)를 지향하고 있다. 이 책에서는 임상심리학의 이러한 특징들을 담고자 노력하였다.

이 책을 저술하면서 저자들은 두 가지 방향을 정했다. 첫째, 제1 저자가 삼십 년 넘게 강의한 경험과 내용을 원고에 담고자 하였다. 둘째, 임상심리학을 수강하는 학생들의 이전 심리학 전공 교과과정 구성을 고려하여 책의 내용을 정하였다. 사실, 임상심리학 강의는 심리검사와 평가, 상담심리학, 심리통계(연구방법), 생리 또는 신경심리학, 이상심리학 등의 강의를 수강한 후 접하게 될 가능성이 높다. 그렇기에 대부분의 임상심리학에서 담고 있는 상당수의 내용을 학생들은 이미 접했을 수 있다. 그래서 책의 구성에서 기초 내용들은 간단히 소개하는 정도로 제시하였다.

이렇게 하여 이 교재는 한 학기용으로 책의 전체 장을 다룰 수 있게 장을 구성할 수 있게 되었다. 이 책의 장은 총 열 개의 장들로 편성되었고 각 장의 내용도 학부 학생들이 소화할 수 있는 정도로 제시할 수 있게 되었다. 각 장의 구체적 내용을 소개하면 다음과 같다.

1장은 임상심리학 소개와 역사, 2장은 연구법, 3장은 정신장애 진단, 4장에서 7장까지는 면접을 비롯한 지능 및 성격 측정도구, 8장과 9장은 개입과 행동치료 및 인지행동치료, 마지막 10장은 임상심리학의 세부 영역을 다루었다.

저자들은 학생들이 이 책을 통해 임상심리학의 개념과 범위를 진반적으로 이해하여 임상심리학을 공부하는 방향을 효율적으로 찾을 수 있게 되리라는 기대를 갖고 있다.

마지막으로 이 책을 완성하는 데 힘이 되어준 가족과 동료, 경남대학교 교육대학원 상담심리전공 학생들, 대학원 임상 및 상담 전공의 학생들, 심리학과 학부생들에게 감사와 사랑을 전한다.

2024년 봄에서 여름으로 가는 길목에서

저자 일동

# 차례

## 2장 임상심리학의 연구방법



## 3장 정신장애의 진단과 분류



## 4장 평가면접

## 5장 심리측정과 지능평가



## 6장 성격평가

## 7장 심리평가 : 통합과 고려사항



## 8장 심리치료 : 개관

## 9장 행동치료와 인지행동치료



## 10장 임상심리학의 전문 영역

# 제 1 장

# 임상심리학이란 무엇인가

1 임상심리학의 본질과 범위
2 임상심리학자의 활동
3 임상심리학자의 고용 장면
4 임상심리학자의 교육과 훈련모델
5 임상심리학에서 증거 기반 실제
6 정신건강 관련 전문 분야
7 임상심리학의 간략 역사

임상심리학은 1896년 위트머가 미국 펜실베니아대학교에 심리진료소를 개설하면서 시작되었으며, “임상심리학”이라는 용어는 위트머가 1907년에 창간한 심리진료소의 기관지 The Psychological Clinic에 발표한 논문에 처음으로 등장하였다. 심리학이 행동을 연구하는 과학이라면 임상심리학은 특정한 개인, 구체적으로는 개인의 정서 · 인지 · 행동장애 때문에 혹은 특정한 이유 없이 사회생활이 어렵거나 고통을 느끼는 사람을 대상으로 하는 과학이다. 임상심리학자는 이들의 원인을 파악한 후 심리 상태를 진단하고 치료해서 내담자로 하여금 효율적인 사회생활을 할 수 있도록 돕고, 조언하며, 서비스하는 역할을 한다. 임상심리학은 정신장애에 대한 평가, 치료 및 연구에 초점을 두고 있다. 임상심리학은 과학에 기초를 두고 있지만 임상가의 직관적 판단력도 필요로 한다. 과학적 연구에서 얻은 결과는 개인, 집단 또는 조직의 독특하고 특수한 요구에 적용된다. 두 사람이 똑같은 진단명이나 문제로 진단된다고 하더라도 한 사람에게 효과적이었던 치료법이 다른 사람에게는 그렇지 않을 수도 있다.

현대 임상심리학은 인간 행동의 문제를 이해하고 다루기 위해 통합적인 접근법을 활용한다. 개별 관점은 인간 행동의 복합적인 면을 이해하는 데 중요한 단편적 정보를 제공하지만, 가장 완전하고 전체적인 관점을 제공하기 위해서는 다양한 자료가 새로운 방식으로 결합되어야 할 것이다. 이 장에서는 임상심리학의 본질을 이해하기 위해 임상심리학의 정의, 임상심리학자의 역할, 고용 장면, 교육과 훈련 모델, 그리고 정신건강 관련 분야와 증거 기반 실제, 임상심리학의 간략 역사를 알아본다.

## 1. 임상심리학의 본질과 범위

21세기에 들어서면 임상심리학은 개인, 가족, 사회의 건강에 중요한 기여를 하면서 중요성이 점점 더 확대되고 있다. 임상심리학은 과학에 기반을 둔 전문 분야이다. 효과적 평가, 예방, 개입 서비스의 개발은 기본적으로 연구에 입각해서 이루어진다. 임상심리학의 실제는 인간의 기능을 신뢰성 있고 타당하게 평가하기 위해 과학적 기반을 둔 방법을 사용한다.

### 1) 임상심리학의 정의

임상심리학의 정의는 수십 년간 변화되고 확장되고 진화되었다. 평가와 진단에 초점을 맞추던 초창기보다 현재 임상심리학의 범위는 더 넓어졌다. 임상심리학은 현재 개인, 커플, 가족에 제공되는 수많은 접근의 개입과 예방 서비스를 수행하고 있다. 임상심리학의 실제는 또한 자문 활동, 연구, 프로그램 개발과 평가, 다른 정신건강 전문가에 대한 슈퍼비전, 건강관리 서비스의 시행 등과 같이 정신장애자를 직접 접촉하지 않는 간접적 서비스를 포괄한다. 일부 전문가가 예측하는 것처럼 임상심리학자의 전통적 활동인 평가와 치료 활동에 대한 중점이 감소하고, 위험요인으로부터 보호하기 위해 고안된 대중적 예방 프로그램이 증가하는 방향으로 발달한다고 볼 수 있다. 임상심리학의 정의는 혁신과 새로운 방향이 나타남에 따라 변경되어야 하고 업데이트되어야 한다. 〈표 1-1〉은 세계 각국의 학회에서 밝히는 임상심리학의 정의다.

〈표 1-1〉 임상심리학의 정의

| | |
|---|---|
| 미국심리학회, 임상심리학 분과 | 임상심리학은 인간의 적응과 개인적 발달을 촉진하는 것은 물론이고 부적응과 장애, 불편감을 이해하고, 예측하고 경감시키기 위해서 과학, 이론, 실제를 통합하는 분야이다. 임상심리학은 전 생애를 걸쳐, 다양한 문화에서 그리고 모든 사회경제적 수준에서 인간 기능의 지적, 정서적, 생물학적, 심리학적, 사회적, 행동적 측면에 초점을 맞춘다. |
| 영국심리학회, 임상심리학 분과 | 임상심리학은 심리학적 이론과 자료에서 나온 지식을 체계적으로 적용하여 심리적 고통을 감소시키거나, 심리적 웰빙을 증진시키는 것을 목적으로 한다. |
| 캐나다심리학회 | 임상심리학은 심리학이라는 학문을 바탕으로 한 연구와 실제의 폭넓은 분야이며, 심리학의 원리를 심리적 고통, 장애, 역기능적 행동, 건강 위험행동의 평가, 예방, 개신, 재활과 심리적 · 신체적 웰빙의 증진에 적용하는 분야이다. |
| 뉴질랜드 임상심리학자협회 | 심리학은 행동에 대한 과학이다. 심리학자는 개인, 가족, 집단, 문화에 대한 연구를 통해 정서, 사고, 성격, 기술, 학습, 동기, 지각, 감각을 이해하고자 한다. 임상심리학은 변화나 발전을 원하거나, 그들의 개인적 목표를 성취하거나 고통을 경감시키기 위해 개인이나 가족에게 심리학적 이해를 적용한다. |

| | |
|---|---|
| 한국심리학회 | 임상심리학이란 심리학의 한 분야로서 개인이나 집단이 겪는 심리적인 문제를 이해하고, 평가하고 치료(예방 포함)하는 것에 초점을 둔다. 따라서 임상심리학자가 하는 일은 각종 문제를 보이는 사람들을 돕기 위해 심리학의 각 분야에서 개발된 이론을 개인이나 집단의 상황에 적절하게 적용하고 또한 이의 효과에 대한 평가와 연구를 수행하는 것이다. |
| 한국임상심리학회 | 심리학의 꽃으로도 불리는 임상심리학은 인간의 심리적 고통 및 심리적 건강과 관련된 심리치료 및 심리평가, 연구, 교육, 자문, 예방, 재활 등을 담당하는 심리학의 전문 영역이다. |

## 2) 임상심리학자의 전문지식

임상적 전문지식은 교육, 훈련, 효과적 진료를 통해 습득한 지식으로 치료과정에서 습득한 정보도 포함된다. 또한 임상적 전문지식은 과학적 문헌을 통해 얻은 지식을 바탕으로 가설을 세우고 그 가설의 검증을 통해 얻을 수 있다. 임상심리학자가 특히 갖춰야 할 전문지식은 다음과 같이 구분해 볼 수 있다.

### (1) 심리학적 지식

임상심리학자는 기본적으로 심리학자이다. 임상심리학자는 강의 활동을 하는 경우가 많다. 대학에서 교양심리학이나 전공과목을 강의하는 강사로서, 때로는 심리학과 학생의 지도교수로서 활동한다. 또한 교양도서 등을 통해 일반인들에게 심리학적 지식을 전달하기도 한다. 이런 활동을 위해서는 반드시 심리학 전반에 대한 지식과 이해를 갖추고 있어야 한다.

### (2) 통계 및 연구방법

임상심리학자는 연구를 실시해야 한다. 따라서 관심주제를 탐구하기 위해 가장 적절한 연구대상이나 분석방법이 어떤 것인지를 결정해야 한다. 심리학의 전문지식은 과학적 전문지식을 포함한다. 과학적 방법에 대한 이해를 통해 심리학자는 연구계획의 타당성을 검증하고 연구의 내적·외적 타당성을 평가해 볼 수 있고 연구에서 얻은 효과 크기를 평가하고, 그것을 개인 환자에게 적용할 수 있다.

#### (3) 정신병리

임상심리학자는 정신병원이나 심리진료소에서 정신과 환자를 대상으로 심리평가나 치료를 담당한다. 따라서 이들이 보이는 특징적인 증상에서부터 원인, 치료 방법 등에 대한 다양한 지식을 갖추고 있어야 한다. 또한 정신과 치료에서는 정신과의사들이 실시하는 약물치료가 많은 비중을 차지하고 있다. 환자의 적절한 치료를 돕는 자문가로서 임상심리학자는 정신과 약물에 대한 지식도 충분히 지니고 있어야 한다.

#### (4) 심리검사

오랫동안 임상심리학의 가장 중요한 분야였던 심리검사의 실시는 여전히 심리학자가 가져야 할 중요한 기술 중의 하나이다. 임상심리학자는 환자의 문제에 가장 적절한 심리검사를 결정하고 이를 실시하고 채점한 후, 적절한 해석과 자문을 해주는 능력이 필요하다. 임상심리학자는 단순한 검사자가 아닌 만큼 어떤 검사가 심리측정 요소를 잘 갖추고 있는 검사인지를 선별할 수 있는 능력이 있어야 한다. 적절한 검사가 존재하지 않을 경우에는 이를 개발할 수 있는 능력도 필요하다.

### 3) 임상심리학자의 인격적 자질과 윤리

#### (1) 자기 자신의 한계를 솔직히 인정한다

전문가라고 상대방의 모든 문제에 최선의 도움을 줄 수는 없다. 자신이 다룰 수 없는 문제일 경우 자신보다 더 수준 높은 도움을 줄 수 있는 전문가에게 내담자를 의뢰할 수 있는 솔직한 자세가 필요하다. 또한 자신의 자격이나 경력, 학력 등에 대해 거짓이 없어야 한다. 임상경험에서 피할 수 없는 것은 자기 자신의 지식이나 숙련기술에 한계가 있다는 것, 인지 기능이나 감정이 편향되어 있다는 것을 각성하지 못한다는 것이다. 이러한 점은 임상적 판단에 부정적 영향을 미칠 수 있다.

### (2) 경제적 문제에서 진실해야 한다

자신의 경제적 이익을 위해 내담자가 부담할 능력을 넘어서는 고액의 진료비를 청구하여서는 안 된다. 만일 내담자가 적절한 지불 능력이 없다고 판단될 경우에는 보다 낮은 비용으로 치료를 제공하는 공공기관에 내담자를 소개해 주어야 한다. 또한 단지 자신의 수입이 줄어든다는 걱정으로 인하여 내담자가 계속 치료를 받도록 권유해서는 안 된다.

### (3) 의뢰자의 비밀을 보장해 주어야 한다

임상심리학자는 평가나 치료 장면에서 나눈 이야기가 외부에 유출되지 않도록 주의해야 한다. 자신이 다루었던 환자의 문제에 대해 농담하듯 주변에 떠벌리는 행위를 해서는 절대 안 된다. 환자에 대한 기록은 환자의 치료에 필요한 상황에 한해서 타 전문가와 논의 할 때만 이용할 수 있다. 최근에는 출판물이나 방송매체를 통해 자신이 다룬 환자나 내담자에 대한 이야기를 공개하는 경우가 있다. 그러나 이 경우에는 반드시 해당 내담자에게 동의 과정을 거쳐야만 하며, 상대방의 신상에 대한 철저한 보호가 있어야 한다.

### (4) 의뢰인과 적절한 거리를 유지할 수 있어야 한다

심리학적 진료는 본질적으로 심리학자와 환자 간에 이루어지는 대인관계의 한 부분이다. 치료자와 환자의 관계는 치료효과에 큰 영향을 준다. 둘 간의 친화성이 높을 때 치료의 효율성은 높아진다. 그러나 치료를 위한 치료실 내에서의 공식적인 치료 외의 어떤 인간관계에 대해서도 치료자는 적절한 거리를 유지해야 한다. 내담자와의 성적 접촉이나 기타 비치료적 접촉 행위는 심리학자의 윤리 차원에서 철저히 금하고 있다. 임상가 자신의 욕구 충족을 위한 행위는 절대 해서는 안 된다. 또한 치료자는 자신이 유능한 치료자라는 것을 인정받기 위해서 혹은 기타 욕구를 위해 내담자가 자신에게 의지하고 칭찬하도록 유도하거나, 치료자의 마음에 드는 환자에게 계속 치료받을 것을 권유하는 행위를 해서도 안 된다.

### (5) 새로운 발견을 수용할 수 있는 개방적 자세를 취해야 한다

임상심리학은 하루가 다르게 발전해 나가고 있다. 따라서 심리학자는 관련 분야에서 쏟아져 나오는 새로운 연구자료를 수집하는데 부지런해야 한다. 이런 자료를 참고하고, 새로운 지식을 내담자의 복지를 위해 활용해야 한다. 또한 환자를 보는 관점에 있어서도 조금이라도 확신이 서지 않는 부분에 대해서는 주변 동료나 관련 전문가에게 자문을 구할 수 있는 개방적 자세가 필요하다.

### (6) 임상심리학자로서 윤리를 준수해야 한다

미국심리학회(2023)에서 제시한 임상심리학자가 지켜야 할 5대 윤리 강령은 다음과 같다.

① 선행: 임상심리학자는 평가나 치료를 받은 환자에게 도움을 주어야 한다.
② 성실성과 책임감: 임상심리학자는 치료를 받은 환자와 신뢰관계를 유지하고, 환자가 심리학자의 전문적·과학적 책임을 인식할 수 있도록 행동해야 한다.
③ 전문성 관계에서의 진실성(혹은 정직성): 임상심리학자는 심리학이라는 과학, 교수 및 진료에서 정직성과 진실성을 증진시켜야 한다.
④ 정의: 모든 사람은 심리학의 혜택을 받을 권리가 있다는 점을 인지해야 한다. 심리학자는 편견을 피하고, 부당한 진료 행위를 하지 않아야 한다.
⑤ 다른 사람의 권리와 존엄성 존중: 임상심리학자는 다른 사람의 사생활에 대한 권리, 비밀보장, 자기결정을 존중해야 한다.

## 2. 임상심리학자의 활동

임상심리학자가 수행하는 활동을 조사한 연구(Norcross, Karpiak, & Santoro, 2005)에서 각 활동에 참여하는 임상심리학자의 비율은 연구 51%, 평가 64%, 심리치료 80%, 교육 49%, 자문 47%, 슈퍼비전 50%, 행정 53%로 조사되었다. 대부분의 임상심리학자는 많은 다양한 전문 활동에 참여한다.

### 1) 연구

연구는 임상심리학자가 다른 분야의 전문가들과 가장 크게 구별되는 영역이다. 임상심리학자가 수행하는 연구는 바로 임상 현장에서 정신과 환자를 이해하고 치료하는 데 직접적인 도움을 줄 수 있다. 임상심리학자가 수행하는 연구의 범위는 넓다. 정신장애의 원인에 대한 탐색, 특정 정신병리의 진단을 위한 방법이나 도구 개발과 타당화, 또한 어떤 치료방법이 특정 장애의 치료에 가장 효과적인지, 어떤 질병에 걸리기 쉬운 사람들의 특성이 따로 있는지 등을 조사하는 것도 심리학자의 역할이다.

이런 활동을 담당하고 있는 임상심리학자들은 대부분 심리학과가 있는 대학이나 의과대학에 소속되어 있는 연구진들이다. 이들은 다양한 연구를 시행하고 이를 학술지나 학술대회 등을 통해 발표한다. 치료 장면에 속한 임상심리학자들의 경우 연구에 특화된 활동을 보이지는 않지만 소속 기관의 필요에 따라 매우 실용적인 연구를 시행하기도 한다. 물론 모든 임상심리학자가 연구를 수행하지는 않는다. 그러나 전문적인 임상활동을 위해 임상심리학자는 꾸준히 새로운 연구 자료를 수집하고 분석한다. 그것이 자신의 전문능력을 향상시키는 길이기 때문이다. 또한 학술지를 구독하거나 학술회의에 정기적으로 참석하는 등의 많은 시간을 투자한다.

### 2) 평가

한 환자의 문제를 평가하기 위해서는 그 사람의 정신과적 장애 여부뿐만 아니라 직업적 흥미나 대인관계 양상 등 다양한 측면에 대한 분석이 필요하다. 이런 분석을 도와주는 것이 바로 심리검사를 이용한 심리평가다. 심리평가는 오랫동안 임상심리학자들의 주요 업무로 인식되어 왔고, 현재도 심리검사를 이용할 수 있는 유일한 전문가 집단이다.

심리검사를 통해 알아보는 영역은 매우 다양하다. 한 개인의 지적 능력을 평가하는 지능검사에서부터 성격검사, 신경심리검사, 행동관찰 등 다양한 검사가 존재한다. 최근에는 한 개인의 정신문제에 관여하는 뇌의 손상을 연구하는 신경심리학이 크게 대두되고 있다. 임상심리학자들은 다양한 심리검사와 자신의 임상적 지식을 각종 면담이나 각종 촬영도구들이 밝혀낼 수 없는 개인의 미묘한 문제들을 진단한다.

### 3) 개입/치료

우리나라에서 심리치료는 오랫동안 정신과의사의 전유물인 것처럼 인식되어 왔다. 그러나 사회가 복잡해질수록 개인의 문제 또한 다양해지고 있다. 따라서 전통적인 정신역동치료나 약물치료를 통해 환자를 치료하는 데는 점차 한계가 드러나고 있다. 그 개인이 속한 문화적 맥락을 고려한 치료방식이 필요하다. 이런 다양한 요소를 고려하여 심리학적 지식의 바탕하에 개인을 치료할 수 있는 전문가가 임상심리학자다.

임상심리학자는 보다 과학적이고 효과를 검증할 수 있는 치료방법을 만들고자 하는 시도를 지속적으로 하고 있다. 치료자에 따른 치료효과의 차이를 최소화하여 누구나 일정 수준의 수련을 갖추면 비슷한 치료효과가 나타날 수 있도록 치료기술을 표준하하고 체계하하려는 작업을 하고 있으며, 이를 위해 체계적인 치료지침서들을 만들어 내고 있다. 또한 특정 진단이나 문제별로 가장 효과적인 치료기법이 무엇인지를 연구하며, 증거 기반 심리치료를 임상현장에 적용하려는 노력을 기울이고 있다.

### 4) 교육

교육은 임상심리학자의 또 다른 주된 업무다. 대학의 교수진으로 활동하고 있는 임상심리학자들은 대학 학부생이나 대학원생을 위한 수업에 많은 시간을 보낸다. 임상심리학 교수는 성격심리학, 이상심리학, 임상심리학, 건강심리학, 심리치료, 고급정신병리, 심리평가, 집단치료 등의 과목을 담당한다.

병원이나 기타 수련기관에 속한 임상심리학자는 후배 임상심리학도의 수련을 담당하는 감독자로 활동하게 된다. 이들은 수련생들의 이론교육과 심리평가, 심리치료에 대한 임상 지도감독을 실시한다. 병원에 속한 임상심리학자들은 교수진으로서 의과대학 수업을 담당하기도 한다. 이 밖에도 임상심리학자들은 인간관계 전문가로서 기업인을 대상으로 강의에 나서기도 하며, 기타 다양한 분야에서 임상심리학적 지식을 전달하는 역할을 한다. 지역사회에서 교사나 학부모 자원상담자를 위한 정신건강 강의, 노인 대상의 신경인지장애 예방 강의 등을 한다. 또한 경찰관, 보호관찰관, 사회복지 공무원, 성직자 등을 대상으로 면접이나 대화 기술 강의를 하거나 집단 프로그램을 비롯한 다양한 주제의 워크숍을 이끌기도 한다.

### 5) 자문

임상심리학자는 많은 정신건강 관계자나 기타 산업체 및 교육계 관계자에게 자문을 제공할 수도 있다. 예를 들어 간단하게는 심리치료 과정에서 위기에 봉착한 동료나 학생의 생활지도에 어려움을 겪는 교사를 자문할 수 있고, 고도의 스트레스를 받는 산업 현장에서 노동자의 스트레스를 관리할 수 있는 방안을 제시할 수 있다. 또한 범죄자를 다루는 교도관에게 이들을 다룰 수 있는 전문적 방법을 조언할 수도 있을 것이다. 병원에서는 특정 의료치료를 잘 받으려 하지 않는 사람을 어떻게 다루어야 하는지에 대한 도움을 줄 수 있으며, 사업체에서는 인사 채용이나 승진 등의 심사에서 자문을 줄 수 있다. 자문은 임상 사례부터 업무, 인사, 기업의 이윤 문제까지 전 영역을 포괄한다. 자문은 개인을 다룰 수도 있고 전체 조직을 다룰 수도 있다. 자문은 때로 치료나 개입과 관련되기도 하고, 예방과 관련되기도 한다. 최근에는 인터넷 발달과 함께 심리검사나 정신건강 관련 콘텐츠에 대한 수요가 폭발적으로 늘고 있다. 임상심리학자들은 이런 콘텐츠 구성에 직·간접적으로 참여를 하고 있다.

### 6) 행정

행정업무를 즐기는 임상심리학자는 거의 없다고 볼 수 있지만, 실제 임상 현장에서는 행정 과제에 시간을 소모하는 경우가 많다. 정신병원이나 종합병원 정신건강의학과에서 근무하는 임상심리학자는 환자의 심리평가 보고서를 작성해야 하고 사례회의 발표를 준비해야 한다. 대학교 심리학과에 근무하는 경우 학과장 역할을 하면서 행정업무를 수행해야하고 지역사회 정신건강 심의, 심판위원회에 참석하여 정신장애 환자의 입원 적합성 여부를 심사한다. 심리진료소의 업무를 할 경우 각종 바우처 사업이나 각 초중등학교나 정부, 사회기관에서 실시하는 집단 프로그램 프로젝트에 지원서 작성을 한다. 또한 각종 기업체와 업무 협약을 맺기 위한 작업을 해야 한다.

## 3. 임상심리학자의 고용 장면

우리나라에서 2000년대 이후로 임상심리학자의 고용 장면은 매우 다양해졌다. 전통적으로 주로 종사했던 학교나 종합병원 정신건강의학과, 정신병원은 물론이고, 심리진료소의 개업이 늘고 있으며, 지역사회의 각종 센터, 군대, 법원, 교도소, 구치소, 교육청의 위스쿨, 위센터, 그리고 종합병원 신경과에서 근무하는 사례도 상당히 증가하는 추세이다.

### 1) 심리진료소

임상심리학자 중 30~40%가 단독이나 집단으로 심리진료소를 개업한다. 이들은 정신건강 관리 또는 임상서비스를 제공할 수도 있다. 장애진단 심리평가와 장기적인 심리치료, 각종 집단치료 프로그램을 실시한다. 최근 자료에 의하면 우리나라에서 임상심리학자가 개설한 기관은 대략 317개이다(한국임상심리학회, 2019).

### 2) 대학교

임상심리학자 중 20~30%는 교육 분야에 몸담고 있다. 대학의 심리학과나 상담 관련 학과에 소속되어 있다. 이들은 주로 강의와 지도감독, 연구 등을 수행하고 학생상담센터 같은 학교 임상장면에서 학생에게 직접 서비스를 제공한다. 최근 자료에 의하면 우리나라에서 임상심리학자가 심리학 관련 학과에 근무하는 대학교는 대략 43개이다(한국임상심리학회, 2019).

### 3) 병원

병원(정신병원, 대학병원이나 종합병원의 정신건강의학과나 신경과, 개인 병원)에 근무하는 임상심리학자는 심리검사와 평가, 개인, 가족 또는 집단 심리치료를 제공하고 다른 정신건강 전문가를 대상으로 자문해 주고 행정적 역할을 담당한다. 종합병원이나 대학병원에서 의대의 교수진으로 재직하고 있으며 수련생들을 지도하는 활동과 환자를 평가하고 치료한다. 한편 종합병원이나 대학병원의 신경과에서 근무하는 임상심리학자도 증가하고 있다. 이들은 주로 신경인지장애의 장애진단을 위한 심리평가 업무를 수행한다. 우리나라에서 개인 정신건강의학과나 신경과를 제외하고 임상심리학자가 근무하는 병원(대학병원, 종합병원, 정신병원 포함)은 대략 159개이다(한국임상심리학회, 2019).

### 4) 지역사회센터

우리나라에서는 1995년 정신보건법이 제정되면서 전국의 각 지역에 정신건강복지센터가 개설되었다. 여기에 근무하는 임상심리학자는 학대받는 아동의 심리치료, 물질남용자들을 위한 집단 심리치료, 부모교육 등과 만성 정신과 환자의 사회기술훈련, 가족교육 등을 담당한다. 또한 1998년 국내 최초의 도박중독 치유센터가 개소된 후 2012년부터 한국도박문제관리센터가 사행산업통합감독위원회법 개정에 따라 전국으로 확대되었다. 여기에 많은 임상심리학자가 근무하면서 도박중독의 예방과 치료 프로그램과 개인상담 업무를 하고 있다.

또한 2004년에 서울에 해바라기 아동센터가 최초로 개설된 후 전국 지역에 해바라기 성인 및 아동센터가 설립되었고 여기에 임상심리학자가 근무하고 있다. 이들은 성폭력 피해아동이나 성인, 그리고 그 가족을 대상으로 심리평가와 심리치료를 담당하고 있다(한국임상심리학회, 2016).

### 5) 정부기관

정부기관인 법원, 경찰, 교도소, 구치소, 그리고 교육청 등에 임상심리학자가 근무하고 있다. 법원에서는 법관이 판결을 내리는 데 도움을 주는 증인 역할을 한다. 피고인이 범법행위 당시 법률적 의미에서 정신장애자였는지, 재판을 받을 수 있는 정신 상태인지, 또는 재범 가능성이 있는지에 대한 평가 자료를 제공한다. 임상심리학자와 법관의 상호 협조에 대한 필요성은 날로 증가하고 있다(Bersoff, 1980). 경찰에서는 프로파일러나 피해자 평가 및 상담 역할을 하고, 교도소나 구치소에서 임상심리학자는 범죄자의 심리평가와 집단상담 프로그램의 계획과 운영에 참가한다. 우리나라의 교육청에서는 위센터나 위스쿨을 운영하면서 임상심리학자가 필수 요원으로 참여하고 있다. 이들은 학교에서 부적응을 겪고 있는 학생들에 대한 심리평가와 심리치료를 시행하고 있다.

### 6) 기업체

임상심리학자는 기업체나 공공기관에 소속되어 피고용인들에게 관리, 평가 및 단기심리치료에 대한 자문 서비스를 제공하고 회사의 기능과 수행에 중요한 쟁점들에 대한 연구를 수행한다. 조직체의 기능을 활성화하기 위해 스트레스 관리 워크숍, 대인기술 워크숍을 실시하고 취업 응시자를 면접하고 고용하는 전략을 개발한다. 이들은 임상심리학적 지식뿐 아니라 조직심리학에 대한 지식을 갖추고 있어야 한다.

### 7) 군대

임상심리학자는 해군, 공군 또는 육군과 같은 군대에 고용되기도 한다. 이들은 직접적인 임상서비스를 제공하고, 군대 병원에서 행정가로서 활동한다. 우리나라에서는 2007년 임상심리학자를 징병검사장에 배치하여 심리검사를 추가로 실시하기 시작했으며, 일반 군부대에서도 임상심리학자가 근무하며 군인들의 자살 예방교육, 자살위험군에 대한 심리평가 및 심리치료를 실시하고 있다. 법무부 보호관찰직군에도 2006년부터 정신보건임상심리사가 최초로 근무하기 시작하면서 현재는 그 수가 증가하고 있다(한국임상심리학회, 2016).

## 4. 임상심리학자의 교육과 훈련 모델

임상심리학은 심리학 대학원 프로그램에서 항상 가장 인기 있는 분야이다. 임상심리학 프로그램은 심리학의 다른 대학원 프로그램보다 훨씬 더 적용 분야가 많으며 더 많은 졸업생을 배출한다. 미국 대학교의 2006년 자료에 의하면 심리학 박사학위(Ph.D.)의 34%가 임상심리학이다. 비교하자면 심리학 박사학위의 13%가 상담심리학이고, 4%가 학교심리학이다(National Opinion Research Center, 2007). 2006년에 심리학 박사학위를 받은 사람들의 1차적 직업 활동은 전문 서비스(38%), 교수(30%), 연구와 개발(24%), 행정(8%)이고, 2차적 활동은 연구와 개발(31%), 교수

(19%), 행정(14%), 전문 서비스 제공(9%)이다(National Opinion Research Center, 2007). 미국심리학회에서 수집한 자료에 의하면 몇 가지 유형의 박사학위가 있으며(Ph. D., Psy.D., Ed.D.), 학위의 거의 절반 정도가 임상심리학 박사학위(47%)를 받고, 8%는 상담심리학 박사학위를 받으며, 6%는 학교심리학 박사를 받는 것으로 나타났다(APA Center for Workforce Studies, 2007).

### 1) 임상심리학자의 교육

임상심리학자는 과학사이며 동시에 전문직업인이어야 한다. 교육훈련에서는 전문지식의 습득, 연구에 대한 경험, 그리고 감독자의 지도하에서 이루어지는 임상 경험 등에 역점을 둔다. 감독과 연구 과정은 높은 수준의 교수방법이다. 세미나 같은 형태로 운영된다. 효과적인 임상경험을 수행하기 위해서는 사회학, 통계학, 생리학, 약학과 같이 인접 과학에 대한 교육이 필요하다. 연구 경험을 위해 교수가 진행하고 있는 연구에 참여하여 자신의 경험과 능력으로 감당할 수 있는 역할을 맡아 보는 것이 효과적이다.

임상 경험이 없는 사람은 임상 면접 장면을 관찰하는 것부터 시작한다. 관찰한 사실을 바탕으로 면접자와 직접 환자에 대해 토론할 수 있다. 여러 심리검사를 실시하고 그 결과를 해석하는 과정을 관찰하는 것도 중요하다. 실습은 장소를 달리하면서 평가와 치료 경험을 쌓는 과정이다. 다양한 임상 경험을 제공하기 위해서이다. 사례토론회의(case conference)에서는 진단과 치료 문제가 중점적으로 논의되는데, 관련 전문가들이 모여 각자의 관점에서 관찰하고 분석한 자료를 발표하고 대상이 되는 사례를 중점적으로 논의하는 시간이다. 임상훈련 과정은 타분야에 대한 이해를 높이고 환자를 종합적으로 판단할 수 있는 좋은 기회이며 중요한 경험이 된다. 임상심리학자가 평가자로서 그리고 치료자로서의 기능을 다하기 위해서는 자격을 갖춘 감독자의 지도를 받아야 한다.

임상훈련 과정에서 평가 및 치료 기술을 습득하는 것이 중요한데, 이를 위해 모델링, 연습과 피드백, 그리고 직접교수와 같은 방법이 많이 사용되고 있다. 피훈련자에게 되도록 많은 연습의 기회를 부여하는 것이 중요하다. 또한 연구와 임상

실습은 하나의 지식체계 위에 상호 의존관계를 유지해야 한다. 연구는 보다 더 폭넓은 방법론을 수용해야 하고, 임상가는 임상과학자로서의 기능을 수행해야 한다.

## 2) 임상심리학자의 훈련 모델

임상심리학자의 훈련 모델로는 과학자–실무자 모델(scientist–practitioner model), 실무자–학자 모델(practitioner–scholar model), 임상과학자 모델(clinical scientist model)이 있다(McFall, 2006).

### (1) 과학자–실무자 모델

임상심리학에서 박사학위(Ph.D.)를 받는 대부분의 박사 프로그램은 과학자–실무자 모델이다. 이 훈련 모델은 콜로라도의 볼더에서 개최된 미국심리학회 총회에서 확정되었고(Raimy, 1950), 볼더 모델로 알려져 있다. 과학자–실무자 모델에서 대학원생은 연구와 심리학적 서비스 제공 능력을 개발하고 증명해야 한다. 다른 박사학위(Ph.D.) 프로그램에서와 같이 학생들은 독창적인 연구를 수행하여 연구 능력을 입증하고, 학위논문을 쓰고 구두시험에서 성공적인 방어를 해야 한다. 면접, 검사 실시, 평가 보고서 작성, 심리치료, 임상 자문 등과 같은 임상적 기술은 프로그램 내내 실습 훈련으로 익히게 된다. 이러한 기술은 인턴십 기간에 더욱 증진되고 세련되어지는데, 이 기간에 학생은 정신건강관리 장면에서 자격 있는 임상심리학자의 슈퍼비전을 받으면서 심리학적 서비스를 제공하기 위해 전일제로 근무한다. 과학자–실무자 모델의 바탕이 되는 철학은 임상심리학자가 연구를 할 수 있어야 하고 임상서비스를 위해 경험적 증거를 이용해야 한다는 것이다. 과학자–실무자 지향의 프로그램 내에서도 훈련에서 과학과 실무의 상대적 균형이 어떻게 되는지, 또한 과학과 실무의 통합에서 학생을 어떻게 훈련시키는지에 대한 방식에서 차이가 있다.

### (2) 실무자-학자 모델

1950년대와 1960년대에 볼더 모델 프로그램을 이수한 대부분의 대학원생은 임상서비스의 1차 책임을 지는 실제 장면에 고용되었다. 이들 심리학자는 박사논문을 완성한 후에 연구를 많이 하지 않았다. 콜로라도의 베일총회에서 참가자들은 과학자-실무자 모델이 많은 훈련 프로그램에 적용되는 방식에 불만을 표현했고, 새로운 모델인 실무자-학자 모델이라는 새로운 모델을 개발했는데, 그것은 이후 총회에서 좀 더 다듬어졌다(Peterson et al., 1991). 실무자-학자 모델은 대부분의 임상심리학자가 서비스 장면에서 필요한 임상기술의 훈련을 강조하고 Ph.D.프로그램에서 가르치는 연구기술은 덜 강조 하는 것으로 설계되었다. 실무자-학자 모델로 훈련받은 학생은 다른 학위(Psy.D.)를 받는다. Ph.D. 프로그램에 비교해서 심리학 박사(Psy.D.) 프로그램은 실험설계 · 대규모 표집 분석은 덜 중시하고, 자연적 설계 · 개별 사례나 서비스 지향 프로그램의 평가에 중점을 둔다. Psy.D. 프로그램은 과학을 통해 서비스 활동에 대한 지식을 얻지만 연구 수행 기술이 필요 없는 임상가를 양성하기 위해 개발되었다. Psy.D. 프로그램은 대학이나 독립 전문대학원에 있다. 많은 전문가들은 독립 대학원의 확산에 대한 우려를 나타낸다. 비평가들은 학생의 교육 수준에 부정적 영향을 주는 요인으로 대규모의 수업, 낮은 재정 지원, 연구나 교육 경험이 거의 없는 시간제 강사에 대한 과도한 의존 등을 지적하고 있다(McFall, 2006).

Ph.D.와 Psy.D. 훈련 모델의 주된 차이는 과학과 실습에 주어지는 비중이다. APA에서 인정한 과학자-실무자 및 실무자-학자 프로그램의 설문자료를 이용하여 각 모델의 성격과 일치하는 독특한 프로파일을 발견했다(Cherry, Messenger, & Jacoby, 2000). 두 가지 유형의 프로그램을 받는 학생은 모두 훈련 동안 임상서비스에 숙달되었지만 과학자-실무자 프로그램의 학생은 실무자-학자 프로그램 학생보다 연구에 더 많이 참여했다. 마찬가지로 양쪽 프로그램 대학원생은 임상서비스를 제공하는 데 대부분의 시간(약 60%)을 보냈지만, 과학자-실무자 프로그램 졸업생은 연구 활동에서 실무자-학자 프로그램 졸업생보다 더 많은 시간을 보냈다(10% 대 2%).

### (3) 임상과학자 모델

임상심리학자를 양성하는 일부 프로그램은 오늘날 임상과학자 모델로 발전하였으며, 연구 기술의 개발을 강력하게 장려한다. 이 모델이 1차 목표는 심리학과 그와 관련된 기초 분야의 지식적 토대를 쌓게 하는 것이다. 임상심리학이 현재의 방식대로 임상실무를 계속한다면 과학적 기반이 약해질 것을 걱정하면서 새로운 훈련 모델인 임상과학자 모델을 제안하게 되었다. 다음 절에서 기술하는 증거 기반 실제를 바탕으로 한 모델이다. 맥펄(McFall, 1991)이 주장한 대로 임상심리학자는 과학적 임상심리학을 구축하고자 결집하였다. 이들은 과학적 원리를 자신의 임상 실제 작업에 통합시키고 과학적으로 타당한 기법과 유사 과학적 기법을 구분한다. 모든 면에서 과학자로서 사고하고 활동하며, 과학자로서 전문가적 삶을 구축하는 임상 과학자를 배출하는 대학원 훈련을 강조하고 있다.

### (4) 미국 대학원 프로그램

미국심리학회에서 인정하는 박사학위(Psy.D., Ph.D.)를 주는 임상심리학 프로그램의 특징을 비교한 결과(Norcross, Castle, Sayette, & Mayne, 2004), 임상과학자 프로그램(Ph.D.)은 평균적으로 지원자의 11%가 합격했고, 과학자-실무자 프로그램(Ph.D.)은 지원자의 17%, 심리학 박사(Psy.D.) 프로그램은 지원자의 41%가 합격했다. 합격률은 독립 전문대학원(50%)이 대학에 기반을 둔 심리학 박사 프로그램(34%)보다 높았다. Ph.D.의 재정적 지원은 Psy.D.보다 더 높고 수업료는 더 낮다. 임상과학자 프로그램(Ph.D.)에 입학한 84%의 학생이 완전한 재정 지원을 받는 반면에 과학자-실무자 프로그램(Ph.D.)에서는 57% 정도이고, 대학에 기반을 둔 프로그램(Psy.D.)에 입학한 사람은 38%, 독립된 전문대학원 학생은 9%에 불과하다. 과학자-실무자 프로그램(Ph.D)은 행동주의나 인지행동 지향이 지배적이지만 인지행동 지향 교수진의 가장 높은 비율은 Ph.D. 프로그램(44.2% 대 Psy.D. 프로그램 28%)이며, 인본주의적/현상학적 접근은 대학에 기반을 둔 경우(Ph.D. 8%, Psy.D. 9%)보다 독립 전문대학원(16%)이 비중이 더 높다. 일반적으로 심리학 박사학위(Psy.D.) 프로그램의 클래스는 대규모이다(Hunsley & Lee, 2010).

### (5) 승인된 임상심리학 프로그램

미국심리학회는 임상심리학자의 교육을 위한 훈련 프로그램이 전문가의 기대를 충족시키는 기준을 유지한다는 것을 보증하기 위해 승인과정을 개발했다. APA 승인을 받은 프로그램은 전문가가 인정한 높은 훈련 기준을 충족하는 것이며, 프로그램을 받은 대학 원생은 임상심리학에서 이용할 수 있는 가장 좋은 훈련을 받았다고 볼 수 있다. 그러므로 학생들에게 승인된 임상심리학 프로그램으로 훈련받을 것을 강력하게 권고한다.

모든 훈련 프로그램이 직면하는 주요 문제는 점점 늘어나는 다문화 인구에 대한 심리학적 서비스를 제공할 준비가 되어 있어야 한다는 것이다. 우리나라도 2021년 기준으로 외국인 주민수가 213만 4,569명으로, 총인구 대비 4.4%로 나타났으며 점자 증가하는 추세이다(2021.11.1. 인구주택총조사). 여기서 외국인 주민은 장기체류 외국인, 귀화자, 외국인주민 자녀를 포함한다.

임상심리학자는 문화와 언어 그 이상의 다양성을 인식해야 하는데 나이, 수입, 성적 지향, 신체장애, 가족 구조, 지리적 위치 등이 포함된다. 예를 들어 중소도시에서 서비스를 제공하려는 사람은 그 지역에서 겪는 높은 실업과 사고율 등과 같은 스트레스의 독특한 성질을 알고 있어야 하고, 시골지역에 토착민이 더 많고 대도시에 비해 전반적인 교육 수준이 더 낮다는 것도 인식할 필요가 있다(Helbok, Marinelli, & Walls, 2006). 이에 따라 임상심리학자는 다양성 이슈를 인식하고, 내담자와 그러한 이유를 적절한 시기에 논의하는 데 개방적이며, 이들 이슈에 대해 효과적으로 대화할 수 있는 기술을 갖추고, 다양성 요인에 민감한 연구를 설계하고 해석하는 연구기술을 키울 필요가 있다(Whaley & Davis, 2007).

# 5. 심리학에서 증거 기반 실제

## 1) 과학 기반에 대한 비판

임상심리학이 오직 과학에만 근거를 두어야 하는지 아니면 어느 정도 근거를 두어야 하는지에 대한 논쟁이 여전히 활발하다. 일부 심리학자는 임상심리학이 과학적 지식에 의해 효과적으로 발전될 수 있다는 것을 의심한다. 임상심리학의 과학 기반의 접근에 대한 비판가들은 다음과 같은 우려를 표명한다.

① 집단 기반 자료는 개인과 작업하는 데 사용할 수 없다. 즉, 많은 심리학 연구가 집단에 대한 연구와 관련된 연구설계에 기반을 두고 있기 때문에 특정 개인에 대한 연구결과와의 관련성을 결정하기가 어렵다.

② 내담자는 현재 문제가 있고 연구를 기다릴 수 없다. 즉, 연구결과의 개발·실행·복제하는 데 상당한 시간이 걸리므로 연구자가 제공한 정보는 어려움에 처한 사람에게 서비스를 제공해야 하는 임상적 요구보다 필연적으로 뒤떨어져 있다.

③ 일반적인 심리학 원칙은 다양한 삶의 경험, 문화 및 사회적 맥락을 가진 각 개인의 독특한 집합들이 가진 정서적 고통 또는 대인관계 갈등을 완화시키는 데 유용한 지침을 제공할 가능성이 작다.

④ 매일 임상심리학자가 직면한 여러 가지 인간 문제를 이해하거나 치료하는 방법에 대한 연구 증거는 없다.

이런 종류의 우려가 충분히 합리적으로 들리더라도 개별 심리학자의 직감, 직관, 또는 개인적 경험에 기초한 임상실습을 제안하는 것은 피해야 한다. "임상심리학은 기본적으로 과학을 기초로 한 실습이라기보다는 주로 치유예술이다."라는 생각은 극단적으로 문제가 있다. 인간이 의사결정 오류와 실수를 범하기 쉽다는 많은 증거가 있다. 임상가도 이러한 오류와 편견으로부터 영향을 피할 수 없기 때문에 내담자 평가와 치료에 심각한 실수를 할 수 있다. 따라서 과학적 지식의 적용이 없는 임상적 판단은 위험하다.

### 2) 과학적 임상심리학을 위한 선언

심리학의 과학적 접근을 강조하는 리처드 맥펄은 1991년에 미국임상심리학회 학회장 연설에서 연구를 통해 효과적이고 안전한 것으로 입증된 심리학적 서비스만을 제공하겠다는 목표에 도전했다(McFall, 1991). 과학적 임상심리학을 위한 선언의 주요 요소가 〈표 1-2〉에 제시되어 있다.

〈표 1-2〉 과학적 임상심리학을 위한 맥펄의 선언

| 기본원리 | 과학적 임상심리학은 임상심리학 중 유일하게 합법적이고 수용할 수 있는 형태이다. |
|---|---|
| 제1추론 | 심리학 서비스는 아래와 같은 네 가지 준거에 맞지 않으면 공개적으로 시행되어서는 안 된다. (엄격한 실험 조건하에서 시행되는 것은 제외)<br>준거 1 : 서비스의 정확한 본질이 분명하게 기술되어야 한다.<br>준거 2 : 서비스에서 얻을 수 있는 이득이 분명하게 기술되어야 한다.<br>준거 3 : 서비스에서 얻을 수 있는 이득이 과학적으로 타당해야 한다.<br>준거 4 : 서비스의 이득을 능가할 수 있는 부작용은 경험적으로 배제되어야 한다. |
| 제2추론 | 임상심리학 박사과정의 1차 목적은 가능한 한 가장 유능한 임상과학자를 배출하는 것이다. |

맥펄의 선언은 많은 임상심리학자가 초기에 너무 극단적이라고 생각했던 임상심리학에서의 과학적 역할에 대한 입장을 채택한 것이다. 오직 과학적으로 지지받은 치료만을 대중에게 제공해야 한다는 맥펄의 주장은 많은 임상심리학자로부터 강한 반대에 부딪혔다. 이 선언문은 일상적인 심리치료의 적절성과 윤리에 대한 활발한 논쟁을 촉발시켰다. 심리적 서비스를 찾는 대다수의 사람들은 의심할 여지가 없이 심각한 고통을 받고 있고, 자신의 고통을 줄이고 그들의 전체적 기능을 개선하는 치료를 받기를 희망한다(Hunsley & Lee, 2010).

### 3) 증거 기반 실제 모델

근간에 임상심리학의 실제에서 과학 기반 접근을 채택하는 것의 적합성에 대한 의문은 임상심리학의 본질에 대한 논의의 중심이 되었다. 의학에서 처음 개발된 증거 기반 실제(evidence-based practice, EBP) 모델은 (a) 임상가가 연구에서 추출한 정보를 합성하고 건강관리 옵션을 고려할 때 환자, 임상가의 전문적 경험 및 환자의 선호에 대한 체계적으로 수집된 자료에서 추출한 종합정보를 요구한다(Institute of Medicine, 2001; Sackett, Rosenberg, Gray, Haynes, & Richardson, 1996). (b) 평가, 예방 또는 중재 서비스를 위한 실행 가능한 선택에서 가장 유용한 연구결과에 근거하여 환자에게 정보를 제공해야 한다. EBP 모델은 정신 및 행동 건강관리, 사회사업, 교육 및 형사법을 포함하여 많은 보건 및 인적 서비스 시스템에 통합되고 있다(Barlow, 2004; Mullen & Streiner, 2004). 증거 기반 방식으로 실행하기 위해서는 의료전문가가 현재의 과학 문헌을 잘 알고 있어야 하며, 연구 증거와 과학적 정보를 바탕으로 한 의사결정 기술을 사용 해야 연구 증거가 서비스 계획에 포함될 수 있다.

임상심리학의 현재 훈련 모델은 모두 심리학자가 과학적 방법의 사용 및 해석에 유능한 사람이 될 필요성을 강조한다. EBP 모델은 심리학의 전문적 실천을 위한 기초로서 미국심리학회에 의해 승인받았다(APA Presidential Task Force on Evidence-Based Practice, 2006).

## 6. 정신건강 관련 전문 분야

임상심리학의 정의는 현대임상심리학의 본질과 기능에 대한 중요한 관점을 제공한다. 그러나 서비스 종류와 서비스 대상이 임상심리학과 중복되는 다른 정신건강관리 전문가를 이해할 필요가 있다. 심리학의 여러 분야를 포함하여 정신의학, 사회복지학, 정신 간호학 등의 전문 분야의 다양한 전문가를 설명하고자 한다.

심리학 분야에서 임상심리학만의 독특성은 무엇인가? 임상심리학의 정의는 사고, 행동 및 정서의 문제에 대한 평가, 예방, 또는 개입에서의 심리학적 지식의 적용과 주로 관련되어 있음을 강조하고 있다. 물론 심리학적 서비스를 제공하는 것 외에도 많은 임상심리학자가 심리학 연구를 수행하여 정신질환에 대한 과학적 진보에 기여한다. 그러나 임상심리학의 연구의 주된 목적은 심리학적 서비스의 개발과 적용에 사용될 수 있는 지식을 창출하는 것이다.

임상심리학은 다른 심리학 분야에서 사용하는 연구방법, 통계분석 방법 및 측정 전략의 많은 부분을 공유한다. 인지, 발달, 학습, 성격, 생리 및 사회와 같은 여러 심리학 분야는 임상심리학 활동에 직접 또는 간접적으로 적용할 수 있는 연구를 수행한다. 그러나 이러한 심리학 분야 연구의 주요 목적은 인간의 기능에 대한 기본 지식을 생성하고 일반적으로 인간에 대한 이해를 향상시키는 것이다. 이 지식의 일부는 역기능을 평가하고 치료하여 인간의 기능을 향상시키는 데 사용될 수 있다.

### 1) 상담심리학

상담심리학과 상담을 구분하는 것이 중요하다. 상담은 다양한 훈련과 자격요건을 갖춘 넓은 범위의 정신건강 전문직을 기술하는 데 사용되는 일반적 용어이다 (Robiner, 2006). 상담심리학은 임상심리학과 공유하는 부분이 많다. 상담심리학의 뿌리는 직업지도운동에서 시작된 것으로 볼 수 있는데, 업무 수행도와 만족도에 영향을 미치는 성격 특성, 적성, 흥미에 대한 이해는 피고용자를 가장 적합한 업무와 연결시키는 데 적용되었다. 역사적으로 임상심리학과 상담심리학은 치료받아야 하는 문제의 심각성으로 구분되었다. 전통적으로 임상심리학은 정신병리의 평가와 치료에 초점을 둔다. 즉, 임상적 진단을 받을 수 있는 심각한 불안, 우울, 기타 증상들이 나타났을 때 임상심리학자의 서비스 대상이 된다. 반면에 상담심리학자는 인생에서 정상적 도전을 하고 있는 사람에게 서비스를 제공한다. 대학이나 직장 때문에 집에서 떠나는 것 같은 발달적 변화, 대인관계나 업무의 변화, 학업이나 직장의 요구와 관련된 스트레스 다루는 일을 한다. 간단히 말하면 상담심리학자는 전반적으로 그럭저럭 적응하면서 정신과적 어려움을 갖고 있지 않은 사람을 다루는 반면, 임상심리학자는 자기 생활에서 중요한 문제를 경험하고 그로 인해 발생하는 정서적 · 행동적 증상을 해결하지 못하는 사람을 다룬다.

또한 두 전문직은 고용 장면의 유형으로 구분되기도 한다. 상담심리학자는 교육 장면(대학상담센터와 같은)이나, 다양한 사회적 · 심리적 서비스를 이용할 수 있는 일반 지역사회 진료소에 대부분 고용되어 있다. 반면에 임상심리학자는 병원(정신병원, 대학병원 이나 종합병원의 정신건강의학과나 신경과)에 대부분 고용되어 있다. 두 전문직 사이에 이러한 전통적 구분은 다소 희미해지고 있다. 오늘날 상담심리학자는 양극성장애, 공황장애, 사회공포증, 섭식장애 등의 장애를 겪는 대학생에게 치료 서비스를 제공하기도 한다(Benton, Robertson, Tseng, Newton, & Benton, 2003; Kettman et al., 2007). 임상심리학자와 상담심리학자는 모두 공공기관과 개인 상담소를 포함하여 다양한 고용 장면에서 일하고 있다.

시간이 지남에 따라 임상심리학자는 커플치료, 자문, 만성질환과 스트레스 관련 장애를 겪는 사람을 치료하는 서비스를 제공함으로써 정신건강의 일상적 영역을 넘어서 인간 문제 전반에 서비스를 확대해 왔다. 따라서 임상심리학자는 어떤 정신병리 상태의 기준에 맞지 않는 사람에게 서비스를 제공할 수 있다. 또한 그러한 문제가 발생하는 것을 예방할 수 있는 프로그램을 개발하기 시작했다. 정상 범위의 고통과 이상 수준의 고통이라는 한 수준을 기초로 상담심리학과 임상심리학의 전문적 경계선을 둔다는 것은 모호한 결정이다. 도움을 구하는 시점에 따라 동일한 사람이 정신장애 기준에 맞을 수도 있고 또는 임상 증상이 없는 부적응 증상을 나타낼 수도 있다.

임상심리학과 마찬가지로 상담심리학도 과학에 근거한 개입을 장려한다. 증거기반 서비스를 제공하려는 노력은 상담심리학의 훈련과정에서도 나타나고 있다(Waehler, Kalodner, Wampold, & Lichtenberg, 2000). 상담심리학 프로그램은 대부분 교육학이나 교육심리학 쪽에서 진행되고 있다. 상담심리학자는 철학박사(Ph.D.), 교육학 박사(Ed.D.) 프로그램으로 훈련받는다. 반면에 임상심리학은 심리학과의 박사(Ph.D., Psy.D.) 프로그램에 속한다.

미국의 연구 조사에 의하면 임상심리학 프로그램 지원자가 상담심리학 프로그램 지원자보다 훨씬 많고(Norcross, Kohout, & Wicherski, 2005), 상담 프로그램은 소

수 인종 학생들이 많다(Norcross et al., 1998). 정신장애에 대한 연구는 보통 임상심리학 프로그램에서 더 많이 하고, 소수자 적응과 학업이나 직업 문제에 대한 연구는 상담심리학 프로그램에서 더 많이 한다.

우리나라에서도 대학원 석사과정과 일정 기간의 수련을 필요로 한다는 것은 임상심리학과의 가장 큰 공통점이다. 대부분의 상담심리학자는 심리학 석사 이상의 학위를 가지고 있으며 3년간의 전문가 수련을 받아야 한다. 또한 많은 수의 상담심리학자는 대학에 소속되어 있으며, 교육학이나 사회복지학 등의 학위를 가지고 있는 사람이 많다. 또한 주로 사용하는 심리검사의 목록도 임상심리학이 선호하는 성격 평가, 인지기능 평가, 신경심리 평가보다는 교육 · 진로 · 적성 평가 등을 많이 사용하는 경향이 있다.

## 2) 학교심리학

학교심리학자는 심리학과 교육학 모두에서 전문 훈련을 받는다. 학교심리학자는 학교, 진료소, 병원 등의 다양한 조직에 고용된다. 아동의 기능에 초점을 둔다면 학교심리학과 아동임상심리학 사이에는 자연스럽게 중첩이 생긴다. 학교심리학자(M.A. 또는 Ph.D.)는 전형적으로 초중등학교 또는 특수학교에서 일하며 인지검사, 간략한 상담, 교사, 행정관, 부모 및 학생에게 자문을 제공한다. 교육 조력을 하고 교육적 문제와 심리적 문제들에 관해 아동과 가족에게 지침을 제공한다. 흔히 주의력결핍 과잉행동장애, 학습장애 또는 지적장애와 같은 문제에 대한 특수교육 서비스를 받고 있는 아동을 대상으로 일한다. 즉, 학교심리학은 지적기능 평가, 학습장애 평가, 교사, 학생 및 학부모와 의 상담을 통해 학생의 학습 잠재력을 최적화하는 전략과 관련된 서비스를 강조하는 반면 임상아동심리학은 진단을 받은 정신장애의 치료에 중점을 둔다.

시간이 지남에 따라 학교심리학의 범위는 부모, 학교체계, 정부의 요구에 부응하여 확대되었다. 아동심리학, 청소년 정신병리, 부모의 정신병리 및 스트레스가 많은 가족 환경의 유해한 영향에 대한 인식이 증대됨에 따라, 학교심리학자의 연구는 이제 학생의 정신건강 및 생활환경을 보다 광범위하게 다루고 있다. 학교심리학자는 학습과 계발이라는 맥락에서 사회적 정서적 그리고 의학적 요인에 대해 관심을 갖는다. 이러한 변화로 인해 학교가 모든 어린이에게 가장 적절한 교육을 제공하는 법적 의무에 더하여, 학교심리학자는 아동과 청소년기의 장애를 진단하고 학교 및 가족기반 프로그램을 개발하여 학생이 학습을 돕도록 만든다. 학교심리학자는 또한 사회적 기술을 향상시키고, 괴롭힘을 줄이며, 갈등을 해소하고, 폭력을 예방하기 위해 고안된 학교 기반 예방 프로그램 개발에 주도적 역할을 한다(Kratochwill, 2007).

미국에는 인구 10만 명당 11.4명의 학교심리학자가 있는 것으로 추산된다(Robiner, 2006). 학교심리학과 아동임상심리학 간의 밀접한 연관성에도 불구하고, 가까운 장래에는 두 개의 학문분야가 그대로 유지될 가능성이 크다. 학교심리학자와 아동임상심리학자를 대상으로 한 설문조사에서 이 점을 분명하게 보여준다. 363명의 심리학자 표집에서 학교심리학자 중 4분의3이 학교 기반 및 학교와 연관된 정신건강 서비스 개선 서비스를 제공하기 위해 학교심리학과 임상심리학 교육 프로그램이 병합되어야 한다는 입장을 지지했지만 절반이 안 되는 아동임상심리학자만이 합병을 지지했다(Tryon, 2000). 그러므로 두 분야의 훈련은 독립적으로 계속될 것이다.

### 3) 정신의학

어떤 다른 건강관리 전문가보다 많은 정신건강 서비스를 제공하며, 특히 우리나라에서는 환자의 주치의로서 책임을 맡고 있는 전문직이 정신과의사이다. 정신과의사는 정신건강 관련 분야에 종사하는 그 어떤 전문 집단보다도 정신병리에 대한 생물학적인 지식이 많기 때문에 모든 정신과 환자에 대한 약물치료를 전담하고 있다. 또한 의학 교육과 수련을 받은 의사로서의 자격을 가지고, 정신병원에 찾아오는 모든 환자에 대한 입원/퇴원 및 관리에 대한 우선적인 책임과 권한을 가지고 있다. 이런 이유로 정신과 병원에서는 가장 많은 권한과 보수를 받는 집단이다.

의사는 보통 신체적 상태이든지 정신적 상태이든지 간에 건강 상태를 확인하는 첫 번째 건강관리 전문직이다. 정신과의사는 정신질환의 진단, 치료, 예방에 전문화된 의사이다. 모든 의사와 마찬가지로 그들은 의과대학에서 인간의 신체 기능에 대해 4년 과정의 신체 및 건강 서비스의 기능에 대해 다른 의사와 마찬가지로 공부한다. 다른 의료전문 분야와 마찬가지로 정신과의사로서의 훈련은 기본 의학교육을 성공적으로 마친 후 5년간의 수련 교육이 필요하다. 정신건강의학과 서비스의 광범위한 훈련뿐 아니라 아동정신의학이나 노인정신의학과 같은 하위 분야의 특수 훈련을 받는다.

정신의학 훈련은 응용심리학 훈련과는 중요한 점에서 다르다. 우선 정신의학 훈련은 생리학, 생화학 체계를 광범위하게 다루며 생물학적 기능과 이상을 강조한다. 정신과의사는 정신장애가 의학적 문제의 결과인지의 여부를 결정하고 신체 질병과 정서적 문제의 상호작용을 밝힐 수 있는 자격이 있다. 정신의학은 신체질환이나 만성질환 치료에 사용되는 약물로 인해 심리적 증상이 나타나거나 악화되는 정도를 평가하는 기술을 훈련시킨다. 다른 한편 심리학자와 비교하여, 정신과의사는 일반적으로 인간의 심리적 발달, 인지, 학습 또는 심리적 기능에 대한 훈련을 상대적으로 적게 받는다. 표준 정신의학 훈련은 연구설계 및 통계분석과 같은 연구 기술의 제공도 제한되어 있다. 많은 정신과의사가 적극적인 연구자가 되어 신경과학과 인간과학의 지식 기반에 중요한 공헌을 했다. 그럼에도 불구하고 평균 정신의학 전공의는 임상심리학의 평균 대학원생보다 연구 훈련을 훨씬 적게 받는다. 일부 전문가는 정신과 전공의 프로그램에서 연구 훈련이 극적으로 강화되지 않으면 미국 정신과의사의 연구가 '멸종'의 지점까지 줄어들 가능성이 있다고 경고했다(MaLellan, 2003).

임상심리학과 정신의학 훈련의 또 다른 근본적 차이점은 정신의학 훈련이 일반적으로 심리학적 치료보다는 정신약물치료를 강조한다는 것이다. 따라서 심리학자와 비교하여 정신과의사는 과학적 근거를 가진 심리평가와 심리치료의 사용에 대해서는 더 적은 훈련을 받는 경향이 있다. 역사적으로 정신과의사는 프로이트, 융, 아들러가 개발한 것과 같은 정신분석치료나 정신역동치료의 형태로 훈련받았다. 최근 수십 년간 효과적인 정신약물치료의 확신과 정신의학에서 증거 기반 진료에 대한 강조로 인해 정신분석이나 장기적인 정신역동 심리치료 훈련의 중요성이 약화되어 가고 있다. 인지행동치료와 대인관계치료를 포함한 증거 기반 치료로 정신과의사를 훈련시키는 것에 대한 관심이 커지고 있다(Hoge, Tondora, & Stuart, 2003; Martin, Saperson, & Maddigan, 2003). 많은 정신과의사가 정신약물치료를 선호하는 경향이 있음에도 불구하고 정신과의사는 증거 기반 심리치료 개발의 신구자 중 하나였다. 아론 벡은 우울증 인지치료의 주요 개발자였으며, 제럴드 바이스만은 우울증의 대인관계치료의 주요 개발자이다. 따라서 심리치료 서비스의 제공은 많은 정신과의사에게 정신과 서비스의 핵심적인 것으로 남아 있다. 1998년 아동 및 청소년 정신의학 미국 아카데미는 심리치료가 아동-청소년 정신의학의 실습에서 핵심기술로 남아야 한다는 입장을 표명했다. 최근까지 임상심리학자와 정신과의사 사이의 중요한 구분은 정신과의사만이 약물을 처방할 수 있다는 것이었다. 그러나 미국의 일부 주에서는 더 이상 그렇지 않다.

### 4) 사회복지학

사회복지사는 대학(대학원 포함)에서 사회복지학과를 졸업하고 활동한다. 사회복지사는 개인, 가족, 집단, 지역사회 구성원이 사회적 기능을 증진시킬 수 있도록 돕는 방식에 초점을 맞춘다. 사회복지사는 최적의 발달을 촉진하기 위한 사회적 조건의 중요성을 강조한다. 사회복지학 실무는 정책 개발, 프로그램 계획, 프로그램 관리, 연구 자문, 사례 관리, 퇴원계획, 상담, 치료, 보호와 같은 활동을 포함한다(NASW, 2008). 사회복지사는 병원, 지역사회 정신건강센터, 정신건강진료소, 학교, 보호단체, 정부조직, 사회서비스기관, 아동복지기관, 가족서비스기관, 교정시설, 사회주거조직, 가족법정, 피고용인 원조 프로그램, 학교 위원회, 개인적 상담 및 자문기관을 포함한 다양한 장면에서 일한다(NASW, 2008).

많은 사회복지사는 지역사회 기관과 연결한 서비스, 의료 서비스, 기타 서비스를 중재하고 환자와 협동하는 사례관리자의 역할을 하면서 정신건강팀의 일원으로서 일한다. 사례관리는 특히 조현병과 양극성장애와 같은 심각하고 점차 쇠약해지는 정신장애가 있는 사람들을 원조할 때 특히 중요하다. 응용심리학과 정신의학의 사례에서와 마찬가지로 사회복지학에서도 증거 기반 서비스를 제공하려는 요구가 증가하고 있다(Myer & Thyer, 1997).

### 5) 정신간호학

정신과 간호사는 정신건강과 관련하여 관리를 필요로 하는 개인에게 서비스를 제공하는 전문가이다(Robiner, 2006). 정신과 간호사는 심리교육과 상담, 그리고 다른 보조자들이 제공하는 보조 서비스를 감독하면서 입원했을 경우 행정 업무에 책임을 진다. 이들은 간호학 학사를 취득한 간호 전문직이다. 정신과 간호사가 되기 위해서는 학사학위 취득 후 1년 이상의 수련과정을 거쳐야 한다.

간호사는 의료 인력의 하나인 만큼 각종 신체질병과 이에 대한 의학적 치료에 대한 교육을 주로 받는다. 이후 정신과 수련과정을 통해 정신과적인 진단과 치료에 관한 학습을 한다. 주요 수련 내용은 환자관리와 정신약물학에 관련된 것이고, 병원에서의 주요 업무도 환자에게 항정신성 약물을 투여하고 기타 의학적 관리를 하는 일이다. 정신과의사나 임상심리학자와 달리 환자의 진단에는 크게 개입하지 않는 편이다. 반면 환자의 관리에 많은 책임을 담당하고 있다. 일부 간호사는 개인이나 가족, 집단 등에 대해 심리치료를 제공하기도 한다. 정신과 간호사는 대부분 병원에서 근무하지만 외국의 경우 많은 수의 간호사들이 개업하여 활동하는 추세이며 우리나라에서도 개업이 증가하고 있다.

정신과 간호사는 급성 정신과, 장기적 노인 케어, 가정 케어와 발달장애인을 위한 주거 및 지역사회 프로그램, 법정 정신의학, 기관이나 지역사회에 기반을 둔 교정시설, 지역사회 정신건강 프로그램, 아동을 위한 특수교육 프로그램, 피고용인 보조 프로그램, 아동의 생활지도와 가족치료 진료소, 약물의존 프로그램, 병원과 특수 케어 가정, 여성을 위한 쉼터 및 진료소, 청소년을 위한 주거 및 지역사회 프로그램, 정신과 간호교육, 쉼터 워크숍, 재활 프로그램, 직업 프로그램, 자조 집단, 개인진료소 등을 포함한 다양한 장면에 고용되어 있다. 이러한 모든 현장에서 정신과 간호사는 훈련과 자문은 물론이고 직접적 서비스를 제공하는 일선에 있다.

# 7. 임상심리학의 간략 역사

## 1) 임상심리학의 근원

### (1) 기원전

정신병리학의 역사와 치료법에 대한 수많은 학술 교과서는 정신장애가 악마에 씐 것이 아닌 자연적 원인에서 발생했다는 초기 학자들의 주장을 기술하고 있다. 그리스인들은 정신과 신체가 밀접하게 상호 연결되어 있다고 믿었다. 기원전 500~300년 초기 그리스 학자 중 히포크라테스는 신체적 장애와 심리적 장애를 이해하기 위해 건강과 질병에 미치는 생물학적 · 심리적 · 사회적 영향을 고려했다. 이는 오늘날 생물심리사회적 관점으로 알려진 접근방식이다. 이상심리학과 성격심리학 교과서에서 혈액, 흑담즙질, 황담즙질, 점액질의 불균형이 정서의 장애를 일으킨다는 히포크라테스의 체액론에 대해 들어봤을 것이다. 그는 인간의 신체를 치료하기 위해서 사물 전체에 대한 지식을 갖추는 것이 필요하다고 주장하면서, 다양한 스트레스원이 치유를 방해할 수 있다고 보았기 때문에 환자에게 편안한 마음을 갖고 인내하도록 격려했다. 이후 플라톤은 정신장애의 발달과 완화에서 사회적 힘과 심리적 욕구의 역할을 강조했다. 즉, 정신 또는 영혼이 몸 안에 있으며, 영혼에 존재하는 문제가 신체적 질병의 원인일 수 있다고 보았다. 성격 조화의 결여 및 자기에 대한 소홀이 정신질환 증상에 책임이 있다고 믿었다. 반면 아리스토텔레스는 정신장애의 생물학적 결정요인을 강조했다.

### (2) 중세 시대

중세에는 많은 사람들이 질병과 정신이상이 악마, 마녀, 그리고 죄의 영향과 같은 영적 문제에 의해 야기되는 것으로 믿었다. 따라서 치유와 치료는 다시 한 번 통합적인 생물, 심리, 사회적 전략을 사용하는 의학적 쟁점이 아닌 영적 쟁점이 되었다. 병든 사람은 성직자와 상의하였고, 속죄가 치료로 처방되는 경향이 있었다. 1500년대 후반, 성 빈세트 폴은 정신적 · 신체적 질병이 자연적 힘에 의해 유발되었고, 정신병적 행동과 같은 정신적 장애의 극단적인 현상은 요술이나 사탄에 의한 것이 아니라고 제안했다. 불행히도 유럽과 북미에서 정신병 치료에 대한 지배적인 접근 방식은 이후 몇 세기 동안 비인간적이었다. 심한 정신질환으로 고통받는 사람들은 정신병원에 격리되었으며, 대부분의 조치는 정신건강 증진에 도움이 되지 못했다. 생활조건은 불결했고 공격적인 환자는 벽에 묶여 있었다. 치료법은 극심한 행동을 진정시키기 위해 칼이나 거머리로 피를 뽑거나 얼음물에 몸을 담그는 방법이었다.

### (3) 르네상스 시대

1700년대 후반에 시작된 유럽과 북미의 계몽주의 시대에 문제를 분석하고 이해하고 해결할 수 있는 새로운 세계관이 생겼으며 과학적 방법은 인간 경험을 포함하여 모든 자연 현상에 적용될 수 있었다. 르네상스 시대의 새로운 의학적 발견은 정신질환을 포함하는 질병이 마음과 영혼에 대한 신념보다는 과학적인 관찰과 실험에 의해 이해될 수 있다는 생물의학적 환원주의를 가져왔다. 통합적인 생물심리사회적 관점의 생물학적 측면이 강조되었다. 철학운동은 정신질환자의 치료에 놀라운 영향을 미쳤다. 1793년에 파리의 정신병자 수용소의 원장이었던 개혁가 필립 피넬은 모든 정신병 환자를 쇠사슬에서 풀어주고 인도적으로 대우할 것을 명령했다. 영국에서 같은 시기에 윌리엄 투크는 적절한 치료방법에 관한 현대적 아이디어를 토대로 병원을 발전시켰다. 미국에서는 벤자민 러쉬가 정신질환자에게 도덕적 치료를 장려했다. 이는 환자에게 신체적 처벌이나 감금보다는 연민과 인내심을 사용하는 것을 장려하는 치료철학이었다.

### (4) 19세기

이 시기에 유럽 의학에서 신경학의 전문성이 급격하게 증가했다. 정신장애에 대한 관심이 높아지면서 히스테리 같은 상태는 순수하게 생물학적 원인으로 쉽게 설명될 수 없다는 인식을 하게 되었다. 프랑스인 의사 샤르코는 임상신경학의 주요 개발자로서 신임을 받고 있었다. 그의 명성이 높아짐에 따라 히스테리에서 심리적 요인의 역할에 중점을 두었다. 샤르코가 치료과정에서 사용한 암시와 최면은 많은 의사와 의대생들의 관심을 끌었다. 이 집단의 주목할 만한 멤버는 프로이트로서 처음에는 샤르코의 이론을 받아들이고 최면술을 사용했지만 후에는 히스테리를 설명하는 자신만의 이론을 발전시켰다. 19세기는 정신적 질병이나 신체적 질병에 대한 이해에서 많은 진보가 있었고, 건강과 질병 모두에서 신체와 정신 간의 관계에 대해 더 정교한 설명이 이루어졌다.

### 2) 임상심리학에서 평가의 역사

임상심리학의 초기 역사는 대부분 임상 평가의 역사이다. 이는 임상심리학이 인간의 행동을 측정하고, 기술하고 이해하는 데 초점을 맞추는 심리학에서 발달한 것과 마찬가지이다. 임상심리학 평가의 역사에서 중요한 사건은 〈표 1-3〉에 제시되어 있다.

〈표 1-3〉 임상심리학 평가의 역사와 관련된 시간표

| | |
|---|---|
| 1879년 | Wundt : 감각과정을 측정하는 최초의 심리학 실험실 개설 |
| 1899년 | Kraepelin : 최초의 진단체계 개발 |
| 1890년 | Cattell : 정신검사라는 용어 처음 사용 |
| 1905년 | Binet와 Simon : 학생의 지적 능력을 평가하기 위한 검사 개발 |
| 1914년 | Terman : 비네 검사를 미국에서 '스탠퍼드-비네'검사로 표준화하여 전 세계에 전파 |
| 1917년 | 군인 선발용 army-α, army-β 검사 개발 |
| 1920년대 | Rorschach : 잉크반점의 해석에 대한 책 출판 |
| 1939년 | Wechsler : 성인지능검사 개발 |
| 1940년대 | Murray와 Morgan : 주제통각검사(TAT) 출판 |
| 1943년 | Hathaway : 미네소타 다면성격검사(MMPI) 출판 |
| 1946년 | 미국 퇴역군인관리국 : 심리학자의 평가와 치료를 위한 실습과 인턴십 훈련 시작 |
| 1940년 | Halstead : 신경심리검사 배터리 소개 |
| 1952년 | 미국정신의학회 : 정신장애의 진단 및 통계편람(DSM-I) 출간 |

| | |
|---|---|
| 1954년 | Meehl : 통계적 의사결정과 임상적 의사결정을 구분 |
| 1968년 | Mischel : 평가에 대한 행동주의 심리학적 접근 제안 미국정신의학회 : DSM-II 출판 |
| 1970년대 | Quay, Achenbach, Conners : 경험 기반 아동문제 평가척도 출판 |
| 1980년 | 미국정신의학회 : DSM-III 출판 |
| 1990년대 | 행동주의적 평가기법과 전형적 평가기법의 병합 증가 |
| 1990년대 | 심리검사 결과의 채점과 해석에 컴퓨터 사용 증가 |
| 1994년 | 미국정신의학회 : DSM-IV 출판 |
| 2000년대 | 평가도구의 선택과 사용에서 증거 기반 평가 원칙에 대한 관심 증가 |
| 2013년 | 미국정신의학회 : DSM-5 출판 |

1880년대 후반에 세계적인 계몽주의의 영향으로 인간행동의 정상, 이상을 이해하는 데 과학적 원칙을 적용하기 시작했다. 영국에서 골튼은 사람들 간의 개인차, 특히 운동 기술, 반응시간의 차이를 연구했는데, 그는 그런 요인이 지능의 차이와 연관된다고 믿었다. 독일에서 분트는 최초의 심리학 실험실을 개설했는데 인간의 경험을 연구하는 것이 심리학이라고 주장했다. 미국의 제임스 맥킨 카텔은 분트와 한때 연구했던 사람으로서 반응시간과 지능 간의 연관성에 대해 과학적 관심을 가졌다. 그는 인지 기능을 평가하기 위해 개발한 과제와 검사 배터리를 기술하기 위해 정신검사라는 용어를 도입했다. 임상심리학의 평가에 대한 초기 연구에 영향을 미친 유명한 두 사람은 독일의 정신의학자 에밀 크레펠린과 프랑스 심리학자 알프레드 비네이다. 크레펠린은 모든 정신장애는 생물학적 요인에서 기인하고 장애의 생물학적 원인은 1800년대 후반과 1900년 초반에 이용되었던 원시적 방법으로는 효과적으로 치료할 수 없다고 확신했다. 따라서 그는 정신장애를 연구하고 분류하는 데 헌신했으며 그의 연구는 치료적 함의를 가진 과학적 기반 분류를 만들어냈다. 크레펠린이 현대의 정신의학과 임상심리학에 미친 영향은 크다. 미국정신의학회의 DSM과 세계보건기구(WHO)의 국제질병분류(ICD)와 같은 현대의 정신장애 분류체계의 본질과 구조는 크레펠린의 연구가 기원이다.

20세기 초에 프랑스 정부는 모든 아동이 학습할 수 있고 잠재능력을 최대화할 수 있는 학교교육을 실시하고자 했다. 특히 전형적인 교수방법으로는 도움이 되지않는 인지능력이 낮은 아동들에 대한 교육을 제공하는 데 관심이 있었다. 특수교육 프로그램을 도입하기 전에 그런 프로그램이 필요한 아동을 신뢰성 있는 방법으로 확인하는 것이 필요했다. 비네와 그의 동료인 시몽은 정부의 요청을 받아 제한된 지능을 가진 아동을 확인하기 위해 정신능력을 측정하는 전략을 개발하였다. 이것이 바로 1908년에 개발된 비네-시몽 척도인데, 3~13세 아동에게 실시할 수 있는 50개 이상의 정신기술검사로 구성되어 있다. 1916년에 터만은 미국에서 이 척도의 수정판, 스탠퍼드-비네 지능검사를 출간했으며, 이는 과학적 근거에 기반을 둔 지능검사로서 세계적으로 이용되었다.

비네의 선구적 연구와 터만의 수정 연구를 계기로 심리평가 분야는 급속도로 성장하였다. 미국이 제1차 세계대전에 참여함에 따라 미국 정부는 수천 명의 지원자가 군대에 적합한지 신속하게 결정하기 위한 절차가 필요했다. 따라서 미국심리학회가 지원자의 정신적 기능을 평가하여 분류하기 위한 도구를 개발하기 위해 참여하게 되었다. 이들은 단기간 내에 언어적 정신능력 측정도구를 개발했는데, 이것이 Army-α 검사이며 집단검사이다. 뒤이어 비언어적 정신능력검사도 개발했는데, 이것이 Army-β 검사이다. 이는 영어 사용에 제한이 있거나 읽을 수 없는 지원자를 평가하기 위한 것이다. 미국 정부사업에 심리학자들이 참여함으로써 북미에서 검사 제작과 개인차 측정에서 심리학자의 전문성에 대해 인정받게 되었다. 또한 과학적으로 인정받은 심리검사의 개발에 최초의 표준을 설정했다. 이 같은 결과로 임상심리학은 APA(1919년 임상심리학 분과학회 창설) 내에서 공식적으로 인정되었다.

이후 1920년대에는 로르샤흐가 잉크반점검사를 개발하였고, 1930년 후반에서 1940년대에는 웩슬러가 성인지능검사, 머레이가 주제통각검사, 해서웨이가 미네소타 다면성격검사를 출판하게 되었다. 이들 검사들은 현재까지 전 세계적으로 임상 장면에서 널리 사용되며 환자의 심리평가에서 중추적인 역할을 한다. 한편 할스테드가 신경심리검사 배터리를 출판한 이후 다양한 신경심리검사가 개발되고 있다. 1952년에 미국정신의 학회에서 정신장애 진단 및 통계편람(DSM-I)을 출판한 후 1968년에 DSM-II를 출판하였다.

1980년대 미국정신의학회의 DSM-III 발간으로 진단정보 수집에 대한 구조화된 면접 접근에 대한 관심이 높아졌다. 수년 동안 연구자들은 임상심리학자와 정신과 의사를 포함한 임상가들이 환자 면접 방식에 일관성이 없다는 것을 밝혀왔다. 이러한 불일치의 결과로 가끔 동일한 사람에게 서로 다른 진단이 부여되었다. 이러한 진단 불일치는 환자에게 권장되는 치료 유형에 큰 영향을 줄 수 있다. DSM-III는 진단을 내리기 위해 충족시켜야 하는 특정 기준에 대한 최대한 명확한 지침을 제공함으로써 정신과 진단의 신뢰성을 향상시키기 위한 시도를 했다. 임상가는 DSM-III으로 장애를 진단하기 위해서 과학적으로 확립된 구조화된 면접을 하거나 또는 최소한 진단을 받기 전에 필요한 진단 기준이 충족되었는지를 확인하도록 강력히 권고되었다.

1990년대에 와서는 행동주의적 평가기법과 전형적 평가기법의 병합이 증가하였고, 심리검사 결과의 채점과 해석에 컴퓨터 사용이 증가하였다. 1994년에는 DSM-IV가 출판되었고, 2000년대에 들어서는 심리평가도구의 선택과 사용에서 증거 기반 평가 원칙에 대한 관심이 증가하였다. 2013년에 오랜 기다림 속에 DSM-5가 출판되었다.

### 3) 임상심리학에서 개입의 역사

임상심리학 개입의 역사에서 이정표가 된 사건은 〈표 1-4〉에 제시되어 있다.

**〈표 1-4〉 임상심리학에서 개입의 역사에 대한 시간표**

| | |
|---|---|
| 1896년 | Witmer : 최초의 심리학 진료소 창립 |
| 1900~<br>1930년대 | 정신분석 접근의 발달 |
| 1920년대 | Cover Jones : 최초의 불안에 대한 행동치료를 실시 |
| 1940년대 | 세계 전쟁 관련 고통을 다루기 위해 서비스 요구가 증가 |
| 1942년 | Rogers : '상담과 심리치료' 출판. 내담자 중심 접근 소개 |

| | |
|---|---|
| 1952년 | Eysenck : 성인대상의 심리치료 유용성에 의문을 제기하는 리뷰 출판 |
| 1957년 | Levitt : 아동대상 심리치료 유용성에 의문을 제기하는 리뷰 출판 |
| 1958년 | Wolpe : 공포증의 행동치료에 대한 논문 출판. 체계적 둔감법 소개 |
| 1967년 | Beck : 인지치료 소개 |
| 1977년 | Meichenbaum : '인지행동 수정 : 통합 접근'출판 |
| 1980년 | Smith, Glass와 Miller : '심리치료의 효과'출판. 성인치료의 메타분석 리뷰 |
| 1987년 | Wiesz, Weiss, Alicke와 Klotz : 아동과 청소년 치료에 대한 메타분석 리뷰 출판 |
| 1995년 | 미국심리학회, 임상심리학분과 : 치료의 경험적 지지도를 평가하기 위한 준거 정의 |
| 1995년 | 미국심리학회 : 향정신성 약물처방 모델 채택, 심리학자를 위한 정신약물학 훈련 교과과정 채택 |
| 2002년 | 미국 뉴멕시코 주 : 임상심리학자에게 최초로 약물 처방권 허용 |
| 1996년 | Roth와 Fonagy : 심리치료 연구의 비판적 리뷰 출판 |
| 1998년 | Nathan과 Gorman : 효과적 치료 가이드 출판 |
| 2005년 | 미국심리학회 : 심리학에서 증거 기반 실제 정책 채택 |

심리치료의 현대적 역사는 프로이트의 작업과 정신분석의 발달로 시작되었다고 볼 수 있다. 프로이트는 1909년에 미국 클라크대학교 총장인 스탠리 홀의 초청으로 미국에 처음 방문하였고 정신분석을 세계적으로 알린 계기가 되었다. 이후 아들러, 융 등이 정신분석을 추종하였으나 각자 독립된 학파를 만들었고 정신분석은 여러 사람을 거치면서 다양한 모습으로 발전하였다. 위트머가 최초로 대학에 심리진료소를 개설하면서 임상심리학이 창설되었고, 정신역동적 접근은 행동주의 심리학자의 도전을 받았다. 왓슨(Watson & Rayner, 1920)은 '리틀 앨버트 실험'으로 흰쥐에 대한 공포조건화 실험을 하였고, 왓슨의 제자인 메리 커버 존스는 1924년에 공포증을 역조건화를 통해 제거시키는 실험을 하였으며 이는 행동치료의 서막을 알렸다.

이후 1960년대와 1970년대는 일반인이 이용할 수 있는 심리치료의 종류와 심리치료 효과에 대한 연구가 크게 증가하였다. 1960년대에 앨버트 엘리스는 합리적 정서치료, 에릭 번은 교류분석, 펄스는 게슈탈트 치료, 글래서는 현실치료를 개발했다. 행동수정과 행동치료는 유관성, 행동형성, 강화와 같은 학습 원리를 사용하여 자기손상행동, 공포증, 과잉행동, 성기능장애와 같은 문제에 폭넓게 적용되었다. 일반적으로 심리학에서 인지현상에 대한 관심이 증가함에 따라 행동치료는 치료에서 인지요소를 다루기 시작했다. 1970년대 후반 두 권의 저서가 출판됨으로써 인지행동치료가 널리 알려졌다. 지금은 고전이 된 두 책은 마이헨바움의 인지행동 수정 : 통합 접근(Meichenbaum, 1977)과 벡과 동료들이 출판한 우울증의 인지치료 : 치료 매뉴얼(Beck, et al., 1979)이다. 인지행동적 접근은 1970년대에 성인과 아동의 문제를 치료하는 데 적용되었고 큰 인기를 얻게 되었다.

1980년에 임상심리학 개입의 역사에서 또 하나의 이정표가 세워졌는데, 스미스 등(Smith, Glass, & Miller, 1980)은 메타분석이라는 통계기법을 사용하여 심리치료에 대한 475개의 통제된 연구를 검토했다. 1980년대와 1990년대에는 심리치료의 역사에서 몇 가지 중요한 발전이 있었다. 이 기간에 심리치료에 대한 연구의 양이 급격히 증가했다. 또한 치료법을 안내하는 치료 매뉴얼의 사용이 증가하고 치료를 받는 사람들을 평가하기 위한 표준화된 진단 기준이 사용됨에 따라 연구의 방법론적 정교성이 크게 향상되었다. 수많은 사회적 요구와 및 보건행정상의 압력으로 효과적인 단기치료(20회에서 25회 미만)의 개발 및 보급에 대한 요구가 높아졌다. 단기치료에 대한 이러한 요구는 인지행동치료를 지지하는 사람들에 의해 환영받았다. 또한 정신역동 및 인본주의/실존주의/경험적 접근이 단기간 서비스를 제공하는 방법으로 채택되었다. 스트럽과 동료(Strupp & Binder, 1984)가 개발한 시간제한적 역동 심리치료를 포함하여 영국, 캐나다, 미국에서는 대인관계에 초점을 둔 수많은 정신역동 치료가 등장했다. 같은 기간 미국에서 심리학자를 위한 처방권이 처음 국방부에서 그리고 여러 주에서 현실화되었다. 미국심리학회는 처방권에 대한 결의안을 통과시켰다. 이는 관련 전문직 내에서 매우 논쟁의 여지가 있음에도 불구하고 임상심리학자에 대한 정 신약물학 교육 및 처방권은 지속적으로 추진되고 있다.

임상심리학의 실제는 심리치료의 효과에 관한 연구에 크게 영향을 받았다.

1980년대 건강심리학이 출현하면서 임상심리학자는 신체적 · 정신적 건강문제의 예방과 관련된 서비스를 시작했다. 1995년부터 '경험적으로 지지된 치료'의 목록을 작성하기 위해 미국 심리학회 임상심리학분과에서 그 준거를 마련했다. 2005년에는 미국심리학회에서 심리학에서 증거 기반 실제를 채택하게 되었다.

### 4) 한국임상심리학의 역사

#### (1) 임상심리분과회

우리나라 임상심리학의 역사는 1964년 10월부터 시작되었다. 9명의 심리학자가 모여서 전문학회 창립을 위한 예비모임을 가졌고, 그해 11월에 '임상심리분과회'가 창설되었고, 1973년에 회원들의 요청에 따라 '임상 및 상담심리분과회'로 바뀌었다. 이후 상담 심리학 전공자들이 독자적으로 분과학회를 창립함으로써 1987년에 다시 '임상심리분과회'로 변경되었다.

임상심리분과회에서는 매주 세미나를 했는데 이러한 학술활동은 1967년 2월에 임상심리학보의 창간으로 결실을 맺었다. 이는 미국보다 60년 후의 일이다. 학술지의 명칭은 임상 및 상담심리학보(1982), 임상심리학회보(1987), 한국심리학회지: 임상(1988), Korean Journal of Clinical Psychology(2016)로 변경되었으며, 한국심리학회지: 임상심리 연구와 실제(2015)가 새롭게 창간되었다.

#### (2) 임상심리전문가

임상 및 상담심리학회는 학회가 인정하는 전문가를 배출할 목적으로 1973년 2월에 1회 자격시험을 실시했고, 임상심리전문가 8명(김성태, 이현수, 한명택, 김중술, 원호택, 신동균, 염태호, 김영환)과 상담심리전문가 6명이 자격을 취득하였다.

1950년 말에서 1960년 초기에 걸쳐 한국의 임상심리학은 크게 발달하였다. 우선 1961년에 국립정신병원에 임상심리과가 독립된 진료부서로 인가되었고, 이현수가 최초의 임상심리과장으로 임명되었다. 이것이 국가적 차원에서 임상심리학자의 기능을 인정한 최초의 사례이다. 이 같은 변화를 시작으로 1963년에는 우석

의대병원, 가톨릭의대 병원, 1964년에는 세브란스의대병원과 서울의대병원에 임상심리학자가 전임교원으로 임명되었다. 이후 가정법원이나 육군에서 임상심리학자의 수요가 있었다.

### (3) 정신건강 임상심리사

1995년 정신보건법 제정으로 임상심리학자는 '정신보건 임상심리사'(현재는 '정신건강 임상심리사'로 명칭 변경)로 법적인 지위와 역할을 부여받게 되었다. 이를 계기로 임상 심리학에 대한 기대가 높아지고 임상심리학자의 수가 급속하게 증가하였다. 대학에서 심리학을 전공하고 정신병원이나 이에 준하는 시설에서 1년간의 수련과정을 거치고 국가시험을 통과한 후 국가자격증을 취득할 수 있다.

위의 임상심리학자의 고용 장면에서 언급했듯이 현재 우리나라의 임상심리학자의 진출 영역은 매우 다양해졌다. 한국임상심리학의 역사에 대한 자세한 내용은 한국임상심리학회(2016)에서 출판한 한국임상심리학회 50년사를 참고할 수 있다.

# 제 2 장

# 임상심리학의 연구방법

1 연구가설 만들기

2 연구 참가자의 선정

3 심리적 · 행동적 속성 측정 도구

4 실험설계

5 연구 윤리

과학적 방식으로 학문적 호기심을 해결하려는 심리학자가 있다. 이 심리학자는 자신의 학문적 호기심을 어떻게 해결할까?

이 사람은 자신의 호기심과 관련된 선행연구들을 개관하여 호기심을 과학적 문장인 연구가설로 진술할 것이다. 그런 다음 이 연구가설이 타당한지를 현실적 · 객관적 자료를 수집할 것이고 수집된 자료를 분석할 것이다. 마지막으로 자신의 연구가설이 자료의 분석된 결과와의 관계를 살핌으로써 연구가설에 대한 잠정적 판단을 할 것이다. 간단히 정리하면, 학문적 호기심을 해결하는 과정이 다음 세 과정이다.

첫째, 연구가설 만들기
둘째, 자료수집하기
셋째, 자료분석하기

## 1. 연구가설 만들기

이 책으로 임상심리학을 공부하는 학부학생들에게 가장 어려운 과제 중 하나가 아마도 '연구가설'을 만드는 일일 수 있다. 어떤 현상에 대해 호기심을 갖는 것이 일반적으로 생각하는 것보다 훨씬 어려운 인지적 노력의 산물일 수도 있기 때문이다. 호기심이 생기려면 먼저 어떤 현상에 대한 도식(또는 지식)이 필요하다. 도식(또는 지식)에 어긋나는 현상이 관찰되어야 호기심이 발동되는데 학부학생들은 지금 도식을 만들고 있는 과정에 있으니 "이상하네, 왜 그렇지?", "무슨 일이야, 알고 있는 것과는 다른데?", "내가 읽은 논문들에서는 그렇게 나와 있지 않았는데?" 등의 의문이 발생하기 어려울 수 있다. 그러니 연구가설에 대해 잘 모르겠다는 느낌이 들어도 '자연스러운', '당연한 일'로 생각하면서 이 내용들을 읽어 나가길 바란다.

연구가설을 획득하는 경로는 두 가지다. 바로 귀납법과 연역법이다. 귀납법은 일개의 현상들을 관찰한 결과, 그 현상들 속에 내재된 법칙을 찾는 사고 유형이고 연역법은(확립된) 법칙에 근거해서 현상을 관찰하여 법칙의 과학성을 찾는 사고 유형이다. 대부분의 임상심리학자들은 연역법적 사고과정에 따라 연구가설을 만들 것이다. 때로는 귀납적 사고에 근거해 연구가설이 만들어질 수도 있다. 연구가설이 만들어지는 과정을 아래에 예를 들어 제시하겠다.

어느 날, 조월영은 강의에서 발표를 마친 급우인 문한마가 "내 얼굴이 너무 빨개져서 부끄러워 죽을 뻔했네"하는 말을 들었다. 월영은 한마의 얼굴이 빨개진 줄 몰랐는데 그렇게 말하는 것이 놀라웠다. 문한마는 사람들 앞에서 발표하는 것을 정말 싫어하는데 싫어하는 이유가 안 빨개진 얼굴을 빨개졌다고 생각해서 그런가 하는 의문을 갖게 되었다(개인의 경험 수준).

임상심리학 수업에서 과학적 논문을 작성하여 제출하는 과제가 생겼다. 조월영은 얼마 전에 있었던 문한마의 경험을 토대로 과제를 만들 수 있을 것 같아 도서관에 가서 자료를 검색하였다. 조월영은 검색어로 '불안', '사회불안', '불안과 신체반응' 등을 사용하였다(개인 경험을 일반적 경험으로 확장시키는 과정).

조월영은 사회불안의 원인들을 밝혀낸 수많은 연구들이 있어 이 중 최근에 나온 논문들을 읽었다(연역적 사고를 하기 위한 과정).

이 논문들의 연구결과를 토대로 월영은 사회불안을 가진 사람들 중에서 자신의 신체변화에 대한 지각이 너무 예민한 사람들이 있고 이 사람들은 관찰자가 지각하지 못하는 자신의 신체변화에 주의를 기울인다는 것을 알게 되었다(연역적 사고를 할 수 있는 법칙 발견).

월영은 선행연구의 결과를 토대로 하여 연구가설을 만들 수 있었다(연역적 사고에서 도출된 연구가설).

연구가설이 만들어지는 과정에서는 방금 본 것처럼 연역적 경로와 귀납적 경로, 두 경로가 모두 사용된다.

## 2. 연구 참가자의 선정

연구가설은 특정속성을 측정할 것이라는 내용이 명시되어 있다. 그러므로 이 특정 속성을 가진 사람을 연구 참가자로 모집한다. 이때 연구자는 특정 속성을 가진 대상 전체(모집단)를 측정할 것인지 아니면 대상 중 일부만 측정할 것인지(표본) 결정해야 한다.

모집단 연구에서는 연구 참가자를 선정할 필요가 없으나 표본을 사용하려면 고려해야 할 사항들을 간결하게 제시한다.

첫째, 표본의 결과를 모집단에 적용할 것인가의 선택
둘째, 첫 선택에 근거해 모집단 일부를 선발하는 방식

표본의 결과를 모집단에 적용할 것인가와 관련된 사안은 확률 표집 대 비확률 표집에서의 선택이다.

### 1) 확률 표집법

확률 표집은 연구가설에 근거해 관찰할 관찰요소들에 대한 정보를 연구자가 알고 있는 경우에만 사용될 수 있다. 이는 연구자가 특정 관찰요소 하나가 표본에 뽑힐 확률을 알고 있다는 것을 뜻한다. 예를 들면 우리는 주사위를 던졌을 때 '5'라는 숫자가 나올 확률을 6분의 1이라는 것을 알고 있다. 이를 아는 것은 주사위가 여섯 면으로 되어 있으며 이 여섯 각각에 1부터 6까지의 숫자가 한 면에 하나씩 부착되어 있다는 것을 알고 있기에 저 확률을 말할 수 있는 것이다.

확률 표집을 사용하려면 이처럼 표집요소 전체의 개별 대상자 한 명씩 모두에게 번호를 부여해야 하는 작업을 완료한 후 표본이 구성될 수 있다. 앞서 제시된 확률 표집법은 구체적으로 무선표집(randomized sampling)이다. 그러면 주사위를 여섯 번 던지면 각 숫자가 한 번씩 나올까? 아니라는 것을 여러분은 알고 있다.

주사위를 던졌을 때 각 숫자가 나올 확률 6분의 1은 무한히(이론적으로) 던졌을 때 각 숫자가 등장하는 이론적(비현실적) 확률이다. 이 표집방법을 연구가설의 증명을 하는 데 사용한다면 어떤 일이 발생할까? 어쩌면 최악의 경우 여섯 번 주사위를 던졌는데 '6'이 여섯 번 나오는 상황과 같은 상황이 벌어질 수 있다. 어느 여자대학교의 전체 재학생에게 번호를 부여하여 무선표집을 한 결과, 특정 단과대학 또는 특정 학과 또는 남학생만 또는 1학년만 표집될 수도 있다. 이런 표집은 모집단의 구성과는 완전히 다른 구성이므로 표본을 대상으로 한 결과를 모집단에 적용시킬 수가 없다.

그래서 표본의 구성과 모집단의 구성이 최대한 또는 동일하게 구성되게 만들 수 있는 다양한 확률 표집들이 있다.

- 체계적 표집법

모집단 크기를 표본 크기로 나눈 값(K)을 기준으로 하여 K번째 사람을 표집하는 방식

- 군집표집법

모집단이 여러 집단들로 구분되어 있는 경우, 집단내 속성은 이질적이나 집단간 속성은 동질적인 경우 사용할 수 있는 표집법

- 계층표집법

모집단을 구성하고 있는 집단이 위계적(서열적) 속성을 갖고 있으면서 집단내 속성은 동질적이나 집단간 속성은 이질적인 경우 사용할 수 있는 표집법

### 2) 비확률 표집법

모집단의 크기 또는 모집단을 이루는 표집요소들에 대한 정보에 대해 알고 있지 못한 상황에서 사용하는 표집법으로 표본 결과를 모집단 또는 표본이 아닌 다른 집단에 적용하는 것에 제한이 있다. 비확률 표집법 중 몇 가지만 제시한다.

- 눈덩이 표집법
- 우연 표집법
- 할당 표집법

### 3) 심리학 연구에서의 연구대상자 선정

사실 심리학 연구에서 확률 표집을 사용하는 연구는 흔하지 않다. 심리학의 연구가설에서 제시되는 연구대상의 범위는 '인간(또는 인류)'이므로 모집단에 대한 정보를 알 길이 없다. 하여 대부분의 심리학적 연구에서는 비확률 표집이 사용된다.

대부분의 심리학자들은 사실 비확률 표집을 사용해 관찰된 결과를 일반화시키는데 제한이 있다고 생각하지 않는다. 앞서 언급한 것처럼, 심리학 연구가설은 대부분 '인간행동 및 사고과정'의 '보편적' 법칙을 발견하는 데 초점을 맞추고 있기 때문이다. 보편적 법칙이 어느 정도로 현실을 잘 설명할 수 있는지를 심리학자들은 끊임없이 반복검증하고 있으며 이 반복검증을 통해 확인된(안정적이고 일관성 있는) 인간행동 및 사고의 법칙을 다룬 연구결과들이 '지식'이 되어 심리학 교재에서 소개된다.

## 3. 심리적·행동적 속성 측정 도구

심리학자들이 심리적 · 행동적 속성을 어떻게 측정할 것인가 하는 쟁점은 연구법과 일맥상통하는 사안이라고 볼 수 있다. 연구가설에 근거해 연구법이 선택되면 어떤 방식으로 측정할 것인가 하는 사안도 해결된다.

심리적 또는 행동적 속성은 대부분 직접적 관찰로 측정될 수 없는 것이므로 측정도구의 타당도와 신뢰도가 매우 중요하다(표 2-1 참고). 측정도구에 대한 타당도와 신뢰도를 필수정보로 제시해야 하기에 심리학자가 '심리측정학적 기준'을 고려하지 않은 또는 기준을 무시한 측정도구가 제작되는 일은 거의 없다.

〈표 2-1〉 **측정도구의 심리측정 속성**

| 질문 | 속성 | 종류 | 내용 |
|---|---|---|---|
| 이 측정도구로 속성을 두 번 측정했을 경우, 그 결과가 얼마나 비슷한가? | 신뢰도 | 검사-재검사 신뢰도 | 일정 간격을 두고 특정 속성을 두 번 측정한 결과의 비슷한 정도(측정결과의 안정성) |
| | | 내적 일관성 | 측정요소(예, 문항)들이 동일한 속성을 측정하고 있는가를 반영함(문항의 동질성) |
| | | 관찰자(평정자)간 신뢰도 | 두 명이상의 관찰자(평정자)의 측정(평정)결과가 얼마나 비슷한가를 반영함(측정결과의 일관성) |
| 이 측정도구로 측정하고자 한 속성을 측정하고 있는가? | 타당도 | 내용 타당도 | 구성개념의 범위에 속한 모든 요소가 측정도구에 잘 반영되어 있는가를 반영함 |
| | | 구성 타당도 | 수렴 타당도: 비슷한 구성개념들을 측정한 결과치들의 관련 정도(상관계수가 1.0에 가까운) |
| | | | 변별 타당도: 다른 구성개념들을 측정한 결과치들의 관련 정도(상관계수가 0에 가까운) |
| | | 준거 타당도 | 동시(공인) 타당도: 이론적으로 관련성이 있는 두 개념을 측정하는 두 도구로 동시에 그 개념들을 측정하여 한 측정도구의 결과(X)로 나머지 측정도구의 결과(Y)를 예상할 수 있는 정도 |
| | | | 예언 타당도: 이론적으로 관련성이 있는 개념들을 측정하는 도구 중 한 측정도구의 결과(X)로 상당한 기간이 지난 후 측정된 나머지 측정도구의 결과(Y)를 예상할 수 있는 정도 |
| 특정 측정도구를 추가하면 준거타당도가 증가할 수 있나? | 타당도 | 증분 타당도 | 현재 사용한 측정도구 외 추가로 측정도구를 사용하여 준거타당도가 증가한 정도 |

자료수집 방법인 실험법, 상관법(조사법, 관찰법), 단순사례기술법 등 중 하나를 선택하였다면 심리적 · 행동적 속성은 그 선택된 방법 안에서 더 구체적 방식으로 측정된다(표 2-2. 참고). 실험법에서는 정신생리적 측정도구 또는 수행도 측정도구를, 조사법에서는 주로 자기보고 측정도구 또는 타인보고 측정도구를, 단순사례

기술법에서는 구조화된/비구조화된 면담 및 투사측정도구가 사용될 수 있다.

〈표 2-2〉 측정옵션

| | |
|---|---|
| 자기보고 측정도구 | 연구 참가자가 자신에 대한 태도, 자신의 가치 또는 적응, 정서/감정, 동기 등의 다양한 마음 상태를 묻는 문항으로 구성된 질문에 응답하는 것이다. |
| 정보원보고 측정도구 | 다른 사람들이 연구 참가자에 대해 평가한 정보를 수집하는 것이다. 다른 사람들에는 파트너, 부모, 교사와 같이 참가자와 친숙한 사람 등이 포함된다. 때로는 참가자와 참가자와의 대인관계 경험이 적은 사람으로부터 정보를 수집할 수도 있다. |
| 평정자 평가 | 참가자의 행동 또는 태도에 대한 전문적 측정이 가능한 전문가로부터 정보를 수집할 수 있다. 예를 들면, 참가자가 과제를 수행하는 비디오테이프를 본 평정자나 참가자를 치료한 임상심리학자 또는 정신과 의사로부터 참가자의 자료를 수집할 수 있다. |
| 수행도 측정 | 참가자는 시각운동 과제, 반응시간 과제, 확인 과제 등의 특정한 지적 기술이나 사회적 기술과 관련된 과제 등을 수행함으로써 정보를 제공하기도 한다. |
| 투사 측정도구 | 시각적으로 모호한 자극에 대한 지각이나 애매한 상황에 대한 스토리텔링 등을 활용하여 참가자의 인식수준 하에 있는 욕구나 동기를 측정하여 정보를 수집할 수 있다. |
| 행동 관찰 | 참가자의 실제 행동을 구조화된 평정지를 활용하여 행동에 대한 구체적 정보들을 수집할 수 있다. 이 관찰은 실험실에서도 일상환경에서도 이루어질 수 있다. |
| 정신생리적 측정도구 | 참가자의 자율신경계 각성, 심혈관계 활동, 신경학적 기능(뇌파, 뇌의 각성수준) 등을 측정한다. |
| 기록 자료 | 이미 수집된 자료를 활용하는 것으로 경찰 기록, 건강관리 이용 기록, 학업 성적 기록 등이 있다. |

출처: Hunsley & Lee(2010).

## 4. 실험설계

실험설계는 실험법으로 심리적 · 행동적 속성을 측정하고자 할 때 구체적으로 독립변수를 연구참가자에게 어떻게 처치 · 할당할지 그리고 종속변수를 어떻게 측정할지에 대한 절차다. 독립변수를 연구참가자에게 처치하는 방식으로 단순한 것은 연구참가자들을 두 개의 집단으로 나누어 한 집단에게만 독립변수를 처치하는 것(실험집단)이다. 이 방식은 집단 간 설계 중 가장 단순한 설계다. 집단 간 설계에서 연구참여자는 단 하나의 독립변수에 처치된다. 만약 연구참여자가 두 개 이상의 독립변수들을 처치 받으면 집단내 설계다. 한 실험에서 집단간 설계와 집단내 설계를 동시에 사용하는 설계를 혼합설계라 한다. 더 자세한 내용은 실험설계 강의에서 소개받을 수 있다.

## 5. 연구 윤리

연구 윤리는 크게 두 영역으로 나눌 수 있다. 하나는 자료수집 및 분석, 원고 작성 등의 과정에서 연구자가 준수해야 하는 규칙과 관련된 것(연구 윤리)이고 다른 하나는 연구대상자 선발 및 관찰 · 측정과 관련된 규칙과 관련된 것(생명 윤리)으로 볼 수 있을 것 같다.

[글 상자 2-1]에 한국임상심리학회의 연구윤리가 제시되어 있다.

[글 상자 2-1] 한국임상심리학회의 연구윤리

제23조 (학문의 자유와 사회적 책임)

연구에 종사하는 심리학자는 학문의 자유에 대한 기본권을 가지며, 그에 따른 다음과 같은 사회적 책임과 의무를 가진다.

(1) 사상, 종교, 나이, 성별 및 사회적 계층과 문화가 다른 집단의 학문적 업적에 대하여 편견 없이 인정하여야 한다.

(2) 자신의 연구에 대한 비판에 개방적이고, 자신의 지식에 대하여 끊임없이 회의하는 자세를 가져야 한다.

(3) 자신의 주장을 반박하는 설득력 있는 증거를 발견하면, 자신의 오류를 수정하려는 자세를 가져야 한다.

(4) 새로운 연구 문제, 사고 체계 및 접근법에 대하여 편견 없이 검토하여야 한다.

제24조 (기관의 승인)

연구수행 시 기관의 승인이 요구될 때, 심리학자는 연구를 수행하기 전에 연구계획에 대한 정확한 정보를 제공하고 승인을 얻는다. 또한 승인된 연구계획안대로 연구를 수행하여야 한다.

제25조 (연구 참가자에 대한 책임)

심리학자는 연구 참가자에 대해 다음과 같은 책임을 가진다.

(1) 연구 참가자의 인격, 사생활을 침해받지 않을 개인의 권리와 자기결정권을 존중한다.

(2) 연구 참가자의 안전과 복지를 보장하기 위한 조처를 하고, 위험에 노출되지 않도록 하여야 한다.

(3) 연구 참가자에게 심리적, 신체적 손상을 주어서는 아니 되며, 예상하지 못한 고통의 반응을 연구 참가자가 보일 경우 연구를 즉시 중단하여야 한다.

제26조 (연구 참여에 대한 동의)

1. 연구 참여는 자유의지로 결정되어야 한다. 따라서 심리학자는 연구 참가자로부터 연구 참여에 대한 동의를 받아야 한다. 동의를 얻을 때에는 다음 사항을 알려주고, 이에 대해 질문하고 답을 들을 수 있는 기회를 제공한다.
   (1) 연구의 목적, 예상되는 기간 및 절차
   (2) 연구에 참여하거나 중간에 그만둘 수 있는 권리
   (3) 연구 참여를 거부하거나 그만두었을 때 예상되는 결과
   (4) 참여 자발성에 영향 미칠 것으로 예상되는 잠재적 위험, 고통 또는 해로운 영향
   (5) 연구에 참여함으로써 얻을 수 있을 것으로 예상되는 이득
   (6) 비밀 보장의 한계
   (7) 참여에 대한 보상
2. 실험 처치가 포함된 중재 연구를 수행하는 심리학자는 연구 시작부터 참가자에게 다음 사항을 분명하게 알려준다.

(1) 실험 처치의 본질
(2) 통제집단에게 이용할 수 있거나 또는 이용할 수 없게 될 서비스
(3) 처치집단 또는 통제집단에의 할당 방법
(4) 개인이 연구에 참여하고 싶지 않거나, 연구가 이미 시작된 후 그만두고 싶어 할 경우 이용 가능한 처치 대안
(5) 연구 참여에 대한 보상이나 금전적인 대가

제27조 (연구를 위한 음성 및 영상 기록에 대한 동의)

심리학자는 자료수집을 위하여 연구 참가자의 음성이나 영상이 필요한 경우에는 기록하기 전에 연구 참가자로부터 동의를 받아야 하는데, 다음의 경우는 예외로 한다.

(1) 연구의 내용이 공공장소에서 자연관찰하는 것이거나, 그 기록이 개인의 정체를 밝히거나 해를 끼치는 데 사용될 것으로 예상되지 않을 경우
(2) 연구 설계에 속이기가 포함되어 있어서, 기록 후에 기록 사용에 대한 동의를 얻어야 하는 경우

제28조 (내담자/환자, 학생 등 연구자에게 의존적인 참가자)

1. 심리학자가 내담자/환자, 학생 등 자신에게 의존적인 사람을 대상으로 연구를 수행할 때에는, 심리학자는 이들이 참여를 거부하거나 그만둘 경우에 가지게 될 해로운 결과로부터 이들을 보호하는 조처를 한다.
2. 연구 참여가 수강 과목의 필수사항이거나 추가 학점을 받을 수 있는 기회가 될 경우, 수강학생에게 다른 대안적 활동을 제공하여 학생 스스로 선택할 수 있도록 한다.

제29조 (연구 동의 면제)

심리학자는 다음 경우에 연구 참가자로부터 동의를 받지 않을 수 있다.

(1) 연구가 고통을 주거나 해를 끼치지 않을 것으로 판단되는 경우
  ① 교육 장면에서 수행되는 교육 실무, 교과과정 또는 교실 운영 방법에 대한 연구
  ② 연구 참가자의 반응 노출이 참가자들을 형사상 또는 민사상 책임의 위험에 놓이지 않게 하거나, 재정 상태, 고용 가능성 또는 평판에 손상을 입히지 않으며, 비밀이 보장되는 익명의 질문지, 자연관찰 또는 자료수집 연구
  ③ 조직 장면에서 수행되는 직업이나 조직 효율성에 관련된 요인들에 대한 연구로, 참가자의 고용 가능성에 위험이 되지 않고, 비밀이 보장되는 경우
(2) 국가의 법률 또는 기관의 규칙에 의해 허용되는 경우

제30조 (연구 참여에 대한 보상)

1. 심리학자는 연구 참여에 대해 적절한 정도의 보상을 한다. 그러나 연구 참여를 강요하게 될 정도로 지나치게 부적절한 금전적 또는 기타의 보상을 제공하지 않는다.
2. 연구 참여에 대한 보상으로 전문적 서비스를 제공할 시, 심리학자는 그 서비스의 본질뿐만 아니라, 위험, 의무, 한계를 분명히 하여야 한다.

제31조 (연구에서 속이기)

1. 심리학자는 속이기 기법을 사용하는 것이 연구에서 예상되는 과학적, 교육적, 혹은 응용 가치에 의해서 정당한 사유가 되고, 또한 속임수를 쓰지 않는 효과적인 대안적 절차들이 가능하지 않다고 결정한 경우를 제외하고는 속임수가 포함된 연구를 수행하지 않는다.
2. 심리학자는 연구에 참여할 사람들에게 신체적 통증이나 심한 정서적 고통을 일으킬 수도 있다는 정보를 알려주고 속이지 않는다.
3. 심리학자는 실험에 포함된 속임수를 가능한 한 빨리, 가급적이면 연구 참여가 끝났을 때, 아니면 늦어도 자료수집이 완료되기 전에 설명함으로써, 참가자들에게 자신의 실험자료를 철회할 수 있는 기회를 준다.

제32조 (연구 참가자에 대한 사후보고)

1. 심리학자는 연구 참가자들에게 연구의 본질, 결과 및 결론에 대한 정보를 제공하는 것이 과학적 가치와 인간적 가치를 손상시키지 않는 한, 연구참가자들이 이에 대한 정보를 얻을 수 있는 기회를 제공한다.
2. 심리학자는 연구 절차가 참가자들에게 피해를 입혔다는 것을 알게 되면, 그 피해를 최소화하기 위한 조치를 한다.

제33조 (동물의 인도적인 보호와 사용)

심리학 연구에서 동물실험은 불가피할 수 있다. 그러나 심리학자의 기본 의무는 생명을 존중하는 것이므로 동물을 대상으로 연구할 때 다음과 같은 기준에 따라야 한다.

(1) 연구를 위해 동물실험 이외의 대안적 방법이 없는지에 대해 신중히 생각하고, 대안이 없을 경우에만 동물을 대상으로 연구한다.
(2) 동물실험은 과학적 지식을 얻기 위한 목적으로만 수행되어야 하며, 실험방법, 사용하는 동물의 종, 동물의 수가 적절한지에 대해 심사숙고하여야 한다.
(3) 현행 법률과 규정에 따라서 그리고 전문적 기준에 따라서 동물을 확보하고, 돌보고, 사용하며, 처리한다.
(4) 동물 피험자의 고통, 통증 및 상해를 최소화하기 위해 노력한다.
(5) 대안적인 절차 사용이 가능하지 않을 때에만, 그리고 그 목적이 과학적, 교육적 또는 응용 가치에 의해 정당화될 때에만 동물을 통증, 스트레스, 혹은 박탈 상황에 노출하는 절차를 사용할 수 있다.

제34조 (연구결과 보고)

1. 심리학자는 자료를 조작하지 않는다.
2. 심리학자는 연구대상 개개인이 식별될 수 있는 자료는 익명화하여 보고하여야 한다.
3. 심리학자는 출판된 자신의 자료에서 중대한 오류를 발견하면, 정정, 취소, 정오표 등 적절한 출판 수단을 사용하여 오류를 바로잡기 위한 조치를 취한다.

제35조 (표절)

심리학자는 자신이 수행하지 않은 연구나 주장의 일부분을 자신의 연구나 주장인 것처럼 논문이나 저술에 제시하지 아니한다. 비록 그 출처를 논문이나 저술에서 여러 차례 참조하더라도, 그 일부분을 자신의 연구나 주장인 것처럼 제시하는 것은 표절이 된다.

제36조 (출판 업적)

1. 심리학자는 자신이 실제로 수행하거나 공헌한 연구에 대해서만 저자로서의 책임을 지며, 또한 업적으로 인정 받는다.
2. 논문이나 기타 출판 업적의 저자나 저자의 순서는 상대적 지위에 관계없이 연구에 기여한 정도를 상대적으로 정확하게 반영하여야 한다. 단순히 어떤 직책에 있다고 해서 저자가 되거나 제1저자로서의 업적을 인정 받는 것은 정당화되지 않는다. 연구나 저술에 대한 작은 기여는 각주, 서문, 사의 등에서 적절하게 고마움을 표한다.
3. 예외적인 상황을 제외하고, 학생의 석사학위 또는 박사학위 논문을 토대로 한 여러 명의 공동 저술인 논문에서는 학생이 제1저자가 된다.

제37조 (연구 자료의 이중 출판)

국내외 출판을 막론하고 심리학자는 이전에 출판된 자료(출판 예정이나 출판 심사 중인 자료 포함)를 새로운 자료인 것처럼 출판하거나 출판을 시도하지 않는다. 이미 발표된 자료를 사용하여 출판하고자 할 때에는, 출판하고자 하는 저널의 편집자에게 게재 요청 시에 이전 출판에 대한 정보를 제공하고 이중출판에 해당하는지 여부를 확인하여야 한다.

제38조 (결과 재검증을 위한 연구자료 공유)

1. 연구결과가 발표된 후, 다른 연구자가 재분석을 통해 발표된 결과를 재검증하기 위한 목적으로 연구 자료를 요청하면, 연구 참가자에 대한 기밀이 보호될 수 있고, 또 소유한 자료에 대한 법적 권리가 자료 공개를 금하지 않는 한, 심리학자는 자료를 제공한다.
2. 전 항에 의해 자료제공을 받은 심리학자는 오로지 그 목적으로만 자료를 사용할 수 있으며, 그 외의 다른 목적으로 자료를 사용하고자 할 경우에는 사전에 서면 동의를 얻어야 한다.

제39조 (심사)

투고논문, 학술 발표 원고, 연구계획서를 심사하는 심리학자는 제출자와 제출 내용에 대해 비밀을 유지하고 저자의 저작권을 존중한다.

출처: 2018년 한국임상심리학회 홈페이지 임상심리전문가 윤리규정에서 발췌.

# 제 3 장

# 정신장애의 진단과 분류

모든 사람은 독특하고 각자 고유의 열망, 목표, 도전, 취약성, 문제를 가지고 있으며 유전, 생리기능, 생활경험, 현재 생활환경의 영향을 받는다. 임상심리학자가 수행하는 연구와 실제의 대부분은 이상행동, 더 넓게 보면 정신병리에 초점을 맞춘다. 훈련과 전문적 활동을 통해 임상심리학자는 다양한 형태의 이상행동을 정의하고, 정상과는 다른 정서 상태, 사고방식, 행동 패턴을 보이는 이상행동에 매우 친숙하다. 그러나 임상가가 이러한 진단 범주를 사용하기 전에 이상행동을 적절하게 정의해야 한다. 일상 경험에서 다른 사람들의 반응을 기술하고 이해하고 예측하기 위해서 사람들이 보이는 독특성 중에서 행동의 공통 요소를 찾아야 한다. 삶의 복잡성을 관리하기 위해 우리는 범주화하고 분류하고 패턴을 찾는 경향이 있다. 친구, 가족 및 직장 동료의 반응을 개념화하고 분류하는 방법이 없으면 우리가 삶을 탐색하는 것이 불가능할 것이다. 이 장에서는 임상심리학자의 연구대상이 되는 이상행동을 이해하기 위해 이상의 정의, 정상과 이상을 구분하는 기준 등을 간략하게 살펴본다. 또한 정신장애의 진단에서 범주적 분류와 차원적 분류의 차이와 분류의 장단점을 논의한 후 DSM의 발달과 DSM-5의 특징, 20개 범주, 그리고 DSM-5의 신뢰도와 타당도에 대해 알아본다.

## 1. 이상행동에 대한 이해

### 1) 이상행동의 기준

이상행동이 무엇인가에 대한 정의는 다양하다. Comer(2016)에 따르면, 이상행동은 통계학적 이탈(statistical deviants), 주관적 고통(Distress), 기능장애(Dysfunction), 위험(Danger) 등의 4D에 근거해 정해진다. 최근에는 이 기준들을 정리하여, 통계학적 이탈, 사회문화적 일탈, 개인적(주관적) 고통과 손상, 적응기능 손상 등에서 이상행동을 평가한다.

통계학적 이탈 기준에서 보면, 이상행동이란 정상분포곡선에서 발생빈도(관찰

빈도)가 너무 드문 행동 · 심리적 속성이다. 그러나 이 기준에서 보면 지능지수가 145면 이상하다. 다시 말해 이상행동을 판단할 때 통계학적 이탈만으로 충분하지 않다.

사회문화적 일탈이라는 기준에서 보면, 특정 공간과 시간에 근거해 이상행동의 기준이 달라질 수 있다. 문화권 또는 나라에 따라 이상행동에 대한 기준이 다를 수 있고 과거와 현재 또는 미래에서 이상행동에 대한 기준이 변할 수 있다. 예를 들면, 70세 남자와 13세 여자의 결혼에 대해 특정 문화권에서는 70세 남자의 선택을 일반적인 것으로 볼 수 있지만 대다수의 문화권에서 남자의 선택은 이상행동으로 처벌받거나 치료받아야 할 것이다. 그리고 이 결혼이 14세기 조선에서는 이상하지 않았지만 21세기 대한민국에서는 이상한 행동이다.

적응기능손상이라는 기준에서 보면, 이상행동은 자신을 제대로 돌보지 못하며 생활과제(예: 직장에서 직무수행, 학업수행 등), 대인간 상호작용 등에서 개인의 능력이 현저히 저하되었음을 나타내는 행동이다. 이는 인지, 정서, 행동 등의 심리적 기능장애로 발생된다. 적응기능이 손상된 사람은 마음이 괴로울까? 아닌 경우도 있을 수 있다. 다시 말해, 주변사람이 볼 때 그 사람의 적응기능이 심각할 정도로 손상된 것으로 볼 수 있지만 본인은 그 사실을 인식하지 못할 뿐더러 스스로 불편함/고통을 전혀 느끼고 있지 않을 수 있다.

개인적 고통도 이상행동을 판별하는 기준이다. 주변인들이 보기에 일상적 생활을 잘 수행하고 있지만 스스로는 심리적으로 힘든 시간을 보낼 수 있다. 어떤 행동이 이상행동으로 분류되는 데 가장 중요한 기준은 아마도 개인적 고통과 괴로움일 것이다. 그러나 모든 이상행동에 심리적 고통이 동반되는 것은 아니다. 예를 들면, 조증삽화를 경험하는 사람은 의기양양해 있다. 그리고 양심의 가책을 전혀 느끼지 않고, 그러니까 심리적 불편감을 전혀 경험하지 않고서 심지어 즐기면서 끔찍한 행위를 저지른다. 그러므로 개인적 고통 기준도 이상행동의 필수조건으로 볼 수 없다.

## 2. 정신장애의 진단과 분류

분류는 모든 과학 및 사회과학 분야의 핵심 요소다. 분류의 적절성을 결정짓는 두 가지 핵심 요소는 타당도와 유용성이다(Kendell & Kablensky, 2003). 타당도란 대상의 분류에 사용된 원칙이 현실의 본질을 포착하는 데 효과적인지를 말해준다. 유용성은 분류한 결과가 유용한가에 대한 내용이다.

인간 행동이나 심리장애의 분류에는 많은 논쟁이 뒤따른다. 인간 행동을 분류하는 것이 적절한지에 대해 윤리적 의문을 제기하는 학자도 있다. 분류의 필요성을 인식하고 있는 사람들 사이에서도 논쟁은 발생한다. 예를 들어 정신병리학에서 '정상'과 '이상'이라는 분류에 대한 정의에 의문이 제기되는데 그 이유는 어떤 행동이나 사고는 장애의 한 요소가 되는데 다른 행동이나 사고는 그렇지 않다고 가정되기 때문이다(Durand & Barlow, 2016).

이상행동을 분류하고 진단하려는 시도는 '에밀 크레펠린'에서부터다. 크레펠린은 조발성 치매(오늘날 조현병)와 조울병(오늘날 양극성장애)에 대한 연구를 최초로 하였으며 이 연구는 현대 정신의학 진단체계의 토대가 되었다. 분류에 대한 새로운 크레펠린 접근은 몇 가지 특징이 있다. 이 접근에서는 각 진단을 의학적 질병으로 보며, 범주를 정의하는 특정 기준을 사용하며 진단의 신뢰도를 강조하였다(Blashfield, 1991). 수십 년 동안 정신의학적 분류에 대한 이 접근은 특정 정신질환의 원형적(prototype) 모델이 있다는 가정하에서 보강되었다. 원형적 모델 접근이란, 진단 범주의 구성요소들이 범주의 기본 개념을 나타내는 정도에서 차이가 있을 뿐이며, 그 범주를 대표하는 기본적 증상이 있다고 보는 입장이다. 예를 들어, 개는 '포유류'라는 범주에서 오리너구리보다 더 포유류를 대표한다. 원형적 모델을 정신의학 진단에 적용하면 동일한 진단을 받더라도 그 증상들이 똑같지 않다고 본다. 동일한 진단명을 받은 두 사람이 정확하게 동일한 장애를 가진 것으로 간주하지 않아도 되며 따라서 다소 다른 치료를 할 수 있다(Hunsley & Lee, 2010).

심리학자와 정신과의사가 사용하는 진단체계의 목적 중 일부를 <표 3-1>에 제시하였다. 대부분의 건강관리전문가들은 표에 제시된 이유들로 진단체계의 사용을 선호한다. 진단 체계를 사용하여 진단하는 것의 이점이 있음에도 불구하고 부정적 측면도 있다. 즉, 진단받은 사람에 대한 사회적 낙인찍기, 진단의 부정확성 또는 부적절한 진단이 내려질 수도 있다. 대부분의 건강관리 제공자가 환자에게 특정 서비스(예: 학습장애 학생을 위한 추가적 학업 지원)를 제공하기 위해서는 진단명을 부여해야 하는 것이 현실이다.

〈표 3-1〉 진단체계의 사용 목적

- 환자의 상태에 대한 본질적 측면을 간결하게 기술할 수 있다.
- 정신병리에 대한 가장 현대적인 과학지식을 반영한다.
- 임상가, 연구자, 그리고 환자가 정신건강 상태를 논의할 때 사용하는 공통 언어를 제공한다.
- 현재 상태의 가능한 원인을 알려준다.
- 현재 상태의 예후를 알려주다
- 공존 문제나 상태를 평가할 수 있도록 안내해준다.
- 치료 선택을 고려할 수 있도록 안내해준다.
- 현재 정보에 대해 과학적 문헌을 탐색할 수 있는 주요 용어를 제공한다.
- 특별한 프로그램이나 서비스의 적합성과 건강 서비스를 결정하기 위한 틀을 제공한다.

출처: Hunsley & Lee(2010).

## 1) 범주적 분류

인간 행동을 어떻게 분류할 수 있을까? 이미 두 가지 기준에 대해 언급했다. 하나는 범주로 분류하는 것이고 다른 하나는 차원으로 분류하는 것이다. 범주로 분류한다는 것은 행동 간 서로 공유하는 것이 거의 없으며 한 범주는 더 작은 범주들로 구분될 수 있다. 예를 들어 냉장고가 말하는 소리를 듣는(환청) 조현병의 증상이 있거나 없거나 둘 중 하나로 분류하는 것이다. 이와 다르게, 행동들을 채점하여 총 점수를 구성하여 다양한 차원에서 행동(심리장애)의 속성을 수량시킬 수 있다. MMPI 프로파일이 좋은 예다. MMPI에서는 장애를 '차원화(dimensionalizing)' 한다. 즉, 우울증을 경도의 우울감을 느끼는 것에서부터 심한 우울감과 무망감을 느껴 자살이 유일한 해결책인 것으로 느끼는 정도의 중증도까지 차원화할 수 있다. 각 분류체계는 각각의 장점과 결점이 있다(Brown & Barlow, 2005; Widiger & Edmundson, 2011).

DSM-5를 이용해 적절한 진단을 내리기 위해서 임상가는 범주 정보와 차원 정보를 제공해야 한다. 범주 정보란 내담자의 증상에 따른 장애의 범주 이름을 말한다. 차원 정보란 내담자의 증상 심각도와 여러 성격 범주에서 얼마나 역기능을 보이는지에 대한 수준을 의미한다.

### (1) 범주적 분류

분류는 한 대상이 범주의 구성요소인지 아닌지를 결정하는 범주적 접근을 기반으로 할 수 있다. 분류에 대한 고전적인 범주 접근에서 모든 진단은 확실한 박테리아 감염이나 내분비체계의 기능이상과 같은 병리생리학적 원인이 있고, 이것이 각 장애의 독특성이라고 가정한다. 범주적 분류의 기본 가정은 범주에 속하는 대상과 그렇지 않은 대상 사이에 중요한 질적 차이가 있다는 것이다. 범주적 접근의 극단적 예는 생물, 무생물로 분류하는 것이다. 정신의학적 진단을 이런 방식으로 할 경우, 그 원인은 병리생리학적이라기보다는 심리학적 또는 문화적일 수 있겠지만, 장애별 원인 요소는 서로 겹치지 않는 하나의 세트일 것이다. 각 장애는 근본적으로 서로 다르기 때문에 하나의 장애에는 오직 한 세트의 진단 기준만이 있으며, 이 범주에 들어가는 사람은 모두 이를 충족해야 한다. 만약 주요우울장애를 진단한다면 우울 삽화의 증상인 우울한 기분, 활동에 대한 현저하게 감소된 흥미나 즐거움, 다이어트가 원인이 아닌 심각한 체중감소나 증가 등 9개의 진단 기준을 모두 충족해야 한다. 고전적인 범주 접근에 따르면 이런 경우 임상가는 장애의 원인을 알 수 있게 된다.

정신병리에 대한 범주적 접근은 주요우울장애와 같은 진단을 할 때 한 사람이 장애가 있는지 없는지를 판단하는 것이다. 범주적 분류에서 범주체계는 겹칠 수도 있고 아닐 수도 있지만 범주 내부의 요인들은 서로 매우 유사해야 한다. 임상가는 어떤 사람이 분류체계에 속한 정신장애 중 하나를 나타내고 있는지 아닌지를 결정해야 한다. 가장 진단이 많은 장애는 불안장애와 우울장애이다(Hunsley & Lee, 2010). 고전적인 범주 접근은 의학에서 상당히 유용하다. 의사가 정확한 진단을 내리는 것은 매우 중요하다. 만약 어떤 환자에게 복부통증이 동반된 열이 있다면, 의사는 즉시 그 원인이 위장염인지 아니면 맹장 감염인지를 확인해야 한다. 증상의 원인이 무엇인지를 알아야 어떤 치료가 효과적인지를 알 수 있다. 만약 누군가 우울하거나 불안하다면 여기에 유사한 형태의 원인이 있을까? 아마도 아닐 것이다. 대부분의 정신병리학자들은 심리적 · 사회적 요인이 생물학적 요인과 상호작용하여 장애가 발생한다고 본다. 그러므로 정신건강 영역에서는 정신병 고전적인 범주 모형을 적용할 수 없다(Widiger & Edmundson, 2011).

### (2) 차원적 분류

분류의 두 번째 전략은 차원적 접근으로 이것은 환자에게 보이는 다양한 인지, 기분, 행동적 차원을 척도상에서 수량화하는 방식이다. 예를 들어 1~10의 척도에서 환자는 매우 불안함(10), 중간 정도의 우울함(5), 약간의 조증(2)으로 평정될 수 있다. 과거에 차원적 접근이 정신병리학, 특히 성격장애에 적용되었으나(Helzer et al., 2008), 상대적으로 만족스럽지는 못했다. 대부분의 이론가들이 몇 가지의 차원이 필요한지에 대해서도 동의할 수 없었다. 일부는 한 차원이면 충분하다고 이야기하는 반면 다른 사람은 33개의 차원을 주장하기도 하였다(Millon, 1991).

분류에 대한 차원적 접근은 특정 특성의 정도가 다르다는 가정에 근거한다. 이 접근은 대상 간의 양적 차이에 초점을 맞추고 모든 대상을 연속선상에 배치하여 범주의 구성원을 비교할 수 있다. 무게와 높이는 차원적 접근으로 대상이나 사람을 분류하는 데 사용되는 주요한 예이다. 차원적 분류체계에서 서로 다른 차원이 관련될 수도 있고 아닐 수도 있지만 차원은 단순한 기술적 특징보다는 중요한 고차적 구성개념을 필수적으로 반영해야 한다(예: 슬픔, 불안, 외로움, 낮은 자존감, 또는 낮은 자신감과 같은 특정한 심리적 현상이 아니라 신경증적 경향성과 같은 구성개념). 아동정신병리학 분야의 연구자인 토마스 아헨바흐와 동료들(Achenbach, McConaughy, & Howell, 1987)은 여러 명의 정보 제공자로부터 아동의 어려움에 대한 정보를 수집한 다음, 요인분석을 사용하여 동시에 발생하는 증상을 확인했다. 그의 연구는 두 가지 광대역 차원의 문제, 즉 외재화 문제와 내재화 문제로 귀결되었다. 외재화 문제는 고함을 지르거나 물건 파괴하기, 훔치기, 공격성을 보이는 것과 같은 행동표출문제들이다. 내재화 문제는 슬픔, 근심, 위축된 행동을 말한다. 차원적 접근을 사용하면 아동의 기능은 외재화 문제와 내재화 문제의 강도에 따라 아동의 기능을 기술할 수 있다.

범주적이든 차원적 접근이든 진단체계는 질병과 장애를 구성하고 이해하기 위해 사용하는 규칙에 기반한 분류다. 이러한 의사결정 규칙이 개인의 증상에 적용되면, 분류체계는 사람의 상태를 설명하는 진단명이 산출된다(Hunsley & Lee, 2010).

내담자가 어떤 장애를 보이는지를 결정하는 것에 더해서 진단가는 장애의 심각도, 즉 증상이 내담자에게 얼마나 큰 장애를 일으키는지를 평가하려고 한다. DSM-5 개발자들은 특정 장애의 심각도를 평가하는 데 유용한 다양한 평가도구를 제안했다(APA, 2013). 예를 들어 DSM-5에서는 주요우울장애와 관련하여 두 가지 도구를 제안했다. 범 증상간 평정도구(Cross-Cutting Symptom Measure)와 정서적 고통과 우울척도(Emotional Distress-Depression Scale)이다. 첫 도구는 일반적인 부정적 감정과 행동(예: "나는 내 인생에서 뭘 원하는지 모른다.")의 빈도를 보여준다. 두 번째 척도는 우울 특정적 정서와 행동(예: "나는 가치 없다고 느낀다.")의 빈도를 보여준다. 이 두 도구의 점수를 통해 임상가는 내담자의 우울이 '경도', '중등도', '고도' 수준인지를 평가한다.

### 2) 진단의 의미

정신장애 진단을 왜 해야 하는가? 진단은 범주적 분류에 따라서 이루어진다. 범주화는 중요한 구분을 할 수 있도록 해주기 때문에 생존에 필수적인 경우도 있다. 예를 들어 가벼운 감기와 바이러스성 폐렴을 구분해야 할 것이고, 악성 종양과 양성 종양은 확실하게 구분해야 할 것이다. 정신장애 진단은 정신건강전문가들에게는 환자를 구분할 수 있는 중요한 방법이다(Trull & Prinstien, 2013). 임상가는 내담자의 정신장애 원인을 찾기 위해 관찰, 면접, 심리검사 등에서 자료를 수집한다. 이를 바탕으로 내담자에 대한 임상적 특징을 파악하여 진단을 내리게 된다.

그러나 어떤 진단도 한 가지 증상을 근거로 하지는 않는다. 진단 기준에는 동시 발생하는 증상군이 포함된다. 의학계 학생들은 여러 장애에 대해 배우면서 종종 경험한 증상을 인식하고, 그들이 배우고 있는 심각한 장애로 고통받을지 모른다는 걱정을 한다는 보고를 한다. 부모들 역시 아동기 장애와 관련된 증상에 관해 듣고 식당에서 아이가 떠들거나 친구와 장난치고 있으면 건너편 아이가 ADHD에 걸렸다는 아마추어 진단을 하고 싶은 유혹을 느낀다.

이상이 무엇인지를 결정하는 데 개인적 · 문화적 · 직업적 가치가 많은 영향을 미친다는 것은 이미 알려진 사실이다. 이상을 정의할 때 가치판단뿐만 아니라 과학적 증거에 의존하는 것이 매우 중요하다. 예를 들어 인간 기능의 이론적 모델에 근거한 신념은 때로 심리적 고통을 보는 능력을 방해할 수 있다. 가장 명확한 사례 중 하나는 청소년의 우울증 진단이다. 성인 우울증의 문제는 수 세기 동안 관심을 가져왔지만, 정신건강전문가가 아동기 우울증에 관심을 기울인 것은 1980년대 이후이다. 이 놀라운 일이 일어나게 된 주요 이유는 지배적인 이론적 모델의 교리에 근거하여 볼 때 아동기 우울증은 불가능하나는 것이다. 정신분석 모델에 따르면 우울증은 초자아의 장애이다. 그러므로 초자아가 형성되는 발달 단계까지 우울증이 나타나는 것은 불가능하다는 것이다. 이 단계 이전에 아동의 정신은 우울증을 경험하게 하는 방어 기제의 사용이 충분히 발달되지 않는다는 것이다. 성인을 대상으로 개발된 행동주의적 모델을 적용하는 것 역시 아동의 우울증을 탐지하는 것을 불가능하게 만들었다. 성인 우울증의 주요 증상은 슬픔이다. 그러나 아동은 어른과 다른 방식으로 행복과 슬픔을 표현한다. 아주 어린아이는 자연스러운 즐거움을 표현하면서 큰 소리로 웃을 수도 있고, 노래를 부르거나, 열광적으로 뛰어다닐 수도 있다. 그러한 즐거움의 명백한 표현은 성인들에게는 보기 드문 경우이다. 성인은 언어적으로 슬픔을 표현할 수 있지만 무관심하거나 지루함을 표현할 가능성이 더 크다(Hunsley & Lee, 2010).

### 3) 진단과 분류의 이점

이상행동의 분류는 임상가들에게 여러 가지 유용한 점이 있다. 골든버그(Goldenberg, 1977)는 정신장애 분류의 유용성을 효과적 의사소통, 체계적 연구, 원인의 이해증진을 지적했다. 브래시필드와 동료(Blashfield & Draguns, 1976)는 분류가 다섯 가지 기능을 한다고 주장했다. 즉, 공통 용어 사용, 효과적 정보 제공과 축적된 지식, 정신장애에 대한 과학적 연구와 이론 개발을 위한 기초 제공, 환자들의 유사성과 차이점 인식, 치료효과를 예상하고 예후를 알게 해준다는 것이다.

투룰과 프린스타인(Trull & Prinstien, 2013)은 진단의 이점 네 가지를 제시하였다. 첫째, 진단의 1차적 기능은 의사소통으로 가장 중요한 진단의 기능이다. 예를 들어 조현병 진단을 받은 환자가 의뢰된다면, 우리는 그 환자에 대한 특별한 다른 정보 없이도, 그 사람의 증상 양상을 떠올릴 수 있다. 분류체계는 의사소통에 도움이 된다. 분류체계에 따른 진단에서는 장애의 행동적 · 증상적 특징이 그 원인에 대한 언급없이 제시되며 이는 특정 증상의 원인에 대한 이론적 견해가 다른 사람들도(원인에 대한 언급을 하지 않아도) 진단에 근거해 의사소통이 가능하다.

둘째, 진단 사용은 정신병리에 대한 경험적 연구를 가능하게 하고 증진시킨다. 임상심리학자들은 개인의 진단적 특성으로 실험집단을 정의함으로써 성격특성, 심리검사 수행, 실험 과제 수행에서 집단 간 비교를 할 수 있다. 더 나아가서 진단적 구성개념이 정의되고 기술되는 방식은 장애의 개인적 기준, 장애 간 공병률에 대한 연구를 촉진시킬 수 있다.

셋째, 표준화된 진단체계가 없으면 이상행동의 원인에 대한 연구가 수행될 수 없다. 어떤 정신병리적 증후군의 잠재적 원인을 연구하려면 우선 진단 특성을 공유하는 사람들을 모집해야 한다.

마지막으로, 진단은 적어도 이론적으로 어떤 치료가 가장 효과적일지에 대해 제시할 수 있다는 점 때문에 중요하다. 사실 이것이 정신장애 분류체계의 일반적 목적이다(Blashfield & Draguns, 1976). 이론적으로는 진단적 평가 시점에서 진단과 치료 간에 연결이 있지만, 다양한 치료방법이 각각의 장애에 동등하게 효과적인 경우가 흔하다.

### 4) 진단과 분류의 문제점

우리가 사람을 범주화할 때 발생할 수 있는 문제는 명명과 관련해 발생한다. 우리는 한 사람의 작은 부분이나 피상적인 모습 또는 조건을 가지고 한 개인의 총체를 특징짓기도 한다. 동일한 현상이 심리장애에서도 발생한다. 만일 장애가 인지나 행동 기능상의 손상과 관련이 있다면 명명 그 자체가 부정적 의미를 가지며, 그 사람 전체를 낙인찍는 효과를 낳을 수 있다. 그래서 심리장애가 있는 사람에게 삶의 기회를 제공하지 않는 차별행위를 양상할 수 있다(Hinshaw & Stier, 2008).

믿을 만한 평가 자료와 신뢰할 수 있고 타당한 범주가 있음에도 치료자는 때로 오진을 한다(Faust & Ahern, 2012; Trull & Prinstein, 2012). 치료자도 보통 사람들처럼 정보처리에 결함을 보일 수도 있다. 치료자는 평가 초기에 수집한 정보에 큰 영향을 받을 수 있고, 어떤 경우에는 아동에 대한 부모의 보고와 같은 특정 정보에 초점을 맞추고 아동에게서 나온 자료는 무시할 수 있다. 또한 치료자의 판단은 성별, 연령, 인종, 사회경제적 지위와 같은 개인적 편견에 의해 왜곡될 수 있다. 평가도구, 평가원, 그리고 분류체계의 한계를 고려하면, 병원에서 내려지는 진단에 상당한 오류가 있다는 것은 놀라운 일이 아니다(Vickrey et al., 2010).

오진의 가능성에 더하여 분류는 몇 가지 부정적 결과를 초래할 수 있다. 많은 가족-사회 연구자들은 진단을 내리는 것이 자기 충족적 예언으로 작용할 수 있다고 믿는다. 정신장애를 신난받는 경우 그 관점에 따라 보이게 되고 반응할 수 있다. 환자 역할을 기대하면, 그 사람은 자신을 스스로 아픈 사람으로 여기고 그에 맞게 행동하기도 한다. 또한 대부분의 사회에서 사람들은 이상행동에 대해 낙인을 찍는 경향이 강하다(Hansson et al, 2014). 정신장애가 있다고 판명된 사람은 직업, 특히 책임을 지는 위치의 직업을 얻기 어려우며, 사회적 관계에서 환영받기 어렵다. 또한 한 번 붙은 딱지는 떼기 쉽지 않다. 이러한 문제로 어떤 치료자는 진단을 꺼리며 반대하기도 한다. 그들은 분류와 진단이 고통 속에 있는 사람들을 이해하고 치료하는 데 중요하다고 생각하지 않는다.

정신병리학의 용어는 그 사람 자체를 묘사하는 것이 아니라 어떤 환경에서 나타날 수 있는 그 사람의 행동 방식을 확인하기 위한 것이라는 점을 기억해야 한다. 그러므로 그 장애가 의학적이든 심리학적이든 간에 우리는 장애를 그 사람과 동일시하는 것을 주의해야 한다. “메리는 조현병이야.”와 “메리는 조현병을 앓고 있어.”의 의미 차이를 유의해야 한다(Durand & Barlow, 2016).

## 3. DSM

DSM은 항상 진단에 대한 범주직 접근 방식을 제안해 왔다. 범주적이라는 단어는 개인이 '장애'를 갖고 있거나 갖고 있지 않다는 기본 견해를 가리킨다. 즉, 특정 형태의 정신병리에 관한 '예/아니요'의 범주에 명확하게 배치될 수 있다. 대중이나 전문가의 언어는 이를 반영한다. 범주적 접근에서 "내 아이가 ADHD를 앓고 있나요?", "내 내담자 중 일부는 양극성 장애를 가지고 있습니다.", "그녀는 강박장애를 갖고 있다."는 표현을 사용한다. 최근 몇 년간, 특히 몇몇 장애(예: 성격장애)에 있어서, 정신병리에 대한 비범주적 접근은 많은 관심과 경험적 지지를 받았다. 많은 연구자와 임상가에 의해 차원적 접근이 제안되었다(예: Blashfield, 1991; Costa & Widiger, 2001; Trull & Durrett, 2005; Widiger & Trull, 2007). 차원적 접근법에 따르면 이 문제는 장애의 존재나 부재가 아니라 연속선상의 어느 수준이나 지점에 있는 것이다.

### 1) DSM의 발달

특정 증상이 주기적으로 발생하고 일정한 경과를 보일 때 임상가는 진단을 내리게 된다. 증상이나 지침을 기술한 장애의 목록이나 범주가 분류체계다. 1883년 에밀 크레펠린은 정신장애에 대한 최초의 현대식 분류체계를 발표했으며, 이 체계가 정신장애의 진단 및 통계편람(Diagnostic and Statistical Manual of Mental Disorder, DSM)의 근거가 되었다. DSM은 미국정신의학회에서 만든 분류체계로 전 세계적으로 사용되고 있다. 한국에서도 DSM을 기준으로 정신장애를 진단 · 분류한다.

DSM의 각 판은 발간 당시의 진단 상태를 반영한다. 1952년 미국정신의학회에서 발표한 DSM 초판은 대다수의 병리에 대한 정신역동적 요인을 모호하게 강조했다. DSM 초판의 한계는 진단이 중요하거나 강조되는 문제는 아니며 치료 중 오직 한 가지 형태인 정신분석만 이용될 수 있었기 때문에 상대적으로 진단이 중요하지 않았다는 것이다. 1968년에 제2판이 출간되는 시기에 약물치료를 포함하여 새로운 치료 옵션이 이용될 수 있었고, 정신의학 연구자는 정신장애의 생물학적 · 신경학적 측면에 점점 더 관심을 갖게 되었다. 결과적으로 제2판에서 정신역동적 지향의 중요성은 감소되었고 전문 용어의 정확도가 더 커졌다(Shea, 1991).

1980년에 출간된 DSM-III는 앞의 제1 · 2판과는 크게 다르다. 위원회는 특별대책위 원장인 로버트 스피처의 지도하에 정신장애의 조직과 분류를 개선하기 위해 막대한 노력을 기울였다. 이것은 여러 가지 다른 면에서 분명한 개선의 의지가 담겨 있다.

첫째, 매뉴얼은 분명하게 비이론적이었는데, 이것은 정신건강 분야에서의 더 큰 수용 가능성을 열어주었고, 대부분의 장애를 구체적인 행동적 기술을 하도록 해줬다.

둘째, 진단 기준은 이전에 사례에서보다 좀 더 명시적이었고 각 진단에 대한 증상 목록이 제공되었다.

셋째, 정신과적 진단의 신뢰성을 향상시키려는 노력의 중요한 부분으로써 수천 명의 환자를 대상으로 수백 명의 임상가가 진단체계를 현장에서 시행했다.

넷째, 중다축 진단체계가 도입되었는데 이는 임상가가 한 사람을 진단하는 데 있어 증상 이상의 것을 고려할 수 있도록 해줬나.

이러한 것들은 이전 두 판보다 과학 문헌과 과학적 분류 원칙에 더 많은 주의를 기울인 야심찬 변화였다. 새로운 정신병리학 문헌을 반영하기 위해 1987년에 업데이트된 정보와 일부 진단 기준의 변경으로 DSM-III의 개정판이 1987년에 출간되었다.

임상 및 연구 분야에서 DSM-III와 DSM-III-R의 광범위한 수용을 감안하여 많은 정신건강전문가는 DSM-IV를 준비하는 데 많은 노력을 기울였다. 연구전문가와 현장의 임상가로 구성된 작업집단은 정신장애의 주요한 범주마다 구성되었다. 포괄적인 문헌 개관이 이루어졌으며, 진단 기준을 위해 여러 제안서가 개발되었다. 20명씩으로 이루어진 정신건강 및 전문 조직이 국제적으로나 미국 내에서 연결되어 있었다. 결과 매뉴얼은 완벽하지는 않지만 이전 DSM 판들보다 훨씬 협업적이며 과학적 정보를 기반으로 개발되었다.

DSM-IV는 1994년에 출간되었다. DSM-IV-TR은 2000년에 출간되었는데 DSM-IV 텍스트에서 확인된 오류를 수정하고, 장애에 대한 업데이트된 정보를 추가했으며 DSM-IV의 교육적 가치를 증진시키기 위해 일부 변경이 있었다. 이러한 변화는 DSM-IV의 정보가 1992년에 완성된 과학적 문헌의 개관에 근거하기 때문에 특히 중요하다. 이러한 텍스트 개정은 DSM-IV과 DSM-5의 다리를 놓는 데 중요한 역할을 했다(Hunsley & Lee, 2010).

### 2) DSM-5의 특징

DSM-IV가 출간된 이래 거의 20년간 정신장애에 대한 지식은 상당히 증가하였고, 10년 이상의 노력을 통해 DSM-5는 2013년에 출간되었다. 이러한 방대한 작업은 ICD-11(2017)과 동시에 작업하는 국제적인 연구자들 간의 협업에 의해 이루어졌다. 각 장애군을 책임진 집단을 구성하여 전문가들은 심도있는 작업을 했다. 이전의 I, II, III축은 장애 그 자체에 대한 기술로 합쳐졌고 장애와 관련된 심리사회적 혹은 맥락적 요인들(이전의 IV축)이나 진단과 관련된 장애의 정도(이전의 V축)는 임상가들이 별도로 표기할 수 있도록 하여 다중축 체계를 삭제한 것이 가장 큰 변화였다. 특정 장애의 심각도나 강도, 빈도, 기간 등에 대해서 차원적 평정의 활용은 상대적으로 균일한 방식으로 모든 장애에 확대되었다(Durand & Barlow, 2016).

개별 장애에 대한 심각도나 강도를 차원적으로 평정하는 것에 더해서 DSM-5에서는 전반적인 차원적 증상 평정을 도입하였다. 이 평가는 어떤 장애에 특정적인 것이라기보다는 여러 장애의 거의 모든 환자에게서 보이는 전반적인 중요한 증상들을 평가하는 것이다. 예를 들면 여기에는 불안, 우울이나 수면상의 문제가 포함되어 있다. 만약 그런 문제가 있다면 현재 장애를 치료하는 과정에서 그 증상들을 관찰할 필요가 있을 것이라는 점이 이런 평정을 하는 아이디어라 하겠다. 누군가 양극성장애 진단을 받았다면 불안의 정도를 차원적인 방식으로 제공할 필요가 있다. 왜냐하면 불안 수준이 높으면 치료에 대한 반응이 좋지 않기 때문이다.

이것으로 장애의 범주 그 자체를 바꾸지는 않는다. 그보다는 범주적 진단에 더해 임상가가 평가, 치료 계획과 치료의 경과 확인을 할 수 있도록 차원적 접근을 추가하는 전략이 사용되었다(Durand & Barlow, 2016). DSM-5의 주요 변화는 〈표 3-2〉에 제시되어 있다(Comer, 2016).

〈표 3-2〉 DSM-5의 주요 변화

- '자폐스펙트럼장애'라는 새 범주가 추가되었는데, 이 범주는 과거 '자폐증'과 '아스퍼거 증후군'을 합쳐 만들어졌다.
- '강박장애'는 불안장애와는 다른 문제로 '수집광', '신체이형장애', '털뽑기장애', '피부뜯기장애'를 포함하는 강박 관련 장애로 구분된다.
- '외상후 스트레스장애'는 불안장애와 독립된 범주가 되었다.
- '파괴적 기분조절부전장애', '지속성 우울장애', '월경전불쾌감장애'라는 새로운 진단이 추가되었으며, '우울장애'의 범주에 포함되었다.
- '신체증상 및 관련 장애'라는 범주가 이름이 변경되었다.
- '건강염려증'을 '질병불안장애'로 대치하였다.
- '폭식장애'라는 새로운 진단이 섭식장애 범주에 추가되었다.
- '물질남용'과 '물질의존' 범주를 합친 '물질사용장애'라는 범주가 생겼다.
- '도박장애'가 비물질장애로 물질사용장애에 포함되었다.
- '성 정체성 장애'를 '성별 불쾌감'이라는 용어로 대체했다.
- '정신지체'를 '지적발달장애'혹은 '지적장애'라는 용어로 대체했다.
- '읽기장애', '수학장애' 그리고 '쓰기장애'를 합친 '특정학습장애' 범주를 첨가했다.
- '치매'를 '신경인지장애'로 대체했다.
- '경도인지장애'라는 새로운 진단을 추가했다.

### 3) DSM-5의 20개 범주

DSM-5에는 20개의 범주에 500여 개의 정신장애가 있다. 각각은 장애 진단 기준과 주요한 임상 특징을 기술한다. 이 체계는 어떤 장애에 자주 수반되는 특징뿐 아니라 연구를 통해 얻은 정보, 즉 연령, 문화, 성별, 유병률, 위험 요소, 경과, 공병률, 유전 및 가족 패턴 같은 배경 정보를 제공한다. 〈표 3-3〉은 DSM-5의 20개 범주와 그 하위유형이다.

〈표 3-3〉 DSM-5의 20개 범주와 그 하위유형

| | | |
|---|---|---|
| 1 | 신경발달장애<br>(Neurodevelopmental Disorders) | 지적장애, 의사소통장애, 자폐스펙트럼장애, 주의력결핍 과잉행동장애, 특수학습장애, 운동장애 |
| 2 | 조현병 스펙트럼 및 기타 정신병적 장애<br>(Schizophrenia Spectrum and Other Psychotic Disorders) | 조현형 성격장애, 망상장애, 단기 정신증적 장애, 조현양상장애, 조현병, 조현정동장애 |
| 3 | 양극성 및 관련 장애<br>(Bipolar and Related Disorders) | 제 I 형 양극성장애, 제 II 형 양극성장애, 순환성장애 |
| 4 | 우울장애<br>(Depressive Disorders) | 파괴적 기분조절부전장애, 주요 우울장애, 지속성 우울장애, 월경전기 불쾌장애 |
| 5 | 불안장애<br>(Anxiety Disorders) | 분리불안장애, 선택적 함구증, 특정공포증, 사회불안장애, 공황장애, 광장공포증, 범불안장애 |
| 6 | 강박 및 관련 장애(Obsessive-Compulsive and Related Disorders) | 강박장애, 신체변형장애, 수집광, 털뽑기장애(발모광), 피부뜯기 장애 |
| 7 | 외상 및 스트레스 사건 관련 장애<br>(Trauma-and Stressor-Related Disorders) | 반응성 애착장애, 탈억제 사회관여장애, 외상후 스트레스장애, 급성 스트레스장애, 적응장애 |
| 8 | 해리장애<br>(Dissociative Disorders) | 해리성 정체감장애, 해리성 기억상실증, 이인증/비현실감 장애 |
| 9 | 신체증상 및 관련 장애<br>(Somatic Symptom and Related Disorders) | 신체증상장애, 질병불안장애, 전환장애, 허위성장애 |
| 10 | 급식 및 섭식장애<br>(Feeding and Eating Disorders) | 이식증, 반추장애, 회피적/제한적 음식섭취장애, 신경성 거식증, 신경성 폭식증, 과잉섭취장애 |
| 11 | 배설장애(Elimination Disorders) | 유뇨증, 유분증 |
| 12 | 수면-각성 장애<br>(Sleep-Wake Disorders) | 불면장애, 과다수면장애, 기면증, 호흡관련 수면장애, 일주기 리듬 수면-각성장애, NREM수면 각성장애, 악몽장애, REM수면 행동장애, 초조성 다리 증후군, 물질/약물 유도성 수면장애 |
| 13 | 성기능 부전<br>(Sexual Dysfunctions) | 남성 성욕감퇴장애, 여성 성적 관심/흥분 장애, 발기장애, 조기사정, 사정지연증, 여성절정감장애, 성-통증장애 |

| | | |
|---|---|---|
| 14 | 성불편증(Gender Dysphoria) | |
| 15 | 파괴적, 충동조절 및 품행장애 (Disruptive, Impuls-Control, and Conduct Disorders) | 적대적 반항장애, 간헐적 폭발장애, 품행장애, 반사회적 성격장애, 방화증, 도벽증 |
| 16 | 물질-관련 및 중독장애(Substance-Related and Addictive Disorders) | 물질관련장애(알코올, 카페인, 대마, 환각제, 담배), 비물질관련장애(도박장애) |
| 17 | 신경인지장애(Neurocognitive Disorders) | 주요 신경인지장애, 경도 신경인지장애, 섬망 |
| 18 | 성격장애 (Personality Disorders) | A군 성격장애(편집성, 조현성, 조현형), B군 성격장애(반사회성, 연극성, 경계성, 자기애성) C군 성격장애(회피성, 의존성, 강박성) |
| 19 | 성도착 장애 (Paraphilic Disorders) | 관음장애, 노출장애, 마찰도착장애, 성적피학장애, 성적가학장애, 소아성애장애, 물품음란장애, 복장도착장애 |
| 20 | 기타 정신장애 (Other Mental Disorders) | |

### 4) DSM-5의 신뢰도와 타당도

평가처럼 분류체계도 신뢰도와 타당도에 의해 판단된다. 분류에서의 신뢰도는 서로 다른 치료자가 같은 내담자를 진단하기 위해 분류체계를 사용할 때 동일한 진단을 내리는가를 의미한다. DSM 초기판들은 중간 정도의 신뢰도를 보고했다(Regier et al., 2011). 예를 들어 1960년대 초 4명의 치료자가 DSM-I에 의거하여 153명의 환자를 독립적으로 면담했다(Beck et al., 1962). 그들의 진단 일치도는 54%였다. 4명의 임상가 모두가 경험 많은 진단가였기 때문에 진단 일치도가 낮다는 것은 진단 시스템의 문제를 시사한다(Comer, 2016).

DSM-5에는 경계가 모호한 범주들이 여전히 있으며 이것이 진단적 판단을 어렵게 한다. 그 결과로 개인들은 동시에 한 가지 이상의 신난, 즉 공존장애를 갖게 되는 경우가 있다. 만일 우리가 여러 장애가 복합적으로 나타나는 것을 다룬다면 장애의 진행, 치료에 대한 반응이나 연관된 문제의 발생 가능성에 대해 어떤 결론을 명백하게 내릴 수 있을지, 공존하는 장애의 핵심적 요소를 발견하는 방법은 무엇일지에 대한 어려운 문제들이 생기지만 해결할 수 있는 뾰족한 방법이 딱히 없다(Durand & Barlow, 2016).

DSM-5 개발자들은 이전 버전보다 신뢰도를 증대시키기 위해 특정 절차를 따랐다(APA, 2013). 예를 들어 과거 DSM에서 애매하고 신뢰할 수 없었던 범주에 대해 연구논문을 조사했다. 또한 경험이 많은 임상가들의 의견을 모았다. 그런 다음 새로운 기준과 범주가 더 신뢰할 수 있을 것이라는 기대를 가지고 새로운 범주를 개발하였다. 그러나 DSM-5 개발에 사용된 절차에 대한 비판과 우려가 있다(Wakefield, 2015; Brown et al., 2014; Frances, 2013). 예를 들어 개발자들이 새로운 기준과 범주의 장점을 평가해 볼 수 있는 현장연구를 충분히 하지 않았다는 점에 대해 비판이 많다. 비판자들은 DSM-5가 과거 버전에서 보였던 신뢰도의 문제를 그대로 가지고 있음을 심각하게 우려하고 있다. 예를 들어 DSM-5를 사용할수록 임상가들이 불안장애의 하위장애 간 변별진단에 어려움이 있을 것으로 예상하고 있다. 분류체계의 타당도는 진단 범주들이 제공하는 정보의 정확도이다. 예를 들어 범주 개념은 치료자가 예언 타당도를 증명할 때 가장 많이 사용한다. 주요우울장애의 일반적 증상은 불면증 또는 과면증이다. 수면 문제를 예상하고 여기에 대한 대처를 하고 이런 예측이 정확하다면 범주의 예언 타당도는 증가한다.

DSM-5의 설계자들은 방대한 연구 검토와 수많은 연구를 통해 DSM의 새 버전의 타당도를 확보하려는 노력을 했다. 결과적으로 현재 기준과 범주는 이전 버전보다는 강력한 타당도를 갖는 것으로 보인다. 하지만 많은 임상연구자들은 DSM-5에서 일부 진단 기준과 범주가 설득력 없는 연구에 기초하고 있고, 어떤 것은 성별이나 인종 편견을 반영한다고 주장한다(Koukopoulos & Sani, 2014; Rhebergen & Graham, 2014). 실제로 미국국립정신보건원은 DSM-5의 타당도에 문제가 있다고 보고 이를 위한 대책을 마련하고 있다(Insel & Lieberman, 2013; Lane, 2013). 정신건강연구에 대한 세계 최대의 지원기관인 미국국립정신보건원은 전적으로 DSM-5에만 의존한 임상연구는 지원하지 않을 것임을 공표하였다(Comer, 2016).

요약하면 DSM-5에 대한 비판은 두 가지 차원에 초점이 맞춰진다.

첫째, 이 체계는 신뢰도를 강하게 강조함으로써 때로 약화된 타당도를 보인다. 타당도를 희생하지 않는다면 신뢰도를 얻어내기 어렵기 때문에 어느 정도 받아들여진다. 만일 면접 중 어느 순간에 환자가 "우울해요."라고 이야기하는 것을 우울증의 유일한 진단 기준으로 사용한다면 임상가는 이론적으로는 완벽한 신뢰도를 얻을 수 있다. 그러나 다른 심리장애를 가진 사람들도 종종 스스로 우울하다고 말하기에 이는 타당도에서의 문제를 갖는다. 그러므로 임상가는 그 진술이 있었다는 것을 동의하더라도 그것 자체가 별로 유용하지는 않다(Carson, 1991).

둘째, 심리장애의 질병분류학 구성은 근본적으로 결점이 있더라도 과거의 정의가 현재까지 지속되어 왔다. 과거의 정의를 단순히 미미하게 고치는 것보다는 새로운 과학적 지식에 근거하여 장애의 새로운 체계를 만드는 등 가끔 새롭게 시작하는 편이 더 낫다고 주장하기도 한다(Carson, 1991). 그러나 광범위한 노력과 비용, 그리고 이전 판까지 축적된 지식을 폐기해야 하기 때문에 이런 일이 가능하지는 않을 것이다(Durand & Barlow, 2016).

DSM-5가 발표된 후 다양한 긍정적 혹은 부정적 의견이 제기되고 있다(Francis & Nardo, 2013; Kupher, Kuhl, & Regier, 2013). DSM-5가 차원적 접근을 통합하고 과학적 발견을 통합한 점 등에 대한 긍정적 의견이 있으나, DSM 진단이 가지고 있던 정신과 진단 자체의 타당성, 신뢰성에 대해서는 여전히 충분한 경험적 지지가 부족하며, 특히 DSM-5에서 진단기준을 다소 완화시킴으로써 기존에 정신장애로 분류되지 않던 사람들이 정신장애로 분류되는 문제점 등에 대한 우려의 의견이 제기되고 있다. 앞으로 DSM-5가 실제 임상현장에 어떻게 적용될 것인지, 또 어떻게 발전해 나아갈지에 대해 임상가나 임상연구자들이 관심을 기울일 필요가 있다.

DSM-5는 현재 시점에서 가장 발전되었고 이전에 개발된 질병분류학에 비해 과학에 근거한 체계라고 할 수 있다. 그럼에도 불구하고 어떤 질병분류학이든 진보를 위한 작업이 필요하며, DSM-5에서는 새로운 정보가 추가된다면 범주들에 대한 수정이 가능할 수 있도록 준비가 되어 있다(APA, 2013).

# 제 4 장

# 평가면접

1 면담 시 고려사항

2 면담의 구성요소

3 면담의 유형

4 면담의 신뢰도와 타당도

면담은 두 사람 혹은 세 사람 이상이 어떤 목적을 가지고 이를 성취하기 위해 진행되는 과정이다. 그러므로 임상장면에서는 필수불가결한 과정 중 하나다. 임상가는 면담을 통해서 내담자와 전문적인 대인관계를 형성하여 환자가 겪는 문제에 대한 정보를 수집해야 하며 더 나아가서는 치료 계획까지도 세울 수 있다. 내담자 혹은 환자의 입장에서 면담은 자신의 생활경험을 이야기할 수 있는 좋은 기회가 된다. 여기서는 자신의 성공담이나 실패담은 물론 남들이 자기를 어떻게 지각하고 있을 것이라는 것까지도 자유롭게 나눌 수 있다. 내담자 자신의 현상적 세계나 가치관에 대해서 표현할 수 있다. 내담자는 자발적으로 또는 면담자의 질문에 답으로써 자신의 이야기를 말할 수 있다. 내담자 혹은 환자의 언어와 행동은 임상장면의 특징, 특히 면담자의 행동, 태도 및 정서적 특징에 따라 크게 영향을 받을 수 있다. 그러므로 면담자와 내담자의 역학관계가 매우 중요하다. 임상장면에서는 면담자가 알고자 하는 것이 무엇이며 내담자 혹은 환자가 도움을 받고자 하는 것이 무엇인가에 근거해 면담의 형태는 다양해질 수 있다.

임상적 평가에서 사용되는 많은 전략 가운데 면담은 임상심리학자가 가장 일반적으로 사용하는 기본적인 기술이다. 다양한 이론적 지향에 따라 임상심리학자는 면담을 통해 내담자의 문제를 진단 · 평가하는데 필요한 자료를 수집한다. 면담은 임상적 진단 및 평가, 심리치료, 모두에서 사용되는 기법이다. 면담은 진단을 위한 필수적 정보를 수집하는 가장 일반적 전략이면서 많은 부가적 목적을 위해 사용되기도 한다. 면담은 문제정의 목표설정, 사례개념화 등에 필요한 정보를 얻는 데도 사용된다. 면담 자료는 심리측정으로도 쉽게 평가될 수 없고 다른 평가 전략으로도 분명하게 확인할 수 없는 주제를 정교화할 때 또는 문제의 심층원인에 대한 가설을 생성하는 데 중요한 정보를 제공한다. 임상적 면담은 내담자와 내담자 문제에 대한 정보의 원천이면서 내담자와 임상심리학자(또는 상담전문가) 간에 협력관계를 만들어 낼 수 있는 중요한 도구다.

면담은 표준화 측정도구들에 비해 융통성이 있으면서 깊이도 있다. 면담을 통해 환자 혹은 내담자의 문제에 대하여 광범위한 정보를 수집할 수 있다. 의사소통의 유형에 따라 말을 바꿀 수도 있고, 질문을 변형시킬 수도 있다. 대부분의 경우 면담은 일상대화를 하는 것과 같이 자연스러운 점이 특징이다. 그 이유는 면담에서는 특별한 기계장치가 사용되는 것도 아니고 질문의 내용이 맞거나 틀린 답을 요구하는 것도 아니기 때문이다.

면담은 심리학자가 내담자에 대한 많은 정보를 획득할 수 있는 관찰기회다. 심리학자는 내담자의 외모, 행동, 정서, 질문에 대한 반응에 주의를 기울인다. 커플, 부모-자녀, 가족을 면담할 때는 그들이 상호작용하는 방식이나 말과 행동, 말과 표정 등 간 불일치를 다루는 방식을 관찰할 수 있다.

## 1. 면담 시 고려사항

기계적(정해진 방식의) 면담으로는 면담 목적을 달성하기 어렵다. 면담하는 사람의 기술이 다르고, 면담을 받는 사람의 능력과 동기가 다르고, 그리고 면담 내용이 다르기에 내담자를 고려하지 않은 그리고 면담의 목적을 사전에 정하지 않고서 면담을 진행하면, 이 면담은 면담자나 피면담자 모두를 만족시킬 수 없다. 면담자는 면담기초 자료를 쉽게 입수할 수 있어야 하고, 피면담자는 자기의 역할을 인지하고 있으면서 자기의 역할을 수행하겠다는 욕구가 충족될 때 면담은 성공할 수가 있다.

### 1) 면담자의 태도

면담자는 피면담자를 사례가 아닌 사람으로 대해야 한다. 만일 정신과의사가 환자 혹은 내담자의 증상을 진단내리면서 최초 면담을 서둘러 마무리한 후 환자가 직면한 문제가 비슷한 연령대의 사람들은 누구나 겪는 문제라고 말하면, 환자는 기분이 몹시 나쁠 수 있다. 또한 환자가 너무 어린애 같은 대우를 받아도 불쾌해할 것이다.

면담자의 태도는 로저스(Rogers, 1977)의 상담자가 갖춰야 할 태도 지침을 참고하는 것이 좋다. 로저스에 의하면, 상담자는 일치성, 무조건적 긍정적 수용, 공감적 이해 등의 태도를 갖춰야 한다. 더 자세히 살펴보겠다. 일치성은 면담자가 진솔하다는 것으로, 면담자는 기만적인 겉치레가 없어 내적 경험과 외적인 표현이 일치하며 내담자와의 관계에서 지금 느끼는 감정 및 생각, 반응, 태도 등을 표현할 수 있어야 한다. 둘째, 무조건적 긍정적 수용은 개인의 가치에 대한 기본적 존중으로, 면담자는 내담자의 감정, 사고, 행동이 좋다 또는 나쁘다는 평가/판단을 하면 안된다. 면담자는 내담자를 자신과는 다른 그리고 독립적 존재로서 대하며 내담자에게 관심을 가지면서 수용하여 존중해야 면담이 성공할 가능성이 커진다. 셋째, 공감적 이해는 면담자가 내담자의 감정을 자신의 감정인 것처럼 느끼면서도 내담자의 감정에 빠지지 않아 내담자를 깊이 이해하면서도 내담자와는 독립적으로 심리적 거리를 유지하는 것이다. 간단히 말해, 면담자는 내담자의 관점에서 상황을 이해하려 노력해야 한다.

### 2) 피면담자의 태도

대부분의 환자 혹은 내담자는 심리학자와 면담하기를 원한다. 하지만 심리학자의 지위와 역할에 대한 고정관념을 갖고 있어 면담을 두려워하는 사람도 있다. 의사소통의 내용은 지위관계에 의해서 영향을 받을 수 있다. 즉, 지위가 낮은 사람은 자신의 장래에 영향을 줄 만한 사람에게는 더 좋게 보이려 노력하면서도 권위에 대한 적개심을 품기도 한다.

피면담자의 불안이 중요한 역할을 하기도 한다. 심리학자와 면담하는 것을 두려워하는 사람도 있지만 특히 더 두려워하는 사람도 있다. 환자 혹은 내담자가 자신의 문제를 이야기하는 것을 주저할 경우, 면담자는 대화의 내용을 문제와 관련 없는 화제로 돌릴 수 있으며 그래도 대화를 거부한다면 면담을 일단 중단하는 것이 좋다. 임상장면에서 환자는 면담자에게 어려움을 호소하면 도움을 받을 수 있다는 기대와 동시에 자신을 이상한 사람으로 보지는 않을까 하는 두려움(과 수치심)을 동시에 가지고 있을 수 있다. 면담자는 이러한 환자의 이중적 심리상태를 고려하면서 면담에 임해야 한다.

### 3) 면담 과정의 인지 요인

면담의 목적이나 형태는 달라도 면담은 두 사람 간 메시지가 왕래하는 의사소통이다. 의사소통을 얼마나 효과적으로 그리고 분명하게 했느냐에 따라서 사람에 대한 이해의 정도가 달라지며 이에 근거해 임상평가의 정확성이 결정된다. 의사소통은 여러 가지 요인에 의해서 왜곡될 수 있다. 환자가 면담자를 믿지 않거나 솔직하게 말하고 싶지 않아 뭔가를 말하지 않는 것과 같은 행동은 환자의 동기 요인으로 볼 수 있으며 이는 의사소통 과정을 왜곡시킬 수 있다.

이런 동기 외에도 질문 그 자체에 면담 과정에 참여하는 사람들의 인지 요인이 크게 영향을 미칠 수 있다. 경험에 대한 사람의 지각 및 해석/이해는 단순하지 않다. 사람이 사물이나 대인관계 등을 지각할 때는 주관적 경험에 근거해(각 개인에게) 의미 있는 방식으로 조직한다. 그렇기에 질문하는 데 있어서도 의사소통 과정의 비언어적 방식 및 언어 및 질문방식 등에 대한 수준 등의 쟁점들이 의사소통의 왜곡에 관여되어 있다.

#### (1) 언어

직접 경험에서 오는 사실에 대한 지각이나 개념 체계가 곧 언어다. 감정을 말로써 표현하면 뉘앙스가 작용하기 때문에 쉽지 않다는 것을 경험해 봤을 것이다. 말을 하는 사람은 적절한 언어 사용이 필요하고 이를 듣는 사람은 이 말을 가능한 같은 의미로 해석할 수 있어야 한다. 말은 사회계층에 따라서 다르게 사용되는 경우도 있다. 그리고 어휘 또는 말의 스타일에 있어서 개인차도 크다.

면담자와 피면담자가 의사소통을 원만하게 하고 면담이 성공적이려면, 피면담자의 언어에 대한 충분한 고려를 면담자가 해야 한다. 어휘는 피면담자의 수준에 맞는 어휘를 써야 한다. 면담자가 전문적 용어를 사용하지 않는 것이 좋다. 다시 말해, 면담자가 피면담자의 어휘수준을 고려하여 면담에서 어휘수준을 동일하게 맞추는 것이 좋다. 그러나 면담자가 피면담자의 어휘수준을 지나치게 고려하여 과하게 단순화한 어휘를 사용하면 심각한 문제가 발생할 수도 있다. 피면담자가 자신의 지적 수준을 면담자가 과소평가하였다고 생각하여 이를 매우 못마땅하게 생각할 수 있다.

면담자는 면담하고자 하는 사람의 어휘 수준이 어느 정도인지를 미리 파악하여 어휘를 선택할 필요가 있다. 피면담자의 수준에 맞지 않는 어휘를 사용하면 성공적 면담으로 마무리되기 어려운데 그 이유는 피면담자가 면담자와 상당한 거리감을 느낄 가능성이 높기 때문이다. 이런 경우, 피면담자는 면담에 적극적으로 협력하지 않으며 또 자신을 이해하지 못하는 사람과는 대화할 필요가 없다고 판단할 수 있기 때문이다.

지나치게 전문적 또는 어려운 어휘를 사용하는 것도 피면담자로 하여금 면담에 참여하고픈 의욕을 상실하게 만들 수 있다. 사실, 어휘 및 말 스타일을 사전에 찾아 피면담자의 수준에 딱 맞도록 선택하기 어렵다. 이 쟁점은 면담자의 임상/면담 경험을 통해 익혀나가야 한다. 예비적 면담에서 의사소통이 쉽지 않다는 결정을 내렸다면 면담과정에서 어휘 및 말 스타일을 하나씩 수정하면서 면담을 진행할 수밖에 없다.

### (2) 준거

일반적으로 개인이 사용하는 언어나 문장은 그 사람에게 고유한 것이므로 똑같은 말 스타일을 사용하는 사람은 없다. 이는 자기가 쓰는 의미는 다른 사람과 동일하기 힘들다는 것을 뜻한다. 의사소통에서 제시된 말의 해석에 따라 의사소통에서 의미는 변할 수 있다. 전체적으로 보면 제시된 언어자극은 분절되어 있고 애매할수록 이에 대해 반응하는 사람은 자신의 경험 또는 기존지식에 근거해 전달받은 언어적 자극의 의미를 해석하는 편이다.

예를 들어서 길을 가다가 잘 알고 지내는 사람을 만났다고 생각해 보자. 이때 "안녕하십니까?"라는 인사를 건냈을 때 여기에는 말하는 사람의 견해만 들어있지는 않다. 관례적 인사 또는 상대방이 잘 지내고 있는지에 대한 내용이므로 상대방은 이에 대한 의견을 제시할 수 있다. 그때 상대방이 "좋습니다."라는 대답을 하면 이것도 역시 관례적 답변으로 직업 또는 집안일에 대해 내용인지를 상대방은 알 수 없다. 질문받은 말에 대답하기 위해 자신 나름의 준거를 표했을 뿐이다. 다만 대답한 것에서 몇 가지 단서를 찾을 수 있다.

효과적 의사소통을 위해서는 말 자체도 중요하지만 말하는 사람의 의도도 충분히 파악해야 한다. 예를 들어 어떤 환자가 "좋은 직장을 얻었어요."라는 말을 했다고 하자. 이 말에 대한 자세한 설명이 제시되지 않으면 구체적으로 이 말의 의미를 파악하기가 쉽지 않다. 즉, '좋은'의 기준에 대해 알 수가 없다. 급료가 많아서인지, 일 자체가 훌륭해서인지 혹은 저명한 인사와 교제할 수 있어서인지 등 '좋은'에는 많은 기준들이 담겨 있다. 그 환자가 말한 '좋은'의 의미를 알기 위해선 많은 대화가 오가야 할 것이다. 그래서 어떤 사람이 저렇게 자신의 일상을 말하면, 우리는 좋은 직장이 무엇인지 물어야 한다(단, 우리나라의 일상적 상황에서는 묻지 않는 것이 좋을 수도 있다).

경우에 따라서는 의사소통의 장면에서 역할이 무엇인가에 근거해 준거를 유추할 수도 있다. 예를 들면 부하직원이 상사에 대해서 "요사이 어떻게 지내십니까?"라는 인사말을 건넸다고 가정하자. 이 상황에서는 두 사람 역할관계가 분명하기에 언어자극의 애매성이 많이 줄어들 수 있다. 이때 애매성이 감소되었다는 것은 주고받는 말에 의한 것이 아니라 두 사람의 사무적 관계에 의한 것이다. 때로는 피면담자의 특이한 욕구 때문에 의사소통이 크게 장애를 받는 경우도 있다. 강력한 욕구 그 자체가 곧 준거가 될 수 있다. 전쟁터에 자식을 보낸 부모는 모든 관심이 아들의 안전에 쏠려 있어 어떤 경우에도 이와 같은 입장을 떠나서는 자신의 이야기를 할 수가 없다. 일에 불만을 가진 사람은 그 이야기를 빼놓지 않는다. 이처럼 어떤 한 가지 문제에 매몰된 사람은 상대가 무슨 이야기를 하더라도 대화의 주제를 자신의 화제로 몰고 가는 경향이 있다.

### (3) 개념 수준

언어 및 준거의 문제와 밀접한 관계가 있는 것으로 개념의 수준을 생각할 수 있다. 피면담자는 언어의 의미를 쉽게 이해할 수 있다. 그러나 그것을 개념적으로 조직화하기는 쉽지 않다. 예를 들어서 "네 친구의 성격은 내향적이니, 외향적이니?"라고 물어보았다고 가정하자. 이 질문을 받은 사람은 그에 대한 대답을 하는 데 필요한 지식을 가지고 있을 필요가 있다. 또 그는 자신의 경험과 감정을 조직화하기 위해서는 많은 작업을 필요로 한다. 피면담자는 극단적 내향성은 사람을 기피하는 경향이 있다는 것은 물론 그들이 나타내는 행동 특성도 잘 알고 있다. 그렇지만 친구를 관찰해서 얻은 결과를 내향성이라는 개념에 끼워 맞출 수는 없다. 그가 알고 있는 것은 다만 용어에 대한 이해뿐이며 그것은 경험을 기술하는 데 적용되지 못한다.

이렇게 개념화 수준까지 이르지 못한 개념은 자신의 개념을 조직화하지 못하여 의사소통에 장애를 초래할 수 있다. "회사에서 당신네 사무실 분위기는 어떤가요?"라는 질문을 받은 경우를 생각해 보자. 여기서 분위기라는 말은 분명히 하나의 개념이며 피면담자가 알아보고 싶어 하는 문제이다. 이 개념을 분명히 이해하고 있다고 생각될 때에는 피면담자가 대답하기 쉬운 형태의 질문으로 제시해 본다. 예를 들면 "사무실에서 일의 분량이 지나치게 많을 때에는 사람들이 서로 돕습니까, 아니면 혼자서 처리합니까?"하는 형식으로 질문을 해 나간다. 또 "급료도 같고 일의 성질도 같다면 다른 직장으로 옮기고 싶은 마음이 있나요?"라고 질문을 해본다.

#### (4) 단일 정보

한 번에 한 가지 대답만을 얻도록 질문하는 것이 바람직하다. 하나의 질문을 통해서 여러가지 대답을 얻으려고 할 때 그 질문은 애매해지며 그러한 질문으로는 면담을 성공적으로 이끌어 갈 수 없다. 가령 "병원에 올 때 어떤 기대를 하고 오셨어요? 다른 사람들은 병원에 가는 것을 뭐라고 하던가요?"라고 면담자가 질문했을 때 피면담자가 어떻게 반응할 것인가를 두고 생각해 보면 한 가지 질문에 대한 한 가지 대답을 강조하는 의도를 충분히 이해할 수 있을 것이다. 이에 대한 대답은 모호하고 설령 그에 대한 대답이 나왔다고 하더라도 그것을 의미 있게 해석하기는 어렵다.

### 4) 비언어적 의사소통

의사소통은 보통 언어로 이루어지지만, 표정이나 몸짓, 자세 혹은 침묵 같은 비언어적인 수단도 중요하다. 정보나 생각, 계획 등은 주로 말로 전달하게 된다.

대부분의 인간관계에서는 사실적인 정보 교환보다 정서나 감정의 교환이 더 중요한데 사랑, 분노, 만족감 등은 대개 표정, 눈빛 등 비언어적인 수단에 의해서 표현된다.

환자에 대한 정보는 그의 말에 의해서 얻기도 하지만 비언어적 행동을 통해서도 좋은 정보를 얻을 수 있다. 손가락을 입술에 대는 것은 조용히 하라는 뜻으로 통하는 바와 같이 몸짓은 중요한 의사소통의 한 수단이다. 몸짓과 같이 몸의 움직임, 자세 그리고 얼굴표정 같은 비언어적 행동은 사람을 이해하는 의사소통에 있어서 중요한 역할을 한다. 왜냐하면 이것들이 모두 환자를 이해하는 중요한 단서가 되기 때문이다. 주로 임상가들은 언어적 행동에 크게 의존하고 있는데 예민한 사람은 환자의 신체적 움직임에 대해서도 세심한 주의를 기울인다. 환자의 행동을 통해서 그의 성격특성까지 파악할 수 있다.

비언어적 행동이 대화를 조절하고, 정서를 전달하며, 언어적 메시지를 수정하고, 임상가와의 관계에 대한 중요한 메시지를 제공하며, 자기 지각에 대한 통찰을 가져다주고, 내담자가 자기 생각과 일치하는 말을 하지 않고 있다는 단서를 제공한다는 것을 발견했다(Highlen & Hill, 1984). 어떤 종류의 비언어적 행동이든 간에 다음과 같이 커뮤니케이션을 강조하거나 수정하는 역할을 한다.

### (1) 확인 또는 반복

비언어적 행동은 말로 한 것을 확인하거나 반복하는 기능을 한다. 예를 들어 임상가가 내담자의 말을 제대로 이해했을 때, 내담자는 "맞아요."라고 말하면서 눈을 반짝 뜨고(표정), 몸을 상담자를 향해 앞으로 기울이고(몸의 움직임), 목소리가 밝아진다(목소리의 질). 이러한 비언어적 행동은 언어적 메시지의 내용을 정확하게 확인하게 해주는 기능을 한다.

### (2) 부정 또는 혼란

비언어적 행동은 말로 한 것을 부정하거나 의미해석을 불가능하게 만들 수 있다. 임상가가 내담자의 문제를 지적했을 때, 내담자가 자신이 당황했다는 사실을 부인하면서 말을 더듬거리고(목소리의 질), 입술이 떨렸다면(표정) 이 비언어적 행동은 말 그 자체보다 더 진실한 메시지를 전달한 것이다.

마지막으로 면담자는 내담자의 비언어적 행동을 해석하기에 앞서 자신의 비언어적 행동을 살펴야 한다. 상담자의 비언어적 행동은 좋은 방향이든 나쁜 방향이든 내담자에게 영향을 미친다. 면담자가 따뜻한 관심으로 내담자와 함께할 때, 내담자는 상담자를 신뢰하여 마음을 개방하여 자신이 처한 문제 상황의 주요 측면을 상담자가 탐색하도록 돕는다. 상담자가 마지못해 앉아 있다면 내담자의 불신감은 증대하고, 상담자에게 자신을 드러내는 것을 주저하게 만들 것이다. 그리고 내담자는 상담자의 비언어적 행동을 잘못 해석할 수 있다. 예를 들어 상담자는 내담자와 마주 앉아 있는 두 사람의 물리적 거리를 편안하게 느끼고 있으나 내담자는 너무 가까워서 부담스럽다고 느낄 수 있다. 또한 내담자에게 생각할 여유를 주려 상담자가 잠시 말을 멈추고 있는 것이 내담자에게는 당혹감을 주는 경험일 수도 있다. 상담자의 비언어적 행동에 대한 내담자의 반응을 읽는 것이 경청의 한 요소다(Egan, 2002).

### 5) 면담실

면담자만의 개성이 있으므로 면담실이 어떠해야 하는지는 간단하게 규정할 수 없으며 그 물리적 특성은 다양할 수 있다. 일반적인 규칙은 "면담실을 선택할 때 전문적 공식성과 일상적 편안함 간의 균형을 맞추는 것이 필요하다."는 것이다(Sommers-Flanagan & Sommers-Flanagan, 2009). 즉, 면담실은 임상면담이 전문적 활동이지만 따뜻함과 편안함이 있는 공간이라는 메시지를 내담자에서 은근하게 전달될 수 있어야 한다.

면담에 있어 심리적 상황 및 조건은 세밀하게 검토하지만 물리적 조건에는 별로 신경을 쓰지 않는 경향이 있다. 물리적 조건도 심리적 조건만큼이나 면담에 있어서 중요하다는 점을 알아야 한다. 심리적 상황 및 조건은 물리적 조건의 영향을 받기 쉽기 때문이다. 우선, 면담실의 면적을 고려하여 의자와 책상을 배열해야 한다. 책상과 의자는 창문에 대해 45° 각도를 두고 배열하는 것이 이상적이다. 의자 크기는 같아야 하고 안락감을 느끼는 정도도 동일하게 보이는 것이 좋다. 부득이

하게 의자들이 서로 다른 경우 피면담자의 의자를 더 크고 안락감도 더 좋은 것으로 하는 것이 좋다. 또 두 사람의 의자는 높이가 비슷해야 한다. 두 사람 사이가 너무 떨어져서 두려움을 느껴서도 안 되고, 서로 사적 공간이 방해가 될 만큼 가까워서도 안 된다. 커다란 책상을 가운데 두고 임상가는 회전의자에 앉아 있고 환자는 조그마한 보조의자에 앉아서 질문을 주고받는다면 두 사람 사이는 가까워질 수 없다. 또 환자가 안락의자에 푹 파묻혀서 면담자를 보는 경우도 자연스럽지 못하다.

건물구조도 매우 중요하다. 창문이 바로 면담자의 머리 위에 있어서 그의 얼굴이 그림자에 가려져서 피면담자가 직접 바라볼 수 없어서는 안 된다. 조명을 설치할 때에도 면담자와 피면담자가 똑같이 조명을 받을 수 있게 설치한다. 내담자가 창을 향해 앉을 수밖에 없다면 블라인드나 커튼을 내려야 한다. 표정과 몸짓은 의사소통에 있어서 매우 중요하기 때문에 서로 쉽게 바라볼 수 있도록 배열하는 것이 좋다.

임상가와 환자가 긴장감을 느끼지 않고 대화할 수 있도록 마음이 편하게 느껴지는 방에서 면담이 진행되어야 한다. 면담실에서 환자는 방해를 받지 않아야 한다. 옆방에서 말하는 소리가 환자에게 들린다면, 환자도 자신의 말을 옆방에서 들을 수 있을 것이라 생각해 불안해질 수 있다. 면담실 주위에 사람들이 걸어 다니거나 방문을 두드리는 일이 발생하지 않도록 사전조치를 취해야 한다. 면담실 밖에서 들리는 전화벨 소리도 임상가와 환자 사이의 관계를 방해할 수 있다. 임상가는 면담 동안 환자가 어떤 감정을 표시했는지 또 무슨 이야기를 했는지 등을 정확하게 회상할 수 있을 만큼 집중하여 정보를 저장하여 후에 인출할 수 있어야 한다.

### 6) 면담 자료의 수집/기록/보고

구조적 면담을 했느냐, 비구조적 면담을 했느냐, 피면담자가 가지는 정보, 면담자와 피면담자 두 사람의 문화적 배경 차, 그리고 피면담자의 면담 수용 태도 등에 따라 면담 내용은 크게 영향을 받는다. 면담을 시작하면서 면담자는 화세를 체계적으로 이끌어야 한다. 면담 시간은 1시간 이내가 적절하다. 구조적 면담은 상대적으로 높은 신뢰성이 보장되기는 하지만 내담자 문제를 더 효과적으로 유도하는 데에는 비구조적 면담이 상대적으로 더 낫다.

자료수집 과정에 있어서 윤리적 문제는 자세하게, 구체적으로 살펴야 한다. 이 과정에서 피면담자가 비밀로 하고 싶은 신상에 관한 이야기를 함부로 물어도 되느냐 하는 문제가 생긴다. 면담자가 피면담자로부터 정보를 얻으려 피면담자를 속였다면 면담자는 윤리적 문제라는 데서 자유로울 수 없다. 그러나 두 사람의 의견이 완전히 일치하여 피면담자가 면담자로부터 도움을 받을 수 있다고 생각하여 이에 필요한 정보를 제공하였다면 여기에는 윤리적 문제가 발생되지 않는다.

면담 내용을 기록하기 위해 속기법을 쓰기도 하는데, 이는 환자가 말한 것을 그대로 기록할 수 있다는 장점이 있기는 하지만, 상당한 시간과 연습이 요구되기에 실제로는 거의 사용되지 않는다. 면담을 하면서 면담내용을 기록하는 것은 하지 않아야 한다는 주장이 있기도 하다. 그 이유는 기록하는 동안 환자가 말하는 것에 주의를 집중시킬 수 없기 때문이다.

면담 도중에 중요한 말 몇 마디만 간단히 적어 놓았다가 면담 후 대화내용을 기록하면 면담 동안 환자와 대면하여 환자의 말을 충분히 들을 수 있으며 환자가 생각하는 것을 방해하지 않을 수 있다(Korchin, 1976). 일부분만 기록하는 행위는 때로는 임상가가 환자에게 관심을 갖고 있음을 전달하는 신호가 되기도 한다. 또 면담자가 눈의 크기를 변화시키거나 고개를 끄덕이는 등 몸짓을 변화시킴도 이와 같은 효과를 얻을 수 있다. 간단히 말해, 임상가는 면담을 자기가 뜻하는 방향으로 유도해 나갈 수 있는 훈련을 받는 것이 좋다.

면담 후에 기록하면 그 내용이 변조 혹은 축소되기 쉽고, 그리고 의미가 전도되기 쉽다. 특히 기억에 의해서 기록을 작성한다는 것은 위험하다. 그러나 이와 같은 기록방법을 사용하게 되면 환자는 긴장을 풀고 자연스럽게 이야기할 수 있다는 장점이 있다. 또 어떤 환자나 내담자는 기록의 정확성을 보유하기 위해서 자기가 말하는 것을 그 자리에서 기록해 주기를 바라는 사람도 있다.

훈련과 연구가 중심이 되는 임상장면에서는 면담의 대화를 녹음하는 것이 일반적이다. 연구가 목적일 경우, 면담과정이 자세하게 녹음되어야 한다. 녹음할 경우, 사전에 환자의 동의를 서면으로 받아야 한다.

녹음기나 녹화장치를 사용해서 면담 내용을 기록하는 것은 목소리의 억양이나 음색 등을 알 수 있는 장점이 있다. 그렇지만 녹음이나 녹화한 내용을 옮겨 써서 편집하는 데 막대한 노력이 필요하다(요즘, 구어를 문어로 변환시키는 프로그램이 있다). 그뿐만 아니라 면담 내용을 기구를 사용하여 기록한 것과 면담이 끝난 후 기억을 더듬어서 기록을 작성한 것을 비교해 보면 25%는 다르게 나타난다는 보고도 있다. 심한 경우에는 많은 내용이 축소되어 있고 30%만이 제대로 기록된다는 보고도 있다(그러므로 면담자는 비언어적 메시지를 잘 기억해야 한다).

녹음에 쓰이는 장치는 환자가 볼 수 있게 제시되어 있어야 한다. 일반적으로 환자보다는 면담자가 녹음으로 인해 방해를 더 많이 받는다. 면담자는 녹음 내용이 공개되었을 경우 상관이나 슈퍼바이저에게 평가되기에 이를 불안하게 여겨 면담에 집중을 잘 못하는 경우가 있다. 녹음이나 녹화기록의 장점은 면담장면에서 있었던 일을 쉽게 피드백 받을 수 있고 연구나 치료 진행에 대한 감독을 받을 수 있다는 것이다. 그러나 면담자나 환자에게 긴장감을 조성하는 단점도 있다. 따라서 면담에 참여하는 사람들이 방해받지 않을 수 있게 세심하게 배려해야 한다.

가능하면 면담 내용은 전부 보고되어야 한다. 어떤 경우든 환자 혹은 내담자의 말이 그대로 기록되어야 하며 면담 도중 어디서 얼마 동안 쉬고 어디서 말하기를 망설이는가 등 비언어적 메시지도 지문으로 기록하는 것이 좋다.

다음 쟁점은 의뢰자에게 면담 내용을 어느 정도까지 보고할 것인가에 대한 것이다. 이때 의뢰자의 목적에 따라 보고 내용이 달라져야 한다. 일반적으로 환자의 문제는 검사결과, 면담자료, 그리고 사례사자료에서 나온 정보를 보고하는 것이 좋다. 대부분의 경우, 보고서는 의뢰자에게 주는 비망록 정도로 그치고 자세한 것은 사례토론회의에서 보고하는 것이 좋다. 그러므로 면담에서 얻은 정보를 요약해서 간단하게 보고하고 더 구체적인 것을 요구했을 때에는 보다 더 자세한 서면 보고서를 제시하는 것을 권한다. 의뢰자가 지능 수준만을 측정해 달라는 요청을 했다고 해도 환자의 동기, 협조 여하 등을 기술하면서 이와 관련되는 것을 모두 보고해야 한다. 심리학자는 사례토론회의를 통해 내담자에 대한 보다 더 많은 정보를 얻을 수 있다. 의뢰자가 제시한 정보, 사회사업가가 제시한 정보, 또

심리학자 자신이 획득한 정보들을 서로 비교 · 검토할 수 있다.

서면 기록을 준비할 때는 내담자의 신상정보부터 주호소 문제, 최초 증상과 주호소를 야기하는 촉발 요인들을 포함한 현재의 병력의 개관, 내담자의 정서 상태에 영향을 줄 수 있는 신체적 문제와 심리적 문제에 대한 과거 병력의 개관, 내담자에게 영향을 미칠 수 있는 가족이나 친지들의 심리적 · 기질적 문제에 대한 생활사, 마지막으로는 구체적인 문제와 목표 증상을 변화시키기 위해 내담자에게 취해야 하는 처치 등을 제시한다.

### 7) 비밀보장

내담자가 면담실에 들어올 때 비밀보장에 대해 잘 모를 수 있다. 많은 사람들은 심리학자와 이루어지는 모든 면담 내용이 절대적으로 비밀보장된다는 오해를 하고 있다(Miller & Thelen, 1986). 비밀보장을 할 수 없는 몇 가지 상황이 있다. 이런 상황은 내담자가 자신이나 타인을 심각하게 해칠 가능성이 있다거나 지속적으로 아동 학대가 일어나고 있는 경우다. 일부 내담자들은 가족, 친척, 슈퍼바이저, 그 외 관련자들이 자신의 면담 기록을 볼 수 있을 것이라는 오해를 하여 자신의 문제를 거의 노출하지 않으려 할 수 있다.

내담자에게 비밀보장의 정보를 제공하면서 앞서 제시한 오해를 바로잡기 위해, 면담자는 면담초기에 비밀보장에 대한 정책을 자세하게 안내해야 한다. 이 안내는 학회나 법의 규정에 맞도록 제시되어야 하며 구두 및 서면으로 충분히 설명되어야 한다.

## 2. 면담의 구성요소

### 1) 라포 형성과 주의집중 기술

환자는 자신이 원해서 임상가를 찾아왔더라도 자신이 겪는 문제를 꺼내놓는 것을 아주 불편하고 수치스럽게 느낄 수 있다. 정신과적 진단을 받은 적이 있다면 자신이 부정적으로 평가되는 것에 대한 두려움을 느낄 수 있으며 부당한 대우를 받을까 염려할 수도 있다. 따라서 생산적이고 효과적 평가를 하려면 면담자와 환자 간에 좋은 관계를 형성해야 한다. 라포는 면담자와 피면담자 간에 형성되는 편안한 작업관계를 기술하는 데 사용되는 용어다. 임상가는 환자와의 관계에서 긍정적이고, 신뢰할 수 있으며, 수용적이고 존중하고 도움이 되는 분위기를 형성하는 것이 바람직하다.

면담자와 내담자 간에 라포를 형성하는 것은 내담자를 참여시키는 데 중요하며, 치료에서도 중요하고 평가면담에서도 매우 중요하다. 두 사람 관계가 긍정적이라고 느끼면 서로 전달하는 메시지의 소통이 잘될 것이다. 내담자가 자신이 수용되며 이해받으며 비판받지 않으며 거부당하지 않을 것이라 생각하면 내담자는 방어와 왜곡을 최소화하여 자신의 생각과 감정을 자유롭게 표현하게 될 것이다.

Egan(1994)은 SOLER라는 머리글자로 주의집중 방법을 제시했다.

첫째, 내담자를 향해서 앉는다(Squarely). 즉, 좌석의 각도와 관계없이 몸과 얼굴을 내담자를 향해 앉는다.

둘째, 열린 자세를 취한다(Open). 즉, 다리를 꼬거나 팔짱을 끼지 않는다.

셋째, 내담자 쪽으로 몸을 기울인다(Lean). 즉, 면담 중 중요하거나 흥미로운 주제가 나왔을 경우 가끔씩 상대를 향해 몸을 기울인다.

넷째, 눈 맞춤을 적절히 한다(Eye contact). 계속하여 내담자를 똑바로 쳐다보기보다는 내담자의 얼굴 쪽으로 시선을 두되 가끔씩 진지하게 시선을 접촉한다. 그리고 이러한 시선접촉에 대한 내담자의 반응을 잘 살핀다(이마와 콧등 사이의 삼각형에서 시선을 유지하는 것이 좋을 것이다).

다섯째, 편안하고 자연스러운 자세를 취한다(Relaxed). 상담자가 자신의 불안을 신체적으로 나타내는 경우 말소리가 지나치게 빨라지거나, 손동작이 지나치게 많아지거나, 의자 끝에 겨우 걸터앉거나, 표정이 굳어질 수 있다. 상담자가 이렇게 긴장하게 되면 내담자에게 집중하기 어려우며 상담자 자신의 감정으로 인해 내담자의 감정을 잘 파악할 수 없게 된다.

### 2) 경청 기술

경청이란 내담자의 말과 행동에 대해 상담자가(중요한 함의가 있는 정보에) 선택적으로 주목하는 것을 뜻하는데, 이를 통해 내담자는 스스로 특정 문제에 대해 탐색하게 된다. 경청은 내담자에게 생각이나 감정을 자유롭게 표현할 수 있게 도와주며 상담에 대한 책임감을 느끼게 해준다. 적극적 경청을 하는 방법으로 다음 네 가지 기술을 제시하고 있다(Comier & Comier, 1979).

#### (1) 반영

내담자의 메시지 가운데 감정과 관련된 부분을 바꾸어 말하는 것으로 더 깊은 수준의 감정을 표현하도록 해주고, 자신이 표현한 감정을 강력하게 경험할 수 있게 하며, 자신을 지배하고 있는 감정을 보다 잘 지각하게 하고, 감정을 받아들이고 통제할 수 있게 해주며, 감정에 대한 변별력을 높인다.

#### (2) 명료화

메시지가 완전히 이해되고 있는지를 확인하기 위해 질문하는 것이다. 명료화는 개인이 자신의 메시지를 정교화하도록 돕고 내담자의 말을 정확히 들었는지를 확인하여 모호하고 혼돈되는 메시지를 분명하게 만든다.

#### (3) 바꾸어 말하기

내담자가 말한 내용을 다르게 표현하는 것으로 내담자가 자신이 한 말에 초점을 둘 수 있게 하여 감정에 초점을 두는 것이 미숙할 때 객관적 내용을 강조할 수 있다.

#### (4) 요약

몇 가지 논점을 조리 있고 간단한 메시지로 묶는 것인데 바꾸어 말하기와 반영하기를 모두 포함한다. 요약함으로써 공통된 주제나 패턴을 발견할 수 있고, 지나치게 말을 늘어놓는 것을 방지할 수 있으며, 진행된 대화를 검토할 수 있게 된다.

면담자는 자신이 내담자의 말을 얼마나 잘 경청하고 있는지를 다음 질문들을 통해 자기평가를 해볼 필요가 있다(Heiden & Herson, 1995).

① 당신이 반응하기에 앞서 내담자가 자신에 관해 말할 충분한 시간을 주는가?
② 비록 당신은 대수롭지 않다고 생각할지라도 내담자가 심각하게 말하고 있는 것을 있는 그대로 받아들이는가?
③ 내담자에게 충분한 주의를 기울이는가?
④ 때때로 고개를 끄덕이고, 미소 짓고, '음–'이라고 하면서 주의를 기울이고 있다는 것을 보여주고 있는가?
⑤ 필요하면서도 관련 있는 질문을 하는가?
⑥ 내담자를 쳐다보고, 자주 눈을 맞추면서 시계 보는 것을 삼가고 있는가?
⑦ 내담자가 이야기할 때 가로막는 일은 없는가? 논쟁은 피하는가?
⑧ 주제를 바꿈으로써 내담자의 문제나 호소를 회피하는가?
⑨ 내담자가 할 말을 찾고 있을 때 가로채지 않을 만큼 충분히 인내하는가?
⑩ 말하기 전에 생각하는가? '즉각적인' 충고를 피하는가?

### 3) 질문 기술

면담장면에서 어떤 형태의 질문을 하느냐에 따라서 면담의 질이 크게 다를 수 있다. 피면담자에게 질문하기 전에 면담자는 복잡한 여러 요인을 먼저 고려해야 한다. 질문 형태에 따라 피면담자로부터 정보를 쉽게 얻을 수도 있고 그렇지 못할 수도 있다. 피면담자는 경우에 따라 자신이 경험한 사실을 완전히 기억하지 못할 수 있다. 이 경우 피면담자가 겪은 경험때문일 수도 있고 질문하는 방식 때문일 수도 있다. 면담장면에서 폐쇄형 질문을 하면 내담자가 아주 간단하게 대답할 수 있어 자아를 위협하는 일은 거의 없다. 하지만 그 대답의 정확성이 보장되지 않는다.

면담자는 망각된 사건이나 억압된 경험들에 대한 정확한 정보를 얻기 위해서 피면담자로 하여금 직접 기록을 찾아보게 하거나, 피면담자가 자신의 과거를 회상할 수 있게 질문과 대답을 재조정하고, 직접적 질문보다는 간접적 질문을 한다. 면담 과정에서는 피면담자가 확실하게 기억하지 못하는 사실을 확인할 수 있는 질문을 하는 것도 필요하다. 자료를 더 쉽게 얻기 위해 환자에게 회상을 요구하는 대신 재인을 요구하는 방법을 사용할 수 있다. 의사가 환자의 질병 내력을 조사할 때를 생각해 보자. 의사는 환자에게 질문만을 던지는 것이 아니라 환자가 기억을 더듬어 갈 수 있도록 한 가지씩 사실들을 열거하여 제시할 수 있다. 임상장면에 있어서 면담도 이와 같은 요령을 취하는 것이 바람직하다. 과거에 읽은 책 제목이나 과거 친하게 지냈던 사람의 이름 등을 쉽게 기억할 수 있게 선택이 가능한 목록을 제시하는 것이 기억에서 멀어진 사실에 대한 정보를 보다 쉽게 얻어낼 수 있다. 이렇게 보면 면담자의 폐쇄형 질문이 개방형 질문보다 피면담자의 기억능력을 더 활성화시키는 재인 형식의 질문 방식이다. 단, 대안이 많은 폐쇄형 질문의 효과는 개방형보다 못할 수도 있다.

그렇다면 어떤 형태의 질문을 할 것인가? 다음과 같은 몇 가지 점을 먼저 고려해야 좋다. 피면담자의 태도나 편견은 물론 어떤 특정한 사실에 대해서 어떻게 생각하고 있는지를 알고자 한다면 개방형 질문이 더 적합하나 환자의 태도나 편견에 따라서 피면접자를 분류해야 한다면 폐쇄형 질문이 더 적합할 수 있다. 그러나 이와 같은 구별은 융통성이 없는 것이 아니다. 즉, 개방형 질문과 폐쇄형 질문은 서로 바꿔 활용될 수 있으며 두 가지 방법을 함께 사용할 수도 있다. 피면담자가 충분한 정보를 가지고 있지 못할 때에는 폐쇄형 질문이 더 적합하고, 본인도 그러한 질문을 해주기를 바란다. 피면담자에게 선택의 여지가 있는 여러 가지 대답을 제시하여 거기에서 가장 적합한 것을 고르게 한다. 이렇게 함으로써 면담을 받는 사람의 마음은 편안하고 계속해서 면담에 응하고 싶은 의욕이 생긴다. 그러나 면담자는 피면담자의 대답의 사실성을 알 길은 없다. 피면담자가 확신 없이 대답했는지 확인하기 위해서는 개방형 질문을 할 수밖에 없다. 피면담자들이 쉽게 경험할 수 없는 사실에 대한 것은 개방적으로 질문하는 것이 더 낫다.

피면담자의 동기는 면담의 질을 좌우한다. 그러므로 면담자는 피면담자의 동기를 손상시키지 않도록 질문하고 그에 대한 반응을 얻어낼 필요가 있다. 면담자가 잘못 알고 질문한다든지, 사회적으로 바람직하지 못한 행동을 한 것같이 질문했을 때에는 피면담자의 동기는 크게 저하되기 마련이다. 무엇보다도 부정적 가치판단의 대상이 되는 것을 싫어한다. 그러므로 이러한 의미가 담긴 질문에 대한 반응을 회피하려는 경향이 있다. 이와 같은 방어적 태도는 면담기술로써 충분히 극복할 수 있다.

어떤 형태로 질문할 것인가를 결정하기에 앞서서 피면담자의 사고구조를 미리 알고 있을 필요가 있다. 피면담자가 질문에 대해서 반응할 준비가 갖춰져 있다면 개방형 질문을 한다. 그럼으로써 경제적 · 시간적으로 많은 도움을 얻을 수 있다. 그렇지 못할 경우에는 면담자가 여러 가지로 도움을 줄 필요가 있으므로 폐쇄형 질문을 하지 않을 수 없다. 폐쇄형 질문으로 면담을 진행하고자 할 때에는 미리 피면담자에 대해 충분한 정보를 파악하고 있어야 한다. 〈표 4-1〉은 개방형 질문과 폐쇄형 질문의 예를 제시하고 있다.

〈표 4-1〉 개방형 질문과 폐쇄형 질문의 예

| 개방형 질문 | 폐쇄형 질문 |
|---|---|
| 당신 집에 누가 삽니까? | 당신의 아버지는 당신과 같이 삽니까? |
| 당신이 임신했다는 것을 알았을 때 어땠나요? | 임신했다는 것을 알았을 때 기뻤나요? |
| 당신은 애정을 어떻게 나타내나요? | 당신은 애정 표시로 키스를 하나요? |
| 당신의 부모님은 당신이 귀가시간을 어겼을 때 어떻게 하나요? | 귀가시간을 어겼을 때 부모님이 외출금지를 하나요? |
| 논쟁할 때 무슨 일이 일어납니까? | 논쟁할 때 상대를 때린 적이 있나요? |
| 회사에서 발표할 때 어떤 느낌이 드나요? | 회사에서 발표할 때 불안한가요? |
| 화가 났을 때 어떻게 다스리나요? | 심호흡을 하고 나서 좀 기분이 나아졌나요? |

면담 과정에 있어서 의사소통의 동기 혹은 의욕이 큰 비중을 차지하는 것은 말할 나위도 없다. 폐쇄형 질문은 피면담자에게 불쾌감을 주기도 하고 아무런 노력 없이 반응할 수 있고 극단적으로 반응할 기회일 수 있다. 면담자는 이것을 기꺼이 받아들일 수 있어야 한다. 다른 한편, 폐쇄형 질문은 여러 가지로 제한이 많기에 타당성이 결여된 반응이 나타날 수도 있다. 그러므로 이러한 질문은 면담자가 예상되는 반응에 대한 지식을 가지고 있는 경우로 한정시키는 것이 현명하다. 그러나 이와 같은 생각이 모든 면담장면에 공통적으로 적용될 수는 없다는 것을 알아야 한다. 피면담자에게 의견을 자유롭게 말할 수 있는 조건을 제한하면 면담을 계속하고 싶은 의욕을 잃을 수 있으며 그 결과 많은 정보를 얻을 수 없게 된다.

다음의 몇 가지 지침은 적절한 질문을 하는 데 있어서 유용할 수 있다(Hill & O'Brien, 1999).

① 질문은 짧고 간단해야 한다.

② 질문은 한 번에 하나씩 한다. 상담자는 몇 개의 질문을 한꺼번에 해서는 안 된다. 왜냐하면 이것은 내담자에게 혼란을 일으킬 수 있기 때문이다. 내담자는 우선 반응할 질문이 어떤 것인지 잘 모르고 종종 코너에 몰린 것 같은 느낌을 가질 수 있다.

③ 상담자는 내담자에게 계속 집중해야 한다. 내담자의 내면에 일어나는 일에 집중할 수 있도록 내담자에게 초점을 맞춰야 한다.

④ 내담자가 과거의 경험이나 사건에 강한 감정과 반응을 한다고 하더라도 내담자의 초점이 일반적으로 과거 대신 현재에 있도록 (면담자는) 격려해야 한다.

## 3. 면담의 유형

### 1) 접수면담

환자는 접수면담을 통해 도움을 청할 목적으로 찾아간 기관에 대한 정보를 얻는다. 이 면담과정에서 면담자는 환자의 욕구와 치료를 받고자 하는 동기 등에 대해서 알아볼 수 있다. 이 면담을 통해서 환자는 그 기관에 대한 정보를 얻을 수 있고 얼마나 돈을 지불해야 하고 어떤 치료를 받을 수 있는지 등에 대해 알게 된다. 일반적으로 정신건강 사회복지사가 이 면담을 주관한다. 이 최초의 만남을 통해서 이 기관과 어떻게 접촉할 것인지를 파악할 수 있고 혹은 만일 이 기관에서 자기가 도움을 받을 수 없다고 생각될 때는 다른 치료기관을 소개받을 수 있다. 이 면담 과정에서는 환자가 지금 바라는 것이 무엇인가에 중점을 두는 것이 보통이지만 면담이 진행됨에 따라서 진단적 면담이나 혹은 사회사적 면담으로 이어지기도 한다. 공식적으로 접촉하기 전에 일반적으로 전화문의 또는 인터넷 문의를 하는 편이다. 비대면 문의는 임상가가 충분한 단서를 얻기 어려우므로 환자에게 도움을 주기 힘들다. 그리고 비대면 면담은 상당한 기술이 필요하다.

### 2) 진단면담

진단면담의 목적은 말 그대로 진단하는 것이다. 잘 구조화된 진단면담을 마치면 면담자는 내담자의 문제를 DSM으로 정확하게 진단할 수 있다. 면담을 통해 타당한 특정 진단을 내린다면, 권유 사항과 추후 치료의 효율성이 증가될 수 있다.

진단면담의 목적이 진단에 있다면, DSM 기준과 관련된 질문을 하는 것이 적합할 것이다. 어떻게 직접적으로 진단기준을 반영한 질문을 할 것인가? 몇몇 임상심리학자는 질문이 DSM 기준을 본질적으로 복제해야 한다고 믿는다. 결국 전문가가 진단 목록으로 정의된 장애에 대한 진단 매뉴얼을 따라간다면, 각 증상에 대해 직접적으로 묻는 것보다 진단에 더 잘 도달하는 방법이 있는가? 다른 임상심리학자는 진단면담의 모든 질문과 특정 DSM 진단기준을 대응시킬 필요는 없다고 생각한다. 이들은 면담을 통해서 질문을 선택하고 만들어내는 융통성 있는 면담을 선호하며 진단 결정을 위해 절대적 사실보다는 추론을 사용하는 것을 선호한다. 즉, 일부 임상심리학자는 구조화된 면담을 선호하고 나머지는 비구조화된 면담을 선호한다(Pomerantz, 2014).

진단면담은 보통 구조화된 면담으로 이루어져 있다. 구조화된 면담은 내담자에게 미리 결정되어 있고 계획된 순서로 질문을 하는 것이다. 구조화된 면담은 보통 진단과 같은 특별한 목적을 위해 구성된다. 대조적으로 비구조화된 면담은 미리 결정되거나 계획된 질문이 없다. 면담자는 면담하는 과정에서 그들이 적합하다고 결정한 정보를 찾기 위해 순간순간 질문을 결정한다(Maruish, 2008; O'Brien & Tabaczynski, 2007).

구조화된 면담은 특히 과학적 · 경험적 관점에서 볼 때 비구조화된 면담을 넘어서는 아래와 같은 장점을 가지고 있다(Sommers-Flanagan & Sommers-Flanagan, 2009).

① 구조화된 면담은 DSM 기준에 맞춘 진단을 할 수 있다. 이는 편파나 오류가 생길 수 있는 면담자의 임상적 판단이나 추론과 같은 주관적 요인의 영향을 줄여준다.
② 구조화된 면담은 신뢰성이 매우 높다. 두 명의 면담자가 같은 구조화된 면담을 사용할 때 비구조화된 면담을 사용했을 때보다 동일한 진단 결론에 도달할 가능성이 더 크다.
③ 구조화된 면담은 실시의 측면에서 표준화되어 있고 전형적으로 단순화되어 있다.

반면에 구조화된 면담은 동시에 여러 단점이 있다.
① 구조화된 면담의 형태는 보통 융통성이 없어서 라포 형성을 방해할 수 있고 내담자가 원하는 만큼 자신을 표현할 기회를 주지 못할 수 있다.
② 구조화된 면담은 DSM 기준과 직접적으로 관련되지 않은 중요한 문제에 대해서는 질문할 수 없게 만든다. 즉, 관계 문제, 개인사, DSM 진단 범주에 속

하지 않는 문제들이다.

③ 구조화된 면담은 임상적으로 필요한 것보다 더 포괄적인 질문목록을 요구하며, 이로써 면담시간이 늘어나게 된다.

임상심리학의 초기 발달단계에서 구조화된 면담은 드물었지만 지금은 대부분의 초기면담이 구조화된 면담이다. 불안장애 면담 스케줄(Anxiety Disorders Interview Schedule-Revised; Nardo & Barlow, 1988), 급성 스트레스 장애 면담(Acute Stress Disorder Interview; Bryant, Harvey, Dang, & Sackville, 1988), 아스퍼거 증후군 진단면담(Asperger Syndrome Diagnostic Interview; Gillberg, Gillberg, Rastam, & Wentz, 2001) 등과 같은 특정 진단문제에 초점을 맞춘 구조화된 면담이 많이 출판되어 있다. 그러나 최근 가장 두드러진 구조화된 면담은 더 넓은 범위를 다루는 DSM-IV 장애에 대한 구조화된 임상면담(Structured Clinical Interview for DSM-IV Disorder, SCID)이다(First, Gibbon, Spitzer, Williams, & Benjamin, 1997; First, Spitzer, Gibbon, & Williams, 1997a, 1997c).

### 3) 정신상태 측정면담

정신상태 평가면담은 임상장면에서 가장 많이 사용된다. 내담자가 평가 시점에서 얼마나 기능을 하고 있는지를 신속하게 측정 · 평가하는 것이 목적이다. 정신상태 측정 · 평가면담은 개인사를 알아보지도 않고 DSM 진단에 맞추려고 설계된 것도 아니다. 대신에 개인의 현재 심리적이고 인지적 과정의 특징을 포착할 수 있게 해준다(Morrison, 2008; Sommers- Flanagan & Sommers-Flanagan, 2009). 이는 전통적인 정신의학적 면담의 한 형태로서 정신과의사가 진단을 목적으로 하는 면담이다. 면담에서는 주로 환자의 질병유형, 지속 기간 과거사 및 예후를 정확하게 평가하기 위해서 증후를 중심으로 질문하는 것이 특징이다.

특정 질문이나 기법은 다양할 수 있지만 대체로 다음의 범주를 보통 포괄한다. 범주에는 외모, 행동과 정신운동 활동, 면담자에 대한 태도, 정동과 기분, 언어와 사고, 지각장애, 지남력, 기억과 지능, 통찰력 등이 있다. 그러나 표준화가 되어 있지 않기 때문에 두 명의 면담자가 면담을 실시할 때 같은 범주에 대해 다른 질문을 할 수 있다. 예를 들어 '기억과 지능' 범주에서 면담자는 내담자에게 출신 학교나 형제자매와의 나이 차이를 물어서 기억을 측정할 수 있고, 100에서 7씩 빼기를 하게 해서 지능을 측정할 수 있다. 정신상태 측정 · 평가검사는 정확하고 포괄적인 측정도구를 사용하는 것은 아니다. 간단하고 융통성 있는 시행으로 병원이나 의학 센터에 처음 방문한 사람들에게 매뉴얼 없이 진행된다.

환자의 좀 더 철저하고 완전한 정신의학적 상태를 파악하기 위해 임상에서 주로 정신상태 측정 · 평가면담 내용은 [글상자 4-1]에 제시되어 있다.

**[글상자 4-1] 정신상태 검사 면접**

A. 외모와 행동(general appearance, attitude and behavior)

① 일반적 기술 : 환자의 이름, 나이, 인종, 성별, 결혼 상태, 자녀의 수, 직업, 체격 특징, 몸치장 및 옷차림 등의 정보

② 근육 행동 : 환자의 걸음걸이, 과활동성, 시선 접촉, 특이하거나 인상적 움직임 및 경련 반응에 관한 정보

③ 습관적 표현 방식 : 환자에게 특징적인 언어적 및 비언어적 표현 방식에 관한 정보

④ 환자 태도 : 면접 상황이나 면접자에 대한 환자의 태도에 관한 정보(예 : 복종적, 방어적, 협조적, 적대적 혹은 유혹적)

B. 감각기능(sensorium)

감각기능은 중추신경계의 기능에 관한 정보를 포함한다. 여기서는 주로 뇌의 기질적 기능장애의 원인에 관한 정보를 탐색한다.

① 의식수준 : 각성 수준, 자극에 대한 반응성 혹은 의식 상태의 장애에 관한 정보.

② 지남력 : 지남력 장애는 시간 및 장소, 사람, 현재상황에 대한 인식수준을 평가한다. 이에 대한 정보 및 평가는 환자에게 이에 대해 내용을 직접적으로 질문하여 평가한다.

③ 주의와 주의집중 : 주의집중의 장애를 평가할 경우는 일반적으로 '계열적인 7(serial seven)'을 많이 사용한다.

④ 기억

즉각적 기억 : 24시간 이내 있었던 새로운 사건, 방문객, 활동상황 등을 회상시킨다.

최근의 기억 : 2주 이내에 있었던 입증할 수 있는 사건이나 항목을 회상시킨다.

장기적 기억 : 2주 이전에 있었던 사상에 관한 기억을 회상시킨다.

C. 사고 과정(thought process)

사고 과정을 평가하기 위해서는 사고의 생산성과 연속성을 동시에 고려해야 한다. 사고과정의 장애에는 사고과정의 우회성, 이탈현상, 차단 및 연상 해이 등이 속한다.

D. 사고 내용과 지능(thought content and intellect)

① 특징적 주제 : 환자가 어떤 주제에 대해 말을 많이 하느냐에 관한 것이다. 그 주제는 환자의 흥미, 갈등, 집착에 관한 중요한 단서가 된다.

② 현실과의 관계 : 환자의 진단을 내리기 위해서는 환자가 현실을 인식하는 정도를 평가하는 것이 매우 중요하다.

③ 개념 형성 : 면접자는 환자가 일반화시키거나 추상화시킬 수 있는 능력도 평가해야 한다. 개념 형성의 평가에는 WAIS의 공통성 문제나 속담 문제가 많이 활용되고 있다. 여기서 기이한 반응(bizarre response)은 정신병을 지적하는 것으로 보고, 추상화의 수준이 낮은 것은 지적 결함을 지적하는 것으로 보고 있다.

④ 병적인 집착 : 환자가 죽음, 자살, 파괴, 무시무시한 사건, 부패한 시체와 같은 것에 대하여 지속적으로 강한 집착을 나타내고 있다면 정신병이나 심한 우울증을 지적하는 것으로 볼 수 있다. 환자가 스스로 자해하고 싶다거나 자살하고 싶다고 말하면 면접자는 이러한 주제를 좀 더 논의해야 한다.

⑤ 일반적인 지적 능력의 평가 : 환자가 활용하고 있는 어휘력을 보면 일반적인 지적 수준을 어느 정도 알 수 있다.

⑥ 통찰과 판단력 : 통찰과 판단력에 대한 평가는 치료적 접근을 결정하는 데 필수적이다. 만약 환자가 자신에게 문제가 있다는 것을 부인하거나, 자신의 문제를 다른 사람에게 투사하거나 혹은 자신의 문제를 자신이 통제할 수 없는 외적인 힘 때문이라고 믿는다면 통찰이 없는 것으로 본다. 그리고 판단력이란 환자가 자신의 문제에 대해 어떻게 해야 하겠는가를 의식하고 있는 정도를 말한다.

E. 지각장애(perceptual disturbances)

지각장애 중에서 일반적으로 환청은 기능적 정신병에 많고 환시나 환후는 기질적 정신병이나 물질 남용에 의한 정신병에 더 많다. 그러한 정신병적 과정이 기능적인 것인지, 약물 혹은 알코올에 의한 것인지, 아니면 기질적 장애에 의한 것인지를 변별해야 한다.

F. 정서적 통제(emotional regulation)

① 무드와 감정 : 환자 자신의 감정을 스스로 직접 밝히는 경우는 드물기 때문에 면접자는 분노와 관련된 언어적 · 비언어적 단서를 고려해야 한다.

② 주관적 및 객관적 증거 : 주관적 증거란 환자 자신의 느낌과 관련된 환자의 직접적인 언어적 표현을 말한다. 객관적 증거란 환자의 특정한 느낌이나 감정을 함의하고 있는 것으로 관찰된 증거를 의미한다.

③ 적절성 : 적절성이란 환자의 감정이 논의하고 있는 주제의 내용과 일치한다는 것을 의미한다.

④ 양가감정 : 동일한 대상에 대해 갈등적 감정을 동시에 경험하는 것을 말한다. 양가감정이라고 할 때에는 갈등적 감정이 동시에 경험되어야 한다.

⑤ 이인화와 비현실감 : 자기 자신이 마치 자신이 아닌 것 같다거나 자기가 자신을 관찰하고 있는 것 같다는 것을 말한다.

G. 의지(volition)

의지는 어떤 행동을 의도적으로 수행할 수 있는 능력을 평가한다. 예컨대 환자가 하루에 8시간 정도 일을 할 수 있는가 혹은 자발성과 융통성을 지니고 있는가를 평가한다.

H. 신체적 기능(physical function)

수면장애, 식욕부진, 체중감소 및 증가, 성기능의 감퇴는 심리적 역기능의 징후로 중요시한다.

## 4) 위기면담

환자가 중대하고 외상적 경험을 하였으나 대처기능이 적절하지 않았을 때 겪는 위기상태에서 이루어지는 면담이다. 이는 단순한 평가를 넘어서는 목적을 가진다. 위기면담은 자살이나 자신이나 타인을 해치는 행위 등과 같은 응급상황에서의 주의를 요구하는 문제를 평가할 수 있을 뿐 아니라 문제에 대한 즉각적이고 효율적인 개입을 제공하도록 설계되어야 한다.

위기개입의 원리는 다음과 같다(김기태, 2006).

① 신속한 개입이다. 위기에 처한 사람은 혼란 상태와 심한 고통 상태에 있으며, 위기 그 자체가 실제적인 위험이 될 수도 있다. 본질적으로 시간 제한적이므로 즉각적인 개입이 필요하다.

② 초점적 문제해결이다. 우선 문제를 파악하는 데 초점을 두고, 다음에 그것을 해결하는 데 초점을 유지하도록 노력한다. 임상가가 조종할 수 있을 만큼 현실에 직면하도록 도와야 한다. 즉, 사실에 직면해야 하고, 사실을 토의해야 한다.

③ 희망과 기대이다. 위기에 처하여 절망감에 빠진 사람들에게 희망을 갖게 하

는 것이 중요하다. 처음부터 임상가는 적극적인 문제해결 방법을 활용한다. 임상가는 위기가 어떤 방식으로 해결될 것이라고 기대하고, 문제가 해결될 것이라고 기대하며, 환자가 기능을 잘할 것을 기대한다.

면담자는 효과적으로 상황을 다루기 위해 질문을 하는 동안에 침착하고 확고하며 따뜻한 태도를 유지해야 하며, 좀 더 지시적일 필요가 있다. 환자가 심각하여 즉각적인 조치가 필요할 때는 환자의 동의를 얻어 다른 기관의 도움을 받을 필요가 있다. 그러나 위기상황에 대한 조속한 판단이 필요하다고 하더라도 위기면담의 가장 중요한 요소는 공감적 경청이다.

### 5) 자살위험 평가면담

평가면담에서 임상심리학자는 내담자의 문제를 찾아내야 한다. 우울장애 환자를 평가면담할 때 자살 위험을 알아내기 위해 내담자가 자살을 시도할 가능성이 있는지를 질문하는 것이 보통이다. 자살행동의 위험을 증가시키는 요인에 기초하여 질문하여야 한다.

자살사고, 계획, 치명도, 자살시도 수단의 접근 가능성에 대해 직접적 질문을 해야 한다. 과거의 자살행동과 미래의 자살행동의 위험에 대한 강력한 관계가 있으므로 자살시도의 과거사에 초점을 맞춘 질문을 해야 한다. 일부 자살위험이 있는 내담자는 자신의 불행감이나 절망감의 수준에 대한 일반적인 진술만 하므로 현재의 위험을 평가하는 질문을 하는 것이 심리학자의 책임이다(Hunsley & Lee, 2010).

우볼딩(Wubbolding, 1987)은 자살위험이 있는 사람들에게 다섯 가지 질문을 하도록 권고한다.

① "죽을 생각을 하고 있습니까?" 이 질문은 직접적으로 명료하고 침착하게 물어야만 한다. 자살할 생각이 공개적으로 드러나면 내담자는 대체로 그 이야기를 할 수 있다는 데 안도감을 느끼게 된다. 그들은 대답한다. "네, 그것에 대해 생각해 봤어요.", 아니면 "그런 생각이 마음을 스치고 지나갔어요." 혹

은 그와 비슷한 말을 하게 된다. 질문을 더 해보면 많은 경우에 그런 결정이 절박하거나 가능한 것이 아니라는 것이 드러난다. 그러므로 더 이상 행동을 취할 필요가 없게 된다. "죽을 생각을 하고 있습니까?"라는 질문은 자살위험의 치명도를 가늠해 볼 수 있는 대단히 중요한 첫 단계의 질문이다.

② "전에 죽으려고 시도해본 적이 있습니까?" 과거 자살시도 여부는 자살위험을 가장 잘 예상하게 해준다. 그리고 현재 위험의 심각도를 반영해준다. 만약 그 사람이 현재 자살을 생각하고 있고 그런 역사가 있다면, 특히 그런 시도가 최근에 있었다면, 자살을 선택할 가능성은 매우 커진다.

③ "계획을 세웠습니까? 어떻게 죽으려고 합니까?" 만약 내담자가 자살 계획을 세우고 있을 경우 약을 먹을 것이라든가, 뛰어내릴 것이라든가 등의 이야기를 하면 자살위험의 치명도는 상승한다.

④ "자살할 도구를 지니고 있습니까?" 만약 내담자가 약물을 소지하고 있거나, 습관적으로 차를 난폭하게 몰거나 등의 상황에 있으면 자살 위험은 대폭 상승한다.

⑤ "우발적으로든 고의적으로든 자살을 하지 않겠다는 약속을 하시겠습니까? 얼마 동안 그렇게 할 수 있습니까?" 예를 들어 만약 내담자가 2주 정도 유예기간을 갖겠다고 글로 써서 확고한 약속을 한다면 치명도는 조금 낮아지고 임상가는 당분간 자살 예방에 관련된 일에 좀 덜 매달려도 된다.

### 6) 검사 전 면담

검사 전 면담은 주로 임상심리학자가 맡는 것으로, 심리검사를 실시하기 전에 임상가와 환자사이에 필요한 관계를 형성하는 데 그 목적이 있다. 임상심리학자는 환자에게 왜 심리검사를 하는지, 어떤 검사를 하며 그리고 검사의 결과가 나오면 어떻게 활용된다는 점을 소상하게 알게 해주어야 한다. 환자에게는 검사결과에 대한 비밀이 철저하게 보장된다는 점을 납득시켜 주어야 한다. 검사 전 면담에서는 검사결과를 해석할 때 고려할 수 있는 개인적이거나 환경적인 요인에 관한 정보를 수집한다. 검사 전 면담을 통해 라포가 잘 형성된다면 환자는 안정감 있는 태도로 심리검사를 받을 수 있고, 따라서 검사에서 환자를 정확하게 평가하는 데 필요한 많은 정보를 수집할 수 있을 것이다.

## 7) 생활사면담

정신건강 사회복지사가 환자의 과거력을 중심으로 여러 가지 면담조사를 하는데 이것이 곧 생활사면담 혹은 사례사면담이다. 여기서는 현재 환자의 심리적 문제나 병적 증후보다는 환자 자신이 현재 직면하고 있는 생활 전반에 대한 평가가 보다 중요시된다. 이를 위해서 환자로부터 그의 아동기 경험, 부모나 형제에 대한 태도, 결혼생활 및 취미 등에 대한 정보를 얻어야 한다. 여기서는 의식적으로 기억할 수 있고, 또 객관적으로 보고가 가능한 것에 대해 실문하고 정서적으로 중요한 의미를 갖는 사실에 대해서는 별로 큰 비중을 두지 않는다. 환자 개인을 더 정확하게 이해하기 위해서는 과거력을 아는 것이 매우 중요하다. 이에 못지않게 중요한 것은 그의 생활이다. 사례사조사에서 얻은 정보를 보강하기 위해서 환자의 배우자, 부모 혹은 평소에 그와 가깝게 지내던 사람들과 면담을 가진다. 특히 환자 자신이 말하는 것을 달갑게 생각하지 않거나, 말할 수 없는 경우에는 매우 큰 도움을 준다. 증상이 심한 정신병 환자, 우울증 환자, 함구증 환자, 혹은 어린아이에 대한 정보를 얻는 데도 도움이 된다. 임상가와 환자가 동시에 배우자나 부모를 같이 만나는 것은 환자를 이해하는 데 도움을 주는 정보를 얻을 수 있다.

## 8) 기타 면담

임상장면에서 환자가 다른 전문가들과 면담을 해야 할 때가 있다. 이와 같은 것을 흔히 자문면담이라고 하는데, 이는 환자가 갖는 문제의 성질에 따라서 자문에 응하는 전문가가 달라진다. 전통적 관례에 따르면 진료 책임자 혹은 교수가 자문면담을 맡는다.

일반적 임상장면에서 행해지는 것과는 달리 연구 자료를 수집하게 위해서 하는 면담도 있다. 이는 환자의 욕구보다는 연구자의 목적에 따라서 그 내용과 형태가 달라진다. 이 면담은 기계적으로 행해져서는 안 된다. 다른 환자와 비교하기 위해서 동일한 화제를 가지고 동일한 순서에 따라 질문해 나가야 한다. 사회조사의 경우와 같이 방법론적 문제에 대하여 세심하게 주의해야 한다. 어떤 형태의 연구라 할지라도 환자가 그 목적을 충분히 이해하고 자발적으로 동의하지 않으면 연구자로서의 윤리가 크게 문제가 된다. 그러므로 연구자는 연구의 목적을 충분히 설명해주고 환자의 자발적 동의를 얻어야 한다.

임상장면에서는 임상가가 어떤 일을 하느냐에 따라서 여러 가지 간단한 면담을 한다. 즉, 군인선발에서와 같이 짧은 시간에 간단한 면담을 하는 경우가 있는데, 이를 선발면담이라고 하고, 또 입원가료 중인 환자를 다른 병실로 옮겨 주기 위해서 혹은 귀가시킬 목적으로 면담을 하는 경우가 있는데, 이를 이송면담 혹은 퇴원면담이라고 한다.

## 4. 면담의 신뢰도와 타당도

평가는 신뢰성이 있고 타당해야 한다. 면담이 일종의 평가수단으로 활용되기 위해서는 이와 같은 조건이 충족되어야 한다. 최초 면담은 평가의 기술이라기보다 임상가와 내담자가 전문적 직업관계를 맺는 과정이며, 이를 통해 내담자 자신이 어떤 변화를 가져보겠다는 의욕을 갖도록 북돋워 주는 단계이다. 이와는 달리 전통적 진단면담, 임상적 연구를 위한 면담, 혹은 성격특질을 평가하기 위한 면담은 측정도구의 하나로서 그 유용성이 평가되어 왔다. 면담은 목적이 다르고 그 형태도 다양하지만 신뢰도가 있고 타당한 정보를 얻는 데 도움이 된다.

검사는 외적 규준에 의해서 정의되어 그것이 사실과 근사하면 타당하다고 볼 수 있다. 그러므로 내 시계가 기상청의 것과 일치한다면 그것은 타당한 시간을 측정할 수 있는 도구이다. 이와는 달리 신뢰도는 측정치의 항상성만을 의미한다. 여기서는 그것이 타당한지는 문제되지 않는다. 심리측정에서 신뢰도와 타당도는 더 복잡한 의미를 내포한다. 왜냐하면 다루는 변인이 애매하고 시간을 측정하는 시계와 같이 정확하게 표준화된 것이 없기 때문이다.

면담은 융통성이 보장되기 때문에 면담 자체의 신뢰도와 타당도가 크게 떨어질 우려가 있다. 그래서 심리학자들 가운데는 특별한 목적에 따라 사용될 수 있도록 표준화하려고 하지만 임상장면에서 사용하는 면담을 표준화하기는 쉽지 않다. 이것이 면담이 갖는 장점이면서 동시에 단점이다. 면담은 임상가에게는 주된 평가도구이기 때문에 그 본질을 충분히 이해할 필요가 있다. 임상가는 환자에게 어떤 질문을 하면서, 동시에 그의 반응을 주의 깊게 들어야 하고, 그리고 환자의 상태를 관찰해야 하는 등 여러 가지 일을 해야 하기에 평가방법으로써 면담은 매우 어렵지만 의료기록이나 질문지 등의 자료로부터 면담 정보를 보완한다면 좀 더 신뢰성 있고 타당한 평가방법이 될 수 있다.

### 1) 신뢰도

임상면담에 있어서 두 사람 이상의 면담자가 동일한 환자 혹은 내담자를 면담하고 동일한 판단을 내렸다고 하면 그 면담은 신뢰도가 높다고 말할 수 있다. 원칙적으로 임상장면에서 이루어지고 있는 여러 가지 판단은 환자 혹은 내담자의 불안수준, 방어유형, 혹은 치료 동기 등과 같은 행동유형과 비교되어야 한다. 면담을 바탕으로 하고 있는 정신의학적 진단의 신뢰도에 대한 연구문헌을 살펴보면 신뢰도가 전혀 없다는 것부터 독립된 임상가들 사이에 의견이 꽤 일치된다고 하는 것까지 여러 가지 많은 연구가 보고되어 있다(Matarazzo, 1965).

우리가 기대했던 것과 같이 큰 진단 유목에 따라 여러 사람이 진단하고 그 결과를 서로 비교하면 진단자간 신뢰도는 높으나 그것을 하위 유형으로 세분하면 신뢰도는 상당히 떨어진다. 즉, 한 환자를 기질적 장애, 정신병 그리고 성격장애의 세 가지 진단 유목에 따라 분류하게 하면 평가자간 일치도가 높다. 그러나 진단 유목을 세분화하면 평가자간 일치도는 상당히 떨어진다. 또 진단자의 훈련 정도에 따라 진단자간 일치도가 다르다. 즉, 임상가가 많은 훈련을 받으면 진단자간 일치도는 더 높아진다. 다시 말해 신뢰도가 높아진다(Matarazzo, 1965).

### 2) 타당도

면담의 타당도에 대한 연구는 많지만 그에 대한 해석은 복잡하다. 무엇보다도 준거의 문제가 중요하다. 타당하다 혹은 타당하지 못하다고 결정하는 표준은 무엇인가? 면담의 목적, 형태, 면담자의 훈련, 그리고 환자의 유형과 같은 여러 가지 요인에 따라서 타당도는 서로 다르게 평가된다. 예를 들면 선발면담은 매우 정확하며(Wittson & Hunt, 1951), 직무면담을 통해 직무수행 능력에 대한 정확한 예언이 가능하다(Vernon, 1963).

평가방법으로써 면담은 여러 가지 이유때문에 정확성이 크게 상실된다. 대인지 각 요인은 물론 면담자의 연령, 성 및 그의 사회적 특징은 사회조사면담에 있어서 중요한 요인으로 작용한다. 그 외에 어떤 내용을 질문했느냐는 것도 피면담자의 반응에 크게 영향을 준다. 더 정확한 면담을 위해서는 위에서 열거한 요인에 대한 이해도 중요하다. 더 나아가서는 이 요인들을 제거할 수 있는 방법을 개발하는 것이 더 중요하다. 그 외에도 면담자를 훈련시키거나 면담의 목적에 따라 서로 다른 면담의 유형을 표준화시키는 일이 필요하다. 그러한 경우에 면담자의 융통성을 발휘할 수 없다는 단점은 있으나 신뢰도와 타당도에 대한 문제는 어느 정도 해결된다.

### 3) 신뢰도와 타당도를 향상시키기 위한 제안

신뢰도와 타당도를 향상시키기 위한 다섯 가지 방법은 다음과 같다(Trull, 2005).

① 가능한 구조화된 면담을 이용하라. 입원 시 면담 및 병력 면담, 정신상태검사, 위기면담, 진단적 면담 등에 적합한 다양한 구조화된 면담이 있다.

② 목적에 적합한 구조화된 면담이 없다면 새로운 것을 개발하도록 하라. 표준적 질문을 만들고 채점하는 지침서를 개발하고, 이 면담을 표본 집단에게 실시하고, 참가자와 면담자의 피드백을 이용해 면담내용을 수정하라. 이 과정을 거치면 평가하고자 하는 것이 무엇인지를 더 잘 이해하게 될 것이고, 좋

은 면담자가 될 수 있을 것이다.

③ 구조화된 면담을 하든 안 하든 간에 면담기술은 반드시 반드시 익혀라. 라포를 형성하고 유능한 전달자가 되고, 주의깊게 듣고, 언제 어떻게 질문해야 할지를 알아채고, 비언어적 행동에 대한 세심한 관찰자가 되어야 한다.

④ 면담에 대한 환자의 동기와 기대감을 인식하라. 예를 들어 환자의 대인관계 욕구와 인정에 대한 욕구가 얼마나 강렬한가?

⑤ 스스로의 기대감, 편견, 문화적 가치를 인식하라. 주기적으로 다른 사람에게 자신이 실행한 면담의 신뢰도를 평가받아라.

# 제 5 장

# 심리측정과 지능평가

이 장은 심리측정과 관련된 일반사항, 즉 심리측정이 임상 장면에서 필요한 경우와 심리측정이 실시되는 과정과 심리측정 기술을 알아보는 것으로 시작된다. 이 부분은 이현수(2000)를 주로 참고했다. 전반부에서는 심리측정과 심리평가를 비교하고 임상심리학에서 측정 도구의 사용 실제와 증거 기반 평가에 대한 내용을 간략하게 설명한다. 후반부에서는 지능에 대한 다양한 정의와 이론들을 개관하고 임상 장면에서 지능평가가 필요한 경우를 제시하고 가장 많이 사용되고 있는 웩슬러 지능측정에 대해 소개한다.

# 1. 심리측정과 평가

## 1) 심리측정이 필요한 경우

'어떤 사람이 어떤 경우에 심리측정을 받아야 하는가?'라는 질문에 답하기란 쉽지 않다. 우선 임상심리 전문가의 도움이 필요한 사람, 즉 자신이 현재 어떤 상태에 처해 있는지에 대한 상대적으로 많은 정보가 필요한 사람이라면 심리측정을 받아야 할 것이다. 이런 판단에는 임상심리 전문가의 임상적 경험과 숙련이 필요하다. 임상심리 전문가는 심리측정을 할 것인지를 결정하기 위해 아래의 고려사항들을 참고해야 한다.

첫째, 문제가 심각할수록 개인의 심리적 특징과 관련된 정보의 필요성이 더 커진다. 예를 들면, 입원 여부 또는 기소 여부의 결정 과정에서 개인의 심리적 특징에 대한 많은 정보가 수집되어야 한다. 또한 자살할 우려가 있는 수검자의 경우에도 자살위험을 평가하기 위해 개인의 심리적 특성을 측정해야 한다. 장기간의 심리치료가 필요한 경우에도 철저한 성격특성의 측정이 필요하다.

둘째, 진단용 측정일 경우에는 비진단용 측정일 경우에 비해 더 많은 정보를 수집해 통합할 필요가 있다. 임상 장면에서는 수검자 증상이 분명하지 않거나 여러 가지 증상들이 혼합된 상태에 있거나 방어적 태도가 두드러져 증상을 진단하기가 어려운 사례들이 흔하다. 이런 경우에 심리측정이 주로 의뢰된다.

셋째, 심리측정 말고는 정보를 수집할 수 없을 때 심리측정이 실시된다. 예를 들면, 산업재해 또는 교통사고의 수검자일 경우 사고 이전의 기능 수준을 평가하려면 심리측정이 필요하다. 또한 초기 신경인지장애의 경우 신경학적 측정으로 증상의 증거를 찾아내기 어려울 때가 많다. 이런 상황에서 신경심리 측정을 실시하면 뇌의 세부 영역에서 미세한 손상 여부를 발견할 수 있다. 우울이 심한 경우 기억력 측정을 통해 현재 인지기능 수준을 알아낼 수 있다. ADHD 경향이 있는 아동이나 성인을 대상으로 주의력 손상 여부를 파악하는데도 심리측정이 필요하다.

넷째, 심리측정에는 많은 노력과 경비가 소요되므로 이를 상쇄할 결과를 얻도록 노력해야 한다. 사실, 많은 시간을 투자해 심리측정을 하였으나 새롭게 얻는 정보가 없는 경우도 있다. 객관식 측정도구들이 비객관식 측정도구들에 비해 측정에 소요되는 시간이 적다.

다섯째, 수검자가 심리측정을 어떻게 받아들이는지 그리고 임상심리 전문가와의 관계에 어떤 영향을 미치는지에 대해 살피는 것이 중요하다. 개인차가 있지만 심리측정을 받는 것을 위협적으로 느끼는 사람도 있다. 의심이 많은 사람은 심리측정이 자신의 심층 내부의 비밀을 파헤치는 것이라 오해하기도 한다. 자기 자신이 어리석게 보이지나 않을까 하여 측정되는 것 자체를 무서워 하기도 한다. 심리측정을 받는 것이 학교 시험을 치르는 것처럼 생각하여 평가 불안을 경험하는 경우도 있다. 수검자가 심리측정 목적을 충분히 이해하고 이것이 어떻게 도움이 되는지를 충분히 인지하고 있을 때 심리측정을 하는 것이 가장 이상적이다.

### 2) 심리측정 도구 선정

임상심리 전문가는 심리측정 의뢰자가 제기한 문제에 대해 적절한 해답을 줄 수 있는 심리 측정도구를 선택해야 한다. 대부분의 경우에는 측정도구 하나만으로 충분한 정보를 얻을 수 없다. 면접 및 임상관찰로 중요 정보를 얻을 수도 있지만 심리적 특성을 더 넓게 그리고 깊게 알고자 할 경우엔 다양한 유형의 심리측정도구를 사용해야 한다.

심리측정으로 더 유익한 정보를 얻고자 할 때는 종합측정(배터리, battery)을 실시한다. 종합측정도구는 여러 개의 측정도구로 구성되어 더 확실한 측정과 평가를 할 수 있다. 배터리를 구성할 측정도구를 선택하는 데 있어 단일 측정도구를 선택하는 것처럼 특정 수검자의 문제해결에 적합한 것을 선정하도록 임상심리전문가는 노력해야 한다.

임상심리전문가의 이상심리에 대한 이론적 지향에 근거해 배터리가 구성되기도 한다. 정신역동을 지향하는 임상심리전문가는 로르샤흐 잉크반점 검사 또는 주제통각검사 등과 같은 투사 측정도구를 배터리에 포함시킨다. 모든 수검자에게 동일 구성의 배터리를 사용해 측정하기도 하는데 이는 일부 정보를 얻고자 시간과 노력을 낭비한 결과로 나타나기도 한다. 관례적으로 입원하는 수검자에게 배터리를 사용해 심리측정을 하는 경우가 있다. 이는 모든 수검자에게서 공통적으로 나타나는 특징을 파악하는 것에는 도움이 되지만 특정 수검자의 독특한 점을 파악하지는 못할 수도 있다.

측정도구를 선택하는 데 있어 의뢰자가 측정을 통해 알고자 하는 것이 무엇인지를 고려하는 것과 동시에 수검자의 속성도 고려해야 한다. 아동에게는 아동용 측정도구, 글을 읽지 못하거나 문해력 수준이 낮은 사람에게는 거기에 맞는 측정도구를 사용해야 하고 청각장애인 또는 시각장애인에게는 이들에게 적합한 측정도구를 선택해야 한다.

임상심리전문가는 임상적 통찰력을 바탕으로 측정 과정에서 융통성을 발휘할 수 있어야 한다. 예를 들면, 임상심리전문가는 수검자의 상황에 따라 심리측정을 중단하거나 재실시할 수 있고 지능측정 시 수검자의 잠재 능력이 최대한 발휘될 수 있도록 지능 측정도구의 순서를 변경하기도 한다. 구조화된 측정도구의 실시절차를 변경하면 표준화 규준에 따른 해석이 불가능하지만, 표준화 측정 장면에서 포착할 수 없는 중요한 정보를 알 수도 있다.

심리측정 상황에서 측정자와 수검자의 관계는 역동적이다. 측정자는 수검자의 행동에 끊임없이 영향을 준다. 수검자에게서(의식적이든 비의식적이든) 제시되는 단서는 수검자에 대한 정보로 수집되어 측정 결과를 분석 및 해석하는 데 도움을 준다. 수검자의 심리를 측정하고 관찰하는 동안 측정자는 수검자가 가진 문제에 대한 가설을 변경할 수도 있다. 가설이 많이 달라지면 가설의 타당도에 대한 의문이 제기될 수도 있다. 그러므로 측정자는 측정 절차를 변형시키는 데서 파생되는 위험을 알고 있어야 한다. 그래야 측정 절차의 변경이 측정 결과에 미치는 영향을 이해해 측정 결과를 합리적으로 해석할 수 있다.

## 3) 심리측정의 과정과 기술

### (1) 심리측정 의뢰

임상심리전문가의 대부분은 종합병원의 정신건강의학과 또는 정신병원에 근무하고 있어 심리측정 의뢰는 주로 정신과의사로부터 받는다. 정신과의사가 심리측정을 의뢰할 때는 측정을 통해 파악하고자 하는 것을 정확하게 제시해야 임상심리전문가가 정확하고 합리적 정보 또는 보고서를 제시할 수 있다. 심리측정 과정에서 생기는 측정 의뢰와 관련된 몇 가지 사항을 제시한다.

첫째, 임상심리전문가가 근무하는 환경에 따라 측정 의뢰의 업무는 달라질 수 있다. 임상심리전문가가 외래수검자 진료소 또는 최초 입원수검자를 대상으로 일을 하는 환경에서 근무한다면, 심리전문가의 가장 중요한 직무는 진단을 통해 수검자를 분류 · 배치하는 데 필요한 심리 측정을 실시하는 것이다. 이와 달리, 수검자의 이동이 많지 않은 만성 병동과 같은 환경에서 근무하고 있다면, 임상심리전문가에게 심리측정이 의뢰되는 경우는 상대적으로 적고 치료 효과를 측정하는 직무가 상대적으로 많을 수 있다.

둘째, 심리측정의 내용은 심리측정을 의뢰하는 정신과의사가 가진 심리학적 지식 및 이론적 지향에 따라 달라질 수 있다. 예를 들면, 정신과의사가 정신역동적 중재에 관심이 많다면 수검자의 정신적 갈등, 방어기제, 애착 등 문제를 탐색할 수 있는 심리측정을 의뢰할 것이다. 이와 달리 정신과의사가 신경학적 측면에 더 초점을 두고 있다면 지능의 퇴화 또는 기질적 손상 등의 여부를 파악할 수 있는 측정을 의뢰할 것이다.

셋째, 의뢰자의 요구사항이 임상심리전문가 자신의 심리학적 지향에 따라 다를 수 있다. 임상심리전문가가 투사적 측정 또는 객관식 측정으로 성격을 측정하는 것에 흥미를 갖고 있느냐에 따라 의뢰자의 요구가 달라질 수 있다.

정리를 하면, 심리측정을 의뢰하는 정신과의사는 의뢰 이유를 매우 구체적으로 제시해야 임상심리전문가의 측정 결과에 대한 구체적이고 정보가 높은 정보를 받을 수 있다.

### (2) 심리측정을 위한 준비

임상심리전문가는 수검자를 만나기 전, 주치의 및 담당 간호사, 정신건강 사회복지사 등으로부터 수검자의 기록을 수집해야 한다. 대부분의 수검자는 심리측정에 협조하지만 거부감을 드러내거나 방어적 태도를 나타내는 수검자도 있다. 심리측정에 대해 부정적 태도를 가진 수검자에게는 진솔한 태도로 심리측정의 필요성을 설명하여 설득해야 하지만 심리측정의 목적을 너무 구체적으로 사실 그대로 설명하면 수검자가 심리측정에 대해 과도한 불안을 느끼게 만들 수 있다.

연구 자료를 수집하기 위한 목적으로 심리측정을 해야 할 경우, 임상심리전문가는 연구윤리위원회 승인을 받은 후 수검자의 서면 동의 하에 심리측정을 실시해야 한다. 임상심리전문가는 심리측정을 시작할 때 따뜻한 분위기를 조성하여 수검자의 협력적 태도를 이끌어내고 수검자가 심리측정을 하는 자신을 어떻게 대하는지를 세심하게 관찰해야 한다.

### (3) 심리측정 기술

수검자의 주의집중 상태가 양호하고 협조적 태도를 가진 것으로 보이면 임상심리전문가는 측정 절차에 대해 안내하고 수검자자 절차를 잘 이해하고 있는지를 점검한다. 어떤 측정도구를 사용하든지 측정도구의 실시요강에 명시된 절차 및 지시사항은 준수되어야 한다. 그렇지만 상황에 따라서 표준실시 절차를 따를 수 없는 경우가 있다. 예를 들면 우울증 환자인 수검자에게 웩슬러 지능검사의 토막짜기를 실시하는데 제한된 시간이 경과 된 후 겨우 문제를 풀었다고 가정하자.

우울증으로 인한 사고의 지체가 토막짜기 수행에 부정적 영향을 미칠 수 있으므로 이 사람의 인지능력을 더 정확하게 파악하기 위해 시간제한에 구애받지 않고 문제를 풀게 할 수 있다. 기질적 장애가 의심될 경우, 시간제한 요인은 문제해결에 큰 영향을 미칠 수 있다.

측정자는 측정 과정에서 힌트가 될 만한 정보가 제공되지 않도록 조심해야 한다. 예를 들면, 수검자가 반응할 때 임상심리전문가가 머리를 가로로 흔든다거나 고개를 끄덕이면 수검자는 이를 피드백의 표시로 해석하여 측정자의 얼굴만 쳐다봄으로써 집중력을 저하시킬 수 있다. 수검자가 자신의 대답이 맞지 않다는 것을 알고서 사기가 저하되어 보이면 "너무 어려운 문제이므로 모든 문제를 해결하기는 어려울 수 있다"는 말로 격려한다. 그리고 수검자가 측정 과정 중 하지 못한다고 하면, "할 수 있는 데까지 해보라"라는 말로 격려한다.

### 4) 심리측정과 심리평가의 비교

임상심리전문가가 수집하는 모든 정보에 심리측정의 결과가 반드시 포함되어 있는 것은 아니다. 이것은 심리측정과 심리평가가 동의어가 아님을 의미한다. 심리측정은 심리 또는 행동 속성을 측정하여 그 결과를 다른 사람의 결과와 비교하는 것으로 말 그대로 '측정'하는 것이다. 그러므로 심리측정의 결과는 수검자의 특정 심리측정 점수의 상대적 위치 정보를 제공할 뿐이다. 심리평가는 심리측정보다는 더 복잡하고 다면적 과정이다. 사실, 심리평가에서 심리측정 도구가 사용될 수도 있고 그렇지 않을 수도 있다. 심리평가는 특정 기준(또는 준거)에 근거해 내담자(또는 환자)의 문제를 결정하는 것이다. 일반적으로 심리평가는 사례사정보, 임상관찰, 심리측정 결과, 내담자의 중요한 타인이 제공한 내담자 정보 등을 통합해 이루어진다(Groth-Marnat, 2003). 요약하면, 심리측정은 수검자의 점수에 대한 내담자의 상대적 위치를 제공하는 객관적 활동이지만 심리평가는 여러 원천에서 나온 내담자(또는 수검자)의 정보들을 종합하여 내담자를 총체적으로 그리고 일맥상통하게 임상심리전문가가 분석한 것으로 내담자 문제에 대한 종합적 판단이라고 볼 수 있다.

모든 정신건강 전문가는 평가를 실행하지만 다른 전문가들에 비해 임상심리전문가는 측정과 관련된 교육과 훈련을 더 많이 받고 심리측정을 더 많이 실시한다. 〈표 5-1〉에서 이를 확인할 수 있다. 아동 · 청소년에게 정신건강 서비스를 제공하는 전문가 집단에 대한 조사에서 대부분의 전문가들은 아동 · 청소년과 가족을 대상으로 면접을 많이 하였으나 임상심리전문가는 심리측정을 더 많이 사용하였다(Palmiter, 2004).

〈표 5-1〉 **아동 · 청소년 평가 시 임상가는 무엇을 하는가**

| 평가방법 | 임상가[1] | 임상심리학자[2] |
|---|---|---|
| 가족면접 | 89.1 | 90.9 |
| 개인 아동/청소년 면접 | 83.0 | 83.3 |
| 이전 치료 기록 개관 | 70.7 | 63.6 |
| 이전 교육적 검사 개관 | 50.9 | 62.1 |
| 자연관찰 | 44.3 | 33.3 |
| 최근 보고서 개관 | 37.4 | 54.5* |
| 부모행동 평정척도 | 34.8 | 60.6* |
| 교사행동 평정척도 | 33.5 | 50.0* |
| 아동/청소년 자기보고 평정척도 | 25.7 | 40.9* |
| 지능검사 | 26.1 | 40.9* |
| 성취검사 | 17.8 | 33.3* |
| 성격검사 | 16.5 | 33.3* |

1 자료는 230명의 임상가 표집(정신건강 사회복지사, 정신건강 간호사, 상담가)에서 얻었다(Palmiter, 2004).

2 자료는 66명의 아동과 청소년을 대상으로 일하는 66명의 박사 수준의 심리학자 표집에서 얻었다(Palmiter, 2004).

* $p < .05$.

이런 차이는 부모 또는 교사가 완성하는 타인보고 측정도구, 아동 · 청소년이 자신이 완성하는 자기보고 측정도구, 지능 또는 학업성취도 측정도구 등을 포함한 모든 형태의 측정에서 관찰되었다. 특히, 아동 · 청소년에 대한 정확한 심리평가는 정신건강 전문가에게는 상당히 어려운 과제일 수 있다. 성인과 달리, 아동 · 청소년은 인지적 · 신체적 · 정서적 발달과정이 상당히 급격하다. 더욱이 아동 · 청소년 자신이 심리 서비스를 의뢰하는 경우는 거의 없고 부모 또는 교사, 경찰 등의 성인들이 이들에 대한 심리 서비스를 의뢰하는 경우가 대부분이다. 아동과 청소년의 생활은 그들이 생활하는 가족, 학교, 동료집단의 맥락에서 가장 잘 이해될 수 있기에 성인의 경우보다 더 다양하고 많은 측정이 필요하다(Mash & Hunsley, 2007). 이 측정들에는 나양한 측정 방법(면접, 직접 관찰 등), 다양한 정보원(수검자 본인, 부모, 교사 등), 상이한 환경(가정, 교실, 유치원, 학원 등) 등이 포함된다.

다양한 유형의 정보들을 수집하여 이 정보들을 통합하는 것이 심리평가의 기본이다. 〈표 5-2〉에서 제시된 것처럼, 의미 있는 평가가 이루어지려면 임상심리 전문가는 많은 독특한 능력을 갖춰야 한다.

〈표 5-2〉 심리평가자의 핵심 역량

- 지식
  - 심리측정 이론
  - 심리평가의 과학적 · 이론적 · 경험적 · 맥락적 기초
- 인간 경험의 인지적 · 정동적 · 행동적 성격 차원을 평가하기 위한 지식, 기술, 기법
- 능력
  - 개입성과 평가
  - 내담자와 심리학자의 관계, 맥락, 다중 역할을 비판적으로 평가하고 이것들이 평가 활동에 미치는 상호적 영향을 평가
- 평가와 개입 간의 관계, 개입으로써 평가와 개입 계획 이해하기
- 평가 기술: 문제/목표 확인과 사례 개념화, 적당한 평가방법의 이해와 선정, 평가방법의 효과적 사용, 체계적 자료수집, 정보의 통합과 분석, 결과의 이해할 수 있고, 유용하고 반응적인 소통, 권유사항 개발 등

출처: Krshnamurthy et al.(2004).

심리평가 수행에서 임상심리전문가의 역할은 다음과 같다.

"인간 행동의 전문가로서 임상심리전문가는 심리평가라는 복잡한 과정을 다루고 수검자의 삶이라는 맥락에서 측정 결과인 점수를 이해해야 한다. 그러므로 임상심리전문가는 수검자의 문제영역에 대한 지식을 갖고 있어야 하며 이 지식을 토대로 하여 어떤 자료를 수집하고 어떤 행동을 관찰할 것인가를 결정해야 한다. 그리고 다양한 유형의 인과관계(원인 하나와 결과 하나, 다양한 원인과 하나의 결과, 하나의 원인과 다양한 결과 등) 및 상호작용의 영향, 다중 관계에 대한 인식을 갖추고 이를 이해해야 한다." (Groth-Marnat, 2003).

### 5) 임상 장면에서의 심리측정 사용

임상심리전문가의 실습 활동과 측정도구의 사용을 조사한 결과는 〈표 5-3〉에 제시되어 있다. 아동 · 청소년을 대상으로 일하는 임상심리전문가 162명을 조사한 자료에서 임상심리전문가들이 일반적으로 사용하는 측정은 지능, 부모 또는 교사가 완성하는 행동 평정척도, 간단한 투사측정 등이다(Cashel, 2002). 임상심리전문가 137명을 대상으로 한 조사에서는 이들에게 가장 중요한 심리측정이 무엇인지에 대해 질문하였다. 이들의 응답에서 지능측정과 자기보고식 성격측정, 투사측정 등이 가장 중요한 것으로 나타났다(Piotrowski, Belter, & Keller, 1998). 이 연구들에서 여전히 투사측정이 사용되고 있다는 것을 알 수 있다(Hunsley et al., 2003).

〈표 5-3〉 임상심리학자들이 주로 사용하는 검사

| | |
|---|---|
| 아동과 청소년 평가 (Cashel, 2002) | • 아동용 웩슬러 지능척도<br>• 경험적 기반 평가의 아헨바흐 체계<br>• 문장완성검사<br>• 코너의 부모와 교사의 평정척도<br>• 인물화 검사 |
| 평가 장면에서 가장 중요한 5개 검사 (Piotrowski, Belter, & Keller, 1998) | • MMPI(성인용, 청소년용)<br>• 웩슬러 지능척도(성인용, 아동용)<br>• 로르샤흐 잉크반점검사<br>• 밀론 검사<br>• 주제통각검사 |

출처: Hunsley & Lee(2010).

### 6) 증거 기반 평가

임상심리학 분야에서 심리측정과 심리평가의 과학적 증거는 여전히 강조되고 있다. 이 강조는 일부 임상심리전문가들이 내담자를 평가하는 방식에 한계가 있다는 인식과 건강관리 서비스 프로그램을 구성할 때 과학적 지식에 근거해야 한다는 것을 더 강하게 강조하는 현실과도 관련이 있다. 증거 기반 평가(evidence-based assessment, EBA)에서는 구체적 평가의 목적에 맞는 변인의 선정, 평가에 사용되는 방법과 측정도구의 선택, 평가과정의 진행방식이 특정 연구와 이론의 가이드에 따라 진행되는 것 등을 강조하는 접근방법이다. 증거 기반 평가에서 평가과정은 임상심리전문가가 평가를 위해 수집한 자료들을 통합하여 가설을 형성하여 검증하는 의사결정 과정이다(Hunsley & Mash, 2007). 일반적으로 이 의사결정 과정은 단 한 번의 과정으로 구성되지는 않는다.

증거 기반 평가의 발달에서 핵심 사항은 심리측정학적 속성이 증명된 심리학적 도구들(면접, 자기보고 측정도구, 관찰 부호화 체계, 자기모니터링 측정도구 등)을 사용해야 한다는 것이다. 예를 들면, 헌슬리와 마쉬는 수검자의 특성 상태(우울, 자기손상 행동, 커플 갈등)에서의 구체적 평가 목적(진단, 중재 및 치료, 모니터링, 치료의 효과 평가)에 맞는 도구의 평정체계를 개발했다(Hunsley & Mash, 2008).

## 2. 지능

지능이라는 개념과 지능측정이라는 용어는 남용되거나 오용되는 경우가 많다. 심리측정의 역사는 지능의 측정 역사와 연결되어 있다. 지능은 오랫동안 일반 사람들과 심리학자들(또는 교육학자들)의 관심을 받은 주제다. 그만큼 지능의 개념과 측정과 관련된 수많은 논쟁들이 있었으며 일부 연구자들은 지능을 정의하여 측정하는 데 성공한 것 같기도 하다. 지능만큼 사람의 기능 측면에서 개인차를 설명할 수 있는 개념이 없다. 지능은 사람의 지각, 의사결정, 행동 등에 영향을 미친다. 그리고 지능은 학교 또는 직장에서의 사회생활에도 영향을 미친다.

임상심리학이 등장한 이후로 인지능력을 측정하는 것은 임상심리학만의 영역이었다(Wood, Garb, & Nezworski, 2007). 임상심리전문가는 내담자의 인지 능력에서의 강점과 약점을 포함한 인지기능 수준에 대한 지식을 통해 다양한 문제를 진단하여 중재할 수 있다. 예를 들면, 특수학습장애, 지적장애, 영재성 등과 같은 일부 평가는 처음부터 인지능력에서의 문제에 중점을 둔다. 우울장애 또는 파괴적 행동을 평가할 때도 인지능력의 측정은 중요한 정보를 제공할 수 있다.

## 1) 임상장면에서의 지능평가

지능의 평가는 통합적 심리평가의 중요한 구성요소다. 다음의 간단한 사례는 지적 기능 평가가 필요한 다양한 상황을 제시한다.

### (1) 지능평가 사례

김 씨는 최근에 기억 문제가 있다는 것을 알고 걱정하면서 인지기능의 평가를 요청하였다. 그녀는 잘나가는 마케팅 회사의 관리자급으로 일하고 있으며 일에 대한 자부심이 높다. 일 년 전 그녀는 간혹 약속을 잊고 마감일에 주의를 기울이지 않아서 제시간에 업무를 마무리하지 못하고 있다는 것을 알아차렸다. 그녀는 자신의 활동을 뒷받침하는 데 도움이 되는 여러 보조도구를 구입했지만 꾸준하게 사용하지 못했다. 그리고 그녀는 가정생활에서도 직장에서와 같은 기억상실이 있다는 것을 알고 있다. 김 씨는 기억상실이 더 자주 발생할까 봐 걱정하고 있으며 인지장애의 초기 단계일지도 모른다는 걱정을 하고 있다.

이 씨는 두 달 전 직장에서 사고를 당한 마흔일곱 살 남성이다. 그는 건설 현장에서 일하는 벽돌공이다. 이 씨는 공사 현장에서 기둥이 무너지면서 2층 높이에서 떨어져 허리와 손목을 다치고 떨어지는 벽돌에 머리를 맞았다. 그 당시에는 의식을 잃지는 않았고 사고 후 어지러움을 며칠 동안 경험했다. 이 씨는 허리와 손목 부상으로 일에 복귀가 어려우면 어떻게 하나 하는 걱정만 하였다. 하지만 신체적 부상을 치료하는 동안 이 씨는 자신이 어디로 가고 있는지 잊어버리고 머릿속에 뭔가 집중하기 어렵게 만드는 '희미한' 뭔가가 있다는 느낌을 받았다. 근로복지공단에서 이 씨가 직업에 복귀해도 되는지 혹은 뇌 손상에서 오는 장애연금을 고려해야 할 근거가 있는지를 평가받도록 병원에 의뢰했다.

아홉 살 소녀 최 양의 부모는 최 양을 영재 프로그램에 참여시킬 목적으로 평가를 의뢰했다. 부모에 따르면 최 양은 두 살에 단어를 읽기 시작해 다섯 살에 초등학교 2학년용 책을 읽었다. 최 양은 현재 3학년으로 수업 과제를 다른 학생들에 비해 빨리 완성하기 때문에 교사는 최 양에게 추가 과제를 제시한다. 최 양이 학교에서 전반적으로 잘 적응하고 높은 수준의 성취를 나타내고 있음에도 부모는 딸이 새로운 상황을 두려워하고 친구와 놀거나 체육활동을 하기보다는 공부하는 데 몰두하는 점을 염려하고 있다.

박 군은 열아홉 살 대학 신입생으로 학업문제로 평가를 의뢰했다. 박 군은 과제를 마감일까지 완성하는 데 항상 어려움을 겪으며 대부분 마감일 직전에 밤을 새워 과제를 완성해 제출하였다. 이런 습관으로 대학 1년이 너무 힘들었다고 하였다. 박 군은 소설을 읽고 있는 동안에는 종종 약속이 있다는 사실을 잊어버린다. 친구들은 그가 백일몽에 빠져 있다고 한다. 박 군은 학업 목표를 달성하는 데 방해하는 문제가 자신에게 있는지 궁금하다고 하였다.

### 2) 사례에 대한 논의

김 씨와 이 씨는 일반적 인지기능 변화를 경험하고 있다. 이러한 인지기능의 변화가 근본적인 신경학적 변화로 인한 가능성일 수도 있고 아니면 부상으로 인한 것일 가능성도 있다. 이런 경우 임상심리전문가는 현재 기능 수준이 이전 수준과 달라졌는가에 대해 가장 먼저 궁금해한다. 치과의사가 사고 전후 사람의 치아 상태를 비교하는 일은 쉽다. 그러나 어떤 사람의 지적 기능에 대한 평가는 이 사람이 특정 문제를 나타내야 비로소 이루어지는 것이 일상적이다. 다시 말해, 임상심리 전문가가 이 사람의 어떤 증상 발현 이전의 지적 능력을 직접적으로 알 수 있는 자료를 확인할 기회는 거의 없다고 봐야 한다. 사고 이전의 IQ를 측정하려는 시도와 관련하여 개념적 · 측정적 쟁점이 있을 수 있다. 하지만 임상심리전문가는 내담자의 성취 기록과 지적 감퇴에 상대적으로 덜 민감한 능력 측정, 신경학적 손상으로 인한 영향을 거의 받지 않는 지능측정도구의 소척도 측정 등의 결과들에 세심한 주의를 기울여 사고 전의 IQ 추정치를 산출하는 효과적 전략을 사용한다(Groth-Marnat, 2003). 사고 이전의 IQ 또는 병전 IQ를 추측하는데 지능측정도구의 소척도와 함께 인구통계학적 변인을 사용하는 방법도 개발되었다(Schenberg, Lange, & Saklofske, 2007).

김 씨와 이 씨의 사례는 심리사회적 기능에서 변화 범위와 심각성도 판단해야 하기에 임상심리전문가에게는 어려운 도전일 수 있다. 이 두 사례에 대한 평가는 최소한 자기 관찰 자료 및 이 사람과 관계있는 사람들과의 면접을 통해 기능 저하 정보를 수집하는 것이 필요하므로 지능만 측정하지는 않는다. 인지기능의 변화가 사고 또는 질병, 치매로 인한 것인지를 알아내는 평가과정에는 지능측정과 함께 다양한 출처의 자료들이 활용된다.

최 양과 박 군의 사례는 지능측정과 관련된 다른 쟁점을 제기한다. 재능 또는 지적장애, 학습장애 등과 관련된 쟁점으로 이 쟁점은 지능측정의 결과에 크게 의존한다. 영재성의 진단은 인구의 상위 2% 내에 속하는 IQ(IQ 130 이상)를 가져야 한다. 지적장애는 인구의 하위 2% 미만에 속하는 IQ 점수(IQ 70 미만)를 가진 것으로 측정되고, 자기관리 및 사회적 기술, 가정과 직장 생활 등에서 기능장애가 가져야 한다. 학습장애 진단은 표준화된 성취측정 점수와 나이 및 지능점수 사이에 상당한 불일치를 나타내야 한다.

하지만 어떤 경우든 임상심리전문가는 지능측정 결과와 지능 그 자체를 구별하려 세심한 주의를 기울이다. 일반적으로 사용되는 지능측정도구들은 현대 지능이론에서 담고 있는 능력의 전체 범위를 담고 있지 않다. 대신에 학업 성적과 관련이 있는 능력을 더 많이 측정하고 사회적 · 정서적 및 기타 영역 등은 거의 측정하지 않는 구조로 설계되어 있다. 지능측정도구들은 지능이라는 광범위한 구성개념의 일부만 다루고 있어 지능측정의 결과를 한 사람의 전체 지능으로 간주하는 것은 타당하지 않다. 다시 말해 한 사람의 지능은 현재의 지능측정도구로 측정한 값으로는 정확하게 알 수 없다.

# 3. 웩슬러 지능측정도구

## 1) WAIS-IV

1900년대 초 데이비드 웩슬러가 최초로 지능을 측정하려는 시도를 한 이후 웩슬러 지능측정도구(WAIS)는 임상심리전문가들 사이에서 인기가 높다(Coalson, Raiford, Saklofske, & Weiss, 2010; Goldstein, 2008; Lichtenberger & Kaufman, 2009). 웩슬러 지능측정도구들은 세 유형이 있다. 웩슬러 지능측정도구들의 명칭과 최신판은 다음과 같다.

- 웩슬러 성인지능검사 제4판(Wechsler Adult Intelligence Scale-4th ed, WAIS-IV)
- 웩슬러 아동지능검사 제5판(Wechsler Intelligence Scale for Children-5th ed, WISC-V)
- 웩슬러 유아용검사 제3판(Wechsler Preschool and Primary Scale of Intelligence 3rd ed, WPPSI-III)

웩슬러 지능측정도구를 사용하면 사실 전 연령대의 사람의 지능을 측정할 수 있다. 웩슬러 지능측정도구는 다른 연령대의 지능을 측정하기에 도구들은 조금씩 다르다. 실용적 측면에서 보면 실제로 독립된 측정도구다. 즉, 별도의 측정실시요강, 답안지, 측정재료 등으로 구성된 개별 키트로 판매된다.

지능측정의 결과인 점수는 웩슬러 지능측정의 논리가 위계적 지능 모델에 근거하여 산출된 것임을 보여준다. 점수들의 합으로 추정되는 전체 지능점수는 일반적 지능(g)을 반영하고 지표점수와 하위측정 점수는 특정 분야에서의 구체적 능력(s)을 나타낸다. 구체적 능력을 반영하는 지표와 점수들은 지적 능력에 관한 해석을 할 때 임상심리전문가가 전체능력에 초점을 맞추거나 특정 능력에 초점을 맞출 수 있게 해준다.

웩슬러 지능측정은 집단으로 수검자를 대상으로 시행될 수 없으며, 수검자가 직접 문제에 응답하는 지필 측정도 아니다. 다시 말해, 지능측정은 검사자와 수검자의 일대일 상황에서 이루어지면 구조화된 대인 상호작용을 통해 실시된다. 웩슬러 지능측정은 보통 대학원 과정 또는 병원 인턴 과정에서 철저하고 엄격한 훈련을 받은 사람에 의해 이루어진다(Raiford, Coalson, Saklofske, & Weiss, 2010).

하위측정의 시간은 길지 않고(약 2~10분 지속) 문항들은 갈수록 난이도가 증가하는 방식으로 배열되어 있다. 대부분의 하위측정은 사전에 제시된 측정 중단 기준을 갖고 있다. 하위측정도구마다 이 중단 기준은 다르다. 일반적으로 측정중단은 수검자가 연속적으로 문제해결에 몇 번 실패했는지와 관련이 있다. 하위측정도구에는 언어적 과제도 있고 비언어적 과제도 있어 문제유형이 매우 다양하다.

웩슬러 측정도구는 매우 정교하게 수집된 대규모의 규준자료를 담고 있다. 각 웩슬러 측정도구의 요강에는 약 2,000명으로 된 규준이 제시된다. 규준집단은 성별 및 연령, 인종 · 민족, 지역 변수 등을 담고 있어 미국 인구 조사 자료와 매우 유사한 표본요소들로 구성되어 있다(Zhu & Weiss, 2005). 수검자가 웩슬러 지능측정을 받으면 수검자의 점수는 한 나라의 인구를 대표하는 대규모의 동일 연령 표본의 점수와 비교되는 것으로 볼 수 있다.

웩슬러 측정의 전체점수와 지표점수는 'IQ'로 나타내므로 지능이 '지수(지표)'로 반영된 것이다. 이 지수는 수검자의 원점수와 연령에 근거한 기대치를 비교한 결과다. 세 가지 웩슬러 측정도구에서 평균 IQ(전체, 지표점수)는 100, 표준편차는 15다. 각 하위측정도구에서 평균은 10, 표준편차는 3이다.

웩슬러 지능측정에서 점수의 해석은 일반적인 접근에 따른다. 평가자는 먼저 전체 IQ 점수를 고려해야 한다. 다음으로 각 지표점수를 해석한 다음 하위측정 점수 패턴을 해석한다. 마지막으로 점수에 반영되었을 수도 있는 행동양상 또는 단일 하위측정 내의 일관되지 않은 점수와 같이 측정 과정의 자세한 부분을 살핀다. 본질적으로 이 연속적 단계들은 평가자가 점진적으로 상세 분석 수준에서 지적 능력을 탐색하기 전, 지적 능력에 대한 큰 그림을 그릴 수 있게 돕는다(Groth-Marnat, 2009).

웩슬러 지능측정도구는 모두 매우 좋은 심리측정 자료를 바탕으로 한다. 즉, 다수의 경험적 선행 연구들에서, 이 측정도구는 어떤 측정에서든 필수적이어야 하는 특성을 갖고 있다. 즉, 높은 수준의 신뢰도와 타당도다. 지능측정도구들은 측정하고자 하는 것을 측정하고 있으며(타당도) 일관되게 측정하고 있다(신뢰도; Canivez & Watkins, 2010; Groth-Marnat, 2009; Lichtenberger & Kaufman, 2004; Zhu & Weiss, 2005).

웩슬러 지능측정도구와 그 밖의 지능측정도구는 지적장애 및 발달지연, 영재성, 교육과 직업 계획, 학교 배치, 기타 평가 등의 광범위한 임상장면에서 활용된다(Zhu & Weiss, 2005). 또한 지능측정도구들은 광범위한 맥락에서 일반적 지능 정보 제공 및 신경심리학적 문제(예: 알츠하이머병), 정서적 어려움(예: 기분장애) 또는 행동적 문제(주의력결핍 과잉행동장애) 등의 구체적 어려움을 가진 내담자에 대한 포괄적 평가를 하는 데 사용되고 있다.

일반적으로 웩슬러 지능측정도구는 다음과 같은 강점을 갖고 있다.

① 신뢰도와 타당도가 높다.
② 규준자료가 모집단의 요소와 비슷한 표본에 근거해 수집되었다.
③ 매우 넓은 연령대를 대상을 내싱으로 지능을 측정할 수 있다.
④ 임상적 유용성을 가진 전체·지표 및 하위측정 점수를 제공한다.
⑤ 대부분의 임상심리전문가들에게 매우 친숙한 도구다.

반면에 이 측정은 다음과 같은 제한사항에 대한 비판을 받고 있다.

① 일부 하위측정의 문항은 문화적으로 편향되어 있다.
② 측정과 일상생활(생태학적 타당도) 사이의 연관성이 제한적일 수 있다.
③ 일부 하위측정도구에서 채점이 복잡하여 주관적 요인이 반영될 수 있다.

그러나 이러한 비판에도 불구하고 전반적으로 웩슬러 측정도구는 임상심리전문가들이 매우 높게 평가를 하고 있다(Groth-Marna, 2009; Zhu & Weiss, 2005).

## 2) K-WAIS-IV

한국에서 사용된 최초의 웩슬러 지능측정도구는 WAIS(1955)를 한국판으로 표준화한 KWIS(전용신, 서봉연, 이창우, 1963)이다. K-WAIS(염태호, 박영숙, 오경자, 김정규, 이영호, 1992)는 WAIS-R(1981)을 표준화한 두 번째 한국판 웩슬러 측정도구다. K-WAIS -IV(황순택, 김지혜, 박광배, 최진영, 홍상황, 2012)는 WAIS-IV(2008)를 한국판으로 표준화한 세 번째 웩슬러 성인 측정도구로 임상장면에서 가장 많이 사용하는 지능측정도구다.

### (1) K-WAIS-IV의 기본 특징

K-WAIS-IV는 초등학교 학력의 16세 0개월부터 69세 11개월까지의 청소년·성인을 대상으로 실시할 수 있다. 이 검사의 소검사는 모두 15개로 구성되어 있으며, 이 중 10개는 핵심 소검사, 나머지 5개는 보충 소검사다. 핵심 소검사는 지능지표 산출을 위해 반드시 실시해야 하는 필수 소검사이고, 보충 소검사는 핵심 소검사에서 얻은 점수를 사용할 수 없는 경우에 핵심 소검사의 대체용으로 사용할 수 있는 검사다. 하지만 보충 소검사의 역할이 대체용에 국한되는 것은 아니다. 소검사 15개를 모두 실시하면 수검자의 인지능력에 대해 더 넓고 더 정확하게 결정할 수 있는 추가 정보를 가질 수 있다. 이 추가 정보들에는 수검자의 더 광범위한 인지기능에 대한 정보와 임상실제에 도움이 되는 정보, 소검사들 간 점수 불일치를 분석할 수 있는 정보 등이 포함된다. 핵심 소검사의 점수를 실시하지 못하고 보충 소검사를 사용해야 하는 경우는 실시오류, 최근 검사경험, 수검자의 신체조건, 반응태도 등으로 검사점수의 타당성에 대한 의심이 드는 상황으로 각 지표에서 대체용으로 사용할 수 있다.

### (2) K-WAIS-IV의 지표와 소검사

K-WAIS-IV는 모두 15개의 소검사로 구성되어 있다. 소검사 중 10개의 소검사는 핵심 소검사, 5개는 보충 소검사다. 핵심 소검사에는 공통성과 어휘, 상식 소검사 3개(언어이해), 토막짜기와 행렬추론, 퍼즐 등의 소검사 3개(지각추론), 숫자와

산수 등의 소검사 등의 2개(작업기억), 동형찾기와 기호쓰기 등의 소검사 2개(처리속도)가 있다. 보충 소검사 5개에는 이해 소검사(언어이해), 무게비교와 빠진 곳 찾기 등의 소검사(지각추론), 순서화 소검사(작업기억), 지우기 소검사(처리속도) 등이 있다.

K-WAIS-IV의 검사결과는 조합점수(composite scores) 또는 지표점수(index score)라고 불린다. 조합점수는 전체지능지표와 4개의 지표가 여러 개의 소검사 점수들을 합해서 산출되기 때문에 붙여진 명칭이다. 지능검사의 지표, 전체 지능지수(full scales intelligence quotient, FSIQ)와 네 유형의 지표는 언어이해 지표, 지각추론 지표, 작업기억 지표, 처리속도 지표가 있다. 전체지능지표는 검사결과로 나타난 개인의 인지능력을 단일 수치로 제시한 값이다. 전체지능지표는 네 유형의 조합점수의 평균으로 볼 수 있다.

### (3) 전체 지능지수

전체 지능지수(FSLQ)는 수검자의 전체 능력을 가리키는 점수로 지능측정 분석에시 제일 먼저 고려되는 지표다. 전체지능지표는 4개의 지표를 산출하는 데 사용된 소측정 10개의 환산점수의 합이다.

### (4) 언어이해 지표

언어이해 지표(VCI)는 개념의 유사성 파악능력, 추상적 언어능력, 어휘와 학습한 내용에 대한 이해력, 표현력, 일반적으로 습득하는 정보 및 상식 수준 등이 어느 정도인지를 나타내는 지표다. 이 측정문항들은 수검자가 오답 여부를 확인하기가 상대적으로 더 용이하므로 좌절에 대한 수검자의 대처방식에 대한 정보를 얻을 수 있다. 이 정보는 수검자의 스트레스 대처방식을 알 수 있는 정보이며, 이를 통해 수검자를 더 정확하게 이해할 수 있다.

### (5) 지각추론 지표

지각추론 지표(PRI)는 공간에 대한 지각 및 공간관련 문제해결, 비언어적 요약 문제해결, 연역추리, 공간적 추리, 시각적으로 세시된 자극의 미세한 차이를 감지하는 능력, 양에 대한 추론 등을 평가한 결과를 반영한 수치다.

### (6) 작업기억 지표

작업기억 지표(WMI)는 주의력, 집중력 및 정신 통제력, 수학적 심상조작능력 등을 평가한 결과를 반영하는 지표다. 작업기억은 감각 등록기를 통해 들어오고 있는 정보(예: 청각 정보, 시각 정보)와 장기기억에서 인출된 정보(예: 개념, 범주 등)를 함께 통합적 · 효율적으로 처리할 수 있는가를 가리키는 기억처리 과정으로 작업기억의 정보처리 능력은 한 번에 처리될 수 있는 정보의 양과 밀접한 관련이 있다. 이 지표들을 산출하는 소측정의 수행은 측정상황에서의 심리적 상태(예: 불안), 성격 및 동기 등의 영향을 많이 받을 수 있다.

### (7) 처리속도 지표

처리속도 지표(PSI)는 시각적 지각 및 분석, 탐사 속도, 운동 협응, 운동과 심상속도, 시각적 작업기억, 시각적–시각적 속도 등에서의 개인 능력을 반영한다. 감각 등록기에 제시되는 수많은 정보를 얼마나 빠르게 처리할 수 있는가 하는 것은 그 이후의 정보처리 과정 및 결과(정보저장 및 인출)에 영향을 미칠 수 있어 중요하다.

### (8) 기타 조합점수

그 외 조합점수로 일반능력 지표(GAI)와 인지효능 지표(CPI)가 있다. 일반능력 지표는 언어이해 지표의 소측정들과 지각추론 지표의 소측정들로 구성된 조합점수다. 대뇌손상으로 인한 신경심리학적 문제가 전체지능지표를 저하시킬 가능성이 있는 경우, 또는 대뇌손상의 영향이 강하게 영향을 주지 않는 인지능력의 평가가 필요한 경우 등에서 사용하는 조합점수다. 인지효능 지표는 작업기억 지표의 소측정들과 처리속도 지표의 소측정들로 구성된 조합점수다. 이 지표는 언어능력이나 이해, 성장 환경 등의 영향을 배제한 능력 평가가 필요한 상황, 또는 언어이해나 지각추론에 덜 민감한 인지능력에 대한 정보가 필요한 경우에 사용한다.

### 3) 지능측정 결과의 임상적 해석

임상심리전문가는 웩슬러형 지능측정을 실시한 후 측정 요강에 따라 전체 지능지수를 산출하지만 내담자에 대해 의미 있는 정보를 얻기 위해서는 임상적으로 분석하고 해석해야 한다. 측정결과에 대한 질적 분석은 임상가가 내담자의 지적 기능과 장애를 진단하는 데 도움이 된다. 많은 임상심리전문가들이 웩슬러형 지능측정의 임상적 활용 가능성을 연구하고 있지만(Matarazzo, 1972), 질적 분석에 대한 회의적 태도를 나타내는 경우가 많다.

임상가가 임상연구를 위해 웩슬러 지능측정도구를 사용할 때 유의할 점들이 있다. 지능 측정은 1차적으로 지적 기능을 측정하기 위해 실시되고, 성격특징의 발견은 2차 목적이다. 그러나 웩슬러 측정결과의 질적 측면을 검토하면 좋은 정보를 얻을 수 있다. 좋은 정보를 얻기 위해 보통 수준으로 보기 어려운 반응, 특이한 반응, 반응하지 못한 문항 성질, 특정 반응 유형 등을 기록하면서 내담자 행동도 세밀하게 관찰하여 기록한다. 그 외에도 쉬운 문항에 실패하고 어려운 문항에 성공하는 경우, 드물거나 기괴한 내용의 반응, 한 문항에 여러 가지 답변을 하는 경우, 잘 모르면서 짐작으로 응답하는 경우, 지나치게 구체화된 응답을 하는 경우, 정서적 응답을 하는 경우, 반항적 내용의 응답을 하는 경우 등은 내담자의 심리적 특성이 드러난 것으로 볼 수 있어 이에 대해 질적 분석을 하는 것이 바람직하다. 또한 측정자의 경험, 정신병리나 성격이론에 대한 지식, 측정 경험과 같은 요인도 측정결과 해석에 영향을 많이 준다.

내담자의 하위측정 결과를 임상적으로 의미 있게 해석하기 위해서는 발병 전후의 측정결과를 비교하는 것이 가장 좋으나 이것이 가능한 경우는 거의 없다. 따라서 이러한 문제를 해결하기 위해 병전 지능을 추정하는 방법이 몇 가지 제시되었다. 즉, 병전 지능을 추정함으로써 현재 지능이 발병 전과 비교하여 얼마나 유지되고 있는지 또는 퇴보되었는지를 판단할 수 있다. 병전 지능을 추정하는 방법은 다음과 같다(이현수 등, 2012).

① 발병으로 인한 영향을 적게 받는 읽기 능력을 측정하여 병전 지적기능을 파악한다.

② 인구통계학적 특성, 즉 나이, 성, 인종, 교육수준, 직업 등을 통해 지적기능을 파악한다.

③ 생활기록부의 학업 성적이나 행동발달, 집단 지능점수 등을 비교한다.

④ 웩슬러 지능측정도구에서 발병의 영향을 덜 받는 하위측정도구(상식, 어휘, 토막짜기 등)의 점수들의 평균을 병전 지능의 추정치로 삼는다.

# 제 6 장

# 성격평가

1 성격 측정도구의 구성

2 객관식 성격 측정도구

3 투사 측정도구

어떤 사람은 태도 및 신념, 행동 및 정서 등의 측면에서 개인 차이를 이해하기 위해 심리학을 공부한다. 앞 장에서는 지능 차이에 초점을 맞추었고 이 장에서는 성격과 심리사회적 기능에서의 개인 차이를 다룬다. 사회적 존재로서 사람은 다른 사람의 행동을 이해하여 예측하기 위한 성격 모델을 고안한다. 사람이 어떤 특성을 가졌는지를 이해하고자 그리고 소통하기 위해 성격 형용사를 사용하고 있으며 이를 과학적으로 연구하는 임상심리전문가는 성격을 측정하는 도구를 제작할 수 있다. 이 측정의 핵심은 상황이나 시간에 걸쳐 분명히 드러나는 행동 및 감정, 태도 등의 일관성을 정의하는 성격특성을 평가하는 데 있다. 임상심리전문가는 개인적 특성을 재발견하여 임상적 목적에 맞게 성격특성을 평가한다.

이 장에서는 성격을 측정하는 도구를 소개한다. 이 도구는 객관식 성격 측정도구와 비객관식(투사적) 성격측정도구, 두 유형으로 나눈다. 객관식 측정도구로 MMPI-2, NEO-PI-R, PAI 등이 그리고 투사 측정도구로 로흐샤흐 잉크반점, 주제통각검사 등이 소개되며 각 측정도구의 타당도를 소개한다.

## 1. 성격 측정도구의 구성

심리 측정도구를 구성할 때 경험적-통계적 배경, 내적 일치도, 구성 타당도 중 무엇에 비중을 둘 것인가는 미리 결정해야 한다. 이 개념들은 서로 배타적인 것이 아니라 보완적 역할을 한다.

### 1) 경험적-통계적 배경

경험적-통계적 근거를 바탕으로 측정도구를 제작한다면, 일반적으로 제작자는 관심을 둔 집단과 이와 비교되는 대조되는 집단을 변별할 수 있는 문항을 제작 · 선별해야 한다. 예를 들어 리더십이 있는 대학생을 선발하는 측정도구를 제작한다고 하자. 먼저 집단 두 개를 선정하는데, 한 집단은 동아리회장, 팀 주장,

학생회 대표 등으로 구성하고 다른 집단은 동아리나 집단의 구성원으로 구성한다. 이들에게 많은 문항을 제시하여 평가하게 하고 두 집단을 뚜렷하게 변별하는 문항은 취하고 그렇지 않은 문항은 폐기한다. 이 접근의 대표적 예가 MMPI의 문항이다.

이론적 배경으로 측정도구를 제작하는 연구자는 문항 내용이 특정 이론에 근거해야 한다고 생각하지만, 경험적–통계적 배경에 근거해 측정도구를 구성하는 사람은 대체로 경험에 근거해 문항을 선별한다. 경험적 근거로 문항을 선별해도 문항의 해석에는 매우 논리적이고 분석적 과정이 필요하다. 이러한 방식으로 개발된 측정도구는 실용적 가치가 가지고 있는 것은 분명하지만(구성개념인) 성격의 본질을 파악하는 데 도움을 얻을 수 있는 도구가 아닐 수 있다(이현수, 2000).

경험에 의해 문항을 선별하는 방식 그 자체에도 한계가 있을 수 있다. 다시 말해, 측정도구의 결과로 산출된 점수의 의미를 해석하기 어려울 수 있다. 예를 들면, 조현병 수검자가 "책을 거의 읽지 않는다."라는 문항에 '그렇다'라고 응답한 경우, 이 응답은 정신병리로 인한 응답이 아니라 낮은 수준의 학력이 반영된 것일 수 있다. 그러므로 경험적 기준만으로 측정도구의 문항을 선별하는 방식은 권장되지 않는다(Clark & Watson, 1995).

## 2) 내적 일치도

심리 측정도구를 제작하는 과정에서 문항의 내적 일치도가 산출되어야 한다. 측정하고자 하는 영역과 관련이 있는 문항들을 구성한 후 사람들을 대상으로 문항의 변별 능력을 측정한다. 문항에 대한 사람들의 반응(점수)에 대한 요인분석을 실시하면 유사한 또는 일관된 반응을 이끈 문항들이 군집화된다. 사람들이 일관성 있게 반응한 문항인 이 군집은 특정한 심리적 의미를 담은 하나의 요인으로 본다. 때로는 제작이 완료된 심리 측정도구를 근본적으로 재검토하는 방법으로 요인분석을 실시하기도 한다(이현수, 2000). 측정도구의 문항들이 특정한 구성개념을 반영하는 문항들인지를 확인하는 방법으로 많은 측정도구 제작자들이 요인분석 접근을 주로 사용한다(Clark & Watson, 1995). 그러나 측정도구의 문항들이 특정 심리적 구성개념을 반영하고 있는지를 확인하는 방법으로써 이 접근도 한계가 있다. 구체적으로, 연구자가 관심을 가진 심리적 속성을 이 문항들이 실제로 측정하는지에 대해 요인분석만으로 직접적으로 입증할 수 없다. 다시 말해, 요인분석은 문항들이 동일한 무언가를 측정하고 있다는 것만 알려줄 뿐이다(Trull & Prinstein, 2013).

### 3) 구성 타당도

측정도구는 상식이나 특정 이론에 근거해 제작된다. 성격특성을 측정하는 도구를 만들기 위해서는 먼저 심리측정의 기본 가정에서 출발해야 한다. 주제통각검사를 제작할 때 모건과 머레이는 사람은 애매한 시각적 자극에 대한 이야기를 하게 되면 자신의 욕구를(자신도 모르게) 드러낼 것이라는 가정에 근거해 문항들을 제작하였다(Morgan & Murray, 1935). 그러므로 도구 개발에서 성격특성을 비교적 정확하게 드러낼 수 있고 수검자의 욕구 및 기대 및 감정 등이 잘 투영될 수 있는 시각적 자극으로 그림을 선택했다.

이러한 접근을 좀 더 발전시킨 것이 구성 타당도 접근이다. 이는 논리적-이론적 배경에 경험적 방식, 즉 요인분석 방식이 더해진 것이다(Clark & Watson, 1995). 이 접근에서는 특정 이론에서 파생된 구성개념을 측정하기 위해 척도가 제작된다. 문항의 제작 및 선별은 연구자가 관심을 둔 특정 이론의 구성개념이 반영되는 정도에 근거해 선정된다. 문항들이 동일한 구성개념을 측정하고 있는지를 확인하기 위해 문항분석 및 요인분석이 실시된다. 측정도구의 구성 타당도 접근은 포괄성이 커서 가장 바람직하면서도 가장 경제적 방법이다. 사실상 측정도구의 구성 타당도를 확립하는 일은 이 측정도구의 사용으로 얻게 되는 피드백을 통해 성격 측정도구가 정확하게 · 정밀하게 발전되어 가며 이를 통해 구성개념의 구조인 이론도 세련되어 나가는 무한한 변화의 과정이다(Smith & McCarthy, 1995).

# 2. 객관식 성격 측정도구

## 1) MMPI-2

### (1) MMPI-2의 특징

미네소타 다면적 인성 검사-2(Minnesota Multiphasic Personality Inventory-2, MMPI-2)는 임상심리전문가들이 사용하는 객관식 성격 측정도구 중 가장 널리 알려져 있으면서 심리측정학적으로도 매우 훌륭한 도구다(Butcher & Beutler, 2003; Camara, Nathan, & Puente, 2000; Frauenhoffer, Ross, Gfeller, Searight, & Piotrowski, 1998). 이 도구는 수십 개의 언어로 번역되어 많은 국가들에서 사용되고 있다(Butcher, Mosch, Tsai, & Nezami, 2005; Graham, 2012). 현재 우리나라에서 사용되고 있는 MMPI-2는 2006년 김중술 및 한경희, 임지영 등이 표준화시킨 것이다. MMPI-2의 채점은 컴퓨터로만 이루어진다. 우리나라에서 이 측정도구를 사용하려면 소정의 교육을 이수받아야 한다. MMPI-2의 측정도구의 형식은 단순하다. 수검자는 자기기술문장 567개에 대해 각 문항이 자신에게 적용되는 지를 '예/아니요'에 표기한다. 문항들은 광범위한 태도 및 행동, 감정 등에 대한 내용을 담고 있다.

MMPI-2는 1943년에 출판된 기존의 MMPI의 개정판이다. MMPI의 개발자인 해서웨이와 맥킨리는 정신병리를 측정하는 객관적 방법을 모색하는 중 1930년대 MMPI를 제작하는 작업을 시작하였다. 이들은 일반인으로 구성된 정상 집단과 정신과 병력을 가진 환자들인 이상 집단을 구성하였다. 이들은 이 두 집단을 변별해낼 수 있는 문항들을 제작하였다(Ben-Porath & Archer, 2008, Graham, 2012). 이들은 정상 집단과 이상 집단을 변별할 수 있는 문항을 선별하는 기준으로 문항에 대한 두 집단의 반응빈도에 근거한 것으로 이 방식이 바로 경험적 준거 방식이다. 이들은 이 방식을 최초로 사용하여 측정도구를 제작한 학자들이다.

MMPI가 처음 제작되었을 때부터 익숙하지 않은 용어들이 사용되었으며 일부 용어는 현재 일반적으로 사용되고 있지 않으나 MMPI의 연속성을 유지하고자 MMPI-2에도 그대로 남겨졌다. 예를 들면, 4번 척도인 '정신병질적 일탈(psychopathic deviate)'은 오늘날에는 '반사회적'으로 표현될 것이다. 그리고 7번 척도의 '정신쇠약(Psychasthenia)'은 '불안'에 해당되는 용어로 현재 잘 사용되지 않는 단어다.

MMPI에서 소개된 다른 중요한 특징은 수검자의 수검 태도를 평가하는 방법이 제시되었다는 점이다. 해서웨이와 맥킨리는 자기보고용 도구는 수검자가 성실하지 않은 태도로 측정에 임하면 측정결과를 해석하는 힘이 약화될 수 있음을 간파했다. 수검자 중에는 의도적으로 자신의 증상을 실제 상태보다 더 악화된 것으로 과장하거나('나쁘게 보이기') 의도적으로 증상을 최소화하여 실제 상태보다 더 양호한 것으로 보이게 할 수 있다('좋게 보이기'). 또는 수검자가 문항에 주의를 기울이지 않고서 무선적으로 응답할 수 있다. MMPI와 MMPI-2에는 이러한 수검 태도를 '파악하기' 위해 고안된 여러 유형의 문항들이 있다. 이 문항들에 대한 반응을 모두 모으면 '타당도 척도'가 구성된다. 이러한 타당도 척도는 임상심리전문가에게 수검자가 측정도구를 대하는 태도를 알려주고, 임상 척도를 해석하는 과정에서 측정이 타당한지 그리고 어떤 종류의 조정이 적절한지를 결정할 수 있게 해준다. MMPI 및 MMPI-2에는 L(거짓말, '좋게 보이기') 및 K(방어, 역시 '좋게 보이기'), F(비전형성, '나쁘게 보이기') 등의 기본적 타당도 세 개와 함께 추가적 타당도 척도들이 있다.

### (2) MMPI-2와 MMPI-A

MMPI-2의 출판 이후 청소년을 위해 MMPI의 다른 버전이 만들어졌다. 미네소타 다면적 인성검사-청소년용(Minnesota Multiphasic Personality Inventory-Adolescent, MMPI-A)은 14세~18세의 수검자용으로 설계되었으며 1992년에 출판되었다. MMPI-A는 MMPI-2의 형식 및 실시, 채점, 해석방법 등과 매우 유사하다. MMPI-A는 478개의 '예/아니요' 문항으로 구성되어 있으며 자기보고 도구다. MMPI-A의 문항 중 몇 가지 문항은 MMPI-2의 문항을 사용하고 있으며 그 문항들은 학교, 가족, 약물사용, 그리고 교우관계와 같은 보통의 10대 문제와 관련된 표적문항으로 구성되었다. MMPI-A는 MMPI-2와 마찬가지로 같은 타당성 척도와 임상 척도로 구성되어 있다(Archer, 1997; Baer&Rinaldo, 2004; Ben-

Porath&Archer, 2008).

정리하면, MMPI-2는 심리 측정도구로 실증적 연구들을 통해 그리고 임상심리 전문가들의 꾸준하고 많은 사용을 통해 성격과 정신병리를 측정 · 평가하는 타당하고 신뢰할 수 있는 도구로 확고한 위치를 차지하고 있다(Greene & Clopton, 2004). 상대적으로 실증적 연구들이 광범위하지는 않지만 MMPI-A에 대해서도 유사한 결론을 내릴 수 있다(Archer,1997; Baer & Rinaldo, 2004).

MMPI-2 및 MMPI-A 측정에도 제한점은 있다. 측정의 문항이 너무 많고, 어떤 내담자에게는 어려울 수 있는 읽기 능력과 장시간의 집중력을 요구하며, 또 수준 높은 내담자는 타당성 척도를 넘어서 속일 수도 있다는 비판이 있다. MMPI 측정의 최종적 비판은 성격을 구성하는 요인으로서 정신병리를 강조하는 것이다. 즉, 정상적 특질이나 강점과 같은 성격의 다른 측면을 강조하는 것과는 대조적으로 MMPI 측정의 임상척도는 우울증이나 조현병과 같이 다양한 정신병리의 수준을 기술함으로써 내담자 성격을 설명한다.

이 도구들이 제한점을 몇 가지 갖고 있음에도 다양한 상황에서 목적에 맞게 사용되고 있다. 구체적으로 살펴보면, 성격특성 및 정신병리의 포괄적 도구로써 DSM에 따른 진단 및 배치(예: 입원수검자 대 외래수검자), 치료 및 치료방식을 제안하기 위해 그리고 법정에서 가해자에 대한 평가 또는 기업의 인사선발 등에서도 활용되고 있다(Butcher, 2011).

### (3) MMPI-2의 척도

MMPI-2의 척도는 타당도 척도, 주요 임상 척도, 재구성 임상 척도, 성격병리 5-요인척도, 임상 소척도, 내용 척도, 보충 척도, 내용 소척도 등으로 구성되어 있다. 여기에서는 타당도 척도와 주요 임상 척도를 간결하게 기술한다.

#### ■ 타당도 척도

MMPI-2의 결과지에서 제일 먼저 살펴보는 척도가 타당도 척도다. 측정에 대한 수검자의 태도를 반영하는 것으로 기본적으로 세 유형이 있다. 문항을 제대로 읽고 반응했는가를 탐지하는 척도와 수검자 자신의 심리적 증상을 과장 보고했는지를 탐지하는 척도, 마지막으로 심리적 증상을 과소보고했는지를 탐지 척도 등이다. 측정자는 타당도 척도들을 통해 임상 척도의 해석 가능성 판단, 수검자의 문항에 대한 이해력 판단, 수검 태도와 관련된 동기 또는 원인 탐색, 그리고 이 태도가 측정 결과에 미치는 영향 등을 판단할 수 있다(Nichols, 2011). 즉, 임상심리 전문가는 이런 정보들을 활용해 임상 척도 점수들이 갖는 의미를 더 정확하게 파악한다.

■ 문항을 제대로 읽고 응답했는가에 대한 지표

문항을 제대로 읽고 반응했는지를 탐색하는 척도들에는 무응답(can not say), 무선반응 비일관성 척도(Variable Response Inconsistency, VRIN), 고정반응 비일관성 척도(True Response Inconsistency, TRIN) 등 세 종류가 있다.

- **? 척도** : 문항에 대해 응답하지 않았음을 가리키는 지표다. 이 척도점수는 문항에 응답을 하지 않았거나 응답 대안 두 개에 모두 답한 경우에 산출된다. 일반적으로 원점수 30점 이상이면 임상 척도 점수의 기저에 있는 의미를 탐색할 수 없다. 즉, 임상 척도 결과를 분석할 수 없다.
- **VRIN 척도** : 쌍으로 구성된 척도로 각 문항의 쌍은 비슷한 내용이거나 대립되는 내용의 문항들로 구성되어 있다. 원점수 13점 이상이면 임상 척도의 결과를 타당하지 않은 것으로 간주한다.
- **TRIN 척도** : 쌍으로 구성되어 있으며 각 쌍의 문항내용은 의미적으로 불일치하게 짝지어져 있다. 문항에 대한 고정반응이란 문항 내용과 관계없이 수검자가 한 가지 유형으로만('그렇다' 또는 '아니요') 문항에 응답했음을 가리킨다. 13점 이상은 거의 모든 문항에 '그렇다'로 반응하였음을, 5점 이하는 거의 모든 문항에 '아니요'로 반응하였음을 가리킨다.

### ■ 심리적 증상을 축소 또는 숨기는 방식으로 응답했는가에 대한 지표

수검자가 심리적 증상을 축소 또는 은폐하려는 동기에 의해 문항에 대한 응답을 왜곡하였는지를 탐색하는 척도는 부인 척도(Lie scale, L 척도), 방어 척도(Defensiveness scale, K 척도), 과장된 자기제시 척도(Superlativeness scale, S 척도) 등이 있다.

- **L 척도** : 수검자가 의도적으로 사람들이 좋은 특성을 가졌다고 생각할 것 같은 방향으로 자신을 제시한 정도를 탐지한다. 척도 문항은 15개이며 높은 점수는 반응 편파 및 억압/부인, 통찰부족 등을 통해 호의적 인상을 주기 위해 응답을 한 것으로 볼 수 있다.
- **K 척도** : 척도는 문항내용에 수검자의 방어성을 탐지한다. 다시 말해, 스스로 정신병리 또는 심리적 문제가 있다는 것을 인정하기 주저하는 정도(즉, 방어성)를 평가한다.
- **S 척도** : 비임상집단에서 도덕적 결함을 부인하고 자기를 과장하는 정노를 평가하는 척도로 개발되었다(Butcher & Han, 1995). S 척도와 K 척도의 상관계수는 높은 편이 유사한 심리적 실재를 측정하는 것 같지만 K 척도는 심리적 문제가 없음을 주장하는 경향을, S 척도는 여기에 더해 전반적 삶의 영역들에서 만족하고 있음을 주장하는 정도를 측정한다(김재환, 오상우, 홍창희 등, 2014).

### ■ 심리적 증상의 과장에 대한 지표

수검자가 자신의 심리적 증상을 확대했거나 과장했는가에 대한 지표는 비전형 척도(inFrequency scale, F척도), 후반부 비전형 척도[inFrequency back, F(b)], 비전형-정신병리 척도[inFrequency-Psychopathology, F(p)], 증상 타당성 척도(Fake Bad Scale, FBS) 등이 있다.

- **F 척도** : 대부분의 사람들과는 다르게 또는 비정상적 방식으로 문항에 응답했는가를 탐지하는 척도다. 이 척도는 이상한 사고, 특이한 경험, 고독 및 소외감, 이상하거나 상반되는 신념 및 기대 등을 탐지한다. 간단히 말해, F 척도의 높은 상승은 정신병적 상태임을 나타낸다.
- **F(b) 척도** : F 척도가 측정하는 것을 측정하며 이 척도의 문항들은 문항번호 280번 이후 제시되어 측정도구의 후반부에서 F 척도로 기능한다. F(b)의 높은 상승은 주로 정서 및 동기의 심각한 변동으로 나타나므로 F 척도의 상승과 F(b) 척도의 상승이 가리키는 바가 다를 수 있다.
- **F(p) 척도** : 정신병리를 과장했는지를 탐지하기 위해 개발된 척도다.
- **FBS 척도** : 법정심리학이라는 맥락에서 증상 타당도 지표로 개발되었다. 그래서 상해를 입었다고 주장하는 사람의 신체적 꾀병을 탐지하는 데 사용된다.

### ■ 임상척도

MMPI-2에서 T점수 65점 이상이면 '높은' 점수로 판단한다. 척도 점수가 높을수록 정신병리의 정도가 심한 것으로 볼 수 있다. 그렇다고 점수가 낮을수록 정신병리적 증상이 없음을 가리키는 것은 아니다. T점수가 40점 이하인 경우에도 임상적 함의가 있을 수 있다(낮은 점수에 대한 함의가 조사된 임상 척도는 상대적으로 적다).

MMPI의 점수해석이 어려운 점은 임상 척도 점수가 개별적으로 해석될 수 없다는 것이다. 다시 말해, 임상 척도의 점수는 타당도 척도들의 양상을 탐색해야 의미가 명확하고 분명해진다. 임상 척도 점수가 갖는 의미를 이해하기 위해서 임상심리전문가는 도구에 대한 이론적 지식과 임상경험으로 습득된 실제 지식, 두 가지를 모두 갖추고 있어야 한다.

임상척도는 10개다. 건강염려증(hypochodriasis, Hs), 우울증(depression, D), 히스테리(hysteria, Hy), 반사회성(psychopathic deviate, Pd), 남성성-여성성(masculinity-femininity, Mf), 편집증(paranoia, Pa), 강박증(psychasthenia, Pt), 조현병(schizophrenia, Sc), 경조증(hypomania, Ma), 내향성(social introversion, Si)이다. MMPI의 임상 척도는 일반적으로 척도 명칭보다는 숫자로 불린다.

- **척도 1(Hs)** : 신체 건강에 대한 지나친 걱정 정도를 측정한다. 점수가 높은 사람은 자신의 건강에 대한 몰두, 신체 증상을 과장하려는 경향, 과하게 요구하는 경향, 미성숙, 투덜거림, 거의 모든 유형의 치료에 대해 좋지 않은 예후 등을 가리킨다. 신체적 고통이나 어려움에 대한 호소는 주로 타인을 조정하고 통제하기 위한 것일 수 있다.
- **척도 2(D)** : 임상적 우울, 미래에 대한 비관, 죄책감, 사기 저하 등의 정도를 측정하며 주로 상황적 우울을 반영한다. 매우 높은 점수는 주요우울장애를 앓고 있음을 가리키며 높은 점수는 임상적 우울, 비관주의, 죄책감 등을 가리킨다.
- **척도 3(Hy)** : 의존성 또는 성적(sexual) 쟁점, 공격성 등을 신체적 증상으로 전환한 정도, 심리적 미성숙, 자기중심성, 통찰 부족 등의 정도를 측정한다. 이 척도에서 높은 점수는 일반적으로 연극적 성격특성을 가리킨다. 이 척도는 신체화, 전환반응, 부인, 고지식함, 사람을 교묘하게 조종하는 정도 등을 잘 측정한다.
- **척도 4(Pd)** : 낮은 수준의 충동통제력, 사회적 기준 무시, 권위를 가진 사람과의 갈등, 부부 및 가족 갈등 정도, 행동 결과에 대한 무관심 등을 측정한다. 높은 점수는 사회적 규범이나 관습을 존중하지 않으며 외향적이면서 자부심이 강하고 적대적이며 타인에게 기생하는 경향, 형편없는 판단력, 타인을 빈번하게 비난하기 등을 가리킨다.
- **척도 5(Mf)** : 전통적 남성적 또는 여성적 흥미 양상과 일치하는 정도 및 직업선택, 흥미, 수동성-능동성 등을 측정한다. 다시 말해, 이 척도는 남성에게서는 여성성을, 여성에게서는 남성성을 측정하는 방향으로 채점된다. 높은 점수는 남성의 경우 소극적이고 미적 추구, 예술적 관심, 지적, 타인에 대한 민감성, 인내, 강한 자기통제력 등을, 여성의 경우 전형적 여성 역할 거부, 직업과 흥미에서 남성적 관심 등을 나타낸다. 따라서 이 척도는 정신병리 척도와는 관련성이 없다.

- **척도 6(Pa)** : 타인에 대한 의심 또는 적대감, 과도한 예민함, 도덕적 자기 정당화, 정서적 불안정, 피해, 과대망상 등의 정도를 측정한다. 상당히 높은 점수는 편집증적 정신병을 가지고 있을 가능성을, 높은 점수는 편집증적 성격을 갖고 있을 가능성을 나타낸다. 전자는 타인을 잘 믿지 못하며 의심이 많고 지적받는 것을 잘 견디지 못하고 후자는 현실 검증력이 상당히 손상된 사람들로 분노와 적대감, 원망 등을 쉽게 행동으로 표출한다.
- **척도 7(Pt)** : 원한, 분개, 충동적 불안, 공포, 비합리적 두려움, 상당한 신경과민, 자기확신부재, 관계망상, 피해망상, 조종망상 등을 측정한다. 이 척도에서는 점수가 높은 점수에 미치지 않는 수준에서 상승하면 편집증의 가능성이 고려된다.
- **척도 8(Sc)** : 현실검증력 부재, 비현실감, 고립감, 기묘한 사고 과정과 지각, 성 정체감에 대한 관심 등을 측정한다.
- **척도 9(Ma)** : 기분의 고양 및 불안정한 기분, 정신운동의 과잉, 사고비약, 충동성, 만족지연의 어려움, 자기애, 안달복달함, 외향성 등을 측정한다. 척도 9는 자기애, 편집증(과대망상), 정신병, 연극성 성격특성 등도 잘 탐지해 낸다.
- **척도 0(Si)** : 수줍음, 부끄러움, 타인에 대한 과민함, 자신에 대한 과잉통제, 보수적, 의심이 많은 등을 측정한다. 점수가 높은 사람은 내향적이고 부끄러움이 많으며 대인관계를 맺거나 사회적 상황에 대처하는 기술이 부족하고 이성에게 불편감을 느낀다.

### 2) PAI

성격평가질문지(Personality Assessment Inventory, PAI)는 모리(Lesile Morey)가 1991년에 발표한 측정도구다. PAI는 임상적으로 중요한 변인들을 다루는 자기보고식 질문지로 객관식 측정도구다. PAI는 타당도 척도 4개, 임상 척도 11개, 치료고려 척도 5개, 대인관계 척도 2개 등의 하위척도로 구성되어 있으며 문항 수는 344개다. 이 중 10개 척도는 하위척도 3~4개로 다시 분류될 수 있으며 이런 척도의 구조로 척도 해석이 더 분명해진다.

한국판 PAI는 2001년 김영환과 김지혜, 오상우, 임영한, 홍상황 등이 표준화하였다. 원래 PAI는 18세 이상 성인을 측정하기 위해 개발되어 표준화되었으나 한국에서는 18세 미만 고등학생에게도 실시할 수 있도록 고등학생 규준이 포함되었다. 2006년 김영환 등이 PAI-A(Adolescence Personality Assessment Inventory)를 12~17세 사이의 청소년에게 사용할 수 있도록 규준집단을 추가하면서 재표준화하였다.

PAI는 임상장면에서 널리 사용되고 있는 MMPI의 문제점을 개선하는 데 목적을 두고 개발된 측정도구다. PAI에는 모호한 문장 및 중복 문장이 없고, 각 척도가 측정하고자 하는 구성개념을 비교적 직접적으로 제시했기 때문에(각 척도의 이론적 토대에 근거해 항 제작) 문항 내용을 이해하기 쉽다. 부주의, 무선반응 그리고 증상을 최소화하거나 과장하는 등 반응 양식에 관한 다양한 정보를 제공한다. PAI는 현재 진단체계 및 임상실제에서 중요하게 다루는 다양한 임상적 문제의 구성개념을 포괄적으로 평가할 수 있다. PAI는 성격 및 적응 문제를 종합적으로 이해하고 평가하기 위해 만든 도구로써 정신병리 선별, 임상진단, 치료계획 수립 등에 필요한 정보를 얻기 위해 사용된다. 다시 말해, PAI는 정상적이고 적응하고 있는 사람의 성격을 종합적으로 평가하기 위한 도구는 아니다.

PAI의 측정점수는 규준집단의 평균과 표준편차를 평균 50과 표준편차 10인 T분포의 점수로 환산한 수치다. PAI의 신뢰도인 내적합치도는 한국인 규준집단을 대상으로 조사했을 때 하위척도별로 .60에서 .88의 범위에 있었다. 검사-재검사 신뢰도는 .32에서 .91의 범위에 있는 것으로 나타났다(김영환 등, 2002). 임상집단이 아닌 일반표본의 경우 대부분의 척도에서 수검자의 약 84%는 T점수가 60 이하이고 98%가 70 이하이다. 이는 특정 척도에서 T점수가 70 이상이면 성인의 전형적 반응에서 상당히 이탈된 반응을 나타낸 것으로 볼 수 있다. PAI도 높은 2~3개의 척도점수에 의한 코드 유형에 따라 해석할 수도 있다.

PAI 척도는 합리적 · 경험적 접근을 강조하는 구성 타당화에 초점을 두고 개발되었다. 하위척도들도 타당도 척도, 임상 척도, 치료고려 척도, 대인관계 척도 등으로 구성되었다. PAI 척도의 하위 내용과 문항 수는 [글상자 6-1]에 제시되어 있다.

[글상자 6-1] PAI 척도의 하위 내용과 문항 수

• 타당성 척도

| | |
|---|---|
| 비일관성 (ICN/10) | 문항에 대한 반응과정에서 수검자의 일관성 있는 반응 태도를 알아보기 위한 척도. 정적 또는 부적상관이 높은 10개의 문항 쌍 |
| 저빈도 (INF/8) | 부주의나 무선적 반응태도를 확인하기 위한 척도. 정신병적 측면에서 중립적이고 대부분의 사람들이 극단적으로 인정하거나 인정하지 않는 문항 |
| 부정적 인상 (NIM/9) | 지나치게 나쁜 인상을 주거나 꾀병을 부리는 태도를 알아보기 위한 척도. 임상집단에서는 이렇게 반응할 비율이 매우 낮음 |
| 긍정적 인상 (PIM/9) | 자신을 지나치게 좋게 보이려 하며 사소한 결점도 부인하려는 태도와 관련된 문항 |

• 임상척도

| | |
|---|---|
| 신체적 호소 (SOM/24) | 건강과 관련된 문제에 대한 집착과 신체증상장애 및 전환증상 등의 구체적인 신체적 불편감을 평가하는 척도<br>• 전환(SOM-C/8) : 전환장애, 특히 감각 또는 운동기능장애와 관련된 증상<br>• 신체화(SOM-S/8) : 다양한 일반적인 신체증상과 건강악화나 피로 등 모호한 증상 호소<br>• 건강염려(SOM-H/8) : 건강상태와 신체문제에 대한 집착 |
| 불안 (ANX/24) | 불안의 상이한 여러 특징을 평가하기 위해 불안현상과 객관적인 징후에 초점을 맞춘 척도<br>• 인지적 불안(ANX-C/8) : 최근 직면한 문제에 대한 지나친 관심과 염려 및 이로 인한 주의력과 집중력 저하<br>• 정서적 불안(ANX-A/8) : 높은 스트레스로 인한 긴장, 이완하기 어려움, 피로감<br>• 생리적 불안(ANX-P/8) : 스트레스에 직면해서 손에 땀이 나고 떨리거나 불규칙한 심장박동을 호소하거나 숨이 차는 등의 외현적 신체적 징후 |
| 불안관련 장애 (ARD/24) | 구체적인 불안과 관련이 있는 증상과 행동에 초점. 특히 공포증, 외상적 스트레스 및 강박증상을 평가하는 척도<br>• 강박장애(ARD-O/8): 침투적 사고나 행동, 경직성, 우유부단, 완벽주의, 정서적 속박감 등.<br>• 공포증(ARD-P/8): 사회상황, 대중교통, 높은 곳, 폐쇄된 공간 등 일반적 공포증.<br>• 외상 스트레스(ARD-P/8): 지속적으로 영향을 주거나 불편감을 야기하는 외상 사건의 경험. |

| | |
|---|---|
| 우울<br>(DEP/24) | 우울의 증상과 현상을 평가하는 척도.<br>• 인지적 우울(DEP-C/8): 무가치감, 무망감, 실패자라는 생각과 우유부단함, 집중력 저하.<br>• 정서적 우울(DEP-A/8): 슬픔, 일상적 활동에 대한 흥미와 즐거움 상실.<br>• 생리적 우울(DEP-P/8): 수면, 식욕 및 체중의 감소와 변화를 포함하는 신체의 기능과 활동 및 에너지 수준. |
| 조증<br>(MAN/24) | 조증과 경조증의 정서적 · 인지적 · 행동적 증상.<br>• 활동수준(MAN-A/8): 부적절한 방식으로 여러 가지 다양한 일에 지나치게 관여하고 사고 과정과 행동이 가속되는 경험.<br>• 과대성(MAN-G/8): 자존감의 고양, 확대 및 특별하고 독특한 기술이나 재능이 있다는 신념.<br>• 초조성(MAN-I/8): 주위 사람들이 자신의 계획, 요구 또는 비현실적 생각들을 들어줄 생각이나 능력이 없다는 좌절감 때문에 생기는 긴장과 예민성. |
| 망상<br>(PAR/24) | 편집장애의 증상과 지속적인 편집적 성격장애.<br>• 과경계(PAR-H/8): 의심과 불신 및 다른 사람들의 실제적 또는 상상적 위협, 위해에 대한 증거를 찾기 위해 주변을 감시함.<br>• 피해의식(PAR-P/8): 자신이 부당한 대우를 받고 있고 자신의 이익을 빼앗기 위한 음모가 있다는 신념.<br>• 원한(PAR-R/8): 다른 사람에 대해 신랄하게 비판하고 다른 사람을 도와주지 않고 자신의 불운을 외부의 탓으로 돌리려는 경향. |
| 조현병<br>(SCZ/24) | 광범위한 조현병 증상.<br>• 정신병적 경험(SCZ-P/8): 비일상적 감각과 지각, 마술적 사고, 망상에 가까운 비일상적 아이디어.<br>• 사회적 위축(SCZ-S/8): 사회적 고립, 사회적 상호작용을 불편하고 거북하게 느끼는 것.<br>• 사고장애(SCZ-T/8): 정신적 혼란과 주의집중 곤란 및 사고과정의 혼란. |
| 경계선적<br>특징<br>(BOR/24) | 불안정하고 유동적인 대인관계, 충동성, 정서적 가변성과 불안정, 통제할 수 없는 분노 등의 경계선.<br>• 정서적 불안정(BOR-A/6): 정서반응, 빠른 기분변화와 정서통제의 어려움.<br>• 정체성 문제(BOR-I/6): 중요한 인생의 문제에 대한 불확실성과 공허감, 불만감 및 목적의식 상실.<br>• 부정적 관계(BOR-N/6): 양가적이고 친근한 관계에서 착취당하고 배신당했다는 경험.<br>• 자기 손상(BOR-S/6): 부정적 결과를 초래할 가능성이 높은 영역에서의 충동성 |

| | |
|---|---|
| 반사회적 특징 (ANT/24) | 범죄행위, 권위적 인물과의 갈등, 자기중심성, 공감과 성실성의 부족, 불안정, 자극 추구 등에 초점.<br>• 반사회적 행동(ANT-A/8): 반사회적 행동과 불법적 행위에 관여한 경험.<br>• 자기중심성(ANT-E/8): 공감능력이나 자책감의 부족 및 대인관계에서의 자기중심적 경향.<br>• 자극추구(ANT-S/8): 흥분과 자극을 추구하고 지루한 것에 대한 참을성이 부족하고 무모하고 위험하게 행동하려는 경향 |
| 알코올 문제 (ALC/12) | 문제적 음주와 알코올 의존적 특징에 초점 |
| 약물사용 (DRG/12) | 처방된 약물이든 불법약물이든 문제적 약물사용과 약물 의존적 특징에 초점 |

• 치료고려척도

| | |
|---|---|
| 공격성 (AGG/18) | 언어적 · 신체적 공격이나 공격적 행동을 자극하려는 태도와 관련된 분노, 주장성, 적대감 및 공격성과 관련된 특성과 태도.<br>• 공격적 태도(AGG-A/6): 적개심이나 분노표현에 대한 통제 부족 및 공격성을 수단으로 활용하려는 신념.<br>• 언어적 공격(AGG-V/6): 주장성에서 모욕에 이르기까지 분노의 언어적 표현과 다른 사람에게 쉽게 분노를 표현하는 경향.<br>• 신체적 공격(AGG-P/6): 재물파손, 신체적 폭력 및 위협을 포함하여 신체적으로 분노를 표현하려는 경향 |
| 자살관념 (SUI/12) | 무력감과 자살에 대한 모호하고 일반적인 생각부터 자살에 관한 구체적인 계획에 이르기까지 자살하려는 관념에 초점 |
| 스트레스 (STR/8) | 가족, 건강, 직장, 경제 및 다른 중요한 일상생활에서 현재 또는 최근에 경험하는 스트레스에 관한 내용 |
| 비지지 (NON/8) | 접근이 가능한 지지의 수준과 질을 고려해서 지각된 사회적 지지의 부족에 관한 내용 |
| 치료거부 (RXR/8) | 심리적 및 정서적 측면의 변화에 대한 관심과 동기를 예언하기 위한 척도로 불편감과 불만감, 치료에 참여하려는 동기, 변화의 필요성에 대한 인식, 새로운 아이디어에 대한 개방성 및 책임을 수용하려는 의지 |

- 대인관계척도

| | |
|---|---|
| 지배성 (DOM/12) | 대인관계에서 개인적 통제와 독립성을 유지하려는 정도로 대인관계 행동방식을 지배와 복종이라는 차원으로 개념화. 점수가 높은 사람은 지배적이고 낮은 사람은 복종적임 |
| 온정성 (WRM/12) | 대인관계에서 지지적이고 공감적인 정도로 대인관계를 온정과 냉담 차원으로 개념화. 점수가 높은 사람은 온정적이고 외향적이지만, 낮은 사람은 냉정하고 거부적임 |

출처: 조옥귀, 문지혜(2016).

## 3. 투사 측정도구

투사 측정은 모호한 시각 자극에 대한 지각에서 개인의 욕구와 관심, 감정 상태 등을 비롯한 성격특성을 알아볼 수 있도록 측정하는 방식이다. 그러므로 투사 측정도구는 비구조적 자극으로 불분명하고 애매하고 모호한 측정과제로 구성되어 있다. 측정 자극이 모호할수록 자극을 해석하는 과정에 사람의 내재된 욕구 및 갈등, 성격특성 등의 심리적 특성의 영향이 강하게 해석내용에 표현되는 것으로 가정된다. 측정도구는 심리적 특성을 투사하는 스크린으로 작용하며 내담자의 반응은 규준집단의 사람들 반응과 비교될 수 있다. 궁극적으로 임상심리전문가는 내담자의 반응에 근거해 그들의 성격에 대한 가설을 형성한다. 투사 측정도구를 사용해 내담자의 다양한 반응을 이끌어 절차는 간단하다.

임상에서 사용되는 투사측정의 문제점은 과학적 원칙에 대한 엄격함과 관련된 것이다. 로르샤흐 잉크반점검사, 주제통각검사, 투사적 그림검사 등의 투사측정도구들은 심리검사의 구성 지침에 맞게 개발되지 않았다. 따라서 임상장면에서 사용되는 대부분의 투사 측정도구들은 표준화된 실시 또는 채점, 해석지침을 제시하고 있지 않으며 오직 로르샤흐 잉크반점검사에서만 규범 자료를 제시한다 (Hunsley, Lee, & Wood, 2003).

### 1) 로르샤흐 측정

로르샤흐 잉크반점검사(Rorschach Ink Blot Test)는 가장 대표적 투사측정도구로 1921년 스위스 정신과의사 헤르만 로르샤흐에 의해 개발되었다. 과제는 데칼코마니 양식으로 된 대칭형의 잉크반점으로 제시되며 한 카드에 한 개씩 제시되어 총 잉크반점은 10개다. 로르샤흐가 이 측정도구를 발표했을 때 채점 방법을 제시하지 않았는데 그는 1년 후 사망했다. 그래서 로르샤흐 검사의 채점 방법은 많은 학자들에 의해서 발달되었다. 그 결과 매우 다양한 방식의 채점 체계가 제시되었지만 어느 한 방식이 주도적 채점체계로 자리 잡지 못하였다가 익스너(Exner, 1974)에 의해 통합되었다. 익스너의 채점체계는 로르샤흐 측정도구의 가장 일반적 방법이 되었다(Exner, 1986; Wood, Nezworski, Lilienfeld, & Garb, 2003). 익스너 종합체계에는 수천 명의 어린이와 성인으로부터 수집한 규준 자료가 담겨 있다. 그래서 로르샤흐 검사는 거의 전 연령에 걸쳐서 사용될 수 있다.

측정은 두 단계로 진행한다. 자유 연상 단계에서 임상심리전문가는 한 번에 하나의 잉크 반점카드를 제시하고 “이게 무엇으로 보이나요?”라고 질문한 뒤에 내담자의 대답을 그대로 기록한다. 내담자가 모든 10장의 카드에 응답한 후 질문 단계에서는 임상심리전문가가 내담자의 반응을 소리 내어 읽어주고 내담자에게 각 반응의 특성이 일어난 위치와 그런 반응을 하게 된 잉크반점의 특성에 대해 자세히 설명하도록 한다.

임상심리전문가가 익스너의 종합체계를 사용할 때 각 로르샤흐 반응은 여러 방법으로 코딩된다. 로르샤흐 반응의 채점은 내담자가 지각한 내용에 따라서 그 반점을 이해하는 과정과 관계가 있다. 다시 말해 내담자가 반점을 지각하는 방식이 내담자가 무엇을 보았는지보다 중요하다. 종합체계에 의해 조사된 요소들 중 일부 요소들은 다음과 같다.

- **반응위치**: 반응에 잉크반점의 전체, 큰 부분, 작은 사항 등이 포함되었는가?
- **반응 결정요인**: 잉크반점의 형태, 색깔, 음영 중 어떤 면이 내담자의 특별한 반응을 유발하게 만들었나?

- **형태질**: 반응은 쉽게 식별이 되며 반응이 평범한 방식인가, 아니면 독특하거나 왜곡된 방식인가?
- **평범성**: 각 카드에 대해 상대적으로 자주 발생되는 반응이 한 두 가지가 있다. 즉, 내담자가 평범한 반응을 얼마나 빈번하게 했는가?
- **반응 내용**: 반응에서 어떤 유형의 대상이 비정상적 빈도로 나타나는가? 이 대상은 사람 또는 동물, 음식, 의류, 폭발물, 신체 부위, 자연물, 기타 유형 중 어느 유형에 속하는가?

잉크반점 각 카드에 대한 반응을 채점하여 다양한 지표로 결합하고 점수와 지표를 해석한다. 해석 전략이 앞선 언급한 것처럼 채점체계에 따라서 또는 임상심리전문가에 따라 다를 수 있다. 그러나 기본 지침에서는 차이가 없다. 다시 말해, 내담자가 잉크반점을 지각하는 방식은 세상을 지각하는 방식과 동일하다는 것이다. 예를 들면, 형태질 요인에서, 잉크반점을 시속적으로 비전형적으로 왜곡되게 지각하는 내담자는 삶에서 상황을 왜곡하여 오해하거나 관습적이지 않는 방식으로 사물을 경험한다. 그리고 위치 요인을 고려해 보면, 반응이 거의 항상 잉크반점 전체를 통합하는 내담자는 '구체적으로 분석하여' 자극은 조각으로 나누거나 세부사항에 초점을 두는 사람보다 '총괄적 전망'에서 실제 삶의 경험을 바라본다.

### 2) 주제통각검사

머레이(Murray, 1943)가 개발한 주제통각검사(Thematic Apperception Test, TAT)는 31개의 카드로 구성되어 있다. 카드에는 수검자가 쉽게 동일시할 수 있는 인물과 상황이 묘사된 그림이 제시되어 있으며 이 그림들은 대부분 두 사람 이상이 등장하는 장면이다. 수검자는 카드에서 제시된 장면에 대해 이야기를 만들어야 한다. 수검자는 보고 있는 장면에서 일어나고 있는 상황과 함께 그전에 발생된 상황과 이 장면 후에 일어날 수 있는 상황에 대해 이야기를 만들도록 요구받는다. 그리고 등장인물(들)의 생각 또는 기분 등에 대한 내용에 대한 질문도 받는다(Bellak, 1993). TAT는 보편적인 성격 측정도구로 특히 대인관계 경향을 측정할 수 있다는 것이 강점이다(Ackerman, Fowler, & Clemence, 2008).

머레이의 기본 가정에 따르면, 상황이 모호하게 제시된 그림을 지각하면서 창조한 이야기의 주제는 지각자의 결핍 동기와(외부) 압력 간 결합 또는 개인과 환경이 통합된 결과물로 역동적 구조를 갖는다. 개인의 주관적 요구와 환경이라는 객관적 압력에 관한 이야기를 만들 때 수검자(또는 지각자)는 상대적으로 방어적 노력을 덜 하게 되어 개인적 욕구나 감정이 잘 투영될 수 있어 역동적 심리 구조의 분석이 가능하다. 이 측정도구는 성격 중 주요 동기 및 정서, 기분, 콤플렉스, 갈등 등 다양한 요인들을 측정해주며 특히 사람이 자각하지 못하는 억제된 요소들을 드러나게 만든다. 수검자의 기질, 욕구, 갈등 등은 간접적으로 혹은 상징적으로 나타날 수 있으며 모든 내용이 동일한 비중을 갖는 것은 아니다. 자극자료의 성격과 직접 관련이 있는 주제나 이야기가 나올 수 있으며 자주 나타나는 주제는 수검자의 충동과 갈등을 반영할 가능성이 크다. 수검자의 이야기 내용은 타고난 기질과 지속적 갈등뿐 아니라 상황적 힘으로 유발된 순간적 충동과 갈등이 반영된 것일 수도 있다. 또는 수검자가 과거에 직접 경험하지는 않았지만 자신이 목격했거나 관찰했던 과거 사건을 반영할 수 있다. 개인적 내용이 반영될 수도 있고 집단이나 사회문화적 요인과 관련된 내용이 반영될 수도 있다. 마지막으로 이야기를 통해 유추한 특성이나 갈등이 반드시 외현적 행동이나 의식적 경험과 직접적으로 관련이 있는 것은 아닐 수도 있다.

TAT는 카드 서른한 장으로 구성되어 있지만 일반적으로 임상심리전문가는 열 장의 카드를 한 세트를 사용한다. 한 세트의 카드는 내담자의 성별 및 연령에 근거해 선택되는 카드와 공통 카드로 구성된다. 내담자는 카드 그림을 보면서 스토리를 이야기하고 임상심리전문가는 이를 받아 적으면서 내담자가 이야기하는 동안에도 더 많은 정보를 묻기도 하고 내담자에게 처음의 지시사항을 상기시키는 질문을 하기도 한다.

머레이는 TAT 채점 체계를 제시했는데 이 체계는 주인공의 '욕구', 환경으로부터의 '압박', 기타 변인들을 강조하는 방식으로 조직화되어 있다. 수검자의 이야기 내용을 여러 채점기준에 따라 분석하면 수검자의 심리 상태, 욕구 및 동기, 환경에 대한 지각과 대처 방식, 문제해결 방식, 갈등 영역 등 다양한 양상의 성격을 평가할 수 있다. 더욱이 어떤 성격 측면들은 수검자가 의식적으로 접근할 수 없는 자기보고식 측정에 의해 측정되지 않을 수 있다고 가정된다.

TAT의 채점 체계를 추가로 제안한 연구자들도 있었지만(예: Bellak, 1999; Abrams, 1999) 등한시되거나 무시되었다(Moretti & Rossini, 2004). 현재 TAT는 공식적 채점 체계에 근거하지 않고서 분석되는 경우가 많다. 그렇다 보니 TAT 해석은 과학적 분석이라기보다는 예술적 산출이 되곤 한다. 간단히 말해, 특정 내담자의 이야기에 대해 누가 해석하느냐에 근거해 해석이 다르다는 것이다. 이런 TAT의 특성으로 인해 심리측정학적 원리에 기반한 평가 방법을 중요시하는 임상심리 전문가들은 이를 선호하지 않는다(Holt, 1999). 그럼에도 "우리가 말하는 이야기는 우리가 누구인지에 대한 것이다."라는 가설에 근거해 TAT의 사용은 계속되고 있다. 아동 또는 노인 등을 대상으로 실시할 수 있는 통각 측정도구들도 있다(Bellak & Abrams, 1997; Costantino, Malgady, Rogler, & Tsui, 1988).

### 3) 투사적 그림 측정도구

심리측정 장면에서 수검자의 심리적 기능을 판단하기 위해 아동이나 성인에게 그림을 그리도록 요구하기도 한다. 대표적 투사적 그림 측정도구로 백지에 사람을 그리도록 하여 인물의 특징을 분석해 성격적 특징을 평가하는 매커버(Machover, 1949)의 인물화 측정(Draw-A-Person, DAP)을 들 수 있다. 인물화 측정을 처음 시도한 사람은 구드너프(Goodnough, 1929)로 아동의 그림을 통해 수검자의 지능발달 수준을 평가하였다. 구드너프는 인물화의 세부 묘사가 얼마나 많은가를 지능발달의 평가근거로 삼았다. 매커버도 처음에는 아동의 지능평가 수단으로 인물화 측정을 사용하다가 성격 측정에 대한 투사 측정도구로써 인물화 측정을 발전시켰다.

투사 측정도구로써 인물화 측정에 대해 리비이(Lovy, 1959)는 기본 전제 두 개를 제시했다. 첫째, 수검자가 그림을 그리는 동안의 행동 특징이 주요한 정보의 원천이다. 둘째, 인물화 측정은 자기개념의 투사뿐 아니라 주요 대상에 대한 수검자의 태도의 투사, 이상적 자아 이미지의 투사, 습관의 표현, 정서적 상태 표현, 측정자와 측정 상황에 대한 수검자의 태도 반영, 인생과 사회에 대한 수검자의 태도 반영 등을 탐색할 수 있다.

인물화 측정과 함께 많이 사용되는 투사적 그림 측정도구로 집–나무–사람(House–Tree–Person, HTP)이 있다. 수검자는 백지에 집–나무–사람의 순으로 각각을 제한 시간 없이 자유롭게 그린다. 이 측정방식은 벅(Buck, 1948)이 개발한 것이다. HTP는 정서적 적응 및 병리 양상에 대한 대략적 혹은 참고적 평가를 위해 또는 지능 및 두뇌의 기질적 손상 여부를 파악하기 위해 사용되기도 한다. 그리고 가족 전체가 어떤 일을 하는 장면을 그리게 하여 가족 구성원 간 관계를 탐색하는 동적 가족화 측정(Kinetic Family Test, KFT; Hulse, 1951; Burns & Kaufman, 1970, 1972)도 있다.

내담자의 그림은 성격의 다양한 측면을 추론하는 임상가의 기초자료가 되며 면담에서 논의할 내용의 기초자료가 되기도 한다. 이때 임상가의 추론은 그림의 위치 및 대칭성, 조직화, 크기, 그 밖의 특징과 함께 신체 부위의 포함 여부, 신체 부위의 특징 등이 내담자의 자아상 및 갈등, 세상에 대한 지각 등을 암시하고 있다는 투사적 가정에 근거한다(Machover, 1949).

투사적 그림 측정도구들의 신뢰도와 타당도는 비교적 낮은 편이다. 객관적 채점절차를 갖추기 위한 노력들이 있음에도 불구하고 여전히 과학적 평가도구로 보기에는 문제점이 많다. 따라서 측정결과를 해석할 때는 과잉 해석의 가능성을 염두에 둬야 한다. 그러나 이 측정도구들은 아동 또는 자신의 감정을 언어로 표현하는 데 어려움을 가진 사람과 라포를 형성하는 도구로써 유용한 것으로 알려져 있다.

투사적 그림 측정도구가 심리측정학적 문제를 가지고 있음에도 폭넓게 사용되는 이유는 짧은 시간 내 간편하게 실시할 수 있고 언어적 · 문화적 제약이 적다는 이점을 갖고 있기 때문이다. 또한 수검자의 의식적 왜곡이 덜 일어날 수 있어 수검자가 인식하지 못하는 내면세계가 반영될 수 있기 때문이다. 측정 결과에 대해 복잡한 채점 절차를 거치지 않고서 그림만으로 직접 해석이 가능하다는 것도 큰 장점이다. 인물화 측정에서는 그림을 그린 후 질문을 통해 수검자의 그림에 대한 투사 내용을 분석할 수 있다(조옥귀, 문지혜, 2016). 효과적으로 그림 측정도구를 사용하기 위해서는 측정에서 나타나는 한 두 가지 징후나 함축적 의미에 초점을 맞춰 지나친 추론 · 해석을 하지 않도록 조심해야 하며 다른 유형의 측정 결과 및 수검자의 개인사, 면담, 평가 상황에서 관찰된 행동 등을 종합적으로 고려해 수검자의 성격 특성 및 병리적 문제를 해석해야 한다.

### 4) 문장완성 측정도구

문장완성 측정도구는 대부분 주어만 기술되어 있는 미완성된 문장으로 구성되어 있다. 수검자가 완성한 문장으로 이들의 성격을 탐색할 수 있다. 문장완성 방식을 사용하는 많은 투사적 측정도구들이 있으며 이중 로터(Rotter, 1954)의 문장완성측정(Rotter Incomplete Sentences Blank, RISB)가 가장 널리 알려져 있다(Sherry, Dahlen, & Holaday, 2004). 최초의 RISB(Rotter & Rafferty, 1950)는 1950년에 출판되었으며 고등학교, 대학생, 성인판을 포함한 개정판은 1992년에 나왔다. RISB 측정도구는 수검자의 다양한 삶의 측면을 드러낼 수 있는 주어가 쓰인 40개 문장으로 구성되어 있다. RISB는 일반적 적응-부적응 지표를 제공하며 각 문장은 7점 척도에서 채점된다.

특히 RISB는 객관적 성격 측정도구 등에서 얻은 정보를 더 구체화시킬 수 있는 정보를 제공할 수 있다. 예를 들어 임상심리전문가는 내담자의 MMPI-2의 2번 척도점수가 매우 높으면 내담자가 우울증을 앓고 있다는 판단을 할 수 있다. 그러나 2번 척도 점수의 단독 상승만으로 우울증의 질적 측면 또는 우울증의 원인이 무엇인지는 파악하기 힘들다. 만약 수검자가 '나의 배우자가 죽었기 때문에 나는 즐거울 게 없다', '삶이 불공평하다는 것이 나를 몹시 화나게 만든다', '혼자만의 삶에 대한 생각을 하면 매우 불안하다' 등의 문장을 만들었다면 임상심리전문가는 2번 척도의 상승이 중요한 관계의 상실과 관련되었다는 가설을 세울 수 있다.

RISB는 이점들을 몇 가지 갖고 있다. 측정도구의 매뉴얼에 광범위한 채점 사례가 제시되어 있어 채점이 상대적으로 객관적이며 신뢰도가 높다. 또한 사용하기가 쉽고 경제적이며 선발을 위한 좋은 도구일 수 있다. 객관식 방식으로 채점되기는 하지만 반응의 범위와 내용은 자유롭다. 따라서 RISB는 객관적 측정-투사 측정의 대립되는 극단의 중간에 위치시킬 수 있는 측정도구라고 볼 수 있다. 무엇보다 이 측정도구는 로르샤흐 측정 채점에 요구되는 심도 있는 훈련이 필요 없는 것이 최대 강점이다.

일반적으로 모든 유형의 문장완성 측정도구는 수검자가 측정의 목적이 무엇인지 정확하게 알 수 없어 상대적으로 더 솔직하게 자신을 드러낼 수 있다는 점이 장점 중 하나다. 그리고 측정결과를 해석할 때 특별한 훈련이 필요하지 않다는 점, 집단측정이 가능하다는 점, 문장을 완성하는 도중에 언제든지 수정이 가능하다는 점 등도 장점이다. 그러나 문장완성 측정도구 역시 투사측정의 한계를 갖고 있다. 즉, 심리측정학의 기본(필수) 요인인 신뢰도 및 타당도를 입증하기 어렵다는 문제가 있다. 그리고 기본적 언어능력을 갖춘 사람에게만 실시할 수 있으며 측정의 목적을 완전히 숨길 수 없다는 것이 문제일 수 있다.

그럼에도 불구하고 문장완성 측정도구는 수검자의 소망과 욕구, 대인 간 갈등과 그 원인, 감정, 상황에 대한 특징적 행동방식에 대한 정보를 제공해 줄 수 있다. 일반적으로 자기-보고식으로 측정이 이루어지며 심리상담 장면에서 활용도가 매우 높다.

### 5) 투사측정의 양면성

많은 임상심리전문가들이 이렇게 확실하지 않은 투사 측정도구를 사용하고 는 것일까? 수십 년간 투사 측정도구는 임상심리전문가들이 가장 흔히 사용하는 측정도구로 대부분의 대학원 과정에서 이를 다루는 과목들이 개설되어 있다. 그러나 앞서 보았듯이 투사 측정에 대한 연구적 결과는 투사 측정도구에 대한 평가가 엇갈리고 있으며 어떤 투사 측정도구에 대해서는 객관적/과학적 연구가 전혀 이루어진 적도 없다. 따라서 불가피하게 제시되는 의문은 "이런 측정도구가 임상가에게 인기가 있는 이유가 뭘까?"이다.

이 의문에 대해 한 선행연구(Lilienfeld, Wood, & Grab, 2006)에서는 투사 측정도구가 계속 사용되고 있는 원인을 다섯 가지 제시하였다. 첫 요인은 임상적 전통이다. 많은 임상심리전문가들이 이 측정도구를 사용하도록 훈련받아 왔기에 졸업 후에도 이를 계속 사용하고 있기 때문이다. 둘째 요인으로 착각상관이 발생하고 있기 때문이다. 착각상관이란, 변인들 간 실제 관련성 크기보다 더 강한 통계적 관련성이 있을 거라는 고정관념(신념)을 가리킨다. 예를 들어 투사적 그림측정에서 지나치게 큰 눈을 가진 사람을 그린 수검자는 흔히 매우 의심이 많은 사람으로 간주되는데 사실 지나치게 큰 눈과 의심/회의 간 관련성을 입증한 연구는 없다고 봐야 한다. 바넘 효과(Barnum effect)가 셋째 요인이다. 19세기 서커스 사업가의 이름에서 따온 바넘 효과는 대부분의 사람들에게 적용될 수 있는 속성을 한 개인에게만 속하는 또는 적용될 수 있는 속성으로 간주하는 착각이다. 예를 들어 "어떤 결정을 내리기 어렵다고 느낀 적이 여러 번 있다."라는 진술이 자신에게만 적용된다고 생각하지만 이 진술에 거의 모든 사람들은 동의한다. 이런 바넘 효과가 자기보고식 측정이나 면담에서보다 로르샤흐 측정 결과해석에서 더 강하게 나타나는 경향이 있다. 이런 경향은 임상 맥락에서 수검자에 대한 유용한 정보가 투사 측정에서만 가능하다는 임상가의 믿음을 더 강화시킬 수 있다. 넷째 요인으로 정신병리에 대한 과잉 지각이다. 임상심리전문가는 상당한 문제를 가진 사람들과 작업한다. 따라서 대부분의 측정결과에서 문제를 찾으려는 의도를 갖고서 평가과정에 들어간다. 예를 들어 로르샤흐 측정을 받은 대부분의 수검자들이 심리 문제를 가진 것으로 분류되는 경향이 있으며 이는 임상가의 전형적 기대와 일치하는 '증거'가 될 수 있다. 이런 상황은 임상가가 로르샤흐 측정도구가 타당하다는 신념의 강도를 증가시킬 수 있다. 마지막으로 투사 측정도구의 인기에 기여하는 요인으로 연금술사의 판타지라고 부르는 신념이다. 연금술은 올바른 과정과 재료, 기본 금속들만 있으면 금이 아닌 금속을 금으로 변화시킬 수 있는 기법이다. 투사 측정도구를 사용하는 사람들도 비슷한 믿음을 가지고 있다. 즉, 투사 측정도구의 타당도를 실증적으로 증명한 연구결과가 드문 상황에서도 임상가는 투사 측정도구의 측정결과를 임상심리학적인 '금(정확하고 객관적 정보)'으로 만들 수 있다고 믿고 있다.

# 제 7 장

# 심리평가 : 통합과 고려사항

1 심리평가

2 심리측정 타당도를 위협하는 요인

3 심리측정의 윤리와 공정성

4 심리측정 과정에서의 고려사항

심리평가는 여러 출처와 관점에서 나온 다양한 형태의 정보를 통합하는 과정이다. 평가의 목적과 탐구해야 할 초기 가설에 근거하여 임상심리전문가는 평가 수행에 가장 적합한 평가 방법과 도구를 선택한다. 임상심리전문가는 평가 대상자를 더 잘 파악하기 위한 추가 평가 절차를 사용해 평가의 초점을 더 좁히거나 더 확장할 수 있다. 정보의 일관성과 불일치성, 둘 다를 고려해 내담자의 문제에 대한 최종 가설을 정하여 이에 근거해 권유 사항을 제시한다. 이 작업에서 임상심리전문가는 평가 중심의 서비스를 제공해야 할지 또는 개입에 초점을 둔 서비스를 제공할지를 선택한다.

7장에서는 임상심리전문가가 수검자에 대한 면접 자료와 지능 · 성격 등의 자료를 통합하여 사례개념화하는 과정을 다룰 것이다. 그리고 심리측정의 타당도를 위협하는 요인, 측정도구의 사용자에게 영향을 미치는 공정성과 비밀보장을 다룬 심리측정의 윤리에 대해 살펴볼 것이다. 마지막으로 임상심리전문가가 측정실시 및 채점, 해석, 보고서 작성과 심리평가에 대한 피드백 등에서 고려해야 할 사항을 제시할 것이다.

## 1. 심리평가

모든 유형의 측정은 질문에 대한 답을 얻기 위해 수행된다. 임상심리전문가는 심리평가 시, 수검자의 다양한 정보를 수집해 구조화하기 위한 문제를 제기한다. 내담자의 지적 능력에 관한 질문에 대한 응답용 보고서는 전반적 지적 역량과 구체적인 인지적 강점과 약점으로 구성된다. 이런 평가에서 내담자의 잠재 능력에 영향을 주는 정서 요인 또는 대인관계 요인이 중요하지만, 이 요인들은 지적 능력을 명확히 제시한 후 부차적으로 제공되어야 한다. 그러나 우울증에 걸린 사람이 복직할 수 있는지에 대한 질문에 대한 응답용 보고서의 초점은 앞서 제시한 보고서의 초점 및 구조와는 달라야 한다. 즉, 증상 및 진단 정보를 먼저 제시한 후 탈진 요인, 복직에 대한 수검자의 동기와 준비 상태, 업무 복귀에 영향을 미칠 수 있는 가능한 장애물(심리적 및 대인관계 측면)에 대한 것을 제시해야 한다. 직무 수행능력에 영향을 미칠 수 있는 의사결정 및 계획하기의 어려움 등과 같은 인지적 요인은 정서적 문제에 동반되는 증상으로 제시될 것이다.

평가 보고서가 얼마나 잘 구성되어 있는지, 혹은 얼마나 정확하고 타당한지와 관계없이 측정이 공정하고 정확하게 실시 · 채점 · 해석되지 않는다면 측정 결과는 무용지물이 된다. 측정에 대한 비판은 주로 공정성, 사생활 침해, 비밀보장 등에 대한 것이다. 임상심리전문가는 심리측정도구를 윤리적으로 그리고 정확하게 사용하고자 노력한다. 하지만 현실 상황에서는 자격을 갖추지 못한 또는 제대로 훈련받지 않은 사람이 측정도구를 함부로 사용하거나 남용하는 경우가 적지 않게 발생한다. 이런 경우, 측정도구의 오용 또는 잘못된 해석 등으로 인한 수검자가 입을 수 있는 피해는 매우 심각할 수 있으며 때로는 수검자가 당한 피해가 회복 불가능할 수도 있다. 따라서 심리측정은 자격을 갖춘 심리측정 전문가(예: 임상심리전문가, 정신보건임상 심리사)를 통해 이루어져야 한다.

임상심리전문가의 심리측정 결과에 대한 평가는 수검사의 문제와 관련해 수집한 모든 자료들을 통합하는 과정이다. 평가의 가장 간단한 수준은 내담자의 현재 심리적 기능에 대한 기술적 설명을 제공하는 것이다. 이 기술적 설명, 다시 말해 내담자의 심리적 어려움의 원인을 제시하는 일이 임상심리전문가에게는 매우 복잡한 과제가 될 수도 있다. 평가의 성격에 따라 이 설명에는 수검자의 성격 구조, 정서적 고통의 정도, 대처 자원들, 지적 능력 등을 고려한 내용들이 포함된다. 임상 진단에서는 일반적으로 공병률이 높기에 한 가지 이상의 진단명을 받는 수검자들이 많다. 임상심리전문가는 한 가지 이상의 진단명을 제시하는 이유들을 제시하면서 전반적인 심리사회적 기능에 어떤 부정적 영향을 미칠 수 있는지(또는 미치고 있는지)에 대해 설명한다. 예상했겠지만 내담자는 하나 이상의 진단명을 받더라도 일상의 대부분 영역에서 비교적 잘 생활한다. 심리평가를 위해서는 수검자의 사회적 환경 또는 대인관계에서 어떻게 생활하고 있는지에 대해서 임상심리전문가는 이해해야 한다. 예를 들어 이혼 과정에서 자녀들의 양육권을 부모 중 누가 갖는 것이 더 나은지를 결정하기 위해 임상심리전문가에게 부모의 전반적 심리사회적 기능에 대한 평가가 의뢰될 수 있다. 임상심리전문가의 이 평가는 아동의 신체적 · 심리적 안녕에 매우 중요한 영향을 미칠 수 있다.

임상심리전문가는 평가를 위해 여러 가지 측정방법들(도구들)을 사용하여 다양한 정보 원천들로부터 정보를 수집해야 한다. 이때, 자료들은 출처에 따라서 강점 및 한계, 또는 잠재적 편파가 다를 수 있다. 그러므로 다양한 출처의 자료들을 통합해 결론을 도출할 때는 이런 점을 명심하고 있어야 한다. 사실, 심리평가를 위해 수집된 자료들이 논리적 · 경험적으로 간단하게/쉽게 결합되는 경우는 아주 드물다. 가령, 아동 또는 청소년 수검자를 평가할 경우, 이들로부터 직접적 수집한 정보와 함께 부모/교사 등의 주요 성인들로부터 정보를 수집하는 경우가 일반적이다. 성인에 대한 평가에서는 직접적 정보 외 중요 타인으로부터 추가 정보를 수집하는 경우는 일반적이지는 않다. 다만, 커플/부부 중재 계획이 있거나 수검자의 치매 영향 평가와 같은 특정 상황에서는 타인이 보고하는 정보가 직접적 보고/측정 정보만큼 중요할 수 있다.

자기보고 측정만으로 정보를 수집한 경우에도 다양한 측정도구들에서 수집된 정보(결과)들을 결합하는 것은 어려운 일일 수 있다. 일반적으로 평가의 기본 과정은 전반적 수준에서 내담자의 측정 반응을 검토하는 것이다. 예를 들어 MMIP-2의 측정점수를 대할 때 임상심리전문가는 타당도 척도들의 점수를 고려한 다음 임상척도들의 점수를 검토한다. 이때 임상심리전문가는 임상 척도들의 결과를 코드유형으로 제시할 수 있는지를 검토한다. 그런 다음 임상심리전문가는 타당도 점수 자료를 통해 임상척도 점수가 내담자의 성격과 심리사회적 기능을 정확하게 반영할 수 있는 정도를 평가할 수 있다. 만약 코드 유형을 결정하였다면, 이 정보는 이 척도에 추가된 자료와 MMPI-2의 다른 척도들(예: 내용척도, 재구성척도 등)과 함께 수검자의 심리적 문제의 원인에 대한 가설을 도출하는데 활용된다(Lewak & Hogan, 2003). 이런 과정에서 임상심리전문가는 자기보고식 측정 자료와 면접 자료가 별개의 출처에서 나온 정보가 아님을 인지하고 있어야 한다. 이 자료들은 둘 다 출처가 내담자다. 정보출처가 내담자가 아닌 출처(예: 내담자와 긴밀한 관계에 있는 중요한 사람의 보고, 임상 관찰, 입원 자료)의 자료들은 자기보고에 근거한 가설을 검증하는 데 활용될 수 있다. 다양한 측정 자료의 원천들이 모두 같다면 이 자료들을 통합해 얻은 결론의 타당도 또는 신뢰도는 낮아질 수밖에 없다(Hunsley & Meyer, 2003).

### 1) 사례개념화

평가과정에서 제기되는 질문들에 대한 답변은 내담자에 대한 단순한 기술을 넘어서는 정보를 담고 있어야 한다. 때로는 평가 목적이 증상 또는 문제 완화/개선을 위한 해법을 제공하는 데 있다. 평가에 담긴 질문들에는 교육 문제(예: 내담자에게 적절한 특수교육 서비스는 무엇인가?) 직업관련 질문(예: 내담자가 가진 직업 포부가 자신의 지적 능력, 성격, 흥미 등에서 보면 실현 가능한 것인가?), 재활 서비스(예: 뇌 손상으로 인한 영향으로 일상생활을 하는 데 필요한 새 전략의 고안에 지원이 필요한가?), 심리치료의 의뢰 가능성(예: 내담자의 문제는 중재로 해결될 수 있는가, 내담자의 중재참여 동기는 어느 정도인가?) 등의 내용들이 담겨 있다. 이런 경우, 임상심리전문가는 내담자의 심리적 문제의 발달 경로 및 유지 요인 등에 대해 자신의 의견, 즉 가설을 제시하는 것이 좋다. 그리고 일반적으로 임상심리전문가는 내담자의 현재 기능이 생활사에 적절한지, 또한 내담자가 미래에 어느 정도 기능할 수 있을 것인지 등에 대해서도 의견을 제시한다. 마지막으로 임상심리전문가는 가설 및 결론에 근거하여 내담자의 심리적 · 정신적 기능을 향상시킬 수 있는 방안을 제시한다. 이런 권유 사항에 심리학적 서비스에 대한 제안이 포함되는 것이 일반적이다. 다른 제안으로 다양한 의료 전문가(내과 전문의 또는 신경학자, 언어병리학자 등) 또는 다른 전문가(예: 교사, 법률가, 재택간호 직원 등)로부터 추가적 정보수집이 필요하다는 것을 제시할 수 있다.

#### (1) 사례개념화의 이점

사례개념화라는 용어는 내담자 자신의 삶이라는 맥락에서 내담자를 설명하는 것과 함께 임상심리전문가가 제시한 치료법을 선택할 수 있게 일련의 가설들을 세우는 작업, 두 가지를 뜻한다. 〈표 7-1〉에는 사례개념화의 이점이 제시되어 있다. 내담자가 복잡한 임상적 증상들을 갖고 있을 때 세부적 사례개념화가 특히 필요하다. 사례개념화를 통해서 임상심리전문가는 특정한 개입의 시기 및 순서, 지속 기간 등을 결정할 수 있다(Mumma, 1998; Tompkins, 1999). 사례개념화는 특히 평가 이후 증거 기반 치료를 할 때 더 중요해진다. 증거기반 치료에서 임상심리전문가는 사례개념화를 통해 필요한 중재 대안이 무엇인지 알 수 있다. 중재 대안이 내담자와의 협의를 통해 선택된 후 임상심리전문가는 사례개념화를 통해 중재에서 강조되어야 할 사항 및 내담자의 요구에 맞춘 중재 매뉴얼을 개발할 수 있다.

〈표 7-1〉 사례개념화의 이점

- 환자의 다양한 문제들의 연관성을 이해하는 방법을 제공한다.
- 치료 유형에 대한 지침을 제공한다(치료가 개인, 커플, 가족, 집단 형태로 수행되어야 하는지를 포함).
- 치료가 필요하지 않다면 환자의 미래 기능을 예측하고 치료가 성공적이면 이 기능이 어떻게 달라질 것인지 예측한다.
- 치료를 시행하고 완수하는 데 어려움이 있을 경우 고려할 수 있는 옵션을 제공한다.
- 환자가 고려할 수 있는 심리적 서비스 이외의 옵션을 제시한다.
- 초기 치료가 실패한 경우 고려할 수 있는 대체치료 옵션을 제공한다.

출처: Persons(1989).

### (2) 사례개념화의 과제

어떤 이론적 지향을 하든 모든 임상심리전문가들은 사례개념화를 개발하기 위해 측정 자료를 사용한다. 어떤 이론적 지향을 가지든 관계없이 사례개념화의 구성요소는 네 가지다(Eells, Kendjelic, & Lucas, 1998). 첫째, 증상 및 문제 기술. 둘째, 증상이나 문제를 일으킨 사건 또는 스트레스 요인 기술. 셋째, 소인이 될 수 있는 생활사건이나 스트레스 요인(예: 기존의 취약성) 기술. 넷째, 문제와 증상의 발달과 유지에 대한 설명을 위해 위의 요소들을 연결하는 가설 제시. 〈표 7-2〉에는 임상심리전문가가 준수하는 사례개념화의 개발과정이 제시되어 있다.

〈표 7-2〉 사례개념화의 개발과정

| |
|---|
| 1단계 : 평가 시 환자의 진술 문제, 의뢰자나 다른 정보 제공자가 제시한 문제를 포함하여 포괄적인 문제 목록을 개발한다. |
| 2단계 : 문제의 근원, 현재의 촉발요인과 결과를 포함해서 각 문제의 성질을 결정한다. |
| 3단계 : 문제들 간의 공통점이나 패턴을 찾는다. 문제를 유지, 악화 또는 완화시키는 데 기여하는 사전에 확인되지 않는 요인을 찾을 수도 있다. |
| 4단계 : 문제를 설명할 수 있는 작업 가설을 개발한다. |
| 5단계 : 평가 시 수집된 모든 정보와 더불어 가설에 대한 환자의 피드백을 사용하여 가설을 평가하고 다듬는다. |
| 6단계 : 임상심리학자가 평가를 실행하고 치료까지 한다면, 필요에 따라 치료 시 수집된 자료를 기반으로 가설을 재고하고 재평가해야 하며 수정해야 한다. |

출처: Mariush(2002).

사례개념화에서 주요 과제는 문화적 요인에 기인하는 양상을 포함하여 측정 과정에서 수집된 다양한 자료들의 패턴을 정확하게 파악하는 것이다(Ridley & Kelly, 2006). 자료가 내담자와 면접으로 얻은 정보 및 면접 전 내담자가 작성한 자기보고 측정자료, 두 가지뿐이라고 해도 패턴을 발견하는 것은 쉽지 않다. 임상심리전문가가 자료들 속에서 패턴을 찾았다고 가정하자. 그러면 임상심리전문가는 이 패턴을 특정한 원인과 결과라는 관련성에서 살펴봐야 한다. 오브라이언(O'Brien, 1995)은 내담자의 증상과 관련된 정보가 매우 단순하고 분명해 보여도 패턴을 확인하는 것이 간단한 과제가 아님을 실증적으로 제시하였다. 예를 들면, 오브라이언은 임상심리학 대학원 학생들에게 한 내담자에 대한 매우 분명하지만 제한적 측정 정보를 제시하였다(빈번하게 심한 두통을 호소하는 내담자의 14일 동안의 자기 모니터링 자료). 이 자료에는 내담자의 전반적 스트레스 수준, 수면 시간, 대인 갈등, 두통 빈도 및 심각도, 지속기간, 두통을 줄이기 위해 사용된 진통제의 수 등에 대한 정보들이 들어 있었다. 학생에게 제시된 과제는 두통의 촉발 요인(수면 감소 및 높은 스트레스, 논쟁 빈도)과 두통 증상(빈도 및 심각도, 지속시간) 간 관련성 정도를 추정하는 것이었다.

### (3) 사례개념화의 이론적 지향

지금까지 우리는 사례개념화의 개발과정에서 임상심리전문가의 이론적 지향이 갖는 영향에 대해 자세하게 언급하지는 않았다. 사실, 임상심리전문가의 이론적 지향은 내담자에 대한 초기 가설 설정에서부터 측정도구 선택, 측정자료를 사용하여 내담자의 임상적 이미지를 선택하는 과정에 이르기까지 평가과정의 모든 측면에서 중심적 역할을 한다. 버만(Berman, 1997)에 따르면, 사례개념화에는 중요한 특징이 두 가지 있다. 첫째, 내담자의 핵심 강점과 약점을 간결하게 분석하여 강점과 약점을 전제(prerequisite)로 삼는다. 둘째는 이 강점과 약점에 대한 심층분석을 지지하는 자료다. 버만은 사례개념화의 전제가 임상가의 이론적 관점에 묶여 있다고 주장했다. 실제로 전제와 지지 자료, 둘 다에 포함되는 구성개념은 이론적 지향에 근거한 것으로 볼 수 있다. 대인관계 지향적인 정신역동의 사례개념화에서는 전제로서 역기능적 관계 양상(순환적 부적응 패턴이라고 불리는)에 중점을 두는 경향이 있다. 반면 과정-경험적 개념화에서는 내담자의 정서적 처리와 정서 문제에 대한 통찰에 대한 정보에 근거해 내담자의 문제를 파악하는 경향이 있다(Berman, 1997; Eells, 2006).

임상심리전문가들이 동일한 임상 정보를 갖고 있어도 이들의 이론적 지향성에 근거해 개발되는 사례개념화는 완전히 다를 수 있다. 예를 들어 심리적 증상의 발달에 관한 가설을 세우는 데 있어 정신분석가는 기질과 성격 요인을 강조하는 반면에 행동치료자는 상황적 요인이나 상황과 기질 간 상호작용을 강조할 것이다(Plous & Zimbardo, 1986). 물론 누가 맞는가 하는 질문을 할 수 있지만 아쉽게도 이에 대해 해결책을 제시할 수 있는 사례개념화를 다룬 선행연구들은 매우 적다(Garb, 1997). 다행스럽게도 사례개념화의 신뢰도에 대한 연구들은 증가하고 있다. 피어슨스(Persons, 1989)는 임상심리전문가가 쉽게 배워 사용할 수 있는 사례개념화 방법을 개발하는데 많은 노력을 기울였다. 피어슨스의 인지행동적 사례개념화 접근에서는 내담자의 외현적 문제(심리적 증상, 대인관계 갈등, 법률문제) 및 지속되는 신념/도식의 확인이 중요하며 이러한 것들이 삶의 사건으로 인해 활성화되면 외현적 문제가 발생되는 것으로 본다. 한 선행연구에서 연구참여자들에게 내담자의 세부적 사례 정보를 제시하여 내담자의 주요문제를 확인하게 한 결과, 연구참여자의 3분의 2가 문제를 정확하게 파악했으며 수검자의 도식에 대한 평가자 간 신뢰도가 0.72로 나타났다(Persons & Bertagnolli, 1999). 핵심관계 갈등에 초점을 둔 정신역동 사례개념화에서도 비슷한 평가자 간 신뢰도가 나타났다(Barber & Crits-Christoph, 1993). 이 선행연구 결과들을 통해서 우리는 특정한 이론적 지향을 가진 임상심리전문가들은 비슷한 사례개념화를 개발한다는 것을 알 수 있다. 이론적 지향과 관계없이 사례개념화를 개발하는 방법에는 기본 훈련이 필요하며 이는 임상심리전문가의 사례개념화 수준을 크게 향상시킬 수 있다(Kendjelic & Eells, 2007). 그러므로 측정자료를 활용하여 평가를 하려는 임상심리전문가들은 사례개념화 개발에 필요한 기본 훈련을 받아야 한다.

## 2. 심리측정 타당도를 위협하는 요인

### 1) 수검자/내담자 요인

임상심리전문가는 수검자가 심리측정을 받는 동안 자신을 기술하는 방법/내용을 선별할 수 있다는 것을 인식하고 있다. 사람은 목적을 달성하기 위해서 의식적으로 자신의 강점이나 약점을 강조할 수 있다. 법원의 요구에 의해 심리측정을 받는 일부 사람들은 의도적으로 측정항목에 무작위로 응답하여 자신의 측정결과를 무효화시킬 수 있다. 사실 이렇게 분명한 편향적 반응 선택은 특정 심리측정 도구에 의해 탐지할 수 있다. 하지만 미묘하게 측정자료의 타당도에 영향을 주는 반응 편향은 탐지하기가 매우 어려울 수 있다.

면접과 자기보고식 측정도구를 사용해 심리측정을 하는 것은 사람이 자신의 삶에서 발생한 사건을 정확히/진솔하게 회상하여 보고할 것이라는 신념(또는 가정)을 심리측정학자들이 갖고 있기 때문이다. 일상생활에서 이 신념은 아주 명백하기에 우리는 이에 대해 의문을 거의 제기하지 않는다. 사람은 살면서 중요한 사건들이 일어났을 때 무엇을 했는지, 이 사건이 개인적으로 중요한 사건(예: 가족의 사망 소식)이었는지 아니면 세계적으로 중요한 사건(예: 2014년 4월 세월호 사건 소식을 들었을 때 무엇을 하고 있었는지)이었는지에 대해 알고 있다. 그러나 기억의 정확성을 조사한 선행연구들에서 기억의 일반적 정확성은 의심을 받고 있다. 회상에 근거한 자기보고 자료의 정확성에 대한 몇 가지 연구를 살펴보고자 한다.

회상적 자기보고 자료의 정확성. 자기보고 측정도구에 대한 기억 문제와 관련된 선행연구들에서는 사건 기록(또는 사건 발생 직후)과 사건에 대한 회상과 비교한다. 예를 들어 쉬프먼 등(Shiffman et al., 1997)의 실험참여자들은 금연을 시작한 지 얼마 되지 않은 사람들이었다. 연구자들은 이들에게 금연 실패와 흡연하고 싶은 유혹이 생길 때 즉각적으로 휴대용 기록장치에 기록하도록 요청하였다. 연구자들은 12주 후 참가자들에게 기록한 내용을 회상시켰다. 놀랍게도 이들의 회상은 이들이 기록한 내용과는 상당히 달랐다. 참여자 중 57%만 실험참가 후 두 주내 흡연한 빈도를 정확히 회상하였으며 회상한 흡연 담배 개수는 기록보다 세배나 많았다. 이 연구결과, 회상된 정보와 기록된 정보 간 관련성은 통계적으로 유의하지 않았다. 스톤 등(Stone et al., 1998)에서는 실험참가자들에게 일상에게 겪는 스트레스 요인을 즉시 기록하게 한 후 이틀 뒤 이에 대한 대처 노력을 회상하게 하여 그 관련성을 조사하였다. 조사 결과, 참가자의 3분의 1은 실제 대처 노력을 기억해 내지 못하였고 3분의 1은 기록에 없는 대처 전략을 사용하였다고 보고하였다. 하물며 몇 년 전 또는 몇십 년 전의 경험에 대한 회상된 정보는 실제 상황과 얼마나 다르겠는가? 다시 말해 사람은 며칠 전 경험도 그 경험 자체로 기억하고 있지 않다는 의미다. 아동과 청소년 천 명 이상을 대상으로 이들의 건강과 발달을 종단적으로 조사한 한 프로젝트(Henry, Moffit, Caspi, Langley, & Silva, 1994)에서도 실제 참가자들이 어린 시절에 경험한 사건과 이에 대한 회상내용은 상당히 달랐다. 간단히 말해서, 실제 사람이 경험한 것과 그 경험에 대한 회상내용은 상당히 다르다는 것이다. 다시 말해, 우리가 회상해 낸 정보는 경험내용과 심지어 무관할 수도 있다. 그러므로 임상심리전문가가 자기보고 측정되어 수집된 내담자의 자료를 타당한 것으로 무조건적으로 믿으면 제대로 된 사례개념화가 만들어질 수 없다.

임상심리전문가는 산업재해 또는 자동차 사고 등으로 능력 · 기능 등의 수준이 사고이전과 비교해 다른지를 탐색 · 확인하기 위해서 심리측정을 하기도 한다. 앞선 언급한 것처럼, 심리측정의 대상자가 보고한/제공한 자기보고 정보의 정확성을 담보하기 어렵기 때문에 임상심리전문가는 수검자의 의료기록, 학교생활기록, 때로는 범죄기록 등과 같은 기록을 추가적으로 수집한다.

### 2) 임상가 요인

우리는 경험 및/또는 기대, 고정관념, 귀인추론 등이 비교적 사소한 결정 또는 중요한 결정을 내리는 방식에 영향을 주는 방식에 대해 잘 알고 있다. 예를 들어 자기고양편향을 다룬 266편의 연구들을 메타분석한 한 조사에서(Mezulis, Abramson, Hyde, & Hankin, 2004), 사람은 부정적 사건보다 긍정적 사건에 대해 더 많은 내적 및 안정적, 전반적 귀인을 하는 것으로 나타났다(예: "나는 열심히 노력했기 때문에 A학점을 받았다. 나는 항상 열심히 일하기에 좋은 일만 생기는 것이다." vs. "나는 정말로 C학점 받을 이유가 없다. 컴퓨터의 고장은 나와 무관한 일이다. 보통 나는 제시간에 일을 끝낸다. 이번에는 일을 늦게 끝냈지만, 이는 컴퓨터 하드드라이브가 고장을 일으키지 때문이며 고장이 없었다면 이번에도 일을 제때 마무리했을 것이다."). 건강관리전문가도 이런 편향에 영향을 받아 자신의 능력과 서비스 질에 대해 과대평가할 가능성이 높다(Brosnan, Reynolds, & Moore, 2008; Davis et al., 2006).

〈표 7-3〉에 사람의 의사결정에 영향을 미칠 수 있는 몇 개의 편향과 휴리스틱이 요약 제시되어 있다. 편향과 책략은 의사결정 과정에서 실수를 일으키게 만든다. 그러나 모든 실수가 동일한 영향을 의사결정에 미치는 것은 아니다. 어떤 실수는 다른 것보다 더 큰 손실을 불러올 수도 있고 또 어떤 실수는 실제로 의사결정에 영향을 미치지 않을 수도 있다. 이를테면 지능측정도구의 한 문항을 잘못 채점하였다면 이 실수는 전체지능지수에 영향을 줄 수 있겠지만 평균상 수준에 해당하는 내담자의 프로파일의 선만석 해석에는 큰 영향을 미치지 않을 것이다. 그러나 때로는 임상가의 어떤 실수가 의사결정에 큰 영향을 미칠 수도 있다. 예를 들면 추가질문을 해야 하는 항목에서 추가질문을 전혀 하지 않았다면 내담자

의 전체지능지수와 함께 프로파일의 전반적 해석이 달라질 수 있다.

임상심리전문가와 임상심리학 대학원생이 진단 결정을 할 때 실제 DSM에 제시된 관련 진단 기준보다 자신이 선호하는 이론에 더 영향을 받는다는 것이 확인되었다(Kim & Ahn, 2002). 그리고 집단에 대한 고정관념이 임상적 의사결정에 영향을 미치는 것을 확인한 선행연구들이 있다. 한 선행연구에서 임상심리전문가는 실제적 폭력 수준과 관계없이 남성 수검자의 폭력성은 과대평가하고 여성 수검자의 폭력성은 과소평가하는 것으로 나타났다. 이와 비슷한 결과로 아프리카계 미국인 정신과 입원자와 교도소 수감자는 유럽계 미국인 정신과 입원자 및 수감자보다 더 폭력적일 것이라 임상심리전문가들이 예측하였다(Garb, 1997, 2005). 그리고 조현병 환자에 대한 치료와 관련된 의사결정에서도 고정관념의 영향력이 확인되었다. 조현병으로 진단받은 수검자가 소수집단에 속하는 경우(인종적, 성향적)에는 유럽계 미국인 수검자에 비해 향정신제 투여량이 두 배 정도 증가하는 것으로 나타났다(Wood, Garb, Lilienfeld, & Nezworski, 2002).

사람의 선행지식이나 고정관념 외에도 의사결정에 영향을 주는 요인이 있다. 그것은 바로 자신의 결정 정확성을 과신하는 경향이다(Griffin, Dunning, & Ross, 1990). 예를 들어 숙련된 임상심리전문가와 임상심리학 대학원 학생들에게 WAIS-III의 측정결과를 채점하도록 요구하였다. 사실 이들의 채점에는 상당히 잘못된 부분들이 있었다. 이들에게 채점의 정확도에 대한 평가를 요구하였을 때 이들은 자신의 채점이 정확할 것이라고 확신하였다(Ryan & Schnakenburg-Ott, 2003).

임상전문가가 합리적인 의사결정을 내리는 데 도움을 줄 수 있는 다양한 의사결정 편향과 발견법(휴리스틱)을 〈표 7-3〉에 제시하였다.

〈표 7-3〉 의사결정 편향과 휴리스틱

- **기본적 귀인 오류** : 사람이 왜 그러한 방식으로 행동했는지 이해하려고 시도할 때, 성격적 특징의 영향을 과대평가하고 상황에 따른 영향이 그 사람의 행동에 미치는 영향을 과소평가하는 경향이 있다.

- **기저율에 대한 부주의** : 임상심리학자는 검사에 대한 특정 반응 형태가 특정 진단을 나타내는 것으로 믿을 수 있으며, 일부 관련 사례에 대한 정보로 이러한 믿음을 뒷받침한다. 그러나 기저율에 대한 충분한 지식이 없이 (a) 검사 반응의 형태와 (b) 진단 시 검사 반응으로 정확하게 진단을 예측하는 정도를 결정하는 것은 불가능하다.

- **소수의 법칙에 대한 신념** : 작은 표본에서 추출한 결과는 큰 표본에서 얻은 결과보다 더 극단적이고 일관성이 떨어질 수 있다. 그럼에도 불구하고 임상심리학자는 그 장애에 대한 연구결과보다 특정 장애가 있는 2~3명의 환자에게서 얻은 정보에 너 많이 관심을 가지도록 유혹받을 수 있다. 소수의 환자에 대한 직접적인 경험은 연구 표본에서 추출된 자료와 비교할 때 정확한 정보를 산출할 가능성이 작더라도 더 관련성이 높다고 설득력 있게 느껴질 수 있다.

- **평균값에 대한 회귀** : 측정 오류의 성질로 인해 한 시점의 검사에서 극단적인 점수를 얻은 사람은 다음에 검사를 할 때 극단적인 점수를 얻지 못할 수 있다. 이 시험 성적에서의 명백한 변화는 그 사람의 삶에 있어서 실제적인 변화와는 아무런 관계가 없다(측정의 표준 오차는 많은 심리적 검사에서 사용 가능하므로 임상심리학자는 두 가지 시점에서의 검사 점수를 비교할 때 이것을 사용할 수 있다).

- **상관관계에서 원인 추론** : 임상심리학자는 일부 환자 특성(성학대의 생활사와 경계성 성격장애의 존재와 같은)이 상당히 동시 발생하는 것으로 보이며, 이 두 특성 중 초기의 특성이 나중에 특징을 일으킨다고 추론한다. 그러나 인과적 추론을 이끌어내기 전에 다른 요소, 즉 더 늦은 특성이 이전 특성에 대해 제공된 정보에 영향을 미칠 수 있는지 여부와 두 특성이 세 번째 변수(예: 심한 역기능적 가정환경)에서 비롯되었을 가능성을 포함하여 다른 요인을 고려해야 한다.

- **사후확증 편향** : "지나고 봐야 알게 된다."라는 말이 있듯이, 대부분의 결정(임상적 결정을 포함한)은 모든 관련 정보의 도움 없이 이루어져야 한다. 결정을 내린 후에, 그 결과, 어떤 행동 방침이 취해지면, 새로운 정보를 이용할 수 있을지도 모른다. 최초의 결정을 알려주는 자료를 얻는 것이 불가능함에도 불구하고, 그 사실 이후에 수집된 자료에 기초하여 최초의 결정을 검증하거나 질문하는 것은 유혹적이다.

- **확증 편향** : 한 번 임상적인 직감이 형성되면, 그것을 뒷받침할 정보를 수집하는 것이 쉽다. 그러나 가설을 검증할 때, 그 가설에 대한 증거와 반대 증거를 모두 평가하는 것이 중요하다. 임상심리학자는(진단이나 새로운 사례개념화와 같은) 가설을 뒷받침할 증거만 찾는 것을 피해야 하며, 또한 가설의 강점을 반박하거나 약화시킬 수 있는 증거를 적극적으로 찾아야 한다.

- **확증 편향** : 한 번 임상적인 직감이 형성되면, 그것을 뒷받침할 정보를 수집하는 것이 쉽다. 그러나 가설을 검증할 때, 그 가설에 대한 증거와 반대 증거를 모두 평가하는 것이 중요하다. 임상심리학자는(진단이나 새로운 사례개념화와 같은) 가설을 뒷받침할 증거만 찾는 것을 피해야 하며, 또한 가설의 강점을 반박하거나 약화시킬 수 있는 증거를 적극적으로 찾아야 한다.
- **대표성 추단법** : 하나의 증상이나 행동이 근본적인 장애나 조건을 나타내는 정도에 따라 소수가 결론을 이끌어내는 법칙과 같은 신념에 의존하는 편향이다.
- **유용성 휴리스틱** : 쉽게 회상된 정보를 기반으로 결정하거나 결정과 관련이 있는 최근의 또는 극단적인 또는 이례적인 예들이다. 쉽게 회상된 예(비슷한 증상으로 평가된 마지막 사람)만 사용한다면 결정에서 고려해야 할 요소에 대한 불완전한 평가가 발생할 것이다. 정의에 따르면 극단적인 예는 비전형적이며 결정을 편향시킬 수 있다.
- **감정 휴리스틱** : 결정을 하게 되었을 때 사람이나 사물의 인지적 표현의 정서적인 성질(예: 호감도, 부정적 감정, 혐오감 또는 즐거움)은 빠르게 고려된다. 무의식적인 수준에서 발생하며 단지 감정적인 고려사항에만 기초하여 판단을 내릴 수 있다(예: 개인의 매력과 같은, 결정에 관련된 모든 요소에 최소한의 주의를 기울임으로써).
- **기준점과 조정 휴리스틱** : 최초의 조건 또는 특성은 개인이나 과제의 성격을 고려한 출발점을 결정한다(예: 자동차 구매 협상에 딜러의 가격을 사용하는 경우). 예를 들어 임상적 맥락에서 볼 때 첫인상은 한 사람에 대해 수집된 모든 후속 정보를 고려하고 통합할 때 (아마도 부정확한) 근거가 될 수 있다.

출처: Hunsley & Lee(2010).

### 3) 임상적 판단의 정확성 높이기

임상심리전문가와 그 외 임상가들이 자신의 업무에 편향과 오류가 미치는 영향을 최소화할 수 있는 간단하고 실질적인 전략을 〈표 7-4〉에 제시하였다. 사실, APA 인증을 받은 임상심리학 프로그램에서도 이러한 전략에 대해 임상심리학 대학원생들을 훈련시키는 경우는 많지 않았다. 이런 훈련 프로그램에서 의사결정과 관련된 쟁점은 필수 과정이 아닌 선택과목일 수 있는 인지심리학에서 다루어질 가능성이 매우 높다(Harding, 2007). 미국의 임상심리전문가 양성과정 프로그램 중 9%만이 의사결정 개선 전략에 관한 자료가 포함된 과목을 수강했다. 사실, 이런 상황은 우리나라도 크게 다르지 않을 것이다.

〈표 7-4〉 임상 판단의 정확도를 향상시키는 방법

- 평가 과제와 직접적으로 관련이 되고 강한 심리측정적 속성을 가진 심리검사를 사용한다.
- 검사자료를 이용하기 전에 채점 오류를 확인한다.
- 임상적 자료의 수집, 채점, 해석에 있어 가능하면 컴퓨터를 병행하여 사용한다.
- 가능하면 규준 자료와 기저율 정보를 이용한다.
- 진단적 결정을 내릴 때는 DSM 기준을 이용한다.
- 임상 지침서의 의사결정 모형과 같이 의사결정을 보조하는 도구를 이용한다.
- 면접 실행과 평가자료 리뷰와 같이 비구조화된 작업에서는 관련된 모든 정보를 수집 · 검토 · 이용하는 데 있어 가능한 체계적이고 구조화된 방식으로 진행한다.
- 심리학적 평가, 정신병리학, 그리고 예방 및 중재에서 관련된 연구에 관심을 갖는다.
- 개인적 편향과 선입견에 대해 주의한다.
- 자기 비판적이 되어서 가설과 사례개념화에 반하는 대안적 설명을 탐색한다
- 결론의 정확성을 확신하지 못하는 경우 다른 전문가의 자문을 받는다.
- 기억에 의존하지 말고, 어떠한 결론이나 결정도 성급히 내리지 않는다.

그러므로 〈표 7-4〉에 제시된 전략을 정확하게 이해하여 이 전략을 임상적 의사결정과정에서 반드시 사용해야 할 것이다. 그렇게 하면, 의사결정의 정확성이 증가하여 타당한 진단 및 중재를 제공할 수 있게 되어 내담자에게 질 좋은 서비스를 제공할 수 있다. 간단히 말해, 임상전문가들은 자신의 의사결정 및 판단에서 이런 유형의 오류 또는 편파에 대해 매우 민감해야 한다.

## 3. 심리측정의 윤리와 공정성

심리측정의 결과는 그 영향력이 매우 강하다. 심리측정을 오용하거나 부주의하게 사용한다면 수검자를 불행과 고통, 차별 등의 부정적 상황에 처하게 만들 수 있다. 부정적 상황이란 수검자가 가정 또는 직장을 잃게 될 수도 있고 심지어 자신과 그 가족의 삶이 붕괴될 수도 있다. 간단히 말해, 임상심리전문가의 어떤 내용의 결과 · 결론은 수검자 및 주변 사람들의 삶에 부정적 영향을 미칠 수 있다. 미국에서는 임상심리전문가가 자신의 결정에 대해 법적으로 책임을 묻는 상

황, 즉 법적으로 고소 또는 기소되는 상황에 놓이는 경우도 있다.

심리측정 · 평가는 공정하고 윤리적 방식으로 이루어져야 한다. 측정도구를 사용하는 사람은 각종 측정도구에서 요구하는 자격요건을 갖추고 있어야 한다. 미국심리학회의 심리측정조항은 측정과 관련된 원칙을 광범위하게 제시하고 있으며 영국심리학회도 측정도구를 선택하는 임상심리전문가를 위해 일반전문실행지침(Generic Professional Practice Guideline, 2008)과 심리측정실행조항(Code of Practice for Psychological Testing, 2003)을 제시한다. 한국심리학회 분과학회인 임상심리학회와 상담심리학회에서도 심리측정과 평가에 대한 윤리지침을 제시하고 있다. 한국임상심리학회의 임상심리전문가 윤리규정에 심리평가에 대한 내용은 [글상자 7-1]에 있다. 윤리적 딜레마가 발생할 경우, 응답자의 권리가 항상 최우선이어야 하고 임상가는 슈퍼바이저 또는 전문업체의 조언을 받아야 한다.

**[글상자 7-1] 한국임상심리학회의 임상심리전문가 윤리규정-심리평가 관련부분**

제5장 평가 관련 윤리

제47조 평가의 기초

1. 법정 증언을 포함한 추천서, 보고서, 진단서, 평가서에 의견을 기술할 때, 임상심리학자는 자신의 의견을 입증할 만한 객관적 정보 또는 기법에 근거하여야 한다.
2. 개인의 심리 특성에 대한 의견을 진술할 때, 임상심리학자는 자신의 진술을 지지하기 위한 면밀한 검사 과정을 거쳐야 한다. 그러한 노력에도 불구하고 검사가 실제적이지 못할 경우, 임상심리학자는 자신이 기울인 노력의 과정과 결과를 문서화하고, 불충분한 정보가 자신의 견해의 신뢰도와 타당도에 영향을 미칠 수 있음을 밝히고, 결론이나 권고 사항의 본질과 범위를 제한한다.
3. 개인에 대한 개별검사가 보장되지 않는 상황에서 자료를 검토, 자문, 지도감독해야 할 경우에, 임상심리학자는 자신의 견해가 개별검사에 기초하지 않았다는 사실을 밝히고 자신의 견해를 뒷받침하는 근거 정보를 제시한다.

제48조 평가의 사용

1. 임상심리학자는 검사도구, 면접, 평가기법을 목적에 맞게 실시하고, 번안하고, 채점하고, 해석하고, 사용하여야 한다.
2. 임상심리학자는 타당도와 신뢰도가 검증된 평가도구를 사용하여야 한다. 그렇지 못한 경우에는 검사결과 및 해석의 장점과 제한점을 기술한다.
3. 임상심리학자는 평가서 작성 및 이용에 있어서 객관적이고 학문적으로 근거가 있어야 하고 세심하고 양심적이어야 한다.

### 제49조 검사 및 평가기법 개발

검사 및 기타 평가기법을 개발하는 임상심리학자는 표준화, 타당화, 편파의 축소와 제거를 위해 적합한 심리측정 절차와 전문적 지식을 사용해야 한다.

### 제50조 검사의 보안 유지

1. 심리검사의 대중적 노출이 검사의 타당도를 손상시킬 가능성을 고려하여 검사의 보안을 위해 노력하여야 한다.
2. 능력검사(지능검사, 신경심리검사, 적성검사 등)와 투사적 검사의 요강, 도구, 자극, 또는 문항이 대중매체, 인터넷 등을 통해 대중적으로 노출되지 않도록 해야 한다. 또한 이러한 검사에서의 특정한 반응에 대한 구체적인 해석이 대중적으로 노출되지 않도록 해야 한다.
3. 검사의 보안을 위한 노력의 의무는 심리검사에 관한 내용이 포함되는 서적에도 적용된다. 단 심리학 전공자들이 심리검사를 연구하고 사용하는 데 도움을 주기 위해 제작되는 검사 요강, 핸드북, 해설서, 사례집, 워크북 등의 서적에 대해서는 특별한 제한을 두지 않는다.
4. 심리검사를 제작하여 판매하려는 임상심리학자는 그 검사의 특징을 감안하여 검사 구입자의 자격 범위를 규정하고, 그러한 자격을 갖추지 못한 사람에게 판매되지 않도록 해야 한다.

### 제51조 평가에 대한 동의

1. 평가 및 진단을 하기 위해서는 내담자로부터 평가 동의를 받아야 한다. 평가 동의를 구할 때에는 평가의 본질과 목적, 비용, 비밀유지의 한계에 대해 알려야 한다. 그러나 다음의 경우는 평가 동의를 받지 않아도 된다.
   (1) 법률에 의해 검사가 위임된 경우
   (2) 검사가 일상적인 교육적, 제도적 활동 또는 기관의 활동(예: 취업시 검사)으로 실시되는 경우
2. 동의할 능력이 없는 개인과, 법률에 의해 검사가 위임된 사람에게도 평가의 본질과 목적에 대해 알려주어야 한다.
3. 검사결과를 해석해주는 자동화된 해석 서비스를 사용하는 임상심리학자는 이에 대해 내담자/환자로부터 동의를 얻어야 하며, 검사결과의 기밀성과 검사 안정성이 유지되도록 해야 하며, 법정증언을 포함하여, 추천서, 보고서, 진단적 · 평가적 진술서에서 수집된 자료의 제한성에 대해 기술해야 한다.

### 제52조 평가 결과의 해석

1. 평가 결과를 해석할 때 임상심리학자는 해석의 정확성을 감소시킬 수 있는 다양한 검사요인들, 예를 들어 피검사자의 검사받는 능력과 검사에 영향을 미칠 수 있는 상황이나 개인적 · 언어적 · 문화적 차이 등을 고려해야 한다.
2. 평가 결과의 해석은 내담자/환자에게 내용적으로 이해 가능해야 한다.

### 제53조 무자격자에 의한 평가

임상심리학자는 무자격자가 심리평가 기법을 사용하도록 허용해서는 안 된다. 단 적절한 감독하에 수련 목적으로 사용하는 경우는 예외로 하며 다음과 같은 사항에 주의한다. 수련생의 교육, 수련 및 경험에 비추어 수행할 수 있는 평 기법들에 한정해주어야 하며 수련생이 그 일을 유능하게 수행할 수 있는지 지속적으로 감독해야 한다.

**제54조 사용되지 않는 검사와 오래된 검사결과**

1. 임상심리학자는 실시한 지 시간이 많이 경과된 검사결과에 기초하여 평가, 중재 결정, 중재 권고를 하지 않아야 한다.
2. 임상심리학자는 현재 사용되고 있지 않거나 현재의 목적에 유용하지 않은, 제작된 지 오래된 검사나 척도에 기초하여 평가, 중재 결정, 중재 권고를 하지 않아야 한다.

**제55조 검사 채점 및 해석 서비스**

1. 다른 임상심리학자에게 검사 또는 채점 서비스를 제공하는 임상심리학자는 절차의 목적, 규준, 타당도, 신뢰도 및 절차의 적용, 그리고 사용할 수 있는 자격에 대해 정확하게 기술해야 한다.
2. 임상심리학자는 프로그램과 절차의 타당도에 대한 증거에 기초하여 채점 및 해석 서비스를 선택해야 한다.
3. 임상심리학자가 직접 검사를 실시, 채점, 해석하거나, 자동화된 서비스 또는 기타 서비스를 사용하더라도, 평가도구의 적절한 적용, 해석 및 사용에 대해 책임을 져야 한다.

**제56조 평가 결과 설명**

검사의 채점 및 해석과 관련하여, 임상심리학자는 검사를 받은 개인이나 검사집단의 대표자에게 결과를 설명해주어야 한다. 그러나 관계의 특성에 따라서는 결과를 설명해주지 않아도 되는 경우도 있다(예: 조직에 대한 자문, 사전고용, 보안심사, 법정에서의 평가 등). 이러한 사실은 평가받을 개인에게 사전에 분명하게 알려주어야 한다.

**제57조 평가서, 검사 보고서 열람**

1. 평가서의 의뢰인과 피검사자가 동일하지 않을 경우에, 평가서와 검사 보고서는 의뢰인이 동의할 때 피검사자에게 열람될 수 있다.
2. 건강에 피해를 줄 수 있다고 판단되지 않는 한 피검사자가 원할 때는 평가서와 검사 보고서를 볼 수 있도록 도와야 한다.
3. 평가서를 보여주어서 안 되는 경우 사전에 피검사자에게 이 사실을 인지시켜주어야 한다.

**제58조 검사자료 양도**

내담자/환자를 다른 서비스 기관으로 의뢰할 경우, 임상심리학자는 내담자/환자 또는 의뢰기관에 명시된 다른전문가에게 검사자료를 제공할 수 있다. 그러나 검사자료가 오용되거나 잘못 이해되는 것으로부터 내담자/환자를 보호하기 위해 검사자료를 양도하지 않을 수도 있다. 여기에서 검사자료란 원점수와 환산점수, 검사 질문이나 자극에 대한 내담자/환자의 반응, 그리고 검사하는 동안의 내담자/환자의 진술과 행동을 지칭한다.

출처: 한국임상심리학회 임상심리전문가 윤리규정 2018년 한국임상심리학회 홈페이지.

### 1) 측정의 공정성

측정의 공정성이란, 특정 집단에게 유리한 또는 불리한 측정항목이 측정도구에 포함되어 있거나 수검자의 인구통계학적 변인들과 무관한 규준이 사용되거나 심리측정 과정에서 의도적으로 불리하게 채점하기 등이 발생하지 않아야 한다는 것을 강조하는 용어다.

미국 및 영국의 경우, 직접적 차별과 간접적 차별이 모두 법령에 의해 금지되어 있다. 직접적 차별은 특정 집단에 속한다는 이유만으로 그 집단원만 다르게 대우하는 것이고 간접적 차별은 특정 집단원에게(암묵적으로) 불리하게 대우하는 것이다. 특정 요구사항이 어떤 집단원에게는 불리하게 작용할 수 있다. 예를 들어 심리측정이 직업선택 또는 배치 등과 관련된 목적으로 사용되는 경우 차별이 잠재되어 있을 수 있다. 심리측정의 문항내용이 어떤 집단에게는 상식적 수준의 질문일 수 있으나 다른 집단원에게는 높은 수준의 난이도를 지닌 내용일 수 있다. 그리고 측정사의 태도가 수검자의 반응에 영향을 미쳐 수행수준을 저하시킬 수도 있다(Coaley, 2010). 이런 사항들은 측정도구의 타당도 및 공정성에 대한 문제들이다.

다음은 측정의 공정성과 관련된 쟁점들이다.

① 측정도구는 합리적 기준을 충족해야 한다.

② 측정자는 장애인의 편의를 도모해야 한다. 이를 '합리적 조정'이라고 부른다. 예를 들어, 지필검사의 경우, 시각 손상을 가진 사람이 읽을 수 있는 방식으로 측정하거나 구술반응을 허용해야 하고 청각장애인에게는 문자로 지시항을 제시해야 하며 휠체어를 사용하는 장애인이라면 이 높이를 고려한 테이블을 제공해야 한다.

③ 가장 어려운 쟁점은 규준과 시간제한에 관한 것으로 난독증과 관련되어 발생한다. 학교 환경에서 측정은 측정규준에 대체로 시간제한이 있지만 시간연장으로 규준을 적용할 수 없다고 해도 추가 시간을 제공해야 한다. 추가시간 제공과 관련해 확신이 들지 않는다면 측정자는 측정도구의 출판자와 이에 대해 논의해야 한다.

⑤ 어떤 경우에는 적당한 조정이 필요한지를 결정하는 것이 어려울 수 있다. 이런 경우에는 측정도구를 개발한 출판자와 접촉하는 것이 현명하다.

⑥ 평가 전, 수검자 중 측정도구에서 사용된 언어가 모국어가 아닌 사람이 있는지를 확인하는 것이 중요하다. 이를 위해 측정 전, 수검자와 짧은 대화를 나누는 것이 도움이 된다. 심리측정에서 아동기 이후 둘째 언어로 측정도구에서 사용되는 언어를 익힌 사람은 측정 과정에서 불리한 입장이라는 것이 확인되었다. 그렇기에 필요하다면 통역자의 도움을 받으면서 비언어적·추상적 문항으로 된 측정 도구를 사용하는 것을 고려해야 한다.

### 2) 자료 보호

대부분의 나라에서는 개인정보를 보호하는 법이 있으며 전문가는 자료보호법을 잘 알고 있어야 한다. 특히 영국에서는 수검자의 신분을 확인할 수 있는 메모, 지원원서 등의 모든 기록을 보호해야 하는 개인 자료로 간주한다. 이 법에서는 개인 자료의 보호에 대한 명시와 함께 이 자료에 접근할 수 있는 자격에 대해서도 명시하고 있다. 일반적으로 다음 사항을 포함한 자료는 '민감한' 자료로 취급된다(Coaley, 2010).

① 인종
② 신념과 견해(예: 종교와 정치에 관한 것)
③ 신체적 장애
④ 신체적·정신적 건강 상태
⑤ 성적 지향
⑥ 유죄판결, 위반, 법적 진행 절차

법은 정보를 소유한 사람(자료 주체)과 정보를 지키고 분류하는 사람(자료 관리자)을 구분한다. 자료 관리자는 수집한 자료와 사용 내역을 기록해야 하는 법적 책임을 지고 있다. 개인정보를 공개 또는 오용하는 것은 범죄다. 아직 우리나라에서는 심리측정 결과의 사용에 대해 서구국가에서만큼 명시적이고 엄격한 법령이 제정되어 있지는 않다. 이는 의료분야가 아닌 비의료분야, 예를 들면 학교 등에서 심리측정 및 측정결과가 개인에게 미치는 부정적 영향을 명확하게 인식하지 못했기 때문일 수 있다.

서구사회에서 심리측정의 결과자료와 관련된 개인정보법의 주요 원칙은 다음과 같다.

① 공정하고 합법적으로 다뤄야 한다.
② 측정결과는 측정의 지정된 목적만을 위해 사용되어야 한다.
③ 측정은 정확해야 한다.
④ 측정결과는 안전하게 보관되어야 한다.
⑥ 명시된 기간이 지나면 자료는 폐기되어야 한다.
⑦ 자료 주체자의 권리를 침해하지 않아야 한다.
⑧ 자료 보호를 제대로 할 수 없는 사람 또는 집단에게 측정결과를 전달하면 안 된다.

### 3) 비밀보장과 안전성

수검자의 신분이 확인될 수 있는 자료의 보관 및 비밀유지는 임상심리전문가에게 매우 중요한 쟁점이다. 여기에는 세 가지 이유가 있다. 첫째, 어떤 형태의 측정이든 모든 측정은 개인적 과정이므로 합리적인 또는 법률적인 근거 없이 제3자에게 그 결과를 알리는 것은 부당하다. 임상실제, 법정, 교육환경 등과 같은 현장에서 개인의 배경정보 및 측정자료, 관찰 등의 결과를 기술적으로 통합하는 것은 상당히 복잡하다. 이것은 전체 결과를 해석하는 데 가장 큰 기술이 필요하다는 것을 의미한다.

둘째, 측정 결과는 오용되거나 남용될 수 있는 경우가 항상 있다. 기술적 유능성이 부족한 사람은 과정이 효력 상실되는 위험에 처하게 될 수 있다. 결과는 항상 관련 목적에 초점이 맞춰져야 하고 따라서 기술적 정보, 원점수, 설명되지 않은 표준화 점수를 알리는 것은 현명하지 못하다. 백분위는 성질상 평균 수준, 평균 상, 평균 하와 같은 언어적 방식으로 가장 잘 해석된다. 예를 들면 법정기록은 원점수를 포함하지 않아야 한다. 측정을 제대로 사용하려면 측정 사용을 위한 적합한 표준과 측정도구의 세부적인 기술적 특징을 잘 알고 있어야 한다.

마지막으로 측정 결과는 훈련받지 않은 사람들에 의해 잘못 해석될 수 있다. 예를 들면 모든 결과는 오류가 생기기 쉽다. 측정 소책자와 반응재료는 나중에 측정을 받은 사람들이 보게 될 것이고 이것은 측정을 무효화시킬 수 있다. 대부분의 평가에서 표준 조건하에 감독을 받으면서 실시하는 것이 필수적이다. 그것은 내담자가 적절하게 측정을 살펴보고 측정을 완성할 수 있게 만들기 때문이다.

측정도구와 자료는 자격 있는 사용자만 접근할 수 있는 잠금장치가 있는 곳에 보관하는 것이 필요하다. 자료가 들어 있는 전자파일에 접근하는 것도 마찬가지이다. 자격 없는 결정권자는 훈련의 한 과정인 슈퍼비전을 받을 때만 평가 결과에 접근할 수 있도록 해야 한다. 연구자료를 측정결과를 사용할 경우, 개별 확인 코드를 사용하여 자료출처의 익명성이 보장되도록 보관해야 한다.

### 4) 사전 동의

임상심리전문가는 수검자를 측정하기 전에 수검자의 동의를 서면으로 받아야 하며 수검자는 측정과정 중 언제든 동의를 철회할 수 있다. 수검자는 측정이 필요한 이유 및 어떤 일이 일어날지를 알아야 할 권리가 있다. 그리고 제공받은 정보의 의미를 정확하게 이해할 권리도 있다. 수검자의 측정에 대한 서면 동의는 측정내용, 결과의 사용처, 정보 소유자, 측정자의 자격 등에 대한 충분한 정보를 제공받아 이를 이해한 후 이뤄져야 한다. 서면 동의서가 불가능한 경우에는 언어적 동의라도 구해야 한다. 수검자에게 측정결과에 대한 보고서를 받게 될 것임을 알려야 한다. 수검자에게 심리측정의 결과에 대한 피드백을 제공하지 않는 것은 비윤리적이다.

## 4. 심리측정 과정에서의 고려사항

### 1) 측정하기

측정하기는 수검자의 연령, 문화적/사회경제적 배경, 정신상태 등의 요인과 함께 도구 종류에 따라서도 다르다. 측정 결과의 신뢰도는 측정실시 방식 및 채점 방식에 따라 다를 수 있다. 측정은 도구의 표준화 과정에서 이루어졌던 방식으로 실시되고 채점되어야 한다. 도구의 매뉴얼에서 제시된 기준에 따라 정확하게 실시하는 것이 제일 중요하다. 그렇게 해야 측정도구의 신뢰도와 타당도가 보장된다. 그러므로 측정자는 도구를 능수능란하게 다룰 수 있어야 하며 절차를 완벽하게 숙지할 정도의 훈련을 받아야 한다.

측정은 매뉴얼에서 제시된 사항을 정확하게 지켜야 하면 이렇게 하면 높은 수준의 신뢰도가 보장될 수 있다. 정확한 실시는 수검자를 정직하게 반응하도록 격려함으로써 타당도도 확보할 수 있게끔 만든다. 실시 과정에서 타당도를 위협할 수 있는 요인이 있다. 초보 검사자가 너무 형식적이고 엄격한 방식으로 측정하는 것이다. 이런 수검자의 태도는 수검자의 불안을 증가시켜 수행에 부정적 영향을 미칠 수 있다. 측정에 대한 수검자의 동기를 증가시키고 방해요인을 최소화하기 위해 측정자와 수검자 간 라포가 충분히 형성되어야 한다. 라포가 충분히 형성된 상태에서 측정이 실시되어야 하며 이 과정에서 임상심리전문가의 말투는 분명하되 부드러워야 한다.

측정을 실시하는 환경도 세심하게 선택해야 한다. 측정을 방해하는 요소가 없어야 하며 필요하다면 출입금지라는 안내문을 출입구에 제시할 수 있다. 밝고 환기가 잘 되고 소음이 차단되어 있으면서 수검자가 안락함을 느낄 수 있는 온도를 가진 공간이어야 한다. 이 공간에서 검사자와 수검자의 자리는 지정되어 있으며 수검자가 정해신 사리에 앉도록 안내한다. 측정을 시작하기 전에 물리적 환경이 적합한지, 측정도구들이 완벽하게 준비되었는지 등을 확인해야 한다(〈표 7-5〉 참조).

〈표 7-5〉 **검사를 위한 체크리스트**

| 검사에 필요한 재료 | |
|---|---|
| • 출입금지-검사 진행 중- 이라는 표시 | • 실시 지시사항이나 검사 매뉴얼 |
| • 스톱워치나 시계 | • 표시가 되어 있지 않는 검사 소책자 |
| • 응답/반응지 | • 검사일지나 기록지 |
| • 사전 동의서 | • 여분의 종이 |
| • 깎아놓은 연필(한 사람당 적어도 2개) | • 지우개 |
| • 여분의 연필, 지우개, 연필깎기 | |

출처: Coaley(2010).

측정을 시작할 때는 수검자에게 측정의 이유, 측정과정에서의 경험 등을 설명하는 소개로 시작한다. 측정에 대해 소개받으면 대부분 수검자는 불안을 덜 느끼게 되어 자신에게 도움이 될 정보를 솔직하게 제공하게 되며 측정에 대해서 긍정적 인상을 가질 수 있다. 하지만 이 요소들은 측정 상황이나 목적에 따라 변할 수 있지만 공통적 지침이 있다. 어떤 유형의 측정이건 그 목적이 무엇이건 측정자는 수검자에게 자신을 소개하고 측정의 목적을 안내하며 측정 전에 사전 동의를 구해야 한다는 것이다.

측정 전에 청각 보조도구나 안경이 필요한지를 확인해야 한다. 또한 수검자를 관찰하고 현재 불안 수준을 확인하여 안심시키는 것도 정확한 측정에 도움이 된다. 수검자의 휴대 전화가 꺼졌는지를 확인한다. 그리고 일반적으로 도구에 대한 안내를 짧게 하고 소요시간을 알려준다. 능력을 측정하는 경우, 측정에 통과하거나 탈락하는 일은 없다는 점과 측정은 정보수집의 전체 과정에서 일부 역할만 한다는 것을 안내하는 것이 필요하다. 그리고 측정결과의 비밀보장에 대해 언급하고 결과에 대한 피드백을 제공함을 안내한다. 측정을 실시하기 전, 측정에 대해 궁금한 점이 있는지를 질문한다. 측정과정에서는 무엇보다 수검자가 측정 과정에서 편안한지 그리고 방해받지 않고 있는지를 점검하는 것이 필요하다. 수검자가 측정지시를 명확하게 알아듣고 있는지, 제시 문항을 적절하게 보고 있는지 등을 확인한다.

지능 또는 기억력 측정에서처럼 정·오반응을 해야 하는 측정에서 모든 문항에 정반응을 하는 사람은 거의 없다는 것을 소개하면서 최선을 다하는 것이 중요하다는 것을 안내하여 수검자를 안심시키는 것이 중요하다. 성향 측정을 할 때는 수검자에게 정직하고 솔직하게 반응해야 해야 한다는 것을 강조하는 것이 중요하다. 사회적 바람직성을 측정하는 척도가 있다면, 이 척도에 대해 안내하는 것이 좋다. 수검자가 이 척도를 이해하게 되면 수검자는 너무 긍정적 방향으로 자신을 드러내려는 동기가 감소될 수 있다(Kline, 1993).

## 2) 채점과 해석

측정도구의 채점 체계는 측정도구마다 다르며 채점절차는 매뉴얼의 지시사항을 철저하게 준수하여 이루어져야 한다. 표준화된 대부분의 측정 도구는 컴퓨터로 채점이 된다.

측정도구의 문항에 대한 반응에서 직접 얻는 원점수는 수검자에 대해 알 수 있는 정보를 담고 있지 않다. 다시 말해, 원점수는 수검자가 무엇을 할 수 있고 할 수 없는지, 수검자가 어떤 사람인지에 대해 알 수 있는 정보를 갖고 있지 않다. 원점수가 정보가를 갖기 위해서는 규준집단 또는 준거점수를 참고로 하는 점수로의 변환이 이루어져야 한다. 원점수를 변환하는 가장 단순한 변환은 백분위 또는 표준점수(z점수 또는 T점수)로 제시하는 것이다. 이렇게 하면, '규준집단'의 평균점수에 수검자의 원점수를 비교한 상대적 점수, 즉 변환점수가 산출되어 수검자의 측정결과에 정보가 담기게 된다. 원점수의 변환된 점수, 즉 표준화된 점수는 수검자가 규준집단에서 상대적 위치가 어느 정도인지, 평균적인 사람들과 얼마나 다른지에 대한 정보를 담고 있어 임상심리전문가는 측정결과의 내포된 정보를 이해할 수 있게 된다.

### 3) 보고서 작성

수검자에 대한 측정은 보고서를 작성하여 수검자 또는 의뢰자에게 측정결과에 대한 해석 및 결론을 제시함으로써 마무리된다. 보고서는 전문가 및 수검자에게 정보를 제공하는 것 외에도 때로는 법률적 목적으로 사법기관에 제출되기도 한다. 때로는 다른 전문기관에 의뢰하기 위해서 사용되기도 한다. 수검자를 측정하는 것에 이어서 중재가 제공되는 상황에서는 현재의 수검자 기능이 보고서에 기록되어야 한다. 이러한 기본 정보는 중재의 영향력을 정확하게 파악하는 데 필수적 요소다.

측정을 요청하는 사람은 상담내담자 본인, 내담자의 부모 또는 의사, 보험회사, 고용주, 법률가, 판사/검사/변호사 등의 법률가 등을 포함한 다양한 사람들이다. 따라서 측정을 하여 평가 보고서를 작성할 때 임상심리전문가는 보고서의 사용목적 및 보고서 수령자 등에 대해 알고 있어야 한다(Groth-Marnat & Horvath, 2008). 이것은 측정받는 사람이 측정을 요청한 측과 대립적 위치에 있을 때 특히 더 중요한 쟁점이 된다. 심리적 서비스를 제공하는 데 있어 사전 동의와 비밀보장이라는 쟁점은 항상 중요하다. 그러나 대립되는 상황에서 임상심리전문가는 평가받는 사람에게 유리한 권리와 선택을 반드시 강조해야 한다.

거의 모든 법률권리에서 수검자가 보고서에 접근할 수 있는 권리를 인정하므로 임상심리전문가는 이를 인지하면서 보고서를 작성해야 한다. 수검자가 보고서를 본다는 사실이 측정의 평가 · 결론 또는 권유 사항을 바꿀 수는 없겠지만 보고서를 어떻게 작성해야 할지에는 영향을 미칠 수 있다. 보고서에서 낙인을 찍는 용어나 불쾌한 용어를 되도록 사용하지 않도록 노력해야 한다. 더욱이 다양한 정보원을 통합할 때 임상심리학자는 누가 무엇을 말했는지를 명확하게 제시해야 한다. 보고서는 평가가 행해지는 원래 목적을 벗어나 파생적 문제를 발생시킬 수 있는 잠재적인 법적 기록이다. 가령, 수검자의 자기 보고에만 의존한다면 "그의 아버지는 그를 수차례 신체적 학대를 했다"의 진술은 "수검자는 아버지가 여러 차례 자신을 신체적으로 학대했다고 보고했다."로 작성되어야 한다. 그리고 애매한 용어는 사용하지 않아야 한다. 예를 들면 커플 간 분쟁을 기술할 때 "커플은 가끔 싸운다."라는 문장에서 '싸운다'는 논쟁과 신체적 공격 둘 다를 의미할 수 있어 싸움이 무엇인지 정확하게 알 수가 없다. 〈표 7-6〉에는 임상심리전문가가 평가 보고서의 타당도와 유용성을 극대화하기 위해 따라야 할 원칙들이 몇 가지 제시되어 있다.

〈표 7-6〉 **보고서 작성 원칙**

- 평가 절차를 통해서 나온 결과를 통합하여 공통 주제를 확인한다.
- 내담자에 대해 관련 정보원(신뢰성 있고 타당한 검사결과, 행동관찰, 개인검사 반응, 면담자료, 사례사를 포함하는)을 모두 사용하여 가설을 만들고 해석을 하고 권유사항을 작성한다.
- 결과가 명확할 때는 확정이지만 결과가 불일치하거나 상충될 때는 주의해야 한다.
- 보고서를 읽기 쉽도록 구체적 예를 사용한다.
- 단순하게 검사 이름과 점수를 나열하기보다는 검사점수의 의미와 함의를 해석한다.
- 검사점수만으로 진단을 하는 것은 피한다. 즉, 모든 정보원을 이용해야 한다.
- 보고서를 읽기 쉽도록 불필요한 요소는 제거하고 명확하게 전달한다.

출처: Sattler(1992).

〈표 7-7〉에서는 대부분의 심리평가 보고서에 전형적으로 포함되는 내용을 제시하고 있다. 보고서의 필수 구성요소에 대한 표준기준은 없다. 보고서의 내용과 구조는 평가 목적에 따라 달라진다.

〈표 7-7〉 **전형적 심리학적 보고서의 내용**

- 환자/내담자 정보
- 의뢰 이유
- 배경 정보(현재 상태와 관련된 발달사, 교육사, 직업 경력, 가족사, 대인관계, 의학기록, 증상과 장애의 발달사 등을 포함)
- 평가방법(실시한 검사 포함)
- 면접자료와 행동관찰
- 검사결과(검사점수의 해석 포함)
- 진단적 인상
- 요약
- 권유사항

출처: Hunsley & Lee(2010).

〈표 7-8〉에서는 중재의 목적을 지닌 보고서에 포함되는 내용이 제시되어 있다. 중재 계획은 전형적 평가 보고서에 따라 다르다. 즉, 임상심리전문가는 수검자를 중재하는 계획을 세우는 데 평가정보를 활용하는 것에 보고서의 초점을 맞춘다. 중재계획에서는 이 시점에서 중재가 필요한지 또는 적절한지를 고려한 정보가 담겨 있다. 그리고 보고서에는 수검자의 심리적 기능의 기록 및 평가자료에서 추론한 임상적 개념화 등의 정보가 담긴다. 중재 계획 보고서는 문제 확인 및 목적 · 목표 명료화, 계획된 중재 전략 등이 제시된다(Mariush, 2002). 중재과정에서 임상심리전문가는 수검자의 기능을 계속적으로 평가하면서 치료영향을 모니터하여 중재를 중지하거나 대안 중재를 제공해야 하는지를 고려해야 한다. 많은 기관에서 중재를 시작하기 전, 중재계획을 요구한다.

〈표 7-8〉 **중재계획의 내용**

| | |
|---|---|
| • 환자/내담자 정보의 확인(이름, 연령, 성별 등) | • 의뢰 이유 |
| • 기본 증상과 문제의 평가 | • 진단 |
| • 환자 강점 | • 치료 관련 목표와 목적 |
| • 치료 제안 | • 치료에 대한 잠재적 장벽 |
| • 치료 종결 기준이나 다른 서비스 제공자에게 의뢰 | • 치료 이행과 치료 평가에 책임 있는 서비스 제공자 |

출처: Mariush(2002).

### 4) 측정에 대한 피드백

심리측정의 긴 역사에서 측정결과는 주로 측정을 의뢰한 의료 또는 교육 담당자에게 전달되었다. 아동 내담자 평가에서 학부모는 측정결과에 대한 피드백을 받는다. 미국에서는 1970년대 이후 윤리강령 및 법령이 변경되어 임상심리전문가로부터 측정결과에 대한 피드백을 받는 사람들이 흔하다. 사실 현재의 윤리강령은 대부분의 상황에서 피드백을 제공하는 임상심리전문가의 중요성을 강조한다. 〈표 7-9〉에서 볼 수 있듯이 수검자는 측정에 대한 피드백을 받을 권리뿐만 아니라 의견을 제시함으로써 임상심리전문가의 측정결과 및 결론을 검증할 수 있는 기회를 갖는다. 이는 수검자가 측정결과를 자신의 생활에서 변화가 필요할 때 사용할 수 있는 정보로 활용하게 만든다. 치료계획을 다루기 위한 측정의 경우, 초기 측정 단계와 중재 단계에서 내담자와 임상심리전문가가 공동으로 작업하는 것이 중요하다. 이때 임상심리전문가는 초기 평가자료, 중재 모니터링 및 측정 과정에서 수집된 자료들을 포함하여 모든 측정 결과들을 내담자에게 설명해야 한다.

〈표 7-9〉 평가 피드백 제공의 목적

- 평기 결과의 일반적인 정확성을 확인한다.
- 내담자의 생활환경에 최적화하기 위해 결과에 대한 해석을 다듬는다.
- 내담자의 증상, 문제, 경험을 생활사와 현재 생활환경의 맥락에 맞추어 설명할 수 있다.
- 내담자가 자신의 어려움을 이해하는 데 도움이 되는 통합적인 설명을 제시함으로써 내담자로 하여금 심리적 안도감을 제공한다.
- 내담자가 자신의 어려움을 해결하기 위해 취할 수 있는 조치에 대한 구체적인 정보를 제공한다.
- 어려움을 악화시킬 수 있는 잠재적 스트레스 상황을 내담자가 확인할 수 있도록 도와준다.
- 내담자의 강점을 바탕으로 한 치료 목표를 달성하기 위해 내담자와 협력할 수 있다.

출처: Lewak & Hogan(2003).

피드백을 받게 되면 내담자는 자신의 문제를 더 이해하게 되어 평가로부터 생긴 권고사항을 따르려 하는 동기를 얻게 된다. 피드백의 긍정적 효과를 강하게 믿는 임상심리전문가는 내담자에게 평가 피드백을 제공하는 데 시간(즉, 1시간 또는 그 이상)을 상대적으로 더 투자한다.

평가 피드백이 내담자의 정서적 기능에 영향을 줄 수 있다는 연구결과를 바탕으로 평가의 치료적 모델이 개발되었다(Finn & Tonsager, 1997). 이 모델에서 내담자는 평가의 모든 단계에 적극적으로 참여한다. 각 단계에서 평가 이유를 논의하고, 측정결과를 관찰하며, 측정점수를 해석하는 것이 포함된다. 또한 내담자와 강력한 동맹 관계를 발전시키고, 내담자의 평가 목표를 공동으로 정의하며, 내담자의 평가자료를 조사하기 위해 특별한 노력을 기울인다. 정보 수집에만 초점을 둔 평가 절차(즉, 내담자와의 협업이 거의 없음)와 비교하여, 치료적 평가를 받는 내담자는 임상심리전문가와의 강력한 협력관계를 발전시켰으며 조기치료를 중단할 확률이 낮았다(Hilsenroth & Cromer, 2007). 이러한 연구의 대부분은 단기 정신역동치료를 내담자에게 제공하는 맥락에서 수행되었지만, 그 결과는 다른 치료 형태와 관련될 수도 있다. 치료자-내담자 협업은 인지행동치료의 초석이며, 이들과 같은 발견은 평가와 치료에 대한 협력적 접근이 인지행동치료의 성공에 중요한 도움이 될 수 있음을 시사한다(Hunsley & Lee, 2010).

평가 후, 임상심리전문가는 평가결과를 내담자가 이해할 수 있는 방식으로 설명하는 피드백을 해야 한다. 어떤 접근이든 가장 중요한 요소는 내담자에 대한 임상심리전문가의 책임감이 핵심 쟁점이다. 피드백은 항상 사려깊고 세심하게 제시되어야 한다. 피드백이 성공적일 경우 내담자는 측정 과정이나 자신에 대해 긍정적 감정을 가질 수 있다. 잘못된 피드백은 내담자에게 고통을 유발시킬 수 있고 측정 과정에 대해 부정적 이미지를 형성하게 만들어 부정적 결정을 내리게 만들 수 있다. 개인적으로 평가하는 것이 아니라면 구조화된 접근이 항상 가장 좋다. 너무 엄격한 것과 대립되는 문제는 때로 내담자에 대해 지나치게 긍정적인 방식을 채택하는 것이다. 이렇게 되면 평가의 의미를 잃게 되며 이것은 바넘 효과(Barnum effect)를 반영하는 것이다. 다시 말하자면 좋은 훈련도 무가치하게 된다.

피드백 맥락은 폭넓게 다양할 수 있지만 대부분의 경우 기본 원칙이 사용될 것이다. 임상진단에서 문제가 발생하는 경우는 척도점수가(성격, 정서, 인지-지능) 장애를 가리킬 때다. 지능측정 결과, 낮은 점수가 나오면 내담자는 혼란을 느낄 수 있으며 문제는 이때 발생할 수 있다. 정서적 안정성과 같은 성격특성에서 문제가 생길 수 있는데, 여기에서 낮은 점수를 받은 사람은 이를 지나치게 의식하는 경향이 있다. 모든 사례에서 사람들에 대한 최선의 관심이 선행해야 하고, 민감성과 전문성을 가지고 논의가 이루어져야 한다. 정서적 안정성 요인은 다양한 측정도구에서 측정되는 요인으로, 피드백할 때 라포 형성이 선행되어야 하고, 부정적 측면보다는 긍정적 측면에 초점을 맞춰 결과를 설명해야 한다. 비밀보장을 강조하는 것이 내담자가 측정결과를 인정하고 이해하는 데 도움을 줄 수 있다. 평가가 끝난 후 대면하여 피드백을 하기도 하지만 대부분의 경우 이렇게 하는 것이 어렵다. 이럴 때는 다른 방안을 찾아야 한다. 피드백을 제공할 수 있는 다양한 방안들은 다음과 같다.

### (1) 전화 피드백

직업 영역에서 능력측정이나 적성측정을 다루는 가장 일반적 접근이 전화 피드백이다. 왜냐하면 주목적이 결과를 전달하는 것이기 때문이다. 물론 전화를 사용하는데 가장 주된 문제는 비언어적 단서가 부족하다는 것으로, 즉 말한 것의 영향을 알아보는 것이 불가능하다. 반응에 대해 잘 알지 못한다는 것은, 가령 성격을 다룰 때 조용한 개인적 피드백을 해야 할 때, 전화를 사용하는 것이 현명하지 않다는 것을 의미한다. 그러나 매우 비밀스러운 정보를 알리는 데 적합하다는 장점이 있지만 사전에 내담자의 신분을 점검해야 한다. 전화로 피드백하는 구조화된 과정은 〈표 7-10〉에 개관되어 있다.

〈표 7-10〉 **전화피드백을 위한 구조화된 과정**

| |
|---|
| 어떤 경우라도 사적으로 평가하는 것을 피해야 하고 내담자가 그들 자신에 대해 긍정적으로 느끼도록 해야 한다. 다음은 구조화된 과정을 제공하는 데 도움이 될 것이다.<br><br>**1단계** : 내담자를 편안하게 해주고 검사받을 때의 경험에 대해 질문하면서 충분하게 라포를 형성한다.<br>**2단계** : 검사에 대한 지식수준을 확인하고 그 수준에 맞춰서 논의한다.<br>**3단계** : 기술적인 특수용어를 사용하지 않고 적합한 용어로 검사에 대한 관련 정보(타당도와 신뢰도)를 제공한다.<br>**4단계** : 내담자의 결과와 비교할 수 있는 규준집단을 설명해 준다.<br>**5단계** : 내담자에 대해 얻은 다른 정보를 포함하여 전체 맥락에 맞추어 정보를 평가한다.<br>**6단계** : 질문할 기회를 준다.<br>**7단계** : 내담자를 위해 발전적인 피드백을 한다. |

출처: Coaley(2010).

### (2) 대면 피드백

복합적 평가 결과를 피드백하는 것이 상대적으로 어렵고 힘들다. 이런 경우에 내담자가 어떻게 받아들이는지를 이해하는 것이 매우 중요하다. 복합적 평가에서는 보통 선호도 및 행동방식을 탐색해 전달하며, 이에 대한 지지 증거를 찾아내는 것이 주요 목적이다. 어떤 측정 및 평가도 100% 정확할 수 없으므로 평가 결과를 내담자와 함께 논의하는 것이 중요하다. 내담자에게 피드백하기 위해서는 복잡한 측정도구에 숙달되어 있다는 필수요인 외에 더해 훌륭한 사회적 관계 기술을 갖춰야 한다. 결과를 대면 피드백하는 데 적합한 상황은 선발, 발달, 코칭, 임상이나 상담 장면 등이다. 이 상황들에서 피드백의 공통 목적은 내담자 자신에 대해 더 많이 알 수 있도록 돕는 것이다. 대면 피드백은 내담자가 장래에 선택을 잘할 수 있게 하는 데 도움이 된다.

준비를 철저히 하는 것이 필수적이다. 특히 결과를 어떻게 전달할 것인가에 대해 계획하는 것은 물론이고 사생활이 보호되면서 피드백하는 동안 방해받지 않는 장소를 확인하는 것이 필요하다. 가능하다면 측정을 한 후 즉각적으로 피드백을 하는 것이 좋다. 시간은 중요한 요인이고(내담자와 결과에 대해) 충분한 논의를 하는 데 2~3시간이 필요할 수도 있다. 피드백하는 과정에서 결과의 함의를 탐색하는 것뿐 아니라 개인적 배경과 문제가 되는 쟁점 등을 함께 다뤄야 한다. 피드백하는 사람의 역할은 주로 내담자가 자신에 대해 느끼고 알고 있는 것과 새로운 정보가 제시하는 것 간의 차이를 명료화하도록 돕는 것에 목표를 둬야 한다.

비교적 개방적이고 자연스럽고 비공식적 접근이 가장 좋다. 피드백은 부정적 측면을 지나치게 강조하지 않은 긍정적 경험이 되어야 한다. 많은 심리적 속성에 대해 옳고 그른 것은 없으며 척도의 기술은 맥락에 따라 긍정적 측면과 부정적 측면을 둘 다 가지고 있음을 설명해야 한다. 사실 내담자는 출판자가 제공하는 척도에 대한 설명을 일반적으로 이해할 수 없으므로 임상심리전문가는 내담자가 위화감을 느끼지 않도록 비전문가인 내담자가 이해할 수 있는 단어를 사용해야 한다.

대면 피드백을 하는 동안 계속해서 비밀보장을 기억하게 하고 측정도구의 차원을 설명하고 원점수를 참조집단과 비교하는 방법 등을 반복적으로 말해주는 것이 좋은 도입이 될 수 있다. 평가받는 것에 대한 느낌이나 생각을 물어보는 것이 라포형성을 가장 잘하는 방법이다. 대면 피드백 과정을 구조화할 수 있다.

① 내담자에게 측정 결과에 대한 설명을 듣는다는 것에 대한 느낌을 묻는다. 이것은 그들의 경험, 인상, 개인적 이해를 통하여 점수의 타당도를 탐색할 수 있게 해준다. 이 과정이 어려운 점은 시간이 많이 소요되고 여러 요인의 결합에서 나온 패턴을 이해하는 데는 도움이 되지 않을 수 있다. 많은 준비가 필요하지만 특별한 주의를 기울여야 하는 상담, 코칭, 발달이나 임상 장면에서 특히 유용하다.

② 프로파일 용지를 이용하여 내담자가 원한다면 메모하게 할 수 있도록 한다. 보고서에 들어 있는 진술들이 장래에 그들을 혼란에 빠트릴 수 있어 완성된 프로파일을 제공하는 것은 바람직하지 않다. 완성된 프로파일을 측정 후 바로 제공하면 내담자는 자신이 관심을 가진 측면에만 초점을 맞추어 임상심리전문가의 설명을 듣지 않을 수도 있다. 각 측정 후, 간단한 기술(설명)로 한 가지 요인에 대해서만 논의하는 것이 좋다. 측정 결과지에 여러 결과들이 한 번에 제시되어 있다면, 한 번의 설명에서 내담자가 그 설명만을 볼 수 있게 다른 결과들은 백지로 덮는 것이 좋다. 간단히 말해, 설명을 해나가면서 해당 결과만 볼 수 있게 하는 것이다. 이런 과정이 진행되면서 점수의 전체 조합을 논의할 수 있게 된다.

측정의 목적이 무엇이든 피드백의 결론은 긍정성이 강조되고 문제로 제기된 의미와 사고에 초점이 맞춰져 있어야 한다. 이렇게 해야 미래를 위한 계획을 종합적으로 구성할 수 있다. 주요 초점과 결론을 요약한 후, 서면 보고서를 제공하는 것이 좋다.

### (3) 서면 보고서

평가 결과는 보고서로 제시될 수 있다. 주의 깊게 고찰하여 구성이 잘 된 보고서는 매우 도움이 되는 정보를 제공할 수 있다. 코칭이나 훈련 목적을 위한 보고서는 독자가 미래의 발전을 위해 해야 할 것에 대한 대안을 제시할 필요가 있다. 일단 실행된 평가를 설명하는 것으로 구조화하면 된다. 보고서의 목적과(보고서를 받는) 수령자의 요구가 다를 수 있다. 기술적이지 않은 용어로 코멘트를 하는 것이 현명하다.

법정에 제출된 보고서는 더 특별한 조치가 요구된다. 직업 분야에서 성격에 대한 보고서는 대인관계 방식, 작업에 대한 접근 방식, 의사결정, 문제해결, 관리 방식 등에서의 유능함이라는 요인에서 구조화될 수 있다. 경험적으로 작성자는 차원에 맞춰 결정할 수 있고 전체 구조는 그것들을 중심으로 보고한다. 재치와 민감성이 여러모로 필요하지만 이것이 바넘 효과를 의미하는 것은 아니다. 측정의 초점이 되는 요인에 대한 긍정적 진술이 부정적 진술에 앞서 제시되어야 한다. 부정적 정보를 기술할 때는 매우 세심하고 조심스럽게 제시되어야 하며 구조적이고 발달적 방식으로 접근할 필요가 있다. 예를 들면 '정서적 안정성이 낮다'는 표현보다는 '당신은 자신의 감정이나 다른 사람의 감정을 더 많이 인식하는 경향이 있다.'라고 언급하는 것이 좋다. 용어를 주의 깊게 사용해야 하고 범주적 진술이나 가치판단은 피해야 한다. '…할지도 모른다.', '…할 수도 있다.', '…한 가능성이 있다.', '…한 것으로 보인다.', '…를 시사한다.' 등 같은 표현을 사용할 것을 권유한다. 발달 보고서는 이인칭으로, 관리자를 위한 기관용 보고서는 삼인칭으로 작성된다. 기관(조직) 안에서 사용하는 보고서의 경우에 내담자가 나중에 보거나 관리자가 그중 일부를 공개할 수도 있으므로 표현에서 민감할 필요가 있다. 예를 들면 '약점' 또는 '수용할 수 없는'이라는 단어를 사용해서는 안 되므로 이를 대체할 표현을 찾아야 한다.

### (4) 컴퓨터 작성 보고서

컴퓨터 작성 보고서의 사용이 증가하고 있다. 직업 분야의 많은 측정도구들이 수검자 또는 관리자를 위해 보고서 작성 소프트웨어를 갖추고 있다.

보고서는 보통 직접 작성된 것처럼 설계되어 있다. 그러나 공통 속성에는 같은 단어나 문장을 반복해서 사용하기 때문에 여러 사람들의 최종 결과를 비교할 때 (사람이 작성한 보고서보다) 오히려 더 명확할 수 있다. 이것은 어떤 척도의 특정 점수가 특정 형식의 단어들과 연결되어 있기 때문이다. 이는 컴퓨터가 데이터베이스 안에서 일정 텍스트를 선택하는 구조화된 규칙을 갖고 있기 때문에 발생하는 일이다. 기본적으로 여러 표현이나 문장들의 집합과 일련의 규칙들이 데이터베이스에 담겨 있다. 규칙은 측정결과를 기술하는 방식을 결정하며 문장이나(결과의 단어) 표현은 경험 있는 보고서 작성자 및 연구, 측정 매뉴얼 등의 다양한 원천들에서 표집된 것이다. 컴퓨터로 작성된 보고서는 시간이 적게 든다는 것이 큰 장점이다. 한 측정도구가 많은 차원을 포함하고 각각에 대해 여러 문단을 이용할 수 있다면 보고서는 길어질 수 있다. 그러나 동일한 측정점수는 항상 동일한 보고서를 만들기 때문에 일관성이 있다. 이런 측면은 임상 분야에서 유리하며 전통적(사람이 작성한) 보고서보다 더 타당하며(Hoffman, 1962; Ben-Porath & Butcher, 1986), 구조화가 잘되어 있다.

그러나 한계도 있다. 컴퓨터가 기술한 보고서는 인간이 한 것보다는(사람의 마음에) 덜 민감하기 때문에 거슬리는 표현이 때로는 등장하기도 한다. 이런 이유는 평가 목적이 덜 강조되기 때문에 발생하는 것으로 일반화된 해설이 제시되기 때문이다(이 한계는 인공지능에 기반한 채점프로그램이 개발되면 해결될 수 있을 것이다.). 마지막으로, 컴퓨터 보고서의 표현 방법 및 문법, 철자, 구두점, 작성 방식 등은 프로그램을 만든 사람의 기술 및 능력에 좌우된다. 그러므로 컴퓨터 프로그램을 사용할 경우, 보고서를 점검하여 그 목적과 선호하는 방식에 맞춰 조정할 필요가 있다.

# 제 8 장

# 심리치료 : 개관

1 심리치료란 무엇인가
2 심리치료의 단계
3 심리치료의 공통요인
4 치료관계
5 심리치료의 성과와 관련된 요인

# 1. 심리치료란 무엇인가

## 1) 심리치료의 필요성

우리는 여러 가지 이유로 임상심리전문가의 서비스를 찾는다. 그중 일부는 생활 속에서 발생하는 문제를 다루는 데 도움이나 조언이 필요하다. 예를 들면 대학에서 거처를 정하는 일, 관계가 안 좋아지면서 생기는 고통, 직장에서의 어려움 등을 다루는 것이다. 부모가 되는 것과 같이 인생의 한 국면에서 다른 국면으로 전환하는 것은 새로운 즐거움도 주지만 새로운 요구가 생기기도 한다. 부모나 배우자의 사망과 같은 예상할 수 있지만 고통스러운 생활 사건이 생겼을 때 치료를 시작하기도 한다. 전문적 서비스를 찾기 전에 몇 달, 몇 년 동안 정신장애를 겪기도 한다. 또 일부 사람들은 개인의 정체감이나 가치관, 자기 이해의 문제를 해결하기 위해 치료자를 찾는다.

심리치료는 심리학, 정신의학, 사회복지, 의학, 간호학 등을 포함하여, 많은 분야의 전문가들에 의해 실행된다. 심리치료자라는 명칭은 그 사용 권한으로 볼 때 어떤 전문가 유형에 제한되거나 특별히 허가받는 것은 아니다. 따라서 누구라도 심리치료자로서 자신의 서비스를 광고할 수 있다. 캘리포니아 심리학 기록위원회에서 발표한 선언문, '심리학적 서비스에 대한 소비자 가이드'에서는 자격 있는 심리학자로부터 서비스를 받아야 하는 이유를 다음과 같이 밝히고 있다.

> "위원회는 당신에게 자격 있는 심리학자를 선택하라고 강력하게 권고한다. 자격증은 심리학자가 교육적 수준이나 경험이 엄격한 기준에 도달했다는 것과 포괄적인 시험에 통과했으며, 또한 범죄 배경에 대한 검열도 통과했다는 것을 보증한다. 심리학자가 현대적이고 타당한 자격증을 갖추고 있다는 것을 증명하는 것은 중요하다. 이것은 그 사람이 최근에 지속적인 교육적 요구들을 충족하고 합법적으로 심리학을 이용할 수 있다는 것을 의미한다. 현재의 자격증은 심리학자를 법적으로 유효한 제공자라는 것을 인정하기 위해 보험회사에서도 요구하는 것이다."

정신건강 서비스의 전체적 이용이 증가했다는 보고가 있지만 이러한 증가 대부분은 심리치료보다는 약물치료 이용의 증가와 관련된다. 예를 들어 지난 20년간 미국에서 심리치료를 포함하여 정신과의사를 찾는 환자의 비율은 1/2에서 1/3로 줄었다(Mojtabai & Olfson, 2008). 캐나다 앨버타에서 우울증의 치료 패턴을 알기 위해 전화 조사를 실행하였을 때 이와 유사한 결과가 나왔다(Esposito et al., 2007). 주요우울장애의 진단기준에 맞는 사람 중 약 40%가 항우울제를 사용한 데 비해 14%만 이 상담이나 심리치료라는 형태의 서비스를 받았다. 1993년에 영국 전집조사에서 여자의 6.7%, 남자의 6.2%가 축 I 의 장애로 심리치료를 받았다고 보고했다(Brugha et al., 2004). 2000년에도 통계적으로 유의미한 차이가 없었다. 즉, 여자의 7.9%, 남자의 9.8% 만이 심리치료를 받는다고 보고했다. 뚜렷하게 대조되는 것으로 이 기간에 약물처방의 비율은 여자(9.6%에서 20.1%)와 남자(9.7%에서 19.1%) 모두에서 급격하게 증가했다.

약물처방에 보조하는 것이나 대안이거나 간에 치료를 결정하는 사람은 누구인가? 역학조사에서 보면 많은 사회인구학적 특성이 심리치료의 이용과 관련된다(Hunsley, Lee, & Aubry, 1999; Vessey & Howard, 1993). 심리치료에 대한 모든 접근을 통틀어서 심리치료 내담자들 대부분은 여자이고 중년보다 좀 더 젊은 사람들이다. 불행하게도 서비스를 필요로 사람 중 대부분은 결코 어떤 종류의 전문적 도움도 찾지 않는다.

임상심리전문가의 처치를 받을 수 있는 많은 통로가 있다. 어떤 나라에서는 병원이나 지역사회진료소에서 심리학자가 제공하는 서비스를 국가건강관리체계에서 부담한다. 다른 나라에서는 주 정부가 지원하는 서비스는 저소득층에게만 제공하고 대부분은 개인 보험으로 부담한다. 대부분의 건강관리 체계에서, 사적인 치료 장면에서 일하는 임상심리전문가의 서비스를 받는 것은 가능하다. 특히 내담자가 서비스 비용을 직접 지불하는 경우도 있다. 즉, 어떤 내담자는 직장에서 모든 비용이나 혹은 일부 비용을 부담하여 건강관리를 받는다. 병원 같은 공적으로 실시되는 심리학 서비스를 받아야 할 때는 의사로부터 의뢰를 받는 것이 필수적이고, 보험회사에서도 이 같은 조건을 요구한다. 그러나 내담자들이 사적인 치료 서비스를 찾을 때는 스스로 임상가를 선택하여 찾아갈 수 있다.

심리학 서비스의 재정적 경비는 많은 잠재적 내담자에게는 주요 장벽이 될 수 있다. 이러한 경제적 부담은 치료받기를 결정할 때 부딪히는 여러 장애물 중 가장 으뜸이다. 특히 우리나라에서는 임상심리전문가 단독으로 서비스할 경우 심리학적 치료에 대하여 보험제도가 보장하지 않음으로 내담자의 경제적 부담은 상당하다. 심리치료를 찾는 과정을 일련의 네 가지 단계로 개념화할 수 있다(Saunders, 1993). 문제가 있다는 것을 인식하기, 치료의 필요성을 인정하기, 실제로 치료받기를 결정하기, 치료자나 진료소와 연락하기이다. 치료를 받으러 오는 사람들은 대부분 심각한 문제가 있다는 것을 인식해서 치료가 도움이 될 것이라고 보고 치료에 올 때까지 수개월이 걸린다.

### 2) 심리치료의 기간과 효과

심리치료는 대부분 10회기 이하로 진행되고 있으며, 증거 기반 치료는 매우 적극적인 치료자를 요구한다. 임상 장면이나 문제를 호소하는 내담자에 상관없이 또 나라에 상관없이 심리치료의 기간은 몇십 년간 놀랍게 일관성이 있었다(Garfield, 1994; Phillips, 1991). 즉, 소수의 내담자가 한두 회기에 참여했고 치료 회기의 중앙치는 5~13회기이다. 오랜 기간에 걸쳐서 치료 기간이나 치료 종결의 이유를 포함해서 내담자나 치료자의 기대라는 치료 관련 요인을 검토해 왔다(예: Hunsley, Aubry, Vestervelt, & Vito, 1999; Steenbarger, 1994). 역설적이게도 치료 기간에 대한 치료자의 기대에 비해 내담자의 기대가 치료의 실제 기간과 더 일치했다. 내담자들은 짧은 치료 기간에도 치료자보다 치료에서 더 많은 이득을 보았다고 보고했다.

한 연구(Hansen, Lambert, & Forman, 2002)에서 보고된 결과는 심리치료 기간과 효과에 대해 여러 측면을 잘 설명하고 있다. 이는 고용원 보조 프로그램, 대학상담센터, 지역사회 정신건강진료소, 건강보건조직 등을 포함하여 다양한 환경에서 6,000명 이상의 성인 환자들에서 나온 자료이다. 이들 환자 중 1/3이 심리치료의 단일 회기에 참가했고 치료 회기의 중앙치는 3회기였다. 임상 장면에 상관없이 환자의 8.2%는 치료 기간에 증상이 나빠졌고, 56.8%는 변화가 없었으며, 35%가 개선되거나 회복되었다. 이와 유사한 결과가 다른 연구(Wampold & Brown, 2005)에서도 보고되었는데, 그들은 6,100명 이상의 미국 성인의 자료를 분석했는데, 그들 모두는 축 I의 장애진단을 받은 사람들이고 기관에서 치료를 받는 사람들이다. 치료 회기의 중앙치는 8회기였고, 29%의 환자가 치료 종결 시에 개선되거나 회복되었다.

심리치료의 성과에 대한 일반적 결과는 매우 실망스러운 것 같다. 대충 살펴본다고 해도 치료를 시작한 사람 중 1/3만이 이득을 얻는다. 회의적으로 본다면 모든 대규모의 연구결과들은 과대평가되었을 가능성도 있다. 즉, 실험설계에서 임의로 배정된 통제십단을 포함하지 않았으므로 내담자 기능의 변화가 치료의 영향이라고만 말하기는 어렵다.

### 3) 내담자 변화단계

치료의 유형에 상관없이 내담자는 변화를 원하는 다양한 시점에서 치료를 시작하는 것으로 밝혀졌다. 일부 내담자는 치료가 시작될 때 변화할 준비가 되어 있지만, 또 다른 사람들은 그렇지 않을 수도 있다. 심리치료 연구자들(예: Norcross, Krebs, & Prochaska, 2011)은 변화단계 모델을 개발하고 실증적 지지를 했는데, 이는 내담자가 어떤 준비 단계에 있는지를 알려준다.

① 숙고 전 단계: 변화할 의도가 없는 시기이다. 이들 내담자는 대체로 자기 문제를 인지하지 못하고, 문제를 인식하고 있는 가족이나 친구가 치료받도록 압력을 가하면서 치료를 시작한다.

② 숙고 단계: 문제가 있다는 것을 인지하고, 무언가를 해야겠다고 생각만 하고 아직 어떤 실제적 노력을 하려고 하지 않는 단계이다. 이들은 양가적인 면이 있고, 다소 문제가 될 수 있다고 인정하는 행동의 이득을 포기하려고 하지 않는다.

③ 준비 단계: 단기간 내(몇 주나 한 달 정도)에 어떤 행동을 하려고 한다. 이들은 작은 발걸음을 떼기는 하지만 특별히 의미 있거나 급격한 변화를 가져오지는 못한다.

④ 행동 단계: 적극적으로 행동을 변화시키고 자신의 문제를 극복하기 위한 주목할 만한 노력을 한다. 다른 어떤 단계보다 더 이 단계는 치료목표를 달성하기 위한 지속적인 노력과 헌신이 필요하다.

⑤ 유지 단계: 재발 방지와 활동 단계에서 만들어진 이득을 유지한다. 이 단계는 무기한으로 계속된다.

치료자는 내담자가 치료를 받으러 올 때 내담자의 변화단계를 평가하는 것이 중요하다. 대부분이 활동 단계에 있다고 추정하는 것은 잘못이다. 실제로 자료를 살펴보면 내담자의 대부분은 치료를 시작할 때 초기 단계에 있다. 따라서 초기 목표는 내담자의 조급한 변화를 강요하기보다 내담자의 변화에 대한 마음가짐이 증가하는 데 초점을 맞춰야 한다(Norcross, Krebs, & Prochaska, 2011; Prochaska & Norcross, 2010).

## 2. 심리치료의 단계

### 1) 최초 면접

임상 장면을 찾은 내담자들은 본인 스스로 원하는 것을 잘 인지하지 못할 수 있고 자신의 문제를 드러내는 것에 대해 불안과 수치심을 가질 수 있다. 혹은 임상가를 만나는 것에 대해 비현실적인 기대를 할 수도 있다. 따라서 임상가는 내담자에게 임상 장면에 대해 도움받을 수 있는 내용을 알려주어서 전문적 서비스를 어떻게 이용할 것인지를 결정하도록 돕는다.

면접의 첫 회기에서 전문가는 자기소개하고 치료비, 비밀 유지의 약속과 한계, 그리고 내담자와 계속 절차를 진행할 것인지, 타 기관이나 전문가에게 의뢰해야 할 것인지를 결정해야 할 것이다.

## 2) 평가

내담자가 계속 치료를 받기로 했다면 임상심리전문가는 정확한 진단과 치료계획을 세우기 위해 평가를 시작한다. 정확한 평가를 위해서는 임상심리전문가의 자료뿐 아니라 배우자, 가족, 친구, 직장 동료들을 면접한 자료, 의학적 자료 등을 통합하여야 하고, 이를 통해 내담자의 문제를 개념화할 수 있으며 치료 대책을 세워서 진행해 갈 수 있다. 평가는 일회적인 것이 아니고 치료와 함께 계속되는 일련의 과정이다.

## 3) 치료목표의 설정

치료에 들어가면서 제일 먼저 해야 일은 치료목표를 정하는 것이다. 치료목표는 합리적인 수준에서 임상가와 내담자가 합의하여 설정해야 한다. 모든 문제를 완전히 치료하거나 해결하는 것은 현실적으로 거의 불가능하므로 내담자의 현재 기능 수준과 기대에 맞추어서 적절하게 설정해야 할 것이다. 치료에 대해 비현실적 기대가 있으면 치료를 쉽게 포기하는 경향이 있다. 내담자의 상태에 맞추어서 적절한 속도로 치료를 진행해 나가야 내담자가 치료에 잘 협조할 수 있을 것이다. 치료자와 좋은 관계를 형성하고 치료목표를 향하여 공동으로 노력할 때 치료 성과는 더 좋아진다는 것을 언급하여 치료에 적극적으로 참여하도록 유도할 필요가 있다.

## 4) 치료 실시

치료자와 내담자는 치료를 통해 목표를 달성할 수 있다는 희망을 품고 시작한다. 치료계획에 따라 치료가 진행되는데 보통은 일주일 한 번, 회기당 50분 정도로 이루어진다. 그러나 긴급하고 심각한 문제일 경우 내담자와 합의하여 집중치료를 할 수도 있으며, 일주일에 두세 번의 치료가 시행될 수도 있다. 치료는 내담자의 문제의 종류와 치료자의 이론적 지향, 그리고 치료자의 훈련 배경에 따라 서로 다른 심리치료 이론으로 접근한다. 치료계획은 내담자에 따라 다양하게 변화될 수 있고 내담자에 맞춰 독특하게 진행될 수 있다.

심리치료는 일회적인 것이 아니고 끝없이 계속되는 과정이다. 인간의 성장이나 행동의 완성이란 일정한 기간 내에 이루어지지 않고 평생을 두고 계속되기 때문이다. 심리치료는 바람직한 삶을 살아가기 위한 한 가지 방편이다. 그러므로 치료 기간에 한 사람의 노력만으로 목표를 이룰 수 없다. 치료과정에서 일어날 수 있는 어려움을 예상해 보고 동의를 구하는 것도 필요하다.

### 5) 치료의 종결과 평가

환자가 말하는 것이 지루하게 들리면 심리치료는 사실상 끝난 셈이다. 이것은 심리치료를 비꼬는 사람들이 하는 말이지만 부분적인 진리가 내포되어 있다. 즉, 환자가 자신의 문제를 진지하게 이야기하고 듣는 사람도 진지하게 들을 때 진정한 치료 관계가 유지된다(Korchin, 1976).

한정된 의미에서 심리치료를 이해한다면 일정한 목적이 성취되었을 때 치료는 종결되어야 한다. 더 확실하게 한다면 호소하는 증후가 소실되고 환자가 건강을 되찾았다고 느낄 때 심리치료는 종결된다. 심리치료가 진행됨에 따라서 새로운 시야가 전개되고 목적에 변화가 오는 것이 보통이다. 그러나 치료자와 환자가 치료 종결 시기에 대해 기대하는 것은 서로 다르다. 어떤 경우든지 간에 환자의 현재 상태는 물론 미래의 전망에 대해 치료자와 환자의 의견이 일치되었을 때, 또 설정했던 목적이 충분히 달성되었다고 판단될 때 치료를 종결한다.

종결의 결심이 서게 되면 최종 치료 일자를 미리 정할 수가 있다. 의견이 나온 후 대체로 6주 후에 종결하는 것이 보통이다. 이 단계에서는 치료를 끝맺음하는 것도 중요하지만 장차 계획을 세우는 것도 중요하다. 이때는 치료를 시작할 때와 같은 정서적 문제도 생긴다. 어떤 환자에게는 치료를 받는다는 것이 삶의 한 가지 방법이 되기도 한다. 치료를 마무리 짓는다는 것은 하나의 성취이고, 높은 수준의 자기관리를 하고 있다는 것이지만 여전히 거부당하고 있다는 경험을 할 경우도 있다. 때로는 의존 욕구 때문에 혼자서 자기의 문제를 해결한다는 것이 두렵게 생각되기도 한다. 따라서 몇 번이라도 더 치료를 받을 수 없겠느냐고 하소

연하는 환자도 있다. 이런 경우 내담자와 합의하여 치료 횟수를 서서히 줄여나가면서 종결에 대한 내담자의 감정과 태도를 충분히 표현하도록 해주고 앞으로의 생활에 대한 계획도 같이 나눠야 한다.

치료목적이 성취되기 이전에라도 심리치료를 종결할 수 있다. 치료가 종결되기 전에 고원상태에 이르러 진전이 되지 않는 경우가 있다. 또 다른 한편으로는 아직도 커다란 문제가 많이 남아 있는데도 불구하고 환자가 스스로 치료는 종결되었다고 생각하여 치료가 불충분한 채로 끝나기도 한다.

치료자가 환자와 유대관계를 이어갈 수 없다고 판단이 될 때 치료는 중단될 수 있다. 치료자가 자기의 기술이나 지식으로는 그 환자를 치료해 낼 수 없다고 판단되거나 혹은 어떤 치료의 공평성이 상실되었다고 느낄 때는 정신분석적 의미의 역전이 현상이 나타난다. 마치 환자가 치료자에 대하여 부적절한 감정을 표시해 보이는 것같이 치료자가 환자에게 그러한 감정을 노출하게 되는 것이다. 이러한 감정은 조용한 성격인 환자이거나 극단적으로 매력적인 환자에 의해서 자극되는 수가 있다.

원칙적으로 훈련을 잘 받은 치료자라면 환자가 증오나 혹은 좋지 못한 감정을 노출하더라도 그에 대한 충분한 지식을 가지고 슬기롭게 통제할 수 있다. 그러한 감정을 환자와 솔직하게 토론하고, 감독자나 동료와 충분히 토론할 수가 있다면 치료를 종결하는 것이 현명한 해결방법이다. 만일 치료자에게 무슨 문제가 있어서 부득이 치료를 종결시켜야 할 경우가 생기면 그 점을 환자에게 솔직하게 밝힐 의무가 있다. 이것은 환자가 자신이 무가치하다거나 전혀 치료될 가능성이 없어서 치료가 끝난다는 생각을 하지 않도록 하기 위함이다.

종결 전후에 치료를 통해 향상된 과정을 내담자와 같이 평가하는 것이 중요하다. 치료에서 좋았던 점이나 미비했던 점들을 잘 기록하여 이후 치료에 반영하는 것이 좋을 것이다. 치료 서비스의 차원으로 추후 회기를 계획하는 것은 내담자의 적응에 많은 도움이 될 것이다.

## 3. 심리치료의 공통요인

심리치료가 효과가 있다는 것이 확고한 사실로 자리 잡은 후, 어떤 접근법이 가장 강력하게 경험적 지지를 받는가에 관해 다양한 방향과 접근법 사이에 내분이 생기기 시작했다(Lambert, 2011). 각각의 접근법은 다른 접근법보다 우월하다고 주장했고, 아래 문장에서 보듯이 경쟁은 상당히 치열했다.

많은 전투부대가 있었지만(프로이트학파 대 인지주의 대 인본주의) 이 전쟁에서의 주인공은 행동주의와 비행동주의다. 이들은 서로를 비난했고, 엄청난 모욕을 주고받았다. 그러나 쟁점은 심리치료 대 비심리치료가 아니라 A종류의 심리치료 대 B종류의 심리치료였다. 여러 유형의 치료는 마치 적수 또는 경쟁자, 경기 참가자로 보였고, 경쟁의 무대는 통제된 실험이었다(Smith et al., 1980).

### 1) 공통요인

심리치료에 대한 주요 접근 간에 선호되는 개입기법이나 이론에서 명확한 차이가 있지만 임상심리학자들은 모든 접근의 효과성은 치료 요인의 공통집합에서 생긴다고 주장한다. 로젠바이그(Rosenzweig, 1936)는 치료 요인들의 공통집합을 확인한 첫 번째 연구자이다. 그는 심리치료에 대해 2개의 폭넓은 전제를 했다. 첫째, 모든 치료는 내담자의 개선에 공헌하는 공통 치료요소를 공유한다. 둘째, 모든 치료가 변화를 일으키는 것은 이러한 공통요인들에 의존하기 때문에 모든 치료의 성과는 동등하다는 것이다. 그는 그 시대의 치료는 거의 모두 정신분석적 치료의 일종이라고 주장했으며, 그의 주장을 지지할 어떤 증거도 제시하지 않았다. 그렇지만 이 두 가지 주장은 후대의 심리치료 연구자들에게 큰 영향을 미쳤다.

수백 건의 경험적 연구는 한 유형의 치료 효과성과 다른 유형의 치료 효과성을 비교하는 설계를 했으며, 경쟁적인 치료들이 동등하게 효과가 있었다(Lambert, 2011; Lambert & Ogles, 2004; Norcross & Newman, 1992; Smith et al., 1980; Wampold, 2001, 2010a, 2010b; Weissmark & Giacomo, 1998). 이런 결론에 다다른 초기 연구자는 이상한 나라의 앨리스에 나오는 도도새를 한 줄 인용했다. 도도새는 많은 경쟁자들이 참가한 경주 후 "모두가 이겼으니, 모두가 상을 받아야 한다."고 판결했다 (Luborsky, Singer, & Luborsky, 1975, p. 995).

'도도새 판결'을 어떻게 심리치료 결과에 적용할 수 있을까? 다양한 유형의 심리치료(정신분석, 인본주의, 인지주의, 행동주의, 기타 여러 이론)는 사실 서로 상당히 모순된다. 그런데 어떻게 여러 유형의 심리치료가 유사한 결과를 낼 수 있었는가? 연구자들은 모든 유형의 심리치료에 공통요인이 있음을 지적함으로써 이런 결과를 설명한다(Stricker, 2010; Wampold, 2001). 그것은 각 치료 학파의 지지자들이 그들 자신의 접근법의 독특함과 변별되는 측면을 내세우더라도, 그들 모두는 몇 가지 기본적인 요소 또한 공유한다는 것이다. 사실 여러 치료법이 근본적인 동일 기제로부터 이득을 얻는다는 개념은 1930년대(Rosenzweig, 1936)에 일찍 제안되었고, 그 이후 수차례 반복되어왔다(Fank, 1961; Torrey, 1986). 이 논쟁과 가장 최근 견해의 차이점은 심리치료 결과에 대한 광범위한 경험적 자료에 의해 뒷받침되고 있다는 것이다.

이런 공통요인들이 단순히 존재하는 것이 아니다. 공통요인은 치료적이나 (Lambert & Ogles, 2004; Wampold, 2010a, 2010b). 공통요인은 모든 형태의 심리치료에 '유효 성분'으로 기능하며, 이는 다양한 접근법의 결과를 비교하는 데 도움이 된다. 모든 특정 유형의 치료법은 치료과정의 공통적인 핵심이 되기 때문에 실질적으로 동일하거나 거의 비슷한 이점이 있다.(Wampold, 2001). 그렇다면 이러한 치료과정의 공통적인 핵심을 이루는 공통요인은 무엇일까?

공통요인 접근에 대한 직관적 호소와 심리치료의 강력한 잠재력으로 인하여 치료성과에 영향을 미치는 공통요인들의 연구를 축적하기가 쉽지 않다. 이러한 여러 문제에도 불구하고 연구자들로부터 계속 관심을 받아온 일반적인 공통요인이 있다. 이는 치료동맹 혹은 치료관계로(Horvath, Del Re, Flukiger, & Symonds, 2011; Lebow, 2006; Norcross & Lambert, 2011a, 2011b), 작업동맹으로도 불린다.

### 2) 치료동맹

치료동맹/관계는 내담자와 치료자 간에 협력관계의 질과 강도를 의미한다(Horvath & Bedi, 2002). 치료동맹은 긍정적인 정서적 결속(예: 상호 신뢰, 호감, 존중, 배려), 치료목표에 대한 일치와 개입, 치료과정에서 구성원으로서의 유대감 공유 등을 포함한다. 동맹이라는 단어는 관계의 성격을 가장 잘 설명해 준다. 치료자와 내담자 사이의 관계는 공동의 목표에 따라서 신뢰관계가 결정된다. 연구 대상이 성인이든 아동이든 가족이든 간에 치료 형식이 개인 또는 집단인지 여부와 관계없이 치료관계의 질이 심리치료 성과에 강하게 기여한다(Norcross & Wampold, 2011a, 2011b).

동맹과 성과의 관계에 대한 연구를 해석할 때 생기는 문제는 상관관계에서 추론하지 못한 인과관계의 중요성이다. 좋은 동맹은 좋은 성과에 필수적이라는 것이 명확한 것 같지만 방법론적 문제로 인하여 이러한 결론을 내리기는 쉽지 않다. 첫째, 빈약한 동맹은 내담자에 의한 치료의 조기 종결로 이끌 수 있는데, 이것은 경계성 성격장애를 대상으로 한 인지치료와 정신역동치료 모두에서 밝혀졌다(Spinhoven, Giesen-Bloo, vanDyck, Kooiman, & Arntz, 2007). 좋은 동맹을 맺은 내담자들은 치료를 잘 마치기 때문에, 연구자들은 강한 동맹을 보고하는 내담자의 치료효과에 대한 자료를 얻을 기회가 더 많다. 결과적으로 우리가 치료성과에 대한 치료동맹의 효과에 대해 알고 있는 것 대부분은 비교적 긍정적인 치료동맹을 경험한 내담자들로부터 나온 자료를 바탕으로 한 것이다. 둘째, 동맹이 최초 치료 회기 후에 보통 평가되므로, 초기 내담자 증진은 동맹과 치료성과 간의 관계를 혼입시킬 가능성이 있다. 일반적으로 이런 가능성을 특별히 검증하도록 설계된 연구들은 초기 동맹의 초기 증진 효과를 통계적으로 통제한 후에도 치료성과를 예측한다는 것을 밝혔다(Barber, Connolly, Critis-Christoph, Gladis, & Siqueland, 2000).

특히 연구자들은 치료관계의 질이 치료 결과의 가장 좋은 예측 인자이며 치료의 특유한 기법보다 치료 결과의 가변성에 영향을 미친다고 주장했다(Beitman & Manring, 2009; Wampold, 2001, 2010b). 치료관계의 강도는 내담자의 관점에서 특히 중요하다. 이 관계에 대한 내담자의 인식은 긍정적인 변화를 촉진한다. 또한, 치료자의 중점에 상관없이 치료관계의 질이 치료에 중요하다는 점도 흥미롭다. 일부 치료자(예: 행동주의자)는 치료관계는 덜 강조하는 경향이 있고, 다른 치료자(예: 인지치료자)는 치료관계를 중간 정도 중시하는 경향이 있으며, 또 다른 치료자(예: 인본주의)는 치료관계에 매우 집중하는 경향이 있다. 그러나 내담자의 관점에서 보면 치료관계는 심리치료의 일관되게 중요한 구성요소로 남아 있다(Norcross & Lambert, 2011a, 2011b).

연구자들은 또한 치료관계를 분석하기 시작했다. 즉, 무엇이 치료관계를 이롭게 만들었는지 정확히 알아내기 위해 구체적인 요소들을 더 자세히 살펴보기 시작했다(Horvath et al., 2011; Orlinsky, 2010). 수많은 요소가 밝혀졌는데, 가장 중요한 것은 치료자가 내담자에게 공감과 수용을 제공할 수 있는 능력이다(Lambert, 2011; Norcross, 2010). 따라서 치료관계 연구에서 특정 기법을 뒷받침하는 경험적 자료 외에도, 임상심리학자들은 특정 종류의 치료적 관계 연구를 뒷받침하는 자료도 가지고 있다. 기법이나 관계 어느 한쪽만 다루기보다는 임상심리학자는 둘 다 수용할 수 있다. 다시 말해 이 두 가지 치료요소는 내담자에게 가장 유익한 경험을 하도록 서로 보완할 수 있다.

심리치료 분야에서 가장 두드러진 논란 중 하나는 내담자의 변화가 주로 치료자의 기법들 때문인지, 치료적 관계의 질 때문인지에 대한 것이다. 이 논란은 개념적으로 결함이 있고 경험적으로 지지할 수 없는 '양자택일' 가설을 다소간 함축적으로 반영한다. 변화 과정의 복잡성은 적어도 우리의 관점에서 볼 때 기술과 대인관계 요인 모두를 고려해야 한다(Castonguay & Beutler, 2006).

치료동맹/관계에 대한 설명을 마치기 전에 마지막으로 한 가지를 더 고려해 보자. 동맹-성과 관계에 관한 연구는 치료에서 공통요인들의 힘을 믿게끔 만든다. 증거 기반 치료자가 실시한 이러한 심리적 개입은 많은 사람을 치료하는 데 매우 큰 도움이 될 수 있다는 증거가 늘고 있다. 내담자와 직접 만나지 않고 동맹을 맺는 것이 가능한가? 수백 킬로미터 떨어진 곳에서 비디오나 전화선의 목소리만으로도 환자와 건강 서비스 제공자 간에 치료동맹이 맺어질 수 있다는 사례가 있다. 자조적 매뉴얼이나 컴퓨터 치료 프로그램을 사용하는 사람은 어떤가? 그러한 도구들이나 그 도구를 개발한 보이지 않는 개발자와 치료동맹을 맺을 수 있는가? 컴퓨터 프로그램과 유대감이 생겼다면 이는 내담자의 적극적 개입을 증진하기 위해 공감적 방식으로 제시되는 도구들에서 나온 것인가? 이런 식의 유대감을 치료동맹의 한 형태로 보는 것이 의미 있는지에 대해 고려할 필요가 있다(Hunsley & Lee, 2010).

### 3) 기타 공통요인

치료동맹이 심리치료 연구자들이 제안한 유일한 공통요인은 아니다. 희망, 혹은 긍정적 기대 또한 공통요인으로 지지를 받았다. 간단히 말해서 모든 치료자는 문제가 개선될 것이라는 희망이나 낙관론을 갖는다. 비록 치료기법은 다를 수 있지만, 변화는 사실 어떤 기법이 적용되기 전에 그 자체로 시작된다. 내과 병원이나 심지어 자동차 정비소에 들어간 사람이 문제가 해결될 수 있다는 확신을 얻으면 희망의 치유력을 이해하게 된다.

관심 또한 심리치료의 공통요인이 될 수 있다. 심리학자와 내담자가 내담자의 문제에 직접 관심을 기울임으로써 그 문제에 대한 새로운 접근을 제시할 수 있다. 즉, 내담자는 이전에 치료에서 다루어진 문제를 무시하려고 했을 수도 있다. 단순히 문제를 인식하고 치료하는 것에 중점을 둠으로써, 내담자는 공식적인 개입이 시작되기도 전에 변화를 경험할 수 있다. 치료관계, 희망, 관심, 그리고 다른 공통요인들과 더불어 연구자들은 새로운 행동의 강화, 위협적인 자극들에 대한 둔감화, 문제에 직면, 그리고 훈련 기술을 제안했다(Prochaska & Norcross, 2010). 모든 형태의 심리치료에 근본적인 공통요인이 예측 가능한 순서로 발생하는 것이 가능한가? 가장 일반적으로 제시되는 공통요인들을 범주화하기 위해 공통요인의 3단계 연속 모델인 지지요인, 학습요인, 행동요인을 사용했다(Lambert & Ogles, 2004).

1단계, 지지요인은 가장 강력한 공통요인으로 강력한 치료자와 내담자의 관계, 치료자의 온정과 수용 그리고 신뢰 등이다.

2단계, 학습요인은 스스로 기대를 바꾸는 것, 사고방식의 변화, 감정 조절 경험 그리고 새로운 통찰력 등의 측면을 포함한다.

3단계, 행동요인은 위험을 감수하고 직면하며 새로운 행동들을 연습하여 숙달하고 문제를 해결하는 것과 같은 요소들로 구성된다.

간단히 말해서 이 연속 모델은 치료자들이 모든 종류의 내담자를 세 가지 공통 단계인 내담자와 연결되고 그들의 문제를 이해하는 것(지지요인), 내담자의 문제에 대한 신념과 태도를 바꾸도록 촉진하는 것(학습요인), 그리고 새로운 더 생산적인 행동을 격려하는 것(행동요인)을 통하여 치료하도록 돕는다.

3단계 연속단계를 개인적인 문제를 가지고 찾아오는 친구를 돕는 것과 비교하면 재미있다. 보통 우리는 이해와 동정심을 가지고 대화하며(지지요인), 그들이 새로운 관점에서 문제를 보도록 돕고(학습요인), 궁극적으로 그들이 전략을 개발하고 새로운 행동을 하도록(행동요인) 돕는다. 만약에 그중 하나의 단계를 생략한다면 도움과정이 방해될 수 있다. 그 증거로 어떤 내담자는 특정 단계에서 더 많은 시간이 필요할 수도 있고 적은 시간이 필요할 수도 있다. 그리고 문화적 요인은 단계별로 도움을 구하는 사람, 즉 지지, 학습 그리고 행동을 선호하는 경향이 있는 일부 그룹 사람들의 가치에 따라 중요한 역할을 할 수 있다.

## 4. 치료관계

### 1) 치료관계의 특성

치료자는 환자가 이야기하는 것을 주의 깊고 공감적인 태도로 경청해야 한다. 치료자 자신의 욕구나 감정을 개입시키지 않고 순수하게 경청할 수 있어야 한다(Fromm- Reichman, 1950). 적절한 순간에 치료자는 환자가 어려움을 이해하게 되었음을 자연스럽게 알려줄 필요가 있다. 치료자는 환자가 문제를 개선하기 위해 기울인 노력을 높이 평가하고, 환자의 문제를 결점으로 간주해서는 안 된다. 또

치료자는 편견에 사로잡히지 말고 성실해야 하며 동정심이 있어야 한다. 그는 자신이 가진 전문적 지식, 지성 및 온정으로 환자를 도와야 한다.

심리치료는 일종의 전문적 직업관계이다. 전문적 지식을 가진 사람이 도움이 필요한 사람에게 도움을 주고 그 대가를 받는 관계이다. 치료자는 정당한 대가를 정해 놓고 약속된 시간에 환자를 보기도 하고 어떤 계약관계를 맺었을 때는 그에 종사할 의무까지 가진다. 환자에게는 비밀이 보장되어야 하며 도의적으로는 중립성이 지켜져야만 한다. 치료 기간에 치료자는 환자에게 모든 주의를 집중해야만 한다. 자신의 필요에 따라서 환자를 통제해서는 안 된다. 치료자는 오직 환자의 복지증진에만 관심을 쏟아야 한다. 단순한 위로 같은 것은 심리치료자가 할 일이 아니다.

심리치료의 효과를 비관적으로 생각하는 환자가 있는가 하면 매우 낙관적으로 생각하는 환자도 있다. 심리치료에서 어떤 도움을 받는다는 것보다는 많은 시간과 경비를 낭비해 가면서 자기를 미친 사람으로 보지 않을까 하고 걱정하는 사람도 있다. 또 수치감을 가지고 있는 사람도 있다. 또 자기의 문제를 해결하지 못하는 것을 무척 고통스럽게 생각하고 있다. 환자 자신은 전문가의 도움으로 심리적 문제가 어떻게 생기며, 또 그것은 어떻게 해결되는지를 진심으로 알고 싶어 한다.

치료자는 환자의 치료에 대한 욕구와는 상관없이 치료를 받게 할 권리가 부여되어 있다. 환자는 자신의 비밀을 털어놓아야 한다는 것을 인지하고 있으며 치료자는 환자가 모든 것을 성실하게 이야기하도록 분위기를 만든다. 환자는 치료자에게 협조하면 쉽게 치료될 수 있을 것으로 생각한다. 사실상 치료 초기에 대부분 환자는 자신의 상태가 많이 호전된 것으로 생각하고 조기에 치료를 중단해 버리는 경향이 있다.

치료자에 대한 환자의 신념이나 신용이 매우 중요하다. 그러나 이것이 우선 되거나 그것만으로 치료 변화가 가능하다는 것은 아니다. 치료자를 믿고 치료를 받으면 자신의 상태가 호전될 것이라는 기대를 한다. 이것은 치료 변화를 기대하는 치료자들의 공통된 소망이기도 하다. 특히 치료를 통해서 크게 호전될 것이라는 기대감은 신체나 정신에 지속적인 영향을 미칠 뿐만 아니라 심리치료의 성공 여부를 결정하는 데 매우 중요하다(Frank, 1973).

심리치료에 있어서 기대효과는 의학에서 다루는 플라시보의 효과와 같이 생각할 수 있다. 일반적으로 어떤 약에 대한 효과는 약의 작용에 대한 믿음, 의사에 대한 신뢰감, 약의 생리적 작용은 물론 환자의 심리적 요인에 따라 결정된다는 것은 널리 알려진 사실이다.

신뢰성은 심리치료에 있어서 매우 중요하며 서로 다르게 작용한다. 무엇보다도 환자는 자기의 문제가 치료될 수 있다는 신념을 갖기 전에는 치료를 계속 받으려 하지 않는다. 설사 환자가 치료를 받기 시작했다고 하더라도 장기간 이어지지 않는다. 환자는 지난날의 불안이 되살아나는 것을 별로 반갑게 생각하지 않는다. 치료자가 자신을 너 이해하려고 한다고 생각하면 그를 더 존중할 수 있다.

### 2) 치료적 계약관계

환자와 치료자가 공동으로 수행해야 할 일과 이해해야 할 일들을 총칭하여 치료적 계약관계라고 말한다. 이는 환자와 치료자가 서로 이해하고, 공개적으로 토론하고 자유롭게 절충해 나아가는 과정이라고도 말할 수 있다. 그러므로 피차간에 말로 표현되지 않는 어떤 기대감 같은 것도 내포된 경우가 많이 있다. 심리치료의 과정에서도 다른 대인관계에서와 마찬가지로 서로 다르게 이해되는 경우가 당연히 있을 수 있다.

두 사람 사이에 말로 표현되지 않는 서로 모순되는 기대 속에서 심리치료가 진행되면 그 심리치료는 성공할 수 없다(Beall, 1972). 그러므로 두 사람은 치료가 시작되면서 서로 의견을 일치시키는 노력을 해야 한다. 일반적으로 이 치료적 계약관계는 5~6회기의 치료가 진행되면 쉽게 맺어지기는 하지만 후에 곧 무너지는 경우가 많다. 환자와 치료자의 모든 행동을 자세하게 기록할 수는 없지만, 기본적인 치료계획을 분명하고도 공공연하게 논의할 필요가 있다.

치료계획이나 그 비용의 지출에 대해서는 의견이 쉽게 일치될 수가 있다. 약속시간과 치료비 지출에 대한 의견이 일치되면 주당 몇 회 치료할 것인가도 결정해야 한다. 환자는 꼭 약속된 시간을 지켜야 하며, 그 시간을 지키지 못할 일이 생기면 곧 치료자에게 통보해야 하며, 쌍방 간에 합의된 방법에 따라 치료비를 지불해야 한다. 치료자도 예기치 않았던 일이 생기면 곧 환자에게 알려서 기다리는 일이 없도록 해야 한다. 다른 한편 치료자는 치료과정에서 나타난 환자의 비밀을 충분히 보장해 주어야 한다.

치료가 얼마 동안 계속될 것인가 하는 문제는 매우 중요하다. 일정한 시간이 정해진 경우를 제외하고는 누구도 치료 기간에 대해서는 예측할 수가 없다. 그러므로 치료자는 그것을 솔직히 환자에게 말해주어야 한다. 자기의 경험에 비추어 대략 얼마 동안 계속될 것인가를 말해줄 수는 있다. 치료 기간 초기에 치료자는 환자에게 상호 간의 이해를 위해서는 서로 평가를 해보아야 할 필요가 있고, 서로의 문제를 모색하는 것이 필요하다는 점을 알려야 한다. 몇 차례의 치료가 진행되어 감에 따라서 치료자는 환자의 문제가 무엇이며, 환자는 치료자로부터 어떤 도움을 받을 수 있을 것인가를 알 수 있다. 이 단계를 거치고 나야 비로소 치료를 위한 계약관계가 확고하게 결정되는 셈이다.

치료계획과 치료비 등에 대한 합의가 끝나고 나면 기본 공약이 문제가 된다. 치료과정에서 치료자는 환자의 행동에 대해 계속 주의해야 하며, 편견에 치우친 판단을 피해야 하며, 환자의 비밀을 지켜주어야 하며 환자에 대한 신의를 고수하여야 한다. 또 자기의 직업적 전문성을 고수해야 하지만 그것 때문에 환자와의 의사소통이 방해받지 않아야 한다.

치료자는 치료 결과에 대해 어떤 보장을 해서는 안 된다. 치료자는 어떤 목적을 설정해 놓고 그것을 성취하기 위해서 최선을 다해야 하지만 자기는 꼭 치료에 성공할 수 있다고 장담해서는 안 된다. 어떤 순박한 생각을 하는 등산공포증 환자 가운데는 "내가 10회쯤 치료를 받고 나면 산에 대한 두려움은 없어지고 자유롭게 등산할 수 있겠지요?" 하고 묻는 사람도 있다. 그러나 이에 대해서 자신을 가지고 대답해 줄 수 있는 치료자는 아무도 없다.

### 3) 경험적으로 지지된 치료관계

경험적으로 지지된 치료관계의 일반적 요인에 대한 목록은 다음과 같다 (Norcross, 2002). 우선 상당히 효과적인 요인들은 치료동맹, 집단치료에서의 응집력, 감정이입, 그리고 목표 일치성과 협력이다. 그다음으로 효과적일 가능성이 큰 요인들로는 긍정적 관심(따뜻하고 수용적인 방식으로 내담자 다루기), 조화성/진정성(치료에서 그 자신이 되거나 치료과정에서 충분히 개입하는 치료자), 피드백, 동맹관계의 불화 극복하기(치료관계에서 발생한 문제에 중점 두기), 자기개방, 역전이의 관리(내담자에 대한 부정적이거나 긍정적인 감정을 적절하게 다루는 치료자), 관계 해석의 질(내담자 생활에서 대인관계 주제에 대한 치료자 해석의 정확성과 적절성) 등이다.

### (1) 동맹과 응집력

치료관계의 일반적 요소 중에서 치료동맹의 질이 치료성과에 영향을 미친다는 것은 의심할 여지가 없다. 내담자와 좋은 작업 관계를 설정하고 유지하려는 노력은 모든 치료자에게 중요하다는 증거가 있다. 특히 집단치료에서는 내담자 간에는 물론이고 내담자와 치료자와도 많은 관계로 얽혀 있다. 이런 모든 관계를 다 합하여 응집력이라고 말한다. 따라서 집단치료 지도에서 응집력을 촉진하는 것이 중요하다. 해결되지 않은 대인관계 갈등, 십난과 구성원 간에 다루어지지 않은 긴장, 집단 구성원 간에 소외나 거부의 감정들은 집단치료의 영향을 해칠 수 있다.

### (2) 감정이입(공감)

감정이입은 다른 사람의 경험을 이해하는 능력으로 정의된다. 치료성과에 대한 치료자의 감정이입이 치료성과에 큰 영향을 미친다는 메타분석 결과(Greenberg, Elliot, Watson, & Bohart, 2001)는 환자를 이해하고 그들과 효과적으로 소통하는 데 있어서 치료자의 대인 간 감수성의 중요성을 강조한다. 이것은 환자의 현재 문제의 성질이나 치료적 지향과는 상관없이 중요하다. 환자가 치료자에 의해 이해받는다는 느낌은 치료자의 효율성과 직접 연관된다.

### (3) 목표 일치성과 협력

마지막으로 증명할 수 있는 효과적인 요소는 목표 일치성과 협력인데, 이는 환자와 치료자가 치료목표를 세우고 그것을 달성하기 위해 함께 작업해야 할 필요성을 강조한다. 치료의 성질과 방향에 대해 분명하게 일치하는 것은 치료가 환자에 대한 적절한 영향을 미치는 데 중요하다.

### (4) 내담자 저항과 기능적 손상

치료가 잘 되기 위해 주목해야 할 두 가지의 주요한 내담자 특성이 있다. 내담자의 저항에 대처하기 위해 치료자는 치료자 지시(낮은 반응을 보이는 내담자에게)를 강조하거나 내담자 자기-지시(높은 반응을 보이는 내담자)를 강조하거나 간에 어떤 한 방식을 선택해야 한다. 숙련된 치료자들은 내담자의 반응 수준을 정확하게 측정하는 과정을 예상하면서 치료에 변화를 준다. 중요한 기능적 손상을 보이는 내담자를 다룰 때(예: 여러 가지 생활 영역에서 나타날 수 있는 기능상의 심각한 고통이나 붕괴), 치료자는 그런 손상이 치료에서 이득을 볼 수 있을 때마다 나타날 수 있다는 한계를 이해해야만 한다. 그러나 기능적 손상의 부정적 효과는 치료 기간이나 빈도를 증가시킴으로써 부분적으로 극복할 수 있다(Beutler, Rocco, Moleiro, & Talebi, 2002).

## 5. 심리치료의 성과와 관련된 요인

치료성과 연구와 과정성과 연구 사이의 관계를 이해하기 위해, 스포츠 경기의 성과를 생각해 보자. 한 시즌의 팀의 성적은 많은 방식으로 분석될 수 있다. 예를 들어 한 시즌 동안의 승리 횟수를 계산할 수 있고 팀이 홈에서 경기했을 때의 승리 횟수와 전체 경기의 승리 횟수, 특정 상대와의 경기에서 거둔 기록 등을 계산할 수 있다. 치료성과 연구와 같이 이런 모든 예는 다양한 조건에서의 성과에 초점을 맞추거나 다른 팀들과 비교한 성과에 초점을 맞춘다. 이런 것 중 어떤 것도 팀이 어떻게 그런 기록을 냈는지를 설명 해주지 않는다. 이것을 알기 위해 우리는 각 게임 안에서의 과정을 검토할 필요가 있고 팀이 경기한 모든 게임에서 이런 과정이 일관성 있게 나타났는지를 검토해야 한다(Hunsley & Lee, 2010). 스포츠 팀의 기록을 검토하는 방법은 여러 가지 의문점을 가지고 있다.

이와 유사하게 심리치료 연구의 여러 유형은 여러 가지 의문점을 가질 수 있다. 치료성과는 어떤 개입이 더 유효한지에 대해 중점을 두는 반면, 과정 연구와 과정성과 연구는 개입이 어떻게 작용하는지에 대해 의문을 갖는다. 과정성과 연구의 역사를 개관한 연구자들(Orlinsky, Ronnestad, & Willutzki, 2004)은 지난 50년에 걸쳐서 심리치료 연구들을 추적했다. 1950년대와 60년대에, 심리치료의 과정에 관심을 가진 심리학자들은 두 가지 중요한 자료 원천을 사용하는데, 이는 심리치료 회기의 기록과 치료과정의 내담자와 치료자 경험의 표준화된 측정치이다. 치료에서 어떤 것이 나타나는지를 연구하는 전략(과정 연구)과 그것이 내담자의 변화와 어떻게 관련되는지(과정성과 연구)는 극적으로 성장해 왔고 더 복잡해졌다.

심리치료 과정에서 나온 질문을 검토하고 이런 정보를 치료성과와 연관시킴으로써 심리치료 연구자들은 치료가 어떻게 작용하는지에 대해 많은 것을 알게 되었다. 예를 들면 많은 연구는 그동안 치료자들이 다양한 이론적 지향에 따라 변화하는 방식을 검토해 왔다. 일반적으로 치료자 행동 사이에 상당한 유사성이 있을지라도, 치료자들은 그들의 이론적 지향과 일치하는 방식으로 행동하는 경향이 있다(Blagys & Hilsenroth, 2000). 치료적 실제에 영향을 미치는 이런 연구를 이용하여 임상심리전문가들은 환자에게 제공하는 서비스를 개선할 수 있다.

### 1) 내담자 요인

무선화된 통제시행이 대다수를 이루는 심리치료 연구는 진단과 현재 문제들을 기초로 분류된 다양한 집단의 내담자들에 대한 치료성과를 검토한다. 심리치료 연구자는 진단이 치료성과를 결정하는 일차적 요인이라고 믿지는 않는다. 진단보다 내담자 특성이 치료 성공이나 실패를 예언하는 데 매우 중요하다. 결과적으로 심리치료에 대한 내담자 변인의 영향을 검토하기 위해 대규모 문헌을 조사했다. 이 연구의 대부분은 실제 임상 장면에서 제공된 치료연구에서 나왔으나 점점 치료 효과성의 매개변수와 조절변수를 확인하기 위한 무선화된 통제시행 연구가 증가하고 있다(Kazdin, 2007).

내담자 변인을 검토하는 데 있어 첫 번째 도전은 어떤 변인을 평가해야 할지를 결정하는 것이다. 어떤 내담자 특성을 설명해야 할까? 많은 잠재적 변인 중에는 성격특성, 현재 생활환경, 생활 경험, 원가족의 특성, 다문화적 특성, 심리적 문제에 대한 신념, 치료에 대한 기대 등이 있다. 우리가 그런 특성들이 치료에 미치는 영향을 안다면 내담자의 요구에 적절하게 반응하는 치료계획을 세울 수 있다. 치료에서 내담자 요인에 대한 방대한 연구결과를 종합하려는 노력은 연구의 비체계적 성질로 인해 방해받아 왔다. 다른 말로 연구자들은 내담자의 치료 기대와 같은 변인을 연구에 따라 다른 방식으로 검토하는 경향이 있었다. 다양한 유형의 측정치(예: 자기보고 측정도구를 완성하기나 치료 회기 동안 이루어지는 진술 코딩하기)와 서로 다른 평가 시기(예: 치료 시작 전이나 한 회기 치료 후)로 인해서 연구 간 패턴을 탐지하기가 극도로 어렵다. 몇몇 연구자들(Petry, Tennen, & Affleck, 2000)이 내담자 변인에 대해 간결하게 요약했는데, 이러한 다양성 때문에 수천 편의 경험적 연구가 있음에도 불구하고 우리는 내담자 변인이 어떻게 치료 반응에 영향을 미치는가에 대해 기본적인 이해만 할 수 있다.

치료에 영향을 미치는 내담자 변인으로 제시한 것들을 보자(Petry et al., 2000).

① **사회인구학적 특성**으로서 여기에는 사회경제적 수준, 인종, 성, 나이가 속한다. 즉, 사회경제적 수준이 더 높을수록 치료를 지속하거나 참여할 가능성이 더 커진다. 내담자와 치료자의 인종이 유사할수록 내담자가 치료 변화를 생기거나 치료를 지속할 가능성은 더 크다. 여성은 남성보다 치료를 받을 가능성이 더 크지만, 서비스를 조기 종료하는 것에서는 성차가 없다. 내담자와 치료자의 성의 조화는 치료성과나 치료 만족에 거의 영향을 미치지 않는다. 마지막으로 내담자 나이는 치료성과와 관련이 없다.

② **심리적 기능**으로서 증상의 심각도와 기능적 손상이 있다. 즉, 심리적 증상이 더 심할수록 치료성과는 더 나빠진다. 또한, 기능상 전반적 손상(예: 여러 가지 사회적 역할과 건강 상태 등에서)이 클수록 치료성과는 더 나빠진다.

③ **성격특성**으로서 성격장애, 자아 강도, 심리적 마음 자세, 심리적 반응, 치료 기대 등이다. 즉, 성격장애의 진단을 받았다면 조기 종료, 치료과정에서 문제가 있을 수 있고, 치료하는 동안에 변화가 더디다. 자아 강도(넓게 부정적 정서 상태나 개인적 정체감에 대한 위협을 다룰 수 있는 성격 자원을 사용하는 능력으로 정의된다)는 긍정적 치료성과와 관련된다. 심리적 마음자세(넓게 심리적 용어로 사람이

나 문제를 이해하는 능력으로 정의)는 긍정적 치료성과와 관련된다. 심리적 반응으로 보면 반응이 낮은 내담자들(넓게 한 사람의 행동이나 선택을 제한하거나 영향을 미치려는 시도에 대항하여 반응하려는 경향으로 정의)은 지시적 치료일수록 치료적 이득을 더 많이 경험하고, 반응이 높은 내담자들은 지시적 치료가 덜할수록 치료적 이득을 더 많이 보는 경향이 있다. 마지막으로 치료에 대해 긍정적인 기대를 할수록 치료를 유지하며 치료적 이득을 더 많이 얻는다.

위의 정보는 개별 내담자에 대한 치료계획을 치료자가 맞춤으로 할 수 있도록 명료한 안내를 해준다. 사회경제적 지위의 예를 들어보자. 사회경제적 지위가 낮은 내담자가 조기 종결할 가능성이 있다면 심리학자들은 내담자가 치료에 계속 올 수 있도록 조치를 취할 수 있다. 이를테면 불규칙하게 일하는 시간제 근무를 하는 두 명의 어린아이를 둔 싱글맘에게 서비스를 제공하는 데 있어서 심리학자는 그녀의 일정에 따라 치료 약속을 잡을 수 있도록 선택권을 줄 수 있다. 심리학자는 보통의 근무시간으로 정해지는 규칙적인 일정을 잡기보다 아이 돌보는 약속을 따로 잡거나 작업시간을 빼지 않고도 만날 수 있는 시간을 정하도록 배려해야 한다. 더구나 사설 장면에서 많은 심리학자는 수입이 낮은 환자들이 인하된 요금을 지불할 수 있도록 변동요금제를 적용한다. 적절한 서비스를 제공하면 싱글맘 치료에 참여하여 서비스를 조기에 종결하지 않도록 하는 것에 확실하게 영향을 미칠 수 있다.

미리 존재하는 내담자 변인, 즉 현재의 생활맥락, 생활 경험, 성격 등은 치료를 찾거나 참여할지를 내담자가 결정하는 데 큰 영향을 미칠 수 있다는 것을 명심하는 것이 중요하다. 그러나 일단 치료가 시작되면 내담자와 치료자 사이에 역동적인 상호작용은 치료의 경과나 성과에 더 강력한 영향을 미친다(Clarkin & Levy, 2004). 치료의 궁극적 성과는 내담자의 치료자에 대한 감정, 내담자의 질문과 도전에 대한 치료자의 반응, 치료 초기에 내담자가 경험하는 이득 정도, 치료가 내담자의 매일의 생활에 영향을 미치는 범위 등에 의해 결정된다. 예를 들면 우울증 치료에 대한 대규모 연구에서 처음에 치료가 효과적일 것으로 기대했던 환자는 치료를 지속했고 치료 회기에 적극적이고 건설적으로 참여했으며 증상이 감소되었다(Elkin, Yamaguchi, Arnkoff, Class, Sotsky, & Krupnick, 1999; Meyer, Pilkonis, Krupnick, Egan, Simmens, & Sotsky, 2002).

### 2) 치료자 요인

연구자들은 치료과정과 성과에 대한 내담자 변인의 영향을 탐색해 왔던 것처럼 치료자 특성이 심리치료에 영향을 미치는 요인을 강조했다. 이러한 연구들은 환자의 치료 반응에 대한 심리치료의 영향에 대한 예민하고 미묘한 결과를 산출했다. 치료자 요인 이 심리치료의 과정과 성과에 미치는 공헌에 대한 연구(Beutler et al., 2004; Teyber & McClure, 2000)에서 나온 결과를 요약한 내용은 다음과 같다.

① 사회인구학적 특성에 속하는 변인은 인종, 성, 나이이다. 즉, 치료자의 인종과 문화적 배경이 치료성과에 미치는 영향을 조사한 체계적 연구는 매우 제한되어 있으며, 일관성 있는 영향은 아직 없다. 치료자의 성은 치료성과에 미치는 일관성 있는 영향이 없다. 마지막으로 치료자 나이는 치료성과와 관련되지 않았으며, 내담자와 치료자 간 나이의 유사성은 치료성과에 유의미하게 영향을 미치지 않는다.

② 전문적 배경에 속하는 변인은 전문적 훈련과 전문적 경험이다. 즉, 정신건강 분야에서 훈련받은 치료자들은 일반 건강 분야에서 훈련받은 사람들보다 치료성과가 더 좋은 경향이 있다. 다양한 정신건강 분야에서 훈련받은 치료자들(예: 임상심리학자, 정신과의사, 사회사업가, 결혼 및 가족 상담자)의 상대적 효과성에 대한 연구는 결론 내리기 어렵다. 전문적 경험으로 볼 때 다양성을 증명하는 것이 중요 하지만 치료자 경험(치료에 종사한 기간이나 치료한 내담자 수로 측정한)은 치료성과와 정적 관계가 있다.

③ 성격특성에 속하는 변인은 성격특질, 정서적 안녕, 치료자의 가치, 태도 및 신념, 그리고 자기개방 등이다. 즉, 치료자의 성격특성은 치료성과와 거의 관련이 없다. 그러나 치료자의 정서적 안녕은 치료성과와 일관성 있게 정적

관계가 있다. 치료의 과정이나 결과에 대한 치료자의 가치, 태도, 신념의 영향에 대해서는 일관성 있는 결과 패턴이 밝혀지지 않았다. 마지막으로 치료자의 자기개방(넓게 치료 과정에서 개인적 경험이나 관점에 대한 치료자의 현명한 공유로 정의된다)은 치료성과에 적지만 정적 효과를 나타내는 것으로 밝혀졌다.

많은 치료자 변인은 치료에서 상호작용할 수 있다. 치료자의 개인 자질의 총합은 좋은 치료기술의 중요한 요소라는 것은 분명하다. 좋은 심리치료자는 상당한 지식, 기술적 기법, 대인관계의 민감성, 고통에 대한 인내심 등을 지니고 있어야 한다. 예를 들면 외래환자 진료소에서 일하는 임상심리학, 정신의학, 임상사회사업, 정신과 간호학으로 훈련받는 치료자들을 연구했다. 각 훈련생에게 임의로 2명의 내담자를 배정하여 치료한 결과를 참고하여 그들은 2명의 내담자가 모두 개선된 30명의 치료자와 2명 모두 개선이 안 된 30명의 치료자를 선택했다. 환자와 치료자에서 나온 자료는 이들 두 집단 사이에서 치료자들의 차이를 검토하기 위해 사용되었다. 그들의 정서적 적응이나 일반적 삶의 가치라는 점에서 치료자 집단들 간에는 아주 적은 차이가 있었지만, 치료 동안 중요한 집단 차이가 있는 것으로 분석되었다. 특히 더 효과적인 치료자들의 환자들은 덜 효과적인 치료자의 환자들보다 감정을 보고했고 더 많이 치료를 이해했다(Lafferty, Beuter, & Crago, 1989).

충분한 자격이 있고 활동하는 치료자들 사이에서 치료 효과성의 전반적 차이에 대해 우리는 무엇을 알고 있는가? 치료자들의 성공을 검토하는 2개의 대규모 연구에서 내담자 개선에 작용하는 변량의 5~8%가 치료자 효과로 귀인될 수 있다고 밝히고 있다(Lutz, Leon, Martinovich, Lyons, & Stiles, 2007; Wampold & Brown, 2005). 게다가 무선화된 통제시행에서 환자 변화에 책임이 있는 다양한 요소들을 조사하였는데 환자의 치료성과에 특정 치료자의 효과는 특정 치료의 효과보다 더 크다는 것을 밝혀냈다(Lyons & Howard, 1991). 명백한 치료 매뉴얼에 기초한 체계적 훈련이 치료자의 전반적 효과를 증진했다 하더라도 특정 치료자들 사이에 중요한 변량을 제거하지는 못한다(Teyber & McClure, 2000).

불행히도 우리는 더 효과적인 치료자와 덜 효과적인 치료자를 구분하는 특성이나 치료자가 특별히 다른 동료들과 어떻게 다른지에 대해 아는 것이 거의 없다. 예를 들면 알코올 문제를 가진 대규모 치료(1,700명 이상의 환자)연구에서 54명의 치료자 중 4명은 가장 빈약한 치료성과를 냈으나, 이들 4명의 치료자에서 다른 치료자들과 변별될 수 있는 특성을 확인할 수 없었다(Project MATCH Research Group, 1998). 치료자 효과성의 차이에 대한 증거는 실제 장면에서 얻은 결과에 기초하여 치료자가 효과적인지를 확인하는 것이 필요하다(Krause, Lutz, & Saunders, 2007).

### 3) 치료 요인

연구자들은 특정한 치료 지향 안에서 지향에 상관없이 치료의 어떤 측면이 치료 효과를 내는 데 특히 중요했는지를 조사했다. 내담자의 행동을 명확히 해석하는 것이 치료자에게 중요한가? 회기 사이의 과제를 사용하는 것이 치료 간의 차이를 만들어내는가? 과정성과 연구자들은 이러한 질문들과 그 외의 많은 요인을 연구했다.

#### (1) 해석

내담자 행동의 해석은 정신역동적, 경험적 치료접근에서 간혹 나타난다. 이것은 사고, 정서, 행동에 영향을 미치는 것으로 믿어지는 무의식적 과정이나 내담자의 문제를 설명하는 것을 말한다. 해석에 관한 연구를 개관하였을 때 연구 간에 일관성 있는 결과가 밝혀지지 않았다(Beutler et al., 2004). 해석이 긍정적 치료성과와 강하게 상관되었다는 많은 연구가 있었다. 일반적으로 이러한 연구들에서 치료자 해석은 좋은 대인관계 기술을 가진 내담자와 함께한 치료에서 가장 성공적이었다는 것을 밝히고 있다.

#### (2) 지시

치료자는 얼마나 지시적이어야 하는가? 적극적이면서 이끌어 가는 치료자와 중립적이고 반영적인 입장을 취하는 치료자 중 어떤 쪽이 더 좋은가, 어떤 쪽이 긍정적 성과에 도움이 되는가? 이런 것을 개관한 연구(Beutler et al., 2004)를 보면 평균 효과 크기는 통계적으로 유의미하지 않았으나 효과 크기의 범위는 연구에 따라 크게 차이가 났다. 그런 큰 변량이 있을 때 연구 간에 평균을 계산하는 것은 어떤 중요한 정보를 모호하게 할 가능성이 있다. 치료자 지시가 적절하게 작용하는 정도에 영향을 미치는 조절변수가 있을 수 있다. 우리가 치료에 미치는 내담자 변인들을 요약한 증거들을 볼 때, 치료자 지시의 최적 정도는 내담자의 심리적 반응 수준에 의해 결정된다. 심리적 반응은 사람들의 행동에 직접 영향을 미치는 시도에 대해서 반응하는 경향이다. 낮은 반응의 내담자는 좀 더 지시적 치료에서 더 큰 치료적 이득을 경험하지만, 높은 반응을 보이는 내담자는 덜 지시적 치료에서 더 큰 치료적 이득을 경험하는 경향이 있다.

### (3) 통찰 대 증상 감소

환자 통찰이나 혹은 환자 증상 감소에 초점을 맞춘 치료의 상대적 장점에 대한 연구(Beutler et al., 2004)에서 두 접근은 차이가 없었다. 그러나 환자의 대처방식은 치료의 초점과 치료성과 간의 관계에서 중요한 조절변수가 될 수 있다. 전반적으로 내성적인 환자에게는 환자의 자기인식과 자기 문제의 이해를 증진하는 것에 초점을 맞추는 것이 좋다. 대조적으로 충동적이고 통제가 잘 안되는 환자들은 증상 감소에 초점을 맞추는 것이 최선이다. 대부분의 현대 치료들은 내담자의 경험과 문제를 더 잘 이해하고, 내담자의 일상생활을 변화시키도록 돕는 데 초점을 맞춘다. 치료의 지향과는 별도로, 치료자 지시의 정도에 따라 치료자가 내담자 양식과 선호에서의 개인차를 고려하여 치료의 초점을 맞추는 것이 가능하다.

### (4) 회기 간 과제

다양한 이론적 지향을 가진 임상심리전문가들과 심리치료자들이 회기 간 과제를 사용하고 있다(Kazantzis, Busch, Ronan, & Merrick, 2007; Kazantzis, Lampropoulos, & Deane, 2005). 치료자가 회기에서 강조하는 것을 익히도록 과제를 내는지, 또한 내담자가 실제로 그 과제를 하는지가 실제로 의문인가? 이 두 질문에 대한 대답은 "예"이다. 27개의 인지행동치료 연구의 메타분석(Kazantzis, Deane, & Ronan, 2000)에서, 환자가 과제를 완수하는 것은 긍정적 치료 기대와 초기의 기능 개선과의 관계에서 조절변수로 작용한다. 다른 말로 하면 회기 간 과제에 참여하는 것은 개선에 대한 희망을 실제적 변화로 이끄는 데 중요한 역할을 한다는 것이다.

### 4) 치료 변화의 공통 원칙

여러 가지 경험적 연구에서 나온 치료 변화에 대한 공통 원칙은 4개로 정리할 수 있다(Castonguay & Beutler, 2006b).

① **내담자 변인**은 다음의 경우에는 치료에서 이득을 얻을 가능성을 줄이는 것으로 가정되었다. 치료를 받기 전에 많은 손상을 입었을 경우, 성격장애가 존재할 경우, 재정적이거나 직업상의 어려움을 겪을 경우, 발달 초기에 중요한 대인관계의 문제가 있는 경우, 그리고 자기의 문제와 치료에 대하여 비호의적 기대를 하는 경우, 심리치료에서 이득을 얻을 가능성은 줄어든다.

② **관계 조건**은 치료 이득을 얻을 가능성을 증가시키는 것으로 가정되었다. 치료하는 동안 치료자와 내담자 간에 치료동맹이 잘 맺어지고 강하게 유지되는 경우, 또한 집단치료를 받는 동안 강한 수준의 집단 응집력이 발달하고 유지되는 경우에는 치료에서 더 많은 이득을 얻을 수 있다.

③ **치료자의 행동**은 치료에서 생기는 이득을 증가시키는 것으로 가정되었다. 내담자와 협력을 잘하는 경우, 치료자가 공감 반응을 잘하고, 진정성, 배려, 따뜻함, 수용의 태도를 보이는 경우, 동맹이 느슨해지는 것에 대해 민감하고, 공감적이고 융통성 있는 방식으로 이러한 불화에 초점을 잘 맞추는 경우, 구조화된 치료 대책을 가지고 있으며, 이것을 일관성 있으면서도 융통성 있게 개입에 적용하는 경우, 비지시적 기법을 기술적으로 잘 사용하는 경우에는 치료에서 더 많은 이득을 얻을 수 있다.

④ **개입 목표**는 치료 변화로 이끄는 것으로 가정되었다. 내담자의 개인내적 문제, 내담자의 임상적 증상과 연관된 대인관계 문제, 문제가 되는 인지, 부적응적 행동, 정서, 생리적 반응, 내담자의 자기 탐색, 수용력과 인내심, 충분한 정서 경험, 극단적 정서 통제하기 등을 개입 목표로 하는 경우 치료에서 변화가 더 잘 일어날 수 있다.

# 제 9 장

# 행동치료와 인지행동치료

1 행동치료

2 인지행동치료

# 1. 행동치료

행동치료는 행동수정, 행동변용 혹은 조건화 치료라는 이름으로 불리고 있으며 심리학, 생리학 및 정신생리학에서 얻은 경험적이며 이론적 지식을 체계적으로 활용하여 이상행동의 원인과 그 기제를 설명할 뿐만 아니라 그것을 치료하고 예방하는 과학이다. 행동주의 심리학적 접근을 시도하는 사람들은 실험이나 관찰에서 얻은 지식체계를 바탕으로 하여 이상행동을 이해하고 치료한다. 정신적 질병에 대한 전통 정신의학적 접근과 정신역동적 접근에 대한 불만과 임상심리전문가의 평가 위주의 역할에 대한 불만이 노골적으로 표면화되기 시작하면서 행동주의 심리학적 접근법이 등장했다.

## 1) 행동치료의 특징

행동치료, 인지치료, 여러 형태의 인지행동치료는 단일 지향을 가진 것으로 간주할 수 있다. 행동주의적 접근은 문제행동은 학습되고 잘못된 학습은 학습원리의 적용을 통해 되돌릴 수 있다는 가정에 기초한 것이다. 행동치료의 최초 적용은 다른 방식으로 다룰 수 없었던 환자, 즉 정신병이나 지적 장애자를 관리하는 데 조작적 조건화를 이용한 것이다. 행동치료 분야는 고전적 조건화와 조작적 조건화의 적용에서 시작해서 지각, 인지, 행동의 생물학적 기초 등의 영역에서 나온 연구결과들을 적용하는 절차들까지를 망라하는 것으로 진전되었다. 치료자들은 현재의 기능에 초점을 맞춘다. 따라서 행동주의적 개입은 바람직한 행동 증가시키기(예: 즐거운 활동하기, 세미나에서 침착하게 발표하기, 화난 고객에게 자기 주장하기 등)는 물론이고, 바람직하지 않은 행동 줄이기(예: 외상사건에 대한 침투적 사고, 자해 행동, 회피)를 통해 특정한 목표에 초점을 맞춘다. 행동치료의 본질적 특징은 과학적으로 도출된 원리를 문제의 개입에 적용하는 것이다. 치료하는 동안 전략이 수정되어야 하는지를 결정하기 위해 경과를 평가한다. 행동치료는 목표를 명확히 할 필요가 있고 미래를 지향한다(Emmelkamp, 2004).

행동치료의 특징은 다음과 같다(Corey, 2009; Stuart, 1998; Heiden & Herson, 1995).

행동치료는 과학적 방법의 원리와 절차에 따른다. 실험에서 나온 학습원리를 부적응 행동을 변화시키는 데 사용한다. 관찰에 근거해서 결론을 내리며 자신이 개입한 것을 반복할 수 있도록 치료목표를 구체적이고 측정 가능한 용어로 기술하여야 하며 진행 과정은 주기적으로 평가된다. 내담자와 치료자가 적극적으로 협력하여 치료계획을 세운다.

치료의 초점은 현재에 두어야 한다. 행동치료는 과거를 중요시하지 않으며 현재 문제에 영향을 주는 요인들을 다룬다. 장기적으로 지속되는 행동이라도 그것은 현재의 환경적 요인에 의해 유지되는 것이라고 본다. 따라서 치료자는 문제행동을 지속시키는 현재의 환경사건들을 찾고 내담자들의 행동분석을 통해 선행요인이 되는 환경사건을 변화시켜 새로운 행동을 할 수 있도록 돕는다.

행동치료자들은 내담자의 행동을 성공적으로 변화시키기 위해 치료에서 적극적인 역할을 해야 하며 내담자에게도 구체적인 행동을 하도록 요구한다. 내담자는 치료 장면 내에서나 밖에서 자신의 행동을 관리하고, 대처기술을 배우고 실습하며 새로운 행동을 연습한다. 또한, 과제를 하면서 매일 실행해야 한다. 즉, 학습과 학습의 전이를 촉진하는 교육은 치료의 핵심 부분으로 이를 통해 부적응 행동을 새롭고 적응적인 행동으로 대체해 나가게 된다.

행동치료의 전략은 특정 사람과 특정 문제에 맞춰 개별화될 수 있다. 어떤 사람이 어떤 상황에서 어떤 문제를 보이는지에 대해, 어떤 기법을 시도하는 것이 효과적인지 평가한 후 시행할 수 있다.

행동치료에서는 평가와 개입이 밀접한 관계를 맺고 있다. 평가는 개입방법을 선택하는 데 직접적인 정보를 준다. 평가와 개입을 밀접하게 연결 짓는 것은 개인차에 관심을 두기 때문이다. 개입방법은 개별화된 평가에 기초해 선택되며 각 상황의 특수한 환경에 따라 독특하게 설계된다.

치료의 진전을 추적하고, 일반화와 행동의 유지를 계획한다. 행동치료에서는 개입의 효과에 대한 자료를 수집하고 개입 전의 행동의 빈도, 강도, 지속기간, 생각이나 감정 등이 개입 후에는 어떻게 달라졌는지를 비교한다. 치료의 진전에 대한 자료는 내담자에게 제공하여 셀프모니터링할 수 있게 하고 나아가서는 자기교정 기능을 할 수 있도록 한다. 또한, 행동치료에서는 개입 동안 일어난 실제 생활 장면에서의 변화를 일반화시키고 지속시킬 수 있는 계획을 세운다. 예로 문제행동의 유지에 가족 구성원의 책임이 일부 있다면 평가와 개입에 이들을 참여시켜서 긍정적인 성과를 잘 유지하도록 돕는다.

## 2) 고전적 조건화 원리에 의한 기법

### (1) 체계적 둔감법

체계적 둔감법은 불안을 매개로 하는 행동장애를 치료하는 기법이다. 불안과 양립할 수 없는 생리적 조건을 활용하여 불안을 주는 자극이 그 기능을 완전히 상실할 때까지 반복 제시하는 기술이다. 우리 속에 있는 동물이 심한 전기쇼크를 받고 조건화 공포가 형성되고 나면 아무리 배가 고파도 먹이를 먹지 않는다. 그러나 쇼크를 받은 우리와 거리가 먼 곳으로부터 점차 거리를 좁혀 가면 나중에는 그 우리 가까이에서는 물론 우리 속에서도 먹이를 자유롭게 먹을 수 있다. 이 과정에서 섭식과 불안은 상호대립 현상을 유지한다. 즉, 불안이 너무 강하면 섭식은 제지되지만, 불안이 낮으면 섭식은 불안을 제지할 수 있게 된다. 섭식이나 불안 어느 것이 더 눈에 띄게 나타나느냐는 그 강도에 따라 결정된다. 이것이 곧 상호제지의 기본원리이다.

불안은 어떤 단서나 혹은 자극으로 일어나는데, 이는 불안 반응만 일으키는 것이 아니라 불안과 양립할 수 없는 다른 반응, 즉 동시에 반응할 수 없는 반응도 나올 수 있다. 그러므로 지금 불안을 일으키는 단서가 있을 때도 만일 불안과 양립할 수 없는 반응을 일으키려고 하면 그 단서와 불안 반응과의 결합은 점차 약화 된다. 불안을 유발하는 장면에서 그와 양립할 수 없는 반응을 일으키면 그 불안 반응은 부분적으로 혹은 완전히 억압되어 버린다. 다시 말하면 자극과 불안 반응과의 유대는 약화되는데 이를 상호제지법이라 부른다(Wolpe, 1958). 이 원리를 바탕으로 수많은 치료방법이 개발되었다. 그 가운데 널리 쓰이는 것이 근육긴장 이완법이다. 이는 불안을 매개로 하는 증후의 강도를 체계적으로 둔감화하는 기반이 되고 있다. 이 방법은 진료실에서 손쉽게 실시할 수가 있어서 시간을 절약할 수 있을 뿐만 아니라 실생활 장면에서는 경험하기 어려운 불안장면을 진료실 안에서 쉽게 경험해 볼 수 있다는 장점이 있다.

체계적 둔감법을 활용하는 기술을 간단히 소개하기로 한다. 우선 거미를 본다든지, 혹은 그것을 생각만 해도 불합리하게 공포를 느끼는 거미 공포증 환자의 경우를 생각해 보자. 공포를 체계적 둔감법으로 치료하고자 할 때, 우선 환자로부터 거미에 대한 자세한 정보를 수집한다. 특히 불안의 강도와 관계되는 요인에 대하여 세심한 주의를 기울여야 한다. 거미의 경우는 크기, 빛깔, 운동의 여부, 그리고 기리 등을 주요 요인으로 생각할 수 있는데, 크고, 새까맣고, 살아 움직이고 있으며, 그리고 아주 가까운 거리에 있을 때보다 강한 불안을 느낄 것이라고 가정할 수 있다.

### ① 불안계층표

불안의 대상에 대한 정보를 바탕으로 하여 불안계층표를 구성할 수 있다. 이때 조그맣고, 빛이 엷으며, 그리고 멀리 떨어져 있는 거미에 대해서는 별로 심한 불안을 느끼지 않지만 크고, 빛이 검고, 자기 옆으로 기어 오는 거미에 대해서는 심한 불안을 느낄 것이라는 점을 염두에 두고 불안계층표를 구성해야 한다. 환자에게 제시한 불안계층표에 들어 있는 항목은 작은 종이에 써서 환자에게 보여주고 그것을 일정한 순서에 따라 배열하게 한다. 보통 2~3회의 면접을 하는 동안에 계층표는 완성되어야 한다.

불안계층표를 구성한다는 것은 쉬운 일이 아니다. 둔감법의 기술에서 가장 어렵지만 중요한 작업이다. 완전한 계층표를 구성하기 위해서는 불안자극에 대하여 자세히 알고 있지 않으면 안 된다. 불안계층표는 불안을 일으키는 자극을 그 정도에 따라 보기 쉽고, 그리고 알기 쉽게 만들어 놓은 표에 지나지 않는다. 불안계층표에는 쉽게 반응을 일으키는 항목도 있지만 그렇지 못한 항목도 있다. 계층표는 근육긴장을 이완시키기 전이나 혹은 그와 동시에 구성할 수가 있다. 자료를 수집하거나 그에 대한 보충할 필요가 있을 때, 근육긴장 이완의 상태보다는 정상적인 대화 중에 자연스럽게 이루어지는 것이 더 바람직하다.

불안계층표를 구성하는 데 필요한 자료는 환자의 사례사, 심리검사 결과, 그리고 공포조사의 결과에서 얻을 수 있다. 치료자가 장애의 원인을 알게 되면 그것을 몇 개의 주제로 분류한다. 한 개의 주제로 이루어지는 경우는 거의 없다. 주제가 확실하더라도 잘못 분류되는 사례도 없지 않다. 예를 들면 영화를 보는 것, 사람이 모이는 장소에 가는 것, 또 대중이 모이는 곳에 가는 데 공포를 느낀다고 하면 광장공포증으로 단정하기 전에 좀 더 세밀하게 검토해 볼 필요가 있다. 흔히 사교 장면을 회피하거나 두려워하는 것은 남의 비판이 무서워서 그럴 수도 있고 남으로부터 거절당할까 두려워서 그럴 수도 있다. 어떤 사람은 대중 앞에서 맡았던 음식 냄새에 조건화되어 두려움을 느낀다.

② 근육긴장 이완훈련

불안은 근육긴장과 관계가 깊다. 그러므로 최초 면접에서는 제이콥슨(Jacobson, 1938)의 약식 방법에 의해 근육긴장 이완훈련이 수반되어야 한다. 이 훈련은 신체의 모든 근육을 수축시켰다가 이완시키는 과정이 실제로 어느 부위에서부터 이완시켜야 한다는 일정한 법칙이 있는 것은 아니지만 일정한 체계를 갖추는 것이 바람직하다. 일반적으로 팔에서부터 시작한다. 특별한 이유가 있는 것은 아니고 시범 보이기 쉽고 체크하기 쉽기 때문이다. 이후 얼굴, 다리 등의 순서로 진행된다.

긴장이완이 만족한 상태에 이르렀다고 판단될 때 불안강도를 둔감화시키기 시작하는 것이 바람직하다. 이완의 정도는 환자 자신의 보고나 그에 대한 주의 깊은 관찰에 의해서 판단할 수 있다. 일반적으로 2~3회의 훈련을 마치고 나면 마음이 차분해지고 졸리는 느낌을 받는데 전혀 그러한 마음의 변화를 느끼지 못하는 사람도 있다. 근육긴장이완의 정도를 객관적으로 측정하기 위하여 전기피부반사(GSR)나 근전도(EMG)를 쓰고 있다. 환자 자신이 보고하는 정서 상태를 가지고 충분히 짐작할 수도 있다.

긴장이완훈련 과정에 불안하거나 불쾌한 생각이 들면 오른손 둘째손가락을 들게 한다. 그다음에 불안과는 거리가 먼 중립 장면을 상상하게 한다. 다음에는 불안계층표에서 불안의 정도가 낮은 1~2개의 장면을 환자에게 제시하게 하고 얼마나 빨리 그리고 생생하게 상상할 수 있는가를 알아내야 한다. 훈련이 계속될 때도 이와 같은 기본적 수속절차는 고수하는 것이 좋다. 다음 훈련을 계속할 때는 이전 훈련과정에서 전혀 불안한 기색이 보이지 않으면 다음 항목을 제시한다. 이와 같은 요령으로 심한 불안을 일으킬 것으로 예상했던 문항에 대해서는 불안을 느끼지 않을 때까지 훈련한다.

둔감법을 일관성 있게 적용하기 위해서는 둔감화 과정 그 자체에 의해서 불안이 매개되는 일이 없도록 해야 한다. 그러기 위해서는 시종일관 이완상태를 유지할 필요가 있다. 만일 맨 처음 항목이 제시되었을 때 환자가 불안을 느끼고 신호를 보낸다든지 혹은 치료자 자신이 어떤 장애의 증후를 발견하였을 때는 훈련을 중단하고 다시 충분한 긴장이완의 훈련을 시킬 필요가 있다. 때로는 환자에게 평화로운 광경을 상상하게 할 필요도 있다. 그리고 불안계층표에 있는 항목을 골라서 제시한다. 그래도 환자가 불안을 느낄 시 환자가 쉽게 극복해 낼 수 있는 항목을 더 넣는다. 특정한 자극에 대하여 불안이 계속 유발될 때에는 이미 쉽게 극복할 수 있었던 항복을 나시 재시함으로써 크게 도움이 되는 수가 있다.

새로운 문항에 대해서 계속 불안을 느낄 시 이미 쉽게 극복할 수 있었던 항목과 불안 때문에 극복할 수 없었던 항목 사이에 새로운 문항을 만들어 넣으면 둔감화 훈련은 쉽게 진전될 수가 있다. 환자가 여전히 불안을 느낀다고 해서 거기서 치료를 중단해서는 안 된다. 다음 훈련 기간에 그 항목을 극복할 때에는 더 많은 시간이 걸린다. 그러므로 훈련을 종결시킬 때에는 좀 더 쉽게 극복할 수 있는 문항을 제시하는 것이 관례로 되어 있다(Lazarus, 1964).

### (2) 부적 연습법

부적 연습법은 피로법, 포만법, 혹은 소거법이라고도 불리는데 그 원리는 매우 간단하다. 즉, 강화를 받지 못하는 학습 반응이 집중적으로 계속되면 그 반응은 소거되어 버린다. 안면 경련과 같이 계속 되풀이되는 근육 반응을 치료하기 위해서 환자에세 그외 같은 습관적 행동을 수의적으로 반복하면 습관 강도는 증대되지 않는다. 왜냐하면 그 행동은 이미 그 강도가 최절정에 이르렀기 때문이다. 치료자가 최절정에 이른 학습행동을 집중적으로 강화 없이 훈련 시키면 소거되어 버린다. 이것이 곧 치료 효과이다. 이를 위해 부적 연습에서는 장기간 집중적으로 연습시킨 다음에 장기간 휴식을 하게 한다. 장기간의 집중 연습 기간에는 환자가 피로를 느낄 때까지 반복할 필요가 있다. 그럼으로써 반동적 제지가 가능하게 된다.

반향언어증이나 추어증(coprolalia)을 수반하는 뚜렛증후군을 치료하기 위해서 부적 연습법을 쓴다. 환자에게 될 수 있는 대로 큰 소리를 내서 현재 유행되고 있는 음담을 하게 한다. 지쳐서 쉬는 동안에는 가벼운 전기쇼크 같은 것을 준다. 연습 기간에 임의로 휴식을 취하지 못하도록 메트로놈에 맞춰서 말을 계속하도록 한다(Clark, 1966).

부적 연습법 이론은 던랩(Dunlap, 1928)에 의해 체계화되어 임상 장면에서 널리 활용 된다(Wakeham, 1928). 부적 연습에 의한 습관 형성은 내적 제지의 개념으로 환원될 수 있다(Hull, 1943). 내적 제지는 욕구 상태의 조작에 따라 좌우된다. 유기체의 어떤 행동은 어찌할 수 없는 욕구를 감소시키기 때문에 더욱더 확고하게 된다. 특정한 반응을 함으로써 욕구는 어느 정도까지 감소 된다.

부적 연습법은 신경증의 증후보다는 말더듬이나 손가락 빠는 습관과 같은 근육운동의 장애를 교정하는 데 보다 널리 응용된다. 부적 연습의 원리가 적용된 최초의 고전적 사례도 찾을 수가 있다. 어떤 남자는 바흐의 토카타와 푸가를 연주하는 데 너무 많은 실수를 범하기 때문에 화가 났다. 그는 자신의 실수를 의식하면서 몇 번이고 계속 되풀이하였다. 2주일 계속한 끝에 실수를 완전히 극복하며 성공적으로 연주할 수 있게 되었다(Wakeham, 1928). 밤에 심하게 이를 가는 버릇이 있는 환자에게 의식적으로 쉬지 않고 계속 이를 갈게 함으로써 이가는 버릇을 교정한 사례도 있다. 이 연습은 매일 30회, 1분간 휴식하게 하고, 1분간씩 계속하게 하였다. 2주 반의 치료를 받은 후 환자의 상태는 매우 호전되었고 재발이 일어나지 않았다.

부적 연습법은 환자가 피로에 지칠 때까지 일련의 연습을 반복하기 때문에 시간이 많이 든다는 것이 큰 단점이다. 이를 극복하기 위해서 불안을 제거하는 조건화 훈련과 병행시킬 수도 있다. 예를 들면 안면 경련이 일어날 때마다 불쾌한 전류를 계속 주다가 경련이 멈추자마자 단전시킨다. 과잉 학습시키는 것이 특징인데 사실상 대량학습이 이루어질 수 없다. 예를 들어 말더듬이의 습관을 교정하기 위하여 어떤 말을 쉴 새 없이, 즉 피로에 지칠 때까지 반복하였을 때, 반복과 반복 사이에 휴식할 충분한 시간적 여유가 있다. 그러므로 순수한 반복행동이 될 수 없다. 부적 연습법은 독립된 치료기술로 사용하기보다 하나의 보조수단으로 활용될 때보다 큰 효과를 기대할 수 있다.

### (3) 홍수법

홍수법은 체계적 둔감법과 대조를 이루는 불안치료기법이다. 여기에서는 강한 반응을 일으킨다는 특징이 있다. 홍수법은 행동치료의 영역에서 흔히 쓰이는 것으로 마음대로 통제할 수가 있고, 그 내용을 수량직으로 표시할 수 있다. 그러므로 치료자는 치료의 한 수단으로써 자극을 임의로 통제할 수 있다. 자동차를 무서워하는 사례를 두고 생각해 보자. 치료자가 그를 뒤에 태우고 하루에도 몇 시간씩 차를 몰고 다녔더니 자동차에 대한 공포는 소실되었다. 그 후로는 자동차 타는 것을 재미로 여기게 되고, 그에 대한 공포가 완진히 소실된다. 이것이 곧 홍수법에 의한 불안치료의 기본원리이다.

회피반응을 할 수 없게 하거나 혹은 지연시킴으로써 그 반응의 소거는 촉진된다(Lomont, 1965). 만일 회피반응이 조건화 불안에 의해 야기된 것이라면 회피반응을 억제하는 것은 곧 조건자극의 소거에 대한 기대이다. 이는 고전적 조건화 과정의 변별과정에 필연코 수반되는 현상이다. 회피반응이 계속되는 한 변별은 불가능하다. 또 다른 관점에서 보면 홍수법에 의한 불안의 소거는 대량 집중학습에서 오는 불안의 조건화 제지의 현상으로 생각할 수 있다.

시험 공포가 있는 학생을 생각해 보자. 치료자는 환자에게 시험에 실패하였을 때 친구들에게 놀림당하는 것, 가족을 실망시키는 것, 그리고 장학금을 받지 못하게 되는 것과 같은 불쾌한 사실들을 예상하게 하였다. 또 친구가 자기에게 손가락질하고, 어머니가 슬퍼하는 것을 상상하게 하였다. 처음에 환자는 이 지시에 따라 행동함으로써 점차 슬퍼지기 시작하였다. 그러나 곧 밀리지 않게 되자 그 장면을 계속 유지하도록 하였고, 1시간 반 후에 마음이 편해졌다. 치료자는 다시 환자에게 무서운 장면을 상상하게 하였다. 그때 환자는 다소 정도가 심한 공포를 느낀다고 보고하였지만 중단하지 않고 더욱 생생하게 상상해 보게 하였다. 20~30분이 지나도 더 심한 두려움을 느끼지 않게 되었다. 이와 같은 훈련을 하루에 2회씩 시험 전날까지 반복시켰다. 그 결과 시험 날에는 별로 큰 두려움 없이 시험을 치를 수 있게 되었다.

이와 같은 방법은 실존정신의학자들도 쓰고 있다. 이들이 실존분석적 방법으로 공포증을 치료한 예를 하나 보기로 하자. 환자는 높은 데 올라가는 것, 혼자 있는 것, 식당에서 식사하면 토하지 않을까 하고 걱정하는 것, 슈퍼마켓에 가는 것, 그리고 지하철 타는 것을 두려워한다. 치료자는 환자를 위와 같이 두려워하는 장면에 계속 노출 시켰다. 그는 가족들과 함께 식당에 가서 식사하고는 일부러 토해 보게 하고, 하루에도 몇 번씩 차를 타고 슈퍼마켓에 가보게 하였다. 6주 후에는 그와 같은 증후가 소실되었다. 자동차를 타고 치료자를 찾아오게 되었고 4개월 뒤에는 상당히 먼 거리도 자유롭게 여행할 수도 있었다. 그리고 마음 놓고 즐겁게 식사도 할 수 있게 되었다.

환자가 계속 조건화 불안유발 자극에 노출되나 강화되지 않으면 그 불안반응은 소거된다. 치료자가 피할 수 없는 조건에서 환자에게 무서운 자극을 주면 그것은 불안을 유발할 수 없다(London, 1964). 그러나 여기서 주의해야 할 것이 있다. 홍수법의 효과가 곧 실험적 소거의 기제를 만족하게 설명할 수 없다는 것을 알 수가 있다. 홍수법에 의해 불안을 치료할 때에는 중간 정도의 자극으로써 비교적 장시간 자극하는 것이 이상적이다. 또 불안이 제지될 때까지 계속해서 자극을 제시한다. 그럼으로써 그것이 홍수법에 의한 것임을 확인할 수 있다.

### (4) 자기주장 훈련

불안과 양립될 수 없는 것으로 자기주장 반응을 생각할 수가 있다. 대인관계에서 불안을 느낄 때, 혹은 불공평한 대우를 받을 때 정당하게 자기주장을 할 수 있도록 훈련시킬 필요가 있다. 또 스트레스 장면에서도 자기주장이 필요하다. 이 자기주장 훈련은 체계적 둔감법과 병행하는 것이 보통인데, 현실장면에서 그것이 불가능할 때에는 치료실에서 치료자와 함께 훈련받게 되는 경우가 많다. 이때 치료자는 환자에게 스트레스를 주는 사람, 또 불안을 유발하는 사람의 역할을 맡는다. 역할 연습에서 성공적 자기주장이 가능하게 되면 실생활 장면에서 적용하도록 한다.

여러 가지 의미에서 자기주장 행동은 치료수단으로써 매우 가치가 있다. 대부분 환자는 신경증적 공포 때문에 정상적 행동을 하지 못한다. 즉, 누가 보더라도 정당하고 합리적인데도 말 한마디 하지 못하고, 행동으로 실천할 수 없다. 식당에서 서비스가 나빠도 종업원의 비위를 거스를까 두려워서 말 한마디 못 한다. 친구가 싫어할까 두려워서 좀처럼 다른 의견을 제시하지 못한다. 이성 간 성관계를 두려워한 나머지 관음증, 소아기호증, 혹은 노출증으로 발전되기도 한다. 행동으로 나타내야 할 것을 너무 억압하면 정신생리학적 증상으로 발전하고, 드디어는 기관에 병적 변화가 수반된다. 이러한 경우는 이상성욕과 같이 외부에 나타난 것을 곧 치료목표로 삼을 수 없고 대인관계에서 오는 불안을 치료해야 한다. 자기주장훈련이 필요한 사람은 성장 과정에서 사회적 복종을 강요당했다는 사실을 쉽게 찾아볼 수 있다. 또 어렸을 때 남의 권리를 존중해야 한다는 교육을 지나치게 받았다는 사실도 흔하게 나타난다.

치료자는 환자에게 억압된 충동을 점진적으로 노출하게 함으로써 불안을 감소시켜 마지막에는 불안 반응을 통제할 수 있도록 시도한다. 대인관계의 장애가 불안 때문에 온 것이 아니고, 다만 적절한 운동습관을 획득하지 못한 데서 오는 경우, 조작적 조건화의 기법을 활용한다. 다른 치료기법과 마찬가지로 자기주장 훈련의 방법도 역시 아무렇게나 적용되어서는 안 된다. 자기의 주장을 거의 하지 못하는 성격을 가진 사람들에게는 자기주장 훈련이 꼭 필요하다. 일할 때 만나는 사람이나 낯선 사람은 마음대로 잘 대할 수 있지만, 어머니나 아내와 같은 사람에 대해서는 복종적이며 벌벌 떠는 사람이 있다. 이와는 달리 가까운 사람들에게는 군림하지만, 낯선 사람들만 보면 불안해지고 두려움을 느끼는 사람도 있다.

자기주장 훈련은 자연스럽게 시작되어야 한다. 그러기 위해서는 환자에게 근래에 경험했던 사실을 자연스럽게 이야기하게 한다. 또 환자 자신이 쉽게 감정이 상한다든지, 부끄러움을 많이 탄다든지, 남이 자기를 비판하면 쉽게 기분이 상한다든지, 또 사회적 지위가 높은 사람 앞에서는 수줍어진다고 말할때에는 본격적으로 훈련시킬 필요가 있다. 자기주장 훈련이 매우 어렵거나 혹은 거의 불가능한 경우도 있다. 치료자가 그 이유를 밝혀야 한다. 환자들 가운데는 자기 자신이 너무 공격적으로 행동하지나 않는가 하는 생각을 하는 사람이 있다. 이들은 공격성을 마치 죄악과 같이 생각하고 있으므로 체계적 둔감법에 의한 불안치료가 선행되어야 한다.

환자가 자기주장이 어려울 것 같이 판단될 때에도 자기주장이 가능하도록 세심한 주의가 필요하다. 이를 위해서 환자의 동기를 유발시킬 필요가 있으며 다른 한편으로는 자기주장을 부정적으로 생각하는 태도를 변화시켜야 한다. 실제 실연을 해보는 것도 바람직한 방법의 하나이다. 행동실연은 행동주의적 심리극으로써 환자가 자신을 표출하는 데 크게 도움을 준다. 이때 치료자는 반대자의 역할을 하고, 환자는 그것이 마치 현실장면인 것처럼 반응한다. 처음에 나타나는 환자의 반응은 매우 방어적이며 주저하는 경향이 있으나 두 사람 사이에 이루어지는 상호작용에 따라 양상은 크게 달라진다. 그러므로 치료자가 만족할 때까지 계속 반복한다. 환자의 말소리, 정서적 표현, 그리고 적절한 동작 같은 것을 주의깊게 관찰할 필요가 있다. 그러므로 행동치료자들은 훈련이 잘된 배우들에게 실연케 하고 환자는 그것을 보고 모방하게 하는 모델링 기법 같은 것을 활용하기도 한다. 환자가 이것을 보고 모방하여 실연하게 되면 불안은 점차 감소되고 자기주장 행동이 형성된다.

### 3) 조작적 조건화 원리에 의한 기법

모든 인간의 행동은 정적 · 부적 강화로 변화될 수 있고, 새로운 반응은 형성과정이나 변별 과정에 의해서 이루어진다. 더 나아가면 모든 정신적 증후는 잘못된 강화로 형성된다. 증후는 곧 조작적 반응으로서 부적합한 강화의 역사와 밀접한 관계가 있다. 일단 잘못 형성된 조작적 반응은 어떤 환경에서 강화를 받을 수 있는 기회가 있어도 그것을 충분히 활용할 수 없다.

조작적 조건화 기법은 처음에는 만성 조현병 환자의 동기유발수단으로 활용되었으나 지금은 학교, 교회, 교도소, 사회단체, 그리고 정부 기관에서도 활용하게 되었다. 조작적 조건화 기법에서는 관찰이 가능한 행동은 물론 그 행동을 유발하고 또 그것이 유지되는 환경에 큰 역점을 두었다. 조작적 조건화 기법에는 강화를 조작하여 행동을 유발하는 기능도 있지만 반대로 행동을 소거 혹은 소멸시키는 기능도 있다. 즉, 바람직하지 못한 행동을 소거시키고 바람직한 행동 유목을 증대해 나가는 것이 곧 치료과정이라고 할 수 있다.

가장 먼저 조작적 조건화 기법이 응용된 곳은 만성 정신병 환자를 수용하는 정신병원이었다. 심리학자들은 폐쇄 병동에 수용되고 있는 만성 정신병 환자의 부적응 행동이나 파괴 행동을 교정하는 데 조작적 조건화 원리를 응용하여 큰 성과를 얻을 수 있었다(Ayllon, 1963). 정신병원에는 병적으로 손을 씻고 마루를 닦고 쓸데없는 물건을 비축하는 환자도 있고 밥을 먹지 않는 환자도 있다. 이와 같은 부적응 행동은 모두 사회적 강화의 산물이다. 다시 말하자면 병동에 근무하는 치료자와 간호사들이 그들에게 관심을 보여준 것이 부분적 원인이 된다. 그러므로 치료자나 간호사는 환자에게 늘 관심을 가져서는 안 된다. 그보다는 바람직한 행동을 할 때만 관심을 가지고, 같이 이야기도 하고, 그리고 먹을 것이나 마실 것을 주는 것이 더 바람직하다. 보다 구체적으로 이야기한다면 식사시간만 되면 말썽을 부리는 환자에게는 전혀 관심을 보이지 말 것이며, 그보다는 시간에 맞춰 식당에 들어와서 식사하는 환자에게만 맛있는 후식과 차를 제공한다. 그러면 식사 습관은 좀 더 좋은 방향으로 발전한다.

### (1) 언어행동과 행동형성

사람의 언어도 어떤 강화를 받느냐에 따라서 달라진다. 즉, 앞뒤 맥락이 없는 조현병 환자의 말은 사회적 강화를 받게 되면 그 빈도가 증가되지만(Ayllon & Houghton, 1964), 조현병 환자의 망상을 간호사나 치료자가 묵살하면 그 빈도는 현저하게 감소된다(Kennedy, 1964).

장애의 정도가 심한 환자를 치료 혹은 훈련시킨다는 것은 보통 어려운 일이 아니다. 특히 바람직한 행동유형 항목이 전혀 없거나 사회적 강화에 대한 반응을 기대할 수 없는 환자를 치료하는 일은 어렵다. 만성 조현병 환자의 행동유목을 형성시키는 것도 예외일 수 없다. 환자가 사회적 강화에 대해 반응할 수 없을 때는 우유나 초콜릿 같은 환자가 좋아하는 과자를 가지고 1차적 강화제로 쓸 수밖에 없다. 긴장형 조현병 환자의 언어장애를 치료하기 위해서 행동형성의 기법을 활용한다. 무감각한 상태로 전혀 말을 하지 않는 환자에게 껌을 보여준다. 이때 껌은 안구운동에 대한 보수로 사용될 수 있다. 계속해서 얼굴 표정, 입술의 움직임, 그리고 무의미한 표정에 대해 보수를 주게 되면 마지막 단계에 가서는 의미 있는 말에 대한 보수로도 사용할 수 있게 되어 언어장애는 점차적으로 치료될 수 있다.

### (2) 모델링

목표로 했던 행동이 나타나면 강화를 주는 것이 보통이지만 그것만으로는 불충분하다. 목표행동을 보다 효과적으로 유발하고 유지하기 위해서는 모델링이 병행되어야 한다. 예를 들면 만성 함구증의 말문을 열기 위해서는 강화만으로는 불충분하므로 모방을 하게 할 필요가 있다. 처음에는 비언어적 행동을 모방하게 하다가 마지막 단계에 가서는 상당히 복잡한 말까지도 모방하게 한다. 모델링에 의해 행동이 일단 형성되고 나면 모방 자극은 점차로 줄이고 그 대신 그것이 없이도 명명할 수 있게 장면을 조정할 필요가 있다.

아동기의 정신병적 행동, 예컨대 자폐적이며 파괴적 행동을 수정하는데, 또 인지적 사회적 행동을 통제하는 데까지 조작적 조건화의 기법을 적용할 수 있다. 반향언어증과 같은 언어장애도 조작적 행동원리에 따라 교정이 가능하다. 즉, 처음에는 말문을 열기 위하여 행동형성법과 모방을 병행하기도 한다. 전혀 말이 없는 자폐아의 언어장애를 치료하기 위해서 조작적 기법을 쓴다. 말이 없었던 아이가 어떤 소리만 낼 수 있어도 음식물에 의한 강화를 받는다. 그러나 나중에는 치료자가 하는 말을 모방할 때에만 강화를 받게 된다. 다음 단계에 가서는 두 사람의 말을 들려주고 변별하게 한다. 변별이 가능할 때에는 강화를 받지만 그렇지 못할 때는 강화가 유보된다.

### (3) 토큰경제

성인 정신병 환자를 치료하기 위하여 조작적 조건화 기법이 쓰인다는 것은 널리 알려진 사실이다. 특히 토큰경제 기법의 비중은 매우 크다. 병원에서는 환자가 병상에서 일어나 산책을 한다든지, 단정한 옷차림을 한다든지, 침구를 정돈한다든지, 혹은 작업장에서 하는 일에 적극적으로 참여하는 등 치료자가 바람직하다는 판단이 서는 행동을 할 때마다 일정한 토큰을 준다. 이 토큰은 후에 환자에게는 큰 특전이 된다. 즉, 그것을 가지고 간식을 사서 먹을 수도 있고, 담배를 사서 피울 수도 있다. 이때 빈번하게 일어나는 행동은 그렇지 못한 행동에 대한 강화제가 된다(Premack, 1959). 토큰을 받는 사람의 행동 유목은 점차 증가하지만, 토큰이 무계획적으로 주어진다든지 혹은 그것을 받지 못하면 행동 유목은 현저하게 줄어든다. 토큰경제 기법에 의한 치료계획은 입원환자에게만 그 적용이 한정되어 있지 않고 퇴원한 후 그들의 사회생활을 촉진하는 수단으로도 널리 쓰인다.

신경증적 행동이나 행동장애를 치료하는 데 크게 도움을 주는 것이 토큰경제 기법이다. 즉, 손가락을 빨 때마다 TV의 만화프로그램을 보지 못하게 한다. 실금증을 치료하기 위해서 식사 후와 취침 전에는 반드시 화장실에 데리고 가서 재미있는 책을 읽어준다. 변비가 심한 아이들에게는 통변을 시원하게 할 때마다 사탕 같은 것을 주면서 칭찬을 한다. 이때 하는 강화물은 그 아이의 흥미와 특성에 따라 서로 다른 것을 사용할 수 있다. 조작적 조건화의 기법은 심리학자, 간호사, 환자, 그리고 그의 보호자가 상호 협력하여 운영될 때보다 효과가 크다. 학교에서는 교사와 부모가 치료자의 역할을 할 수 있다. 왜냐하면 이들은 직접 어린이의 행동에 영향을 줄 수 있기 때문이다. 어떠한 경우 그리고 누가 치료자가 된다고 하더라도 행동에 대한 함수관계분석은 필수적인 과정이다. 이와 같은 분석이 선행되지 않을 때는 행동통제에 대한 계획은 세울 수가 없다. 세울 수 있다고 하더라도 그것은 의미가 없다.

학교공포증을 치료할 때 조작적 조건화 기법과 체계적 둔감법을 병행하는 경우가 많이 있다. 이때 전자는 학교에 나오도록 하는데, 그리고 후자는 학교에 대한 불안을 소거하는 데 크게 도움을 준다. 학교에 나가는 습관을 기르기 위해서

긴장을 이완시키고 안도감을 갖게 하며 토큰으로 정적 강화를 해주는 것이 관례로 되어 있다. 토큰경제의 기법은 성인의 신경성 식욕상실증을 치료하는 데도 활용되고 있다. 이때 환자가 정상적으로 식사하면서 체중이 눈에 띄게 증가하기 시작하면 사회적 보수나 특전 같은 것이 주어지면서 증상은 약화된다(Bachrach et al., 1965). 얼굴 경련을 치료하기 위해 음악을 들려주기도 한다. 얼굴에 경련이 일어나면 음악은 곧 차단되어 버린다. 이러한 훈련을 통해서 자기통제 방법을 습득하게 된다. 이와 같은 방법은 계속 음악을 들려주는 것보다 훨씬 효과가 있다.

## 4) 행동치료의 실제

### (1) 행동주의적 부모훈련 프로그램

아동은 스스로 치료 서비스를 찾지는 않는다. 어른들이 아동과 청소년을 정신건강 서비스에 의뢰하는 경우에 파괴적 행동의 문제가 가장 흔하다(Kazdin, 2004). 적대적 반항장애는 8세 이전에 보통 나타나고 지속적으로 부정적이고 적대적인 행동 패턴을 보인다. 보통 아동은 부모의 요구에 응하지 않고 어른과 다툼이 일어나며 쉽게 혼란스러워지는데, 적대적 반항장애로 진단된 아동은 일관성 있게 이렇게 행동하고 이로 인해 정상적 기능이 방해받는다. 적대적 반항장애 아동은 학교와 가정 같은 여러 상황에서 문제를 보인다. 적대적 반항장애는 간혹 품행장애에 앞서 일어나는데 그것은 공격성, 파괴, 사기, 심각한 규칙위반을 포함하는 다른 사람들의 권리를 심각하게 해치는 패턴을 보인다. 적대적 반항장애와 품행장애로 진단된 아이들은 ADHD, 학습문제, 우울증, 물질남용과 같은 다른 정신건강 문제의 위험도 있다. 이런 문제들은 청소년기와 성인기에 지속되고 치료되지 않은 채로 남아 있다는 증거가 있다.

파괴적 행동장애에 대한 치료연구는 많은 리뷰의 주제가 되어 왔다. 연구자들(Eyberg, Nelson, & Boggs, 2008)은 16개의 증거 기반 프로그램을 확인했는데, 그들 중 대부분은 부모관리훈련(Parent Management Training, PMT)으로 촉발된 행동주의적 부모훈련 프로그램이다. PMT는 오리건 연구소에서 개발되었다(Patterson,

1982). 여기에서는 패터슨의 PMT 프로그램에 초점을 맞추어서 부모관리훈련을 설명하고자 한다.

부모관리훈련은 아동과 직접 작업하는 것보다는 아동의 사회적 환경을 수정함으로써 적대적 아동 행동이 변화될 수 있다는 가정과 사회학습이론에 근거한다. 이 이론에 따르면 부모-자녀 상호작용의 부적응적 패턴은 부모나 자녀가 부적절한 행동에 참여하도록 무심코 장려하는 데에서 생긴다. 부모는 아이가 보채거나 공격적일 때 우연히 보상을 해주고(요구를 철회하거나 주의를 제공함으로써) 자녀는 부모를 보상한다(혐오행동을 중단함으로써). 패터슨 팀은 30년 이상 가족을 체계적으로 관찰하고(Chamberlain & Smith, 2003; Patterson, 2005), 모든 가족에서 생기는 불일치와 갈등을 관리해야 한다고 보았다. 잘 기능하는 가족에서, 아동은 갈등을 해결하는 데 있어서 논의와 타협과 같은 친사회적 방식을 학습하는 반면, 공격적 아동을 둔 가족에서는 아동이 원하는 것을 얻기 위해 강압적 방법을 학습한다.

식료품 가게의 계산대에서 강압적인 방식으로 대화하는 부모와 자녀를 관찰해 보자. 초코바를 쥐고 있는 아이가 먼저 보인다. 부모는 식사 시간이 곧 있고 단것은 이제 충분히 먹었다고 아이에게 상기시킨다. 아이는 그때, "딱 한 개만…"이라고 하면서 늘 하던 방식을 시작한다. 그러면 부모는 "안 돼!"라는 말을 조용하게 반복하다가 목소리 톤과 혐오스러움이 재빨리 올라간다. 아이는 자기가 배고프다거나 부모가 약속했다거나 지난번에 가게에 왔을 때 다른 형제는 초코바를 먹게 해줬다고 큰 소리로 항의할 수 있다. 또한, 아이는 부모의 거절 이유를 설명해 달라고 요구할 수 있다(예: "왜 엄마, 아빠는 항상 나한테 그렇게 인색해요?"). 아이의 항의로 인해 많은 구경꾼의 주의를 받게 됨에 따라 부모는 점점 당황하게 되고 아이의 요구를 들어주게 된다. 이러한 순서는 아이가 다음에도 같은 일을 할 가능성을 증가시키는 것은 물론이고 아이가 울고, 보채고, 고함치고, 고집 피우는 것 등을 보상해 준다. 부모가 굴복하는 것은 아이의 난리법석을 끝내는 단기간의 구제로 쉽게 보상받는다. 불행히도 집에서 강화받은 강압적 행동들은 다른 맥락에서도 적용되고, 그래서 아동은 교사, 양육자, 코치, 그리고 다른 아동들과 불복종적이고 파괴적인 방식으로 행동한다.

그들 연구에서 패터슨과 동료들은 다섯 가지 부모역할하기를 관찰했다. 즉, 기술 격려, 훈육, 모니터하기, 문제해결하기, 정적 강화이다(Patterson, 2005). 치료에 내포되어 있는 아이디어는 간단하다. 즉, 행동문제를 보이는 아동의 부모를 그런 문제가 없는 아동의 부모와 마찬가지 방식으로 훈련하는 것이다. 그들은 적절한 행동은 격려하고 수용할 수 없는 행동은 저지하도록 부모를 훈련하는 프로그램을 개발했다. 우선 부모는 아래 목록에 있는 핵심기술을 가르쳐줄 치료자와 만난다. 행동주의적 훈련의 핵심적인 측면은 복합적 기술을 작은 단계로 쪼개는 것이다. 우선 부모는 서로 동의하고 일관성 있게 지킬 수 있는 몇 개의 간단한 규칙을 만들어야 한다. 아동의 행동에 대한 규칙은 아동의 책임감과 사소한 일들, 반복적인 일상생활, 상호작용의 공손한 방식 등을 포함하여 매일의 생활에 대한 기본적인 지침들이다. 규칙 목록은 아동의 발달 수준, 환경, 어떤 특별한 요구를 고려하여 현실적으로 정해야 한다. 핵심적인 부모역할의 실제는 다음과 같다.

① **기술 격려** : 행동을 작은 단계로 쪼개기(예: 외투 입기, 단추 끼우기, 부츠 신기, 끈 묶기), 명백한 규칙과 단서를 통해서 적절한 행동 촉구하기(예: "장난감을 치워라."), 칭찬과 유인물로 유관성 있는 정적 강화하기(예: "와우! 장난감을 치웠구나. 멋지다!", "나는 네가 동생과 장난감을 같이 가지고 노는 것이 좋구나. 스티커 뽑아줄까?", "숙제를 잘하면 컴퓨터를 30분 동안 할 수 있다.")

② **훈육** : 한계 설정하기(예: "학교 다녀온 후에 바로 숙제해라, 동생 때리지 마라."), 가벼운 제재(타임아웃, 특권 박탈로써 예를 들면 "숙제를 끝내지 않는다면 TV를 볼 수 없다.", "동생을 때린다면 10분 동안 타임아웃 해야 한다.")

③ **모니터하기** : 아이의 행방과 활동을 계속 추적한다.

④ **문제해결하기** : 명백한 규칙을 설정한다. 결과를 설정한다. 협상한다.

⑤ **긍정적 강화** : 사랑으로 주의를 기울인다.

고통받는 가족은 그렇지 않은 가족보다 일관성 있게 긍정적 상호작용을 덜 한다는 것이 연구에서 밝혀졌기 때문에, 치료의 중요한 목표는 긍정적 행동에 대한 강화를 증가시키는 것이다. 정적 강화는 어떤 행동이 반복될 가능성을 증가시키는 어떤 것이다. 아동의 적대적 행동에 대해 정신건강 서비스를 찾는 부모들은 그들이 아동과 상호작용하는 것이 매우 부정적이라고 보고하고 있다. 그들은 잠재적 강화요인을 찾아내는 데 어려움을 느낀다. 사실 잠재적 강화요인의 목록은 매우 길다. 미소 짓기, 주의 기울이기, 언어적 격려, 접촉 등을 통한 사회적 강화의 이점은 간혹 소홀히 다뤄질 수 있다. 다른 잠재적 강화요인을 찾기 위해서 부모들은 그들 스스로 아동의 위치에 서 봐야 한다. 그러면 그들은 바람직한 행동의 강화물로 사용할 수 있는 스티커, 활동, 자유의 범위를 이해할 수 있다. 사회적 강화물을 이용하는 것을 학습하고 물질적 강화물을 덜 사용하는 것의 중요성을 이해하게 함으로써, 부모는 아이를 물질적으로 매수했을 때만 행동하는 아이로 만들지 않을까 하는 비현실적인 두려움에 사로잡히지 않고 의도적으로 강화물을 사용하는 것을 학습할 수 있다.

정적 강화의 체계를 정하는 것이 어떤 행동문제를 해결하는 데 먼 길일 수 있으나, 부모는 불복종을 다루는 기술을 개발할 필요가 있다. 패터슨의 접근은 잘못된 행동에 대한 효과적인 반응으로써 약한 처벌을 제공한다. 기본적으로 처벌은 강화물의 철회를 포함하는데, 이것은 아동의 나이와 선호에 따라서 손실의 범위를 정할 수 있다. 매우 어린 아동에 대한 처벌은 아이가 매우 좋아하지만 다른 아동을 해치는 데 사용한 장난감을 갖고 놀지 못하게 한다든지 아동이 소리치거나 형제자매를 방해했을 때 TV를 끄게 하는 것 등이 포함된다. 좀 더 나이 든 아동에 대한 처벌은 좀 이른 통행금지, 컴퓨터 시간이나 인터넷 접근을 줄이는 것 등이 포함될 수 있다. 부모는 아동이 잘못된 행동에 이어서 짧은 기간에 강화물에 접근하지 못하게 하는 타임아웃 절차를 사용하는 방법을 배운다.

제한된 다이어트를 하는 것이 체중문제에 대한 영속적인 해결책이 아닌 것처럼(오직 규칙적인 반복된 건강한 식사와 운동만이 지속적인 효과를 낸다), PMT는 아동의 행동문제를 재빠르게 교정해 주지는 않는다. 부모역할하기에 대한 접근은 어른이 아동의 행동을 모니터하고 반응하는 데 적극적인 역할을 하는 데서 시작된다. 아주 어린 아동을 모니터할 때는 아동의 활동에 대한 신체적 감시를 해야 한다. 아이가 점점 자람에 따라 부모가 모니터하는 것은 변하게 되는데, 아이는 자신의 행방이나 활동에 대해 부모에게 알리게 되고 이런 상태에서 자녀와의 관계를 유지하는 데 도움이 되는 쪽으로 가야 한다. 부모역할하기의 핵심요소는 아동이 나이가 들수록 의사결정에 더 많이 참여시켜야 한다는 것을 부모가 깨닫는 것이다. 그러므로 부모는 협상하는 것을 배우고 부모의 기대를 발달적 변화에 맞추어서 변화시키는 방법을 배워야 한다.

PMT는 치료 매뉴얼과 반복된 연습으로 이루어진 구조화된 형식으로 제공된다. 전체 회기의 수는 아동의 나이와 파괴적 행동의 심각 정도에 따라 다르다. 즉, 어리고 가볍게 반항적인 아이들은 4~8주, 품행장애로 진단되어 임상 장면에 의뢰된 청소년은 12~25주까지 다양하다(Kazdin, 2003). 회기 동안에 부모들은 행동연습과 역할연습하기를 통해 기술을 훈련한다. 회기 사이에 그들은 그들이 학습한 기술과 연관된 숙제를 완성한다. 패터슨의 연구는 많은 다양한 부모역할 프로그램을 개발하도록 고무시켰다.

PMT는 또한 치료성과와 관련된 인지적·정서적 변인의 중요성을 강조한다. 예를 들면 부모가 아동이 잘못된 행동을 의도적으로 한다고 믿는다면 그들은 효과적인 훈육전략을 선택할 가능성이 줄어들며 잘못된 행동을 더 할 가능성이 있는 전략을 계속 사용하는 경향이 있다. 그러므로 PMT가 아동에 대한 부모의 행동뿐 아니라 아동의 잘못된 행동을 부모가 이해하는 방식에 초점을 맞추는 것이 필요하다(Patterson, 2005). PMT의 핵심요소는 부모와 자녀 간에 긍정적 상호작용의 양을 증가시키는 것이다. 이러한 정서적 차원의 중요성은 최근 연구에서 강조되었는데 부모-자녀 간의 온정은 부모의 모니터링과 연관되고 청소년-부모 간의 경멸은 일관성 없고 파괴적인 부모의 모니터링과 연관되며, 그것은 차례로 비행과 관련되는 것으로 밝혀졌다(Patterson, 2005).

무선화된 통제시행이 노르웨이에서 실행되었는데, 이 프로그램은 행동문제가 있는 112명의 아동에게서 부모역할 훈육을 개선하는 데, 교사가 평가한 사회적 유능성을 개선하는 데, 그리고 부모가 평가한 외현화 문제들을 감소시키는 데 효과적이었다(Ogden & Hagen, 2008). 입양 양육된 아동들은 높은 비율의 외현화 문제를 나타내는 취약한 모집단이다. 5~12세의 아동을 양육하는 700명의 입양가족 연구에서 16주간 부모관리 훈련을 받는 집단과 보통의 양육을 받는 집단에 무선으로 배정하여 가족에서의 성과를 비교했다(Price, Chamberlain, Landsverk, Reid, Leve, & Laurent, 2008). 연구자들은 인종적으로 다양한 취약한 집단에서 개입을 통해 좋은 성과를 얻었다. 즉, 아동은 그들의 부모와 성공적으로 재결합했다.

### (2) 다중체계치료

다중체계치료(multisystemic therapy, MST)는 심각한 문제가 있는 비행청소년을 치료하기 위해 청소년이 속해 있는 다중체계 안에서 통합된 방식으로 개입하도록 설계된 접근방법이다(Henggler, Schoenwald, Borduin, Rowland, & Cunningham, 1998). 가출 위험에 놓여 있는 청소년들은 비용이 많이 드는 정신건강 서비스를 필요로 한다(Henggler & Lee, 2003). 심리사회적 기능의 생태학적 이론을 바탕으로 하여 핵가족, 확대가족, 이웃, 학교, 동료, 지역사회, 청소년 재판, 아동복지, 정신건강 등을 포함하는 수많은 체계의 맥락 안에서 청소년들과 작업해야 한다(Henggler et al., 1998). 이러한 치료적 접근은 비행 행동이 단순히 한 가지 요인에 의해 일어난 것이 아니고, 여러 가지가 증식되어 결정된다는 연구결과와 일치한다. 이 모델에서 돌보는 사람(항상 그렇지는 않지만 보통 부모)은 청소년의 단기 · 장기 적응에 중요한 역할을 한다. 이 접근의 목표는 긍정적이고 미래 지향적이다. 다중체계치료는 서비스를 통합하기 위해 설계된 행동주의적 접근을 사용하므로 한 영역에서의 이득은 다른 맥락에 일반화될 것이다. 이 접근의 근본적 특징은 청소년, 부모, 교육, 건강, 재판 체계에서 서로 다른 사람들을 포함하는 다중적 관점에서 치료 효율성이 연속적으로 평가된다는 것이다.

다중체계치료자들은 3~5명이 팀을 구성하여 작업한다. 각 치료자는 4~5가족을 담당한다. 치료자는 청소년과 가족이 받는 모든 서비스를 조정한다. 서비스에 참여하려는 과정에서 생기는 장벽을 줄이기 위해 병원이나 법정진료소보다는 가정, 학교, 지역사회센터에서 서비스를 제공한다. 치료는 3~5개월 정도로 지속하고 시간제한을 둔다. 그러나 하루에 24시간 이용할 수 있고 일주일에 7일을 위기에 대응해 줄 수 있는 치료자가 있으므로 매우 강력하다.

서비스의 첫 단계는 다중체계치료 모델을 설명하는 것이다. 치료자는 돌보는 사람과 협력관계를 맺기 위해 많이 노력한다. 평가에서 청소년이 포함되는 모든 체계에서 추론 될 수 있는 강점은 물론이고 문제에 기여하는 위험요인을 확인한다. 보통 위험요인은 돌보는 사람의 낮은 관찰, 낮은 온정, 비효과적 훈육, 높은 갈등, 돌보는 사람의 정신병리, 가족의 범죄행동 등이다. 보호요인은 안전한 애착, 지지적 가족 환경, 부모의 조화로운 부부관계 등이다. 서비스의 초기 단계에서 치료자는 측정 가능한 장기간의 목표를 세우고 이를 측정할 수 있는 주간 목표로 쪼개어서 가족과 함께 작업한다. 치료자는 협동을 위해 이들 목표 달성에 영향을 미칠 수 있는 사람이나 체계와 접촉한다. 돌보는 사람과 청소년이 협력함으로써, 치료자는 각각의 목표를 위한 증거 기반 치료를 선택한다. 명확한 규칙을 정하고, 친사회적 행동에 대해 보상하고 적절한 모니터링을 하도록 하는 서비스는 PMT 접근과 비슷하다. 돌보는 사람의 스트레스나 정신병리는 성공적 치료에 대한 심각한 방해물이 될 수 있다. 그러므로 다중체계치료자는 돌보는 사람의 효율적인 부모역할 능력이 심하게 한계를 보일 때 그 특성을 바꿔주는 것을 개입 목표로 정하기도 한다.

또래 체계를 대상으로 하는 개입은 문제의 성질에 따라 다르다. 또래들이 반사회적이라면 위험요인으로, 그들이 사회적으로 유능하다면 보호요인으로 이용할 수 있다. 사회적 기술이나 자기주장이 부족한 청소년은 이런 영역에서 훈련을 받는다. 한편 또래집단 이 범죄행동을 일으키는 반사회적 집단이라면, 개입은 그들과 접근하는 것을 제한하고 다른 활동들을 통해 더 적합한 또래들과 접촉하도록 만든다.

학교 체계에서 위험요인은 학습문제, 혼란스러운 학교 환경, 가족과 학교와의 빈약한 접촉 등이다. 보호요인은 정상적인 지적 기능, 교육 참여도, 가족과 학교와의 좋은 접촉 등이다. 다중체계치료자는 2개의 환경이 일관성 있게 접근할 수 있는 협력관계를 발달시키는 데 중요한 역할을 할 수 있다.

개별 지향 서비스는 증거 기반 접근을 사용하여 청소년이 경험할 수 있는 특별한 문제를 대상으로 실시된다. 예를 들면 인지행동적 전략은 불안이나 우울 문제를 강조할 때 사용될 수 있다. ADHD의 치료에서 부모역할의 개입과 교실 개입에 덧붙여서 약물처방을 위해 전문가에게 의뢰할 수 있다. 다중체계치료는 단기 개입이기 때문에 청소년과 가족이 치료자와 직접 작업할 때 일어나는 이득을 치료자가 더 이상 적극적으로 관여하지 않았을 때도 지속될 수 있도록 지지적 네트워크를 개발하는 것에 역점을 둔다.

다중체계치료 개발자들은 수준 높은 보장체계를 만들어서, 이 접근이 적절한 슈퍼비전을 받은 훈련된 치료자가 매뉴얼에 따라서 충실하게 적용할 수 있도록 했다. 심각한 곤란을 겪는 청소년의 비행 행동을 줄이는 데 다중체계치료가 효과가 있다는 신뢰성 있는 자료가 제시되었으며, 이로 인해 인가받은 다중체계치료 프로그램은 미국의 서른 군데를 비롯하여 여러 나라에서 운영되고 있다(Henggler & Lee, 2003). 지속적인 연구를 통해 청소년의 다른 심각한 문제를 다루는 데에도 다중체계치료가 효과적인지를 검토하고 있다.

## 2. 인지행동치료

인지행동치료의 기술이 임상심리전문가에게 치료수단으로 알려진 역사는 별로 길지 않으나 많은 심리학자가 그것을 선호하는 것은 틀림없다. 한 조사 결과에 의하면 자신이 행동치료자라고 자처하는 사람은 전체 응답자의 18%에 지나지 않았으나 인지행동치료자라고 자처하는 사람은 40%가 넘고 있다(Klesges et al., 1982). 왜 그렇게 많은 사람들이 인지행동치료에 관심을 가지는지 그 이유는 여러 가지가 있다. 무엇보다도 전통적인 행동주의 이론을 바탕으로 한 많은 치료가 있지만 우울증 같은 문제는 해결하기 어려웠다. 행동주의와 인지적 접근의 결합은 정신역동치료나 급진적인 행동치료의 한계에서 시작되었고 인지행동치료는 좀 더 과학적인 증거 기반의 치료로 발전하였으며 많은 연구를 통해 치료효과가 입증되고 있다.

지금까지 심리학자들은 여러 가지 부적응행동을 체계적으로 설명할 수 있을 뿐만 아니라 그것을 효과적으로 치료하는 데 크게 기여하였다. 초기의 심리학자들은 극히 한정된 부적응행동, 예를 들면 불안, 공포, 그리고 반사회적 행동과 여러 가지 중독을 실험실 연구에서 얻은 학습원리를 기반으로 하여 효과적으로 치료하는 데 성공하였다. 가정생활에서 야기되는 크고 작은 여러 가지 문제, 부부관계에서 파생되는 문제, 통증의 극복, 그리고 잘못된 생활습관에서 파생되는 건강문제 등이 모두 전문적 임상심리전문가들의 도움을 기다리고 있다. 지금까지 널리 활용되는 행동치료, 혹은 조건화 치료기법만으로는 이들의 욕구를 충족시킬 수 없었다. 무엇보다도 이제 우리는 행동치료자들이 소홀히 다뤄왔던 인간행동의 내면적 세계, 즉 인지적 기능 같은 내현적 기능도 외현적 행동과 함께 다뤄야 할 필요를 느끼고 있다. 이렇게 함으로써 환자 혹은 내담자의 사회 복귀는 보다 효과적으로 촉진될 수 있다.

인지행동치료는 언뜻 보기에 간편한 치료기술같이 보이나 사실은 그렇지 않다. 여기에는 서로 다른 여러 가지 치료기술들이 모두 포함되어 있다. 즉 인지치료, 합리적 정서 행동치료, 스트레스 극복 훈련, 불안조정 훈련, 문제해결 훈련, 자기통제 훈련, 그리고 자기교육 훈련 등이 모두 인지행동치료의 변형들이다.

### 1) 인지행동치료의 배경과 특징

#### (1) 배경

인지행동치료는 행동치료의 구성요소들과 인지치료의 통합으로부터 발전되었다(Parker, Roy, & Eyers, 2003). 인지행동치료는 행동보다 인지를 강조하지만 두 접근법의 구조와 전략을 상보적 방식으로 통합한다. 미국의 인지행동치료자 협회에 따르면 인지행동치료는 외부 환경보다는 사고가 감정과 행동을 유발한다는 원리에 바탕을 둔다. 일반적으로 치료는 역기능적 사고과정을 활성화시키고 다시 역기능적 행동을 조장하는 잘못되고 해로운 생각으로 이어지는 인지적 사건에 가장 초점을 둔다. 미국 인지행동치료자협회는 인지행동치료를 건강하고 협력적인 치료동맹의 중요성을 인식하는 단기적이고 시간 제한적인 접근법이라고 설명하고 있다. 인지행동치료는 교육, 질문, 귀납적 방법에 매우 의존하며 구조적이고 지시적이다. 이 전략들은 사람들에게 어떻게 생각하고 행동하고 혹은 느낄지 말해 주려는 것이 아니라 가정을 시험하고 현실과 일치하는 방법으로 생각하고 행동하고 느끼도록 돕는다(Seligman, 2006).

학습은 관찰과 모방에 의해 일어날 수 있다는 독창적인 반두라의 연구결과는 성인과 아동의 치료에 적용되었다(Naugle & Maher, 2003). 자기효능감은 새로운 과제를 학습하거나 수행하는 데 있어서의 유능감을 말하는데, 새로운 행동을 시도하거나 공포 자극에 접근하는 것과 같은 행동의 가장 좋은 예측요인으로 밝혀졌나. 반두라의 연구는 행동 반응을 중개하는 데 있어서 인지의 중요성을 강조한 접근에 대한 기초를 세웠다(Craighead, Hart, Craighead, & Ilardi, 2002). 정보처리를 이해하기 위해 개발된 모델을 사용한 연구(D'Zurilla & Goldfried, 1971)는 체중조절, 임상적 우울증, 사회기술 결손 등의 다양한 문제를 치료하는 데 적용되었던 문제해결 접근을 도입하였다. 인지행동치료에서 문제해결의 주요소는 문제를 정의하고 공식화하고, 문제를 다루기 위해 대안적 해결책을 내놓고, 이행하기 위해 가장 좋은 해결책을 결정하고, 해결책을 이행하고 평가하는 것이다(D'Zurilla & Nezu, 1999).

엘리스의 합리적 정서행동치료나 벡의 인지치료와 같은 인지적 접근들은 사건 그 자체보다는 사건에 대한 개인의 지각이 적응에 영향을 미친다는 가정에 기초한다. 결과적으로 이런 접근은 자동적 사고를 확인하고 고통, 불안, 우울과 연관되는 부적응적 사고 패턴을 변화시키는 데 초점을 맞춘다(Hollon & Beck, 2004). 인지적 접근은 치료자와 내담자가 함께 문제를 확인하고, 가설을 검증하고 신념을 재평가하는 협력관계를 만든다. 행동주의적 접근과 같이 인지적 · 인지행동적 접근은 다양한 장애의 치료에서 경험적으로 도출된 전략을 적용하는 것이다.

인지행동치료는 내담자가 경험한 문제를 이해하는 데 정신병리 연구를 이용할 것을 강조한다. 관련 연구가 내담자의 문제를 이해하는 시발점이라 하더라도, 모든 인지행동치료의 초석은 평가와 치료를 개인 내담자의 필요에 맞추는 것이다. 인지행동치료의 또 다른 핵심요소는 필요하다면 치료계획을 변경하고 개입의 효과를 평가하기 위해 치료에 대한 내담자의 반응을 계속 관찰하여 보고하는 것이다. 어떤 장애에 특정한 치료를 개발하기 위해 정신병리 연구에서 나온 증거를 사용하기 때문에 인지행동치료는 기분장애, 불안장애, 섭식장애, 수면장애, 신체형장애, 물질남용장애, 결혼갈등, 분노와 스트레스 관련 문제들을 포함하여 청소년과 성인의 장애들을 다루는 데 효과적이라는 강력한 증거가 있다(Butler, Chapman, Forman, & Beck, 2006; Nathan & Gorman, 2007).

### (2) 특징

인지행동치료자는 서비스에서 매우 적극적인 역할을 한다. 그들은 문제의 다양성과 연관된 맥락요인은 물론이고 문제의 강도, 빈도, 지속기간에 대한 정보를 찾기 위해 문제의 정확한 본질을 탐색한다. 그들은 구체적 치료목표를 설정하고 내담자의 모호한 호소를 측정 가능한 성과로 바꾸어 표현하는 데 있어서 내담자와 협력한다. 인지행동치료자들은 자료수집에서 과제할당의 중요한 역할을 설명하고, 실험을 실행하고, 새로운 기술을 연습함으로써 치료과정에 대한 정보를 제공한다.

인지행동치료자는 각 회기를 구성하고 계획표를 만들고 새로운 기술을 가르치는 데 책임감을 갖고 있다. 치료자는 교훈적 지도방법(예: 지시하고 감독하기)과 소크라테스식 질문하기(예: 기술 습득에서 자기 지향적이 되거나 자신의 신념을 내담자가 스스로 검토하도록 질문하기)를 혼합한 것을 내담자를 돕는 데 사용한다. 변화를 촉진하기 위해 치료자는 내담자와 협력한다. 이것은 내담자와 치료자가 내담자의 역기능적 신념을 구체적으로 검증하기 위한 전략을 개발하는 것을 의미한다. 자기검토를 격려하고 자신의 신념에 대한 타당성을 검증하도록 함으로써 치료자는 내담자가 스스로 자기발견의 과정을 거치도록 적극적으로 격려한다. 따라서 치료의 많은 다른 형태들과 대조적으로 가장 중요한 변화는 회기 중에 일어나는 것이 아니고 내담자가 과제를 하면서 배우는 회기 사이에 일어난다고 가정된다(Blagys & Hilsenroth, 2002).

다른 이론적 접근들은 치료관계가 끝날 때 치료가 종결되는 것으로 생각한다. 인지행동치료에서 종결단계는 학습한 기술을 공고하게 하고, 미래의 도전을 예상하여, 내담자가 불가피한 실수에 직면하도록 준비시키는 시간으로 본다. 종결은 미래 지향적이다. 인지행동치료는 내담자가 원래 궤도로 돌아갈 수 있도록 한두 번의 회기를 더 가질 수 있도록 해준다.

보통 8~30회기로 제공되는 인지행동치료의 전형적인 단계를 기술하면 다음과 같다(Hunsley & Lee, 2010).

① **평가 단계** : 면접, 직접 관찰, 평정척도, 셀프모니터링 등으로부터 자료를 통합하여 구체적이고 협력적으로 동의한 치료목표를 설정한다.
② **개입 단계** : 우선 가능한 기술들을 회기에서 학습한다. 행동적 기술은 자기주장, 이완, 즐거운 활동에 참여하기, 행동을 개발하고 유지하기 위해 자기 강화를 사용하고, 스스로 공포 자극에 노출하기 등을 포함한다. 인지적 기술은 자동적인 부정적 사고를 반박하기 위해 전략을 개발하고 자신의 신념, 가정, 기대의 정확성에 도전하고 평가하기 위해 전략을 재구조화하는 것을 포함한다. 인지행동적 기술은 대인관계를 증진시키기 위해 문제해결 기술, 스트레스 관리 기술, 의사소통 기술들을 개발하는 것을 포함한다. 다음 과정은 회기 중에 기술을 연습하고 집에서 하는 과제를 내준 후 다음 회기에서 회기간 과제를 점검한다. 이어서 회기 중에 배운 기술들은 내담자의 매일의 생활맥락에 일반화할 것을 강조한다. 마지막으로 동의된 치료목표를 향해 회기마다 진행과정을 복습한다.
③ **종결 단계** : 치료목표와 그들이 성취한 정도를 개괄하고, 치료에서 학습한 기술과 일상생활에 적용한 것을 복습하며, 미래의 도전과 그것들을 어떻게 다룰지를 예상한다.
④ **촉진 단계** : 종결 단계를 반복한다. 치료목표와 그들이 성취한 정도를 개괄하고, 치료에서 학습한 기술과 일상생활에 적용한 것을 복습하며, 미래의 도전과 그것들을 어떻게 다룰지를 예상한다.

이들 인지행동치료는 서로 다른 인지기능, 예컨대 신념, 기대, 심상, 문제해결을 위한 인지 등 서로 다른 측면을 강조하고 있다. 그들은 인지, 감정, 그리고 행동결과에서 강조하는 측면이 다르다. 그리고 접근해 가는 방법, 혹은 책략 등이 모두 다르기 때문에 인지행동치료가 그렇게 간단하게 정의되지는 않는다.

### 2) 인지행동치료의 실제

#### (1) 우울증에 대한 인지행동치료

우울증에 대한 인지행동치료의 다양한 유형들이 광범위하게 연구되었는데 행동주의적 경향의 치료들부터 주로 인지적 경향의 치료들까지 걸쳐 있다(Emmelkamp, 2004; Hollon & Beck, 2004). 좋은 예는 우울증에 적용되는 일반적 형태의 인지행동치료이다(Persons, Davidson, & Tompkin, 2001).

우울증에 대한 인지행동치료의 초점은 조건과 연합된 행동, 부정적인 자동적 사고, 역기능적 신념 등을 바꾸는 것이다. 인지행동치료를 사용하여 우울한 내담자와 작업할 때, 심리학자는 우선 내담자의 병전 상태를 포함하여 진단을 결정하고 내담자의 현재 생활상황에 대해 알아보기 위해 최초 평가를 한다. 내담자의 관계와 사회적 기능, 내담자의 심리적 자원과 강점, 우울 에피소드를 촉진할 수 있는 최근 사건, 자살 행동 잠재 가능성 등에 특별히 주의를 기울인다. 피어슨스 등(Persons et al., 2001)이 제시한 우울증에 대한 인지행동치료의 단계는 다음과 같다.

① 정보제공 : 치료과정 초기에 우울증의 성질, 사례개념화, 우울 증상에 초점을 둔 치료 선택 등에 대한 기본 정보를 내담자에게 제공한다. 인지행동치료 모델은 내담자가 치료과정에서 의사결정을 하는 데 적극적으로 참여하는 협동을 강조하는데, 그것은 치료자가 자주 정보를 제공하고 치료에 대한 동의 목표에 중점을 둔 선택을 계획한다는 것을 의미한다. 치료과정을 통해 내담자에게 치료의 영향을 결정하기 위해 증상과 기능상의 변화를 관찰하여 보고하도록 한다.

② 행동 활성화 과제 : 최초 회기는 내담자가 우울 에피소드가 있기 전에 좋아했던 유쾌한 활동에 다시 참여하도록 하는 것 같은 행동 활성화 과제에 주로 초점을 맞춘다. 이를 위해 내담자는 어느 하루 동안 자신의 활동을 스스로

관찰하여 보고하게끔 한다. 전형적인 사례로 보면 우울한 내담자는 어떤 종류의 유쾌한 활동에도 매우 적게 참여한다. 우울증에 공통적인 무기력감과 불쾌감과 싸우기 위해, 내담자들이 유쾌한 활동에 매일 참여하는 횟수를 증가시킬 수 있는 계획을 세우도록 적극적으로 격려된다. 그런 활동에는 운동, 친구와 영화 보러 가기, 책 읽기, 특별한 음식 만들기 등이 포함된다. 이러한 유쾌한 활동에 참여하는 것은 우울한 감정을 감소시키는 경향이 있으며, 반면에 과거 실패에 빠져 있거나 현재 문제에 대해 반추하는 것은 우울 감정을 증가시키는 경향이 있다.

③ 사고 기록지 사용 : 내담자가 계획된 과제를 적극적으로 따라가는 시도를 할 때, 그들은 전형적으로 과제의 중요성과 그것을 실행할 자신의 능력에 대해 의심을 한다. 심리학자는 그들이 의심 때문에 활동을 시도하지 않고 경험의 부정적 측면에 자동으로 초점을 맞추는 경향을 지적하게 된다. 보통 초기의 몇 회기에서 생각을 셀프모니터링하는 것을 내담자에게 숙제로 내주게 되는데, 그것은 혼란스럽거나 견디기 어려운 상황에서 전형적으로 발생하는 사고 형태를 기록하게 하는 것이다. 연구자들(Persons et al., 2001)은 상황의 기술(예: 사건, 기억, 어떤 일을 하려는 시도), 연관된 행동(예: 주장하는 것, 누군가에게 소리치기), 연관된 정서(예: 좌절, 슬픔, 실망), 연관된 사고(예: 초점이 무엇인가, 나는 잘 속는 사람이다. 나는 총체적으로 실패자다) 등을 기술하는 사고 기록지를 사용할 것을 제안한다.

④ 사고의 영향 : 치료의 다음 단계에서 치료자와 내담자는 이런 사고들이 행동하기(예: 좀 더 자기주장 방식으로 행동하기보다 소리치기)와 결과가 되는 정서 상태에 어떤 영향을 미치는지를 함께 검토하는 작업을 한다. 내담자는 이러한 부정적 사고의 정확성에 도전하도록 코치를 받는다. 보통 내담자가 '나는 실패자'라는 사고와 실망감, 그리고 활동에 참여하지 않는 것 간의 연결을 인식하게 하는 것은 어렵지 않다. 그러나 내담자가 이러한 사고들과 '아니야, 나는 실패자가 아니야. 나는 단지 갈등을 다루는 데 불편할 뿐이야.'와 같은 반응으로 반격하기 위해서는 수많은 노력과 반복적인 연습이 필요하다. 그러나 내담자가 일단 이것을 할 수 있다면 이전과 비슷한 상황에서 다르게 반응할 수

있어서 선택의 범위가 넓어지게 된다. 이런 점에서 내담자의 욕구에 맞춰서 심리학자는 자기주장, 문제해결, 시간 관리와 같은 영역에서 내담자가 기술을 개발하도록 도울 수 있다.

⑤ **신념에 대한 도전** : 치료의 그다음 단계에서 1차로 부정적 생활 사건에 직면했을 때 내담자가 우울증에 취약하게 만드는 내담자의 지속적인 신념이나 도식을 검토하고 도전하는 것에 초점을 맞춘다. 이것은 그들이 자기 자신과 생활 사건에 대해 생각하는 패턴을 보게 해준다. 이러한 가정들은 '기본적으로 나한테 잘못이 있다.', '내게는 좋은 일이 절대로 일어나지 않을 것이다.', '나는 중요한 것들을 결코 성공시킬 수 없다.', '나는 사랑할 수 있는 사람이 아니다.' 등과 같은 일련의 신념으로 이끈다. 치료에서는 앞에서 연마한 행동적이고 인지적인 기술들을 습득한 후에, 내담자가 인지적 가정의 정확성을 검증하기 위해 개인적 실험에 참여하여 이런 신념에 도전하도록 격려한다.

⑥ **재발 방지** : 치료의 마지막 단계는 재발 방지에 초점을 둔다. 내담자가 학습하거나 재발견한 특정한 기술 등과 같이 내담자가 성취한 것들을 나열해 본다. 임상가는 내담자가 의문시하는 사건을 상상하도록 하고 그런 사건에 행동적으로나 인지적으로 가장 적응적인 방식으로 반응하는 방법을 탐색하도록 돕는다.

### (2) 외상후 스트레스장애에 대한 인지행동치료

우울증과 외상후 스트레스장애를 치료하기 위한 인지행동치료 접근은 다소 유사한 점이 있다. 이들 접근 모두 치료, 치료를 통한 환자에 대한 정보의 준비(환자의 조건과 특정 치료 전략을 위한 합리적 근거에 대한), 심리학자와 환자 간의 협동적 관계의 발달, 회기 간 과제의 사용, 치료 영향의 지속적인 모니터링, 재발방지에 대한 관심 등을 이끌어 내는 사례개념화를 개발하기 위해 철저한 최초 평가의 중요성을 강조한다. 이런 유사성 이상으로 외상후 스트레스장애의 지속적인 노출치료에는 우울증의 인지행동치료와는 다른 여러 가지 치료요소가 있다(Cook, Schnurr, & For, 2004; Rothbaum & Schwartz, 2002).

치료는 전형적으로 환자의 조건을 평가하는 것과 외상후 스트레스장애의 성질과 인지행동치료 접근의 성질에 대한 심리교육 정보를 준비하는 것으로 시작한다. 외상후 스트레스장애에 대한 인지행동치료에는 세 가지 광범위한 요소가 있다. 즉 이완 기술, 상상 노출, 실제 노출의 사용 등이다. 환자에게 심각한 정서적 혼란을 일으키는 심상과 상황에 직면하도록 요구하기 때문에 심리학자는 환자가 그들의 이완 기술을 증진하도록 돕는 것이 중요하다. 점진적인 근육이완, 호흡 재훈련, 자기조절을 위한 인지 전략 등을 이용한다. 많은 예에서 환자에게 집에서 이완기술을 연습할 수 있도록 읽기 교재, 오디오테이프, CD 등을 준다.

대부분의 사례에서 치료는 상상 노출을 사용한다. 최초 평가과정의 일부로서, 환자는 그들을 방해하는 사건, 상황, 기억을 미리 기술한다. 치료회기 동안 환자는 눈을 감고 외상사건의 맥락에서 가능한 한 많은 디테일(예: 냄새, 소리, 그들 자신만의 사고, 신체적 반응 등)을 기억해 내게 하고 현재의 긴장 상태를 이용하여 좀 더 긴 시간 동안(전형적으로 30분 이상) 이들의 외상 경험을 자세히 얘기하게 한다. 이러한 상상 노출은 환자가 경험한 외상을 정서적으로 충분히 다시 처리하도록 고무시킨다. 이런 절차는 환자에게 첫째, 외상의 자세한 사항을 다시 살피고 일어났던 사건에 대해 새로운 관점을 갖게 하며, 둘째, 사건을 기억하는 것(본래 위험한 것이 아닌)과 사건을 재직면하는 것(위험해질 수 있는)을 구분하게 하고, 셋째, 발생한 사건에 대해 일관성 있고 조직화된 이야기를 할 수 있게 하고, 넷째, 사건을 기억하는 것은 불안과 다른 증상들이 전체적으로 줄어들 수 있다는 것을 학습하게 하며, 다섯째, 외상이 남아 있게 된 것에 대해 새롭게 인식하도록 해준다(Cook et al., 2004). 이러한 상상적 노출 회기는 보통 오디오테이프로 제시되고 환자가 정서적 처리를 촉진하기 위해 회기 간에 반복적으로 테이프를 듣도록 한다.

실제 노출은 환자가 외상사건들을 상기하는 자극과 연관된 고통을 감소시키도록 환자를 돕는 데 사용된다. 그런 자극은 자동차를 운전하는 것(자동차 사고 피해자를 위한)이나 서내한 물속 걷기(갑작스러운 홍수에서 거의 죽어가던 사람을 위한)는 물론이고, 소리(자동차 사고에서 외상이 생긴 환자를 위해 자동차 브레이크 소리를 크게 들려줄 수 있다), 냄새(강간당한 환자에게 강간범의 향수 냄새가 될 수 있다) 등을 포함할 수 있다. 심리학자는 환자와 함께 공포 자극의 계층표를 개발하고 공포 자극에 점진적으로 그 자신을 의도적으로 노출하도록 격려한다. 환자가 이런 자극들에 자신을 반복적으로 노출함으로써, 불안은 감소되고 자기효능감이 발달되며, 어떤 상황을 회피하는 대신에 광범위한 활동에 참가하는 기회를 증진한다(Hunsley & Lee, 2010).

### (3) 청소년 우울증에 대한 인지행동치료

역학적 연구에서 주요우울장애가 성인기에서와 마찬가지로 청소년기에서도 일반적인 것으로 본다(Lewinsohn & Clarke, 1999). 18세 즈음의 젊은 사람들 다섯 명 중 한 명은 주요우울장애 에피소드를 경험한다(Clarke, DeBar, & Lewinsohn, 2003). 우울증은 동료관계의 문제, 빈약한 학교기능, 가족관계의 어려움 등과 연관되는 만성적이고 재발 되는 장애이다(Seligman, Goza, & Ollendick, 2004). 우울증은 또한 자살률의 증가와도 연관된다(Clarke et al., 2003). 청소년 우울증이 심각한 문제이지만, 성인 우울증의 치료에 대한 연구에 비교하여 청소년기 우울증에 대한 문헌은 충분하지 않다. 이들 문헌의 개관에서 인지행동치료와 대인관계치료가 효과적인 것으로 결론 내리고 있다(David -Ferdon & Kaslow, 2008; Watanabe, Hunot, Omori, Churchill, & Furukawa, 2007; Weize, McCarty, & Valeri, 2006).

아동 우울증 치료에 대한 지침(NICE, 2005)을 보면, 최초 평가에서는 아동의 사회적 네트워크상에서 위험요인과 보호요인에 중점을 둘 것을 권고한다. 청소년이 따돌림에 노출되어 있다는 증거가 있다면 학교와 건강 전문가들은 따돌림을 다루는 전략을 개발해야 한다. 정신건강 전문가들은 청소년에게 서비스를 제공하는 것과 동시에 부모의 정신병리를 치료할 필요가 있는지를 고려해야 한다. 그리고 청소년에게는 규칙적 운동, 적당한 수면, 좋은 영양상태 등을 포함한 좋은 생활방식의 이점을 알려주어야 한다. NICE 지침은 가벼운 우울증을 치료하는 데 항우울제를 처방하지 않을 것을 권고하고 있다. 대신에 모니터링, 비지시적 지지치료, 집단인지행동치료 등을 추천한다. 중정도이거나 심한 우울증을 가진 청소년들에 대해 가장 우선하는 치료는 개인 인지행동치료, 대인관계치료, 단기가족치료이다. 지침에 따르면 항우울제 처방은 심리학적 치료를 할 경우에만 이루어져야 한다.

### (4) 청소년 우울증 대처하기

앞에서 성인 우울증에 대한 인지행동치료를 기술했다. 인지행동치료는 청소년에게도 제공될 수 있다. 청소년 우울증 대처하기(Coping with Depression in Adolescence, CWDA)는 레빈손과 동료(Lewinsohn, Antonuccio, Steinmetz, & Teri, 1984)들이 개발한 프로그램으로서(Lewinsohn & Clarke, 1999; Clarke et al., 2003), 우울증 과정에 대처하기 프로그램을 다소 수정한 것이다. 2개의 대처 프로그램은 성인과 청소년에 적용되는 우울증의 모델에 기초한 것이다. 부적응적인 사고와 행동이 결합하였을 때 임상적으로 중요한 우울증상이 유발될 가능성이 높아진다는 것은 우울증의 유전적 위험요인이 있는 것으로 가정할 수 있다(Clarke et al., 2003). CWDA에서 치료는 행동, 인지, 감정의 관리 등에 초점을 맞춘다. 행동적 개입은 유쾌한 활동을 증가시키고 문제해결 기술, 자기주장 기술, 대화 기술, 갈등해결 기술 등을 개발하는 것이다. 인지적 기법은 긍정적 자기-대화, 셀프모니터링, 대처, 인지적 재구조화를 사용하는 것을 포함한다. 정서적 요소는 이완과 분노 관리를 포함하여 부정적 정서를 다루는 전략을 학습하는 것이다. 부모들을 대상으로 부모역할하기, 갈등해결, 대화 기술 등을 개발하도록 프로그램을 실시할 수 있다. 성인 우울증에 대한 인지행동치료에서 했듯이, 기분 모니터링은 프로그램의 초기에 도입되는 주된 활동이고 서비스 과정 내내 계속된다. 최초 회기에서는 사회적 기술을 훈련하고 유쾌한 활동을 증가시키는 행동적 변화에 초점을 둔다. 이후에는 역기능적 인지의 검토로 이어진다. 프로그램의 마지막에는 효과를 유지하고 목표를 향한 진전, 재발 방지 등을 확실하게 하는 전략에 초점을 맞춘다. 참가자들에게 모든 기술이 모든 사람에게 똑같이 유용하지는 않을 것이라고 말해주기는 하지만 모든 활동을 시도하도록 요구한다. 보조 회기는 프로그램을 마친 후 2년 동안 넉 달 간격으로 제공된다.

CWDA 프로그램은 집단중심으로 치료 매뉴얼에 따라 실시된다. 6~10명의 우울수준이 높은 청소년들(13~18세)이 각 집단에 참가한다. 심리교육적 접근으로써 학교에서 다른 과목들을 가르치는 방식과 비슷한 방식으로 학습재료를 제시한다. 이러한 전달 방식은 정신장애 치료를 받는다는 생각 때문에 불편해하는 청소년에게 덜 낙인을 찍을 것으로 보인다. 치료는 8주의 기간에 걸쳐 계획된 16번의 두 시간 회기로 구성한다. 치료과정은 읽기, 퀴즈, 숙제 등으로 이루어진 워크북을 사용한다. 재료는 청소년들이 공통적인 역기능적 사고를 예시하기 위해 대중적인 신문의 만화를 이용하여 참여할 수 있도록 만들어져 있다. 치료자들은 활동적이고 집단원 간에 아이디어의 교환을 촉진하고 사례를 찾게 함으로써 참가자들을 참여시킨다. 회기 중에 기술들을 제시하고 역할놀이를 사용하여 연습하도록 한다. 참가자들은 매일의 생활에서 기술들을 적용해 보는 숙제를 받는다. 성인 우울증과 청소년 우울증의 치료는 차이점보다는 유사점이 더 많다. 가장 중요한 차이는 청소년을 더 많이 참여시키기 위해 심리교육적 재료를 사용하는 것과 부모와 함께하는 여러 방식을 개발한다는 것이다.

# 제 10 장

# 임상심리학의 전문 영역

# 1. 건강심리학

## 1) 정의

21세기에 들어 공중위생과 의학의 진보로 인해 감염질환이 사망률에 미치는 영향은 극적으로 감소되었다. 따라서 생활방식은 세균을 대신하여 사람의 건강을 위협하는 가장 큰 요인이 되었다(Poole, Hunt Matheson, & Cox, 2005). 건강은 개인적 행동과 습관, 즉 다이어트, 수면, 신체활동 수준, 술과 담배 소비 등의 영향을 받는다. 또한, 분노, 불안, 슬픔 등과 같은 기분에 의해서도 영향을 받는다. 심리사회적 스트레스에 노출된 정도와 건강 간에는 밀접한 관련이 있다(Schneiderman, Ironson, & Siegel, 2005). 의학적 기술의 진보는 심혈관질환, 암, HIV/AIDS와 같은 심각한 질병이 있는 사람들의 생명을 증가시켰다. 공중보건, 의학, 심리학 분야의 발달은 건강증진, 질병 치료, 재활에서 심리학자가 더 중요한 역할을 하게 만들었다(Leventhal et al., 2008).

### (1) 건강심리학의 정의

한국심리학회에서는 건강심리학을 다음과 같이 정의하고 있다. 건강심리학은 내용에 있어서 심리적 차원과 신체적 차원을 모두 포함하고 있다는 측면에서 다른 심리학 영역과 구별된다. 건강심리학에서는 사람의 건강을 위협하는 신체적 질병이 생활 습관이나 행동, 스트레스 대처방식, 태도 등에 의해 큰 영향을 받는다는 사실, 즉 심리적인 문제와 신체적인 문제가 분리될 수 없다는 사실을 기반으로 하고 있기 때문이다. 또한, 건강심리학은 건강하고 행복한 삶이 질병이나 고통이 없는 수동적 상태가 아니라 신체 · 심리 · 사회적으로 안녕(well-being)한 상태를 유지하는 능동적 과정이라고 하는 생각을 반영하고 있는 면에서도 다른 영역들과 차이점을 갖는다. 이 때문에 인간의 적응 문제를 다룰 때 해결책뿐만이 아니라 문제가 발생하지 않도록 하는 예방책을 찾는 것에도 초점을 맞추고 있다. 건강할 때 그 상태를 유지하고, 증진하는 방안을 찾는 것이다. 건강심리학의 이러한 활동은 개인 수준을 넘어 건강 관련 정책이나 교육 등에 활용될 수 있으며, 건강 커뮤니케이션 활성화와 건강증진 교육, 공중건강(public health)에 관한 정책 자문 등에는 이미 많은 건강심리학회 회원들이 참여하고 있다.

건강심리학과 관련되는 영역으로는 스트레스와 관리 및 대처, 만성질환을 포함하는 신체 질병(심혈관계 질환, 면역계 질환, 암 등), 물질 및 행위 중독(알코올 중독, 흡연, 도박 중독, 인터넷 중독 등), 섭식 문제(비만, 다이어트, 폭식, 섭식장애 등), 건강관리 및 증진(운동, 수면, 섭식 습관 개선 등), 개입 및 치료기법(행동수정, 인지치료, 명상, 이완법 등), 통증 관리, 임종 관리, 다양한 정서 관리, 삶의 질 개선(well-being), 건강 커뮤니케이션, 건강정책 등 다양한 분야가 있다.

건강심리학은 다른 영역과 비교했을 때 상대적으로 역사가 짧음에도 불구하고 사람들의 인식 변화와 함께 빠른 성장을 하고 있다. 의료 분야에서도 다양한 영역에서 그 수요가 증가하고 있으며 이러한 현상은 국제 의료시장에도 반영되기 시작했다. 또한, 스트레스나 중독 분야의 전문가들이 센터를 설립하고 건강심리 전문가로서 활동하기 시작했으며, 각 지역 보건소나 건강관련 기관에서 활동하는 회원들의 수도 증가하고 있다. 마지막으로 보건정책연구원 등 건강 관련 정부기관에서 건강관리 체계와 건강정책의 계획 및 수립에 건강심리학회 회원들이 활동하고 있다.

이처럼 건강심리학은 건강과 질병의 원인에 관한 전반적인 이해에서부터 건강증진과 질병 예방에 이르기까지 다양한 방면에 심리학적 지식을 적용함으로써 사람들의 정신, 신체적인 삶의 질 향상을 돕고 있다(한국심리학회 홈페이지 건강심리학 소개자료, 2018).

### (2) 건강과 신체장애의 정의

1980년에 세계보건기구(WHO)는 건강을 기술하는 표준어를 제공하기 위해 기능, 신체장애와 건강의 국제적 분류(International Classification of Functioning, Disability and Health, ICF)를 개발했다. ICF의 가장 최근 판은 기능(functioning)을 신체적 기능, 활동, 참여라는 용어로 정의한다. 이와 유사하게 ICF는 신체장애를 손상, 활동 제한, 참여 제한으로 정의한다(WHO, 2002). 의학적 모델에서 신체장애는 사람이 자기 문제를 교정하기 위해 치료가 필요한 특징을 지닌 것으로 본다. 대조적으로 사회적 모델에서 신체장애는 물리적 환경과 사회적 환경의 함수로 여겨진다. WHO는 다양한 활동에 참여하는 것과 관련된 생물학적 · 개인적 · 사회적 요인을 설명해 주는 생물심리사회적 모델 혹은 통합 모델을 채택했다. 이 모델에 따르면 개인의 기능이나 신체장애는 건강조건(질병, 장애, 상해)과 맥락요인 간의 상호작용으로 결정된다. 맥락요인은 기후, 물리적 환경, 사회적 태도, 법적, 사회구조를 포함하는 개인외적 변인은 물론이고 성별, 나이, 대처방식, 사회적 배경, 교육, 직업, 기질, 행동과 같은 개인적 특징까지 포함한다. 손상은 대체로 활동에 제한을 가져오고 사회생활 참여를 감소시킬 수 있다. 예를 들면 청소년 당뇨가 있는 여학생은 인슐린 주입을 주기적으로 해야 하는 신체적 손상(신장의 기능장애)을 가지고 있는데, 활동에는 제한이 없다. 그러나 그녀는 자신의 혈당 수준을 독립적으로 모니터하는 것에 대해 불안이 있고 어떤 교사도 그녀에게 지지(환경적, 맥락 변인)를 제공하지 않기 때문에 학교의 단체여행에 참여할 수 없다. 그녀를 돕는 개입은 환경적 지지를 활성화하는 전략은 물론이고 불안을 줄이는 데 초점을 맞출 수 있다. 오토바이 사고로 척추 상해를 입은 남학생은 대중교통을 이용하거나 운전할 수 없는 활동 제한은 물론이고 심각한 손상(마비)을 입게 된다. 그러나 그는 폭넓은 활동에 참여할 수 있는 특수교통체계를 이용할 수 있다(Hunsley & Lee, 2010).

건강관련 문제 범위에 대한 아이디어를 얻기 위해 건강문제의 영향을 받는 사람들의 수치 통계자료를 보는 것이 도움이 된다. 신체장애의 정도를 인식하는 것이 중요하지만 기능의 긍정적 측면을 고려하는 것 또한 중요하다. 삶의 질이라는 개념은 다양한 장애를 지닌 사람들의 안녕감의 여러 측면을 평가하기 위해 의료종사자는 물론이고 건강 전문가들이 사용해 왔다. 많은 삶의 질 평가도구는 정신적 · 신체적 문제를 가진 사람과 다양한 연령층의 사람들에게 적용하기 위해 개발되었다. 이들 측정도구의 표준화가 덜 되어 있다는 염려가 있지만(Barbotte, Guillemin, Chau, & the Lor-handicap Group, 2001), 삶의 질 측정도구는 변화에 민감하고(Selwood, Thorgrimsen, & Orrell, 2005), 일부 모집단에서는 예측 타당도를 가진 것으로 보인다.

### 2) 건강심리전문가의 활동

건강심리학에 대한 다양한 정의가 있지만, 이들 모두는 건강의 생물심리사회적 관점을 반영한다. 모든 정의에 공통적인 것은 건강문제를 가진 사람을 돕는 것은 물론이고, 건강과 관련된 심리학 연구지식에 의거한 건강한 생활방식을 장려한다는 것이다. 건강심리학 연구를 위해 임상훈련을 할 필요는 없다. 하지만 북미에서 임상건강심리전문가는 건강과 관련된 심리학적 이슈에 대한 지식뿐 아니라 임상심리학의 일반적 훈련을 받은 사람들이다. 영국과 아일랜드의 건강심리전문가의 역할은 건강관리 체계의 증진과 관련된다. 이런 나라에서 심리학자는 임상심리학 내에서 실용 분야로서 건강심리학 훈련을 하기보다는 건강심리학 자체에 전적으로 초점을 맞춘 훈련을 받는다. 건강증진 활동은 흡연을 줄이려는 노력, 비만 줄이기, 규칙적 운동 격려하기 등이다. 건강한 생활방식을 증진하고 건강문제가 생기는 것을 예방하는 것이 건강심리전문가의 주요 활동이다.

임상건강심리전문가는 본태성 고혈압, 관상성 심장병, 암, 당뇨, 동맥경화증, 재발성 두통, 천식, 말기 신장병, 소화기 궤양, 과민성 대장증후군, 여성 생식기 건강(월경, 불임, 임신, 출산, 폐경), 장기이식, 유전검사, 신체형 장애 등을 포함하는 건강문제를 가진 환자와 일할 수 있다. 여기에서 이러한 영역을 모두 다룰 수는 없으므로 비만과 체중관리, 흡연, 음주, 스트레스와 대처, 통증 관리, 의료처방 준수, 의료절차에 대처하기 등의 일반적 이슈에 초점을 맞춰 임상건강심리전문가의 업무를 알아볼 것이다.

임상심리전문가와 마찬가지로 일부 건강심리전문가는 평가와 개입에 관여한다. 다음 〈표 10-1〉은 생물심리사회적 모델의 임상적 적용으로 평가와 개입으로 설명할 수 있는 변인을 기술하고 있다.

〈표 10-1〉 생물심리사회적 모델의 임상적 적용

| I. 질병변인 | |
|---|---|
| A. 질병의 증상과 경과 | B. 질병의 위험을 증가시키는 요인 |
| C. 진단 절차 | D. 치료 절차 |
| II. 환자 | |
| A. 정신건강과 장애 | B. 성격특성과 대처방식이나 기제 |
| C. 교육과 직업 이슈 | D. 질병이 주관적 고통, 사회적 기능, 활동 수준, 자기관리, 전반적 삶의 질에 미치는 영향 |
| III. 사회 · 가족 · 문화적 맥락 | |
| A. 커플관계와 가족관계의 질 | B. 사회적 지지 |
| C. 건강관리 제공자와의 관계 | D. 부모의 문화적 배경 |
| IV. 건강관리 체계 | |
| A. 의학조직 체계 | B. 진단과 치료 절차를 위한 보험 적용 범위 |
| C. 건강 서비스에 접근하는 데 있어서 지리적 · 사회적, 심리적 장벽 | D. 의학적 조건을 위한 신체장애 이득의 존재 |

출처: Smith, Nealey, & Hamann (2000).

건강심리전문가는 그들의 환자가 겪고 있는 신체장애에 대한 지식이 있어야 한다. 그들은 장애의 진단과 치료 절차는 물론이고 특징, 위험요인, 예후에 대해 알고 있어야 한다. 이러한 생물학적 변인에 덧붙여서 건강심리전문가는 또한 심리학적 변인을 고려해야 한다. 즉, 환자가 신체장애와 더불어 정신장애 진단기준에 맞는지, 환자 상태 이해하기, 장애가 환자의 생활에 어떻게 영향을 미치는지 등을 고려해야 한다. 사회적 맥락은 환자에게 필요한 요구를 결정하는 것인데, 이를 위해 건강심리전문가는 환자의 인간관계의 질, 물질적 · 정서적 지지 범위, 문화적 이슈는 물론이고 건강관리전문가와의 관계 등을 고려해야만 한다. 마지막으로 환자가 접근 가능한 건강관리 체계의 맥락에서 환자의 불편을 다루어야 한다.

임상건강심리전문가는 병원, 지역사회진료소, 개인진료소 등에서 고용되어 있을 수 있다. 건강문제와 관련된 이슈는 병원에서만 발생하는 것은 아니다. 예를 들어 설명해 보자. 7세 된 딸이 학교에 가는 것을 두려워하고 싫어하는 것 때문에 심리학자의 개인적 서비스를 받고 싶어 하는 가족이 있다. 소녀의 아버지는 신장 이식 수술이 성공하지 못했고 최근에 암을 진단받았다. 의사는 그에게 점점 악화하고 있고 회복할 가능성이 없다고 말했다. 아버지는 말기 질환 때문에 퇴직했지만, 딸을 두고 가야 한다는 생각에 죄책감과 불안감을 가진다. 소녀의 어머니는 전체 가족에서 가장 힘이 있다. 남편이 진단을 받은 후 가족의 수입을 늘리기 위해 일을 더 많이 했다. 심리학적 평가에서 소녀의 아버지는 우울장애를 겪고 있고 소녀는 분리불안장애의 진단기준에 맞았으며, 소녀의 어머니는 지쳐 있고 고통을 받고 있었지만 어떤 정신장애 기준에도 속하지는 않았다. 심리학자는 개입을 위해 세 가지에 중점을 두었다. 아버지의 우울 증상, 소녀의 불안 증상과 학교에 규칙적으로 출석하도록 하기, 어머니의 노동시간을 줄이고 자신의 정서적 요구를 관리함으로써 지지를 활성화하도록 돕기 등이다(Hunsley & Lee, 2010).

### (1) 비만과 체중관리

적절한 영양과 운동은 건강한 체중을 만들고 유지하는 데 중요하다. 그러나 대부분은 건강한 식이요법이나 운동요법이 무엇인지 알지 못하는 것이 아니라 장기적으로 이러한 행동을 지속하는 것에 대한 어려움을 호소한다. 따라서 인지행동치료는 성공적인 체중 관리에 매우 필수적이고 중요한 구성요소가 되었다.

건강심리전문가가 과체중인 사람들에게 사용하는 일반적인 접근법은 체중감량의 ABCDS이다. 즉, 활동량 증가(A: Activity increase), 행동 변화(B: Behavior change) 인지 변화(C: Cognitive change), 음식 변화(D: Dietary change), 사회적 지지(S: Social support)를 말한다(Blair et al., 1996). 종합적으로 이 요인들은 건강한 체중을 유지하는 데 있어 다면적이고 장기적인 접근이다. ABCDS 접근의 사용을 설명하기 위해, 홍보사무실을 운영하는 50대 중반 여성 보영을 고려해 보자. 보영은 어린 시절부터 심각한 과체중이었다. 여러 방법을 사용하여 다이어트에 성공했지만 성인기를 거치면서 체중은 더 증가했다. 이런 체중 문제를 해결하기 위해서 보영은 체중관리센터에서 건강전문가들로 이루어진 다학문 분야 팀의 건강심리전문가를 찾았다. 그는 보영이 체중감량을 위해 과거에 시도했던 많은 방법에는 운동(A)과

음식(D)은 포함되었지만 다른 요소 (B, C 또는 S)는 빠져 있다는 것을 파악했다. 게다가 그녀는 운동과 음식 조절 노력을 대체로 계속 유지하지 못했기 때문에 A와 D도 결코 성공을 기대할 수 없었다.

식이요법(D) 시도에 관해 건강심리전문가는 그녀가 좋아하는 음식을 완전하게 절제해야 한다고 조언했다. 그녀는 장기적으로 의지력이 부족했다. 건강심리전문가는 동료 영양사의 도움을 받아 그녀가 장기적인 생활방식 변화의 일환으로 좀 더 실현가능하고 보다 유연한 식단을 개발하도록 도왔다. 또한, 개인 트레이너와 공동으로 주당 30분 운동 5회를 포함하는 운동 계획(A)을 하는 데 도움을 주었다. 그중 일부는 가장 친한 친구(S)와 함께 걷기, 달리기 또는 댄스를 하는 것이었다. 또한 ABCDS 계획의 행동 변화(B) 측면을 다루기 위해 그녀와 건강심리전문가는 식당(양을 적게 달라고 하기, 튀김 반찬 대신 삶거나 찐 반찬 선택하기, 식사 전에 빵과 감자튀김 피하기)과 마트(고칼로리 또는 고지방 음식 구매를 제한할 수 있도록 음식물 표기 사항 읽기)에서 현명한 결정을 할 수 있도록 새로운 행동 목록을 공동으로 만들었다.

보영은 처음에 건강심리전문가의 제안에 저항했다. 식사와 운동에 대한 그녀의 생각과 맞지 않는다고 했다. 특히 그녀는 "성공적인 체중감소는 일주일에 적어도 2~3kg을 의미하고", "최소 1시간 이상 운동할 경우만 운동을 수행한 것으로 한다." 그리고 "식당에서 특별한 요구를 해서 상대가 귀찮아하는 것을 원하지 않는다."고 생각했다. 건강심리전문가 업무의 중요한 측면은 이러한 잘못된 인식에 도전하는 것이었다(C). 그는 체중감량 목표(주당 1kg이 더 합리적), 운동 지속시간(모든 시간을 '합산한'), 그리고 사실 대부분의 식당은 고객 요청을 수용할 의사가 있다는 것에 대해 설득력 있게 보영을 교육했다. 건강심리전문가는 ABCDS 접근법의 모든 측면을 다루면서 보영 씨가 건강한 체중 유지에 성공할 수 있도록 도왔다. 그녀는 처음 6개월 동안 18kg을 감량했고 수년간 그 체중을 유지했다(Pomerantz, 2014).

흥미로운 새로운 연구들은 체중관리를 포함하여 신체 건강증진에 있어 가치 긍정(values affirmation)의 역할에 초점을 맞추고 있다. 인생에서 가장 가치를 두는 것(예: 관계, 다른 사람들에게 봉사)에 대해 글을 쓰면, 환자들은 자신의 정체성과 자기

가치에 대한 관심을 집중하게 된다(Sherman & Cohen, 2006). 이러한 긍정성은 자기 통제를 강화한다. 왜냐하면 자기가 가장 소중히 여기는 가치에 집중하면 그 가치들과 일치하지 않으면서 단기간에 보상만 하는 충동적 행동이 감소하기 때문이다(Creswell et al., 2005). 최근의 연구에 따르면 단일 회기의 가치 긍정을 훈련한 여성들은 통제집단과 비교하여 거의 3개월 후 체중과 허리둘레가 유의미하게 감소되었다(Logel & Cohen, 2012).

### (2) 흡연

흡연은 현재 매년 미국에서 450,000명 이상의 사망자를 차지하는 예방 가능한 사망 원인 중 1위이다(Niaura & Abrams, 2002). 흡연은 심장질환, 암, 혈관질환, 뇌졸중 및 주요우울장애의 주요 위험인자로 입증되었다(Haas, Munoz, Humfleet, Reus, & Hall, 2004). 흡연과 관련된 근본적인 문제는 사람들이 흡연의 위험에 대해 무지하다기보다는 행동 변화를 실천하는 것이 어렵다는 것이다.

불행히도 담배에 일단 중독되면 흡연은 흡연자 삶의 신체적 · 심리적 · 사회적 측면에서 매우 지배적인 영향을 미친다. 건강심리전문가가 흡연에 대처하는 가장 강력한 방법은 니코틴 대체, 사회적 지지, 스트레스 관리 및 재발 방지이다.

니코틴 대체는 처방전 없이 살 수 있거나 또는 담배를 대체 가능한 껌이나 피부 패치를 포함하여 처방약 사용을 포함한다. 이러한 형태의 치료법 이면의 기제는 두 가지다. 즉, 흡연하는 구강 습관을 없애는 동시에 시간이 지남에 따라 서서히 줄이도록 조절된 투약을 통해 몸을 니코틴 의존으로부터 서서히 벗어나게 하는 것이다. 니코틴 대체 요법의 효능에 대한 종합적인 검토는 흡연을 중단시킬 수 있는 물질로서 지지되었다(Cepeda- Benito, 1993). 건강심리전문가는 대체제를 어떻게 사용하는지, 어디서 구해야 하는지(일부는 판매대에서 구입할 수 있으며, 다른 것은 의사가 처방해야 함), 일반적인 부작용(예: 두통, 심장이 마구 뜀)에 대해 치료를 지지하는 연구를 바탕으로 내담자를 교육할 수 있다. 또한, 그들은 치료를 시작하기 전에 내담자가 치료법을 준수하는 데 방해가 되는 잠재적인 장해물을 극복할 수 있도록 도와줄 수 있다(예: 다양한 선택에 따르는 비용과 편의성 평가하기).

금연의 중요한 측면은 비흡연 사회적 지지 네트워크의 유용성이다. 사회 집단에 흡연자가 있다는 것은 흡연 중단에 중요한 방해물이며 재발의 유의미한 예측 요인인 것으로 나타났다(Mermelstein, Cohen, Lichtenstein, Baer, & Karmarck, 1986). 내담자가 비흡연 네트워크를 만들거나 강화시키는 것을 돕는 것은 종종 금연치료의 중요한 첫 단계이다. 이를 달성할 수 있는 한 가지 방법은 먼저 다른 흡연자와의 관계를 제한하거나 종료하기 또는 다루기 위한 문제해결 전략을 개발하는 것이다. 즉, 집이나 가족 차량에서 흡연 제한 규칙을 둘 수 있다. 다양한 상황에서 비흡연 사회적 접촉의 수와 질 목록을 작성하는 것도 중요하다. 이 목록이 적으면 사회적 네트워크 구축이 필요할 수 있다. 내담자가 다른 비흡연자와 접촉하거나 금연 지원 단체를 통해 지원을 구하도록 격려해야 할 것이다(Smith, Reilly, Houston Miller, DeBusk, & Taylor, 2002). 마지막으로 내담자는 일반적으로 사회적 흡연을 하는 장소를 확인하여 대체 장소를 마련하고, 그것과 동등하게 충족될 수 있는 활동을 계획하는 것이 좋다. 예를 들어 친구와 식사를 함께하는 내담자는 금연 식당만 주로 이용하는 것을 고려할 수 있다.

흡연자들은 종종 흡연이 휴식을 제공하고 스트레스를 완화하는 것으로 보고한다. 따라서 건강심리전문가는 흡연자가 금연을 시작하기 전에 내담자와 함께 휴식과 스트레스 완화를 위한 대체 전략을 개발하고 연습하는 것이 중요하다. 재발 방지는 어떤 요인들이 재발을 일으킬 것인지 알고, 이러한 요인들이 발생하는 것을 방지하는 것을 목표로 진행된다. 재발에 대한 가장 일반적인 계기 중 하나가 스트레스를 느끼는 것이므로 스트레스 관리 기법의 사용은 재발 방지에 강력한 역할을 할 수 있다. 재발 방지 ABC(Marlatt & Gordon, 1985)는 내담자와 건강심리전문가가 흡연 전후에 발생하는 일들을 조사한다. 구체적으로 B는 행동(Behavior)(흡연), A는 선행사건(Antecedent), C는 결과(Consequence)를 나타낸다. 예를 들어 만약에 준이 술집에서 술을 마실 때마다, 흡연한 것을 인지한다면, 그의 선행사건은 술집에서 술을 마시는 것이다. 또한, 그가 스트레스를 줄이기 위하여 술집에서 담배를 피운다는 것을 인지했다면, 그는 스트레스를 줄이기 위한 대체행동(예: 운동, TV 시청, 술집 밖의 친구들과의 사교 활동)을 생각할 수 있다. 건강심리전문가는 준에게 선행요인과 결과를 인식하고 대체행동을 제안함으로써 많은 도움을 줄 수 있다.

### (3) 음주

적당한 음주는 그 자체로는 문제가 되지는 않는다. 알코올성 물질의 사용은 술을 끊을 수 없을 때, 강렬한 욕구를 이길 수 없을 때, 직장 · 학교 혹은 집에서 술과 관련된 반복적인 실패를 경험하는 것과 같은 특정한 기준을 충족시키면 병리적이 된다(American Psychiatric Association, 2013). 문제가 되는 알코올 사용의 다른 두 가지 특징은 내성과 금단이다. 내성은 원하는 효과를 얻기 위해 물질의 사용량이 증가할 때 발생하며, 금단 현상은 중단 물질이 부정적인 증상을 유발할 때 발생한다. 알코올 중독은 비만 및 흡연과 더불어 큰 사회적 건강문제로 간주된다.

금연과 매우 유사하게 알코올 중독의 성공적인 치료는 스트레스 관리, 재발 방지, 그리고 사회적 지지 요소를 포함한다. 알코올 역시 스트레스를 감소하는 데 일반적으로 사용되듯이, 건강심리전문가는 환자들이 스트레스를 관리하는 데 있어 더 건강한 대처방법, 이를테면 운동을 하거나 친구에게 전화를 하는 것과 같은 방법을 사용하는 것을 연구한다. 음주하는 데 있어 일반적인 선소 요소(스포츠 행사에 가는 것)를 밝히거나 또 음주를 피하기 위한 전략(술을 구입하기에 충분한 돈을 가지고 다니지 않는 것)을 개발하는 것은 건강심리전문가가 환자의 금연에 사용하는 재발 방지 ABC와 같은 것이다. 금연 환자를 연구하는 것과 유사하게, 건강심리전문가는 음주를 자제하고 싶은 환자들에게 필요하다면, 비음주자들의 사교 모임을 확대하거나 무알코올을 선택할 수 있는 사교 모임을 하도록 도울 수 있다.

알코올 관련 문제에 대한 가장 일반적으로 도움이 되는 원천인 자조 지원 그룹인 알코올 자조 모임(Alcoholics Anonymous, AA)은 이러한 전략 중 다수를 치료 계획에 포함한다. AA는 스스로 자신을 돌보는 목표를 공유하는 현재 및 회복된 알코올 중독자 네트워크이며 AA의 다른 구성원들은 절주하는 상태이다. 이 집단은 건강심리학과 관련은 없지만 많은 동일한 원칙, 특히 사회적 지원과 재발 방지를 사용한다. AA와 건강심리학의 중요한 차이점은 AA가 회복 과정에 영적 요소를 통합한다는 것이다.

흡연과 알코올 문제에 대한 치료 사이의 중요한 차이점은 알코올은 니코틴을 포함한 많은 물질의 효과와는 다르게 뇌에 영향을 미치며, 중독자는 물질이 몸에서 급속하게 제거되면 위험한 부작용을 경험할 수 있다는 사실이다. 따라서 인지행동 기법을 적용하기 전에 의학적으로 해독 기간이 먼저 필요하다(Pomerantz, 2014).

### (4) 스트레스

오늘날 건강심리전문가는 많은 영역에서 일을 하지만 건강심리학 분야에 있어서 최초의 임상 적용은 스트레스라는 주제였다. 스트레스란 어렵고 힘든 내부 또는 외부 환경에 대한 심리적 또는 생리적 반응을 의미한다(VandenBos, 2007). 캐논(Cannon, 1932)은 투쟁-도피 반응을 설명했다. 투쟁-도피 반응은 유기체가 위협을 느끼면 신체는 투쟁하거나 도피하기 위해서 교감신경계와 내분비계를 통해 에너지를 빠르게 동원한다는 것이다. 원시적인 인류는 신체의 행동 반응이 아마도 실질적으로 싸우거나 도망치는 것이었겠지만(아마도 으르렁거리는 호랑이로부터), 오늘날의 '투쟁'이나 '도피'는 조금은 다른 모습이다. 교통체증을 막기 위해 공격적으로 경적을 울리거나 또는 불안 유발 상황을 차단하기 위해 알코올과 같은 물질로 자가치료를 하는 것은 각각 투쟁과 도피가 현 대적으로 변형된 것이다.

만성 스트레스 요인의 지속시간은 크게 다를 수 있다. 만성 스트레스는 지속적으로 높고 끊임없이 발생하는 스트레스 수준에 의해 정의되는 정말 흔한 일련의 증후군을 말하며 대개 바쁘고 빠른 생활패턴으로 인해 발생한다. 우리 중 상당수는 만성 스트레스에 대해 인식하고 있다. 셀리에(Selye, 1956)는 스트레스에 대한 선구적인 연구에서 이 과정을 일반적응증후군 가설로 기술했다. 즉, 일시적인 스트레스 요인에 직면했을 때 우리의 투쟁-도피 반응은 매우 효율적으로 작용하지만 스트레스에 장시간 반복적으로 노출하면 우리의 몸은 결국 기능을 멈춘다.

스트레스와 신체질병과의 밀접한 관계가 있다. 편두통, 골다공증, 만성요통, 심혈관계 질환, 궤양, 설사, 여드름, 성기능 문제 등 무수히 많은 증상 및 질병이 스트레스와 연관되어 있다(Hafen, Frandsen, & Smith, 1996; Schneiderman & Siegel 2007). 원래 우리가 즉각적인 위험으로부터 자신을 구할 수 있는 능력을 제공했던 이 같은 신체적 반응은 우리 사회에서 많은 사람들의 질병으로 이어지는 부적절한 상태가 되었다. 의료서비스 방문자 중 75%에서 90%가 스트레스와 관련된 질병이 원인이며 스트레스를 받는 사람들은 스트레스를 받지 않는 사람보다 신체

질병으로 입원할 가능성이 6배 높다고 추정했다(Kalia, 2002).

또한 스트레스 때문에 가장 문제가 되는 영향 중 하나는 우리 몸의 면역체계 약화이다. 스트레스는 우리 신체의 스트레스 호르몬인 코르티솔의 방출을 조절하는 시상하부-뇌하수체-부신(hypothalamic-pituitary-adrenal, HPA) 축을 활성화시킨다. 코르티솔은 적절한 양이라면 유익하지만 만성적인 스트레스는 코르티솔 수준을 증가시켜서 면역계의 필수세포인 T 세포의 악화를 초래한다. T 세포는 외래 병원균을 공격하고 면역계의 다른 세포를 조절한다. 코르티솔 수치의 조절이 불완전해지면 T 세포 기능이 저하되고 면역체계가 약화된다. 또는 더 간단히 말하면 만성 스트레스는 당신을 아프게 할 수 있다. 스트레스와 감기에 대한 선구적인 연구결과(예: Cohen & Williamson, 1991)에 따르면 가장 높은 스트레스를 가진 참가자가 일반적인 감기 바이러스에 감염될 가능성이 5배 이상 높았다.

스트레스가 면역체계에 미치는 해로운 영향은 흔하면서 치명적인 질병인 암과 에이즈에 대해 심리학에 기반을 둔 연구와 임상적 작업의 문을 열었다. 스트레스가 이러한 질병 중 하나를 일으킨다는 증거가 전혀 없으나, 스트레스가 이 질병의 발달과 유지에 중요한 역할을 한다는 많은 증거가 있다. 예를 들어 연구자들은 스트레스를 받기 쉬운 성질과 유방암 발병이 관련 있다는 것을 발견했다(Faragher & Cooper, 1990). 비슷한 맥락에서 HIV 감염 게이 남성에 대한 연구(Lesserman et al., 1999)에 따르면 스트레스를 많이 받는 사람들이 훨씬 더 빠르게 질병이 진행되었다고 한다. 다른 건강전문가와 협력하여 임상심리전문가는 이러한 질병의 치료 또는 예방에 중요한 역할을 할 수 있다.

### (5) 스트레스 대처

높은 수준의 스트레스에도 면역이 있는 사람들과 아주 작은 스트레스에도 심리적 또는 신체적 질병으로 반응하는 사람들이 있다. 이 유형의 사람들 사이의 주요 차이점은 스트레스에 대처하는 방식이다. 대처법은 사람이 가진 자원을 초과하는 것으로 평가되는 요구를 다루는 과정으로 정의된다(Lazarus & Folkman, 1984).

스트레스에 얼마나 잘 대처하고 있는지를 결정짓는 요인은 무엇인가? 심리학의 많은 질문과 마찬가지로 대답은 천성과 육성 모두이다. 천성적인 면에서 스트레스와의 투쟁에 대한 감수성이 유전부호로 각인될 수 있다. 예를 들어 44명의 일란성 쌍둥이와 30명의 이란성 쌍둥이를 대상으로 하는 한 연구에서 스트레스 대처변인 중 유전요인이 57%로서, 대부분의 변량을 설명했다(Mellins, Gatz, & Baker, 1996). 스트레스에 대한 이러한 생물학적 취약성은 스트레스에 과민 반응을 일으키거나 우울증에 빠질 수도 있게 만든다는 것을 시사한다. 실제로 연구자들은 심지어 관절염, 궤양 및 관상동맥성 심장질환과 같은 스트레스 관련 질병에 걸리기 쉬운 질병 유발 성격에 대한 유전자형이 있다고 가정했다(Scheier & Bridges, 1995; Smith & MacKenzie, 2006). 가장 문제가 되는 성격 프로파일은 현저한 불안, 우울, 비관주의, 방어 적대감 등이다(Guerrero & Palmero, 2010).

실제로 스트레스에 대한 지각은 스트레스의 실제 양과는 상관없이 스트레스 관련 질병의 수준을 예측할 수 있다(Hiramoto et al., 1999). 유방암 여성에 대한 연구에서 이 질환으로 인한 심리적 · 신체적 고통의 양은 그 여성이 느끼는 통제력 수준과 유의미한 관계가 있었다. 자신이 많은 통제력을 가지고 있다고 믿는 사람들은 통제력을 더 낮게 지각하는 사람보다 훨씬 고통이 적었다(Barez, Blasco, Fernandez-Castro, & Viladrich, 2009). 따라서 건강심리전문가는 내담자의 유전적 특징에 관해서는 할 수 있는 것이 없지만 내담자와 협력하여 인지적으로 잘못된 지각에 도전하여 긍정적이고 건강한 관점으로 대체하도록 도울 수 있다. 일반적으로 잘못된 지각은 스트레스에 직면했을 때 통제를 전혀 할 수 없다는 느낌이다. 그러나 내담자가 상황을 좀 더 주의 깊게 살펴서 도전한다면 상황 중 일부는 자기가 통제할 수 있는 것이 있다는 것을 깨달을 것이다.

건강심리전문가들이 촉진할 수 있는 또 다른 건강한 대처 기술은 문제 중심의 대처이다. 문제 중심 대처는 스트레스가 많은 상황에 대해 적극적이고 건설적인 조치를 취하려는 시도이다. 이러한 접근은 허리케인 발생을 완전히 통제할 수 없다는 것을 알지만, 비상용품을 비축하고 대피 및 통신 계획을 수립함으로써 가능한 한 최적화된 준비를 하는 사람들에게 증명되었다. 스트레스 상황에 대해 개인적인 통제를 할 수 있다고 믿는 사람들이 스트레스 요인에 대해 거의 통제할 수 없다고 생각하는 사람들보다 정서적으로나 신체적으로 더 유리하다는 생각을 강력히 지지했다(Pittner, Houston, & Spiridigliozzi, 1983).

예를 들어 대학 입학 후 2년 동안 궤양과 잦은 두통을 호소하는 여대생을 생각해 보자. 그녀의 주된 스트레스는 부모에게서 경제적 지원을 받을 수 없게 되었고, 그런 지원 없이 학교를 계속 다닐 수 없을 것 같다는 걱정이었다. 그녀는 궤양과 두통을 치료하기 위해 내과 의사와 협업하는 건강심리전문가에게서 용기를 얻고 이런 상황 중에서도 그녀가 통제할 수 있는 측면을 찾기 시작했다. 건강심리전문가는 아르바이트, 학자금 대출, 장학금 등 고려할 수 있는 수입원 목록을 작성하는 데 도움을 주었다. 졸업 후 빠른 취업을 위한 진로상담을 받게 하였다. 그 결과 그녀는 자기 문제에 대해 머물러 있기보다는 행동을 취함으로써 심신이 진정되었다고 느끼게 되었다. 궤양과 두통의 증상은 감소했고, 그녀는 좀 더 정서적으로 안정되었다.

### (6) 통증 관리

통증은 우리에게 잠재적 위험을 알리는 유용한 기능을 한다. 발목이 비틀렸을 때 느끼는 날카로운 통증은 당신이 발목에 체중을 가하지 않아야 한다는 중요한 신호이며, 뜨겁고 타는 것 같은 감각은 당신에게 불에서 멀어지라고 경고하는 것이며, 피부 마찰은 옷이 너무 끼인다는 것을 알게 해주며, 따끔거리는 것은 어떤 식물이나 곤충에서 물러나도록 한다. 우리 대부분이 통증을 불쾌한 경험으로 생각하지만, 통증에 무감각한 일부 사람들은 통증의 경고신호를 경험하지 못하기 때문에 생명을 위협하는 부상에 취약할 수 있다. 통증이 주관적 경험이기 때문에 우리는 한 사람이 겪는 통증이 어느 정도인지를 개인의 보고에 의존한다. 즉, 우리가 다른 사람의 통증을 판단할 수 있는 객관적 방법이 없다. 이것은 언어화할 수 없는 통증 경험을 이해하는 데 중요한 도전이 된다. 비교적 최근까지 많은 건강관리전문가들은 아이들은 통증을 느끼지 못한다고 생각했다(Poole et al., 2005). 결과적으로 마취 없이 남자아이를 포경수술하는 것은 당연하게 여겼지만, 성인 남자에게는 통증을 차단하거나 둔감화하는 처치 없이 수술하지는 않았다. 일부 연구자들(McGrath & Finley, 2003; McGrath & Unruh, 1999)은 통증을 말로 표현할 수 없는 어른은 물론이고 유아나 아동에서 통증을 측정할 혁신적 전략을 개발했다. 이들은 통증에 대해 아동에게 물어보거나, 그들의 행동을 관찰하거나, 얼굴표정을 살펴보는 연구 기반 전략을 사용한다(Breau, McGrath, Camfield, & Finley, 2002; Chambers, Finley, McGrath, & Walsh, 2003).

급성 통증과 만성 통증을 구분하는 것이 중요하다. 급성 통증은 불쾌감을 가져오는 단기적 감각이지만 유용한 기능을 한다. 그것은 여러 가지 방식으로 완화될 수 있는데, 온찜질, 냉찜질, 휴식, 기분전환, 진통제 투여 등이다. 대조적으로 6개월 이상 지속되는 통증은 만성이다. 모든 사람은 부상, 질병, 의학 절차에 따른 급성 통증을 경험한다. 예를 들면 모든 아동은 백신접종을 받게 되고, 많은 사람들은 작은 것이라도 외과수술을 경험하며, 그중 일부는 암과 같은 심각한 상태의 치료와 관련된 통증을 겪어야만 한다. 통증관리는 다차원적이다. 약물처치의 실시와 같은 신체적 측정이나 기분전환 전략 훈련과 같은 심리적 개입 등이 포함된다. 아동은 보통 작은 외과수술 후에는 빨리 병원에서 퇴원하기 때문에 부모는 아동의 통증을 관리하는 책임을 지게 된다. 일부 연구자들(McGrath, Finley, Ritchie, & Dowden, 2003)은 부모가 아동을 돕기 위한 소책자를 출간했다. 〈표 10-2〉는 아동의 급성 통증에 도움이 될 수 있는 전략과 도움이 되지 않지만 일반적으로 사용하는 전략을 제시하고 있다.

〈표 10-2〉 **아동의 급성 통증을 관리하는 방법**

| | |
|---|---|
| 심리학적 전략 | • 부모나 특별한 사람의 존재<br>• 질문이나 기분을 표현하도록 격려<br>• 의학적 절차에 대한 간단하고 정확한 정보 제공<br>• 통제 제공(예: 무릎이나 의자에 앉히기)<br>• 기분전환: 말하기, 비디오 게임, 음악 감상, 책 읽기<br>• 상상하기: 이완되거나 진정되는 것과 연합된 활동을 생각하기<br>• 아동이 통증을 날려버리도록 암시하기<br>• 놀기<br>• 아동이 점점 좋아지도록 격려하기 |
| 신체적 전략 | • 깊이 호흡하기<br>• 접촉으로 위로하기: 쓰다듬기, 둘러싸기, 받쳐주기, 흔들거리기, 껴안기<br>• 약물처방 |

| 도움이 되지 않는 전략 | • 통증을 부인하기: "아프지 않을 거야."<br>• 조롱하거나 창피 주기: "아기들만 울어."<br>• 잘못된 안심을 시키기: "금방 나아질 거야."<br>• 통증에 너무 많이 초점 맞추기: "네가 많이 아파서 힘들어하는 것을 안다." |
|---|---|

출처: McGrath, Finley, Ritchie, & Dowden(2003).

만성 통증은 수면장애, 우울증, 불안을 포함한 다른 주된 문제들과 연관된다(Ohayon, 2005). 등의 통증, 편두통, 심한 두통, 관절통은 10명의 성인 중 1명 이상에서 발생한다(Centers for Disease Control National Center for Health Statistics, 2006). 일부 연구자는 만성 통증의 심리학적 측면을 강조한다. 통증에 대한 개인의 신념은 통증 경험에 영향을 미친다. 자신들의 통증을 외상으로 인한 손상에 귀인하는 사람, 활동에 참여하여 더 많은 통증을 일어나는 것을 두려워하는 사람, 통증을 통제할 수 없다고 느끼는 사람은 더 강력한 통증 증상을 보고한다(Turk & Okifuji, 2002). 심리학적 요인은 개인이 통증을 회복할 것인지, 장기간 통증을 경험할 것인지를 결정하는 데 중요한 역할을 한다(Keefe, Abernethy, & Campbell, 2005). 통증에 대한 역기능적 신념, 사회적 지지의 결여, 상승된 정서적 반응성, 낮은 직무만족, 보상 가능성 등은 만성적 문제의 경험과 연관된다(Turk & Okifuji, 2002). 심리학자는 통증 관련 손상에 기인하는 장애 청구에서 평가를 실행하는 데 자문을 해줄 수 있다. 이런 유형의 업무는 건강심리학과 법정 이슈의 지식을 필요로 한다.

통증을 다루는 심리학적 서비스는 내과 의사와 물리치료사를 포함하는 다학제간 서비스로 제공될 수 있다(Keefe, Abernethy, & Campbell, 2005). 심리학적 처치는 여러 가지 목적으로 시행될 수 있는데, 통증을 다루는 적극적 대처 전략의 채택, 회피 행동의 감소, 수면의 증진, 약물처치 방법 지키기, 스트레스 관리, 통증과 관련된 불안의 감소, 통증과 관련된 대인관계문제의 해결(예: 의사소통의 곤란과 가족 구성원과의 갈등), 그리고 직업문제 등이 포함된다(Hadjistavropoulos & Williams, 2004).

요약하면 통증을 포함하여 건강과 관련된 이슈에 초점을 맞춰 심리학 지식을 적용하는 것은 임상심리학의 실제 분야를 더 확장한다. 행동의학과 건강심리학의 상대적으로 간략한 역사를 넘어서 심리학자는 건강을 이해하고 건강한 생활

방식을 촉진하고, 건강문제를 조정하는 데 중요한 공헌을 해왔다. 인구가 노화되고 만성적 건강 문제를 조정할 수 있도록 사람들을 돕는 서비스의 필요가 커짐에 따라 건강심리학은 다가오는 미래에 점점 더 중요한 심리학적 서비스가 될 것이다(Leventhal et al., 2008). 실제로 의학 장면에서 사용되는 심리학적 서비스는 삶의 질을 극적으로 증진하고 건강관리 체계에 대한 재정적 부담을 극적으로 감소시킬 수 있다(Blount et al., 2007).

### (7) 의료처방의 준수

심리적 요인에 기인하지 않은 의학적 질병이 있는 내담자에게는 의료요법을 준수하기 위한 도움이 필요하다(Goodheart & Rozensky, 2011). 의료요법을 준수하지 않는 것은 식이제한 위반, 약물 복용하지 않기, 후속 약속 지키지 않기, 그리고 활동 제한사항을 준수하지 않기 등의 형태로 나타난다. 내담자가 의료제공자와 소통이 부족하거나 부작용에 대한 두려움을 보이면서 의료처방을 준수하지 않는 데에는 많은 이유가 있다.

건강심리전문가들은 여러 가지 방법으로 치료지시 이행을 증진할 수 있다. 때로는 제안된 치료계획을 보다 신중하고 완전히 이해할 수 있고 온정적 방식으로 전달하기 위해 의료제공자와 환자 간의 연락책 역할을 한다. 사실 일부 연구는 단순히 따뜻하고 돌보는 느낌으로 메시지를 경청하는 것이 더 큰 순응을 가져온다는 것을 밝혔다(Sherbourne, Hays, Ordway, Dimatteo, & Kravitz, 1992). 규정 위반을 줄이는 또 다른 중요한 측면은 제안된 치료법, 대체치료법(치료를 포함하지 않음)에 대해 각각의 장단점 및 주제에 대한 최근연구를 철저히 교육하는 것이다. 또한 임상가들은 환자가 규정 준수를 강화하기 위한 또 다른 메커니즘으로서 환자의 개인 지원 시스템을 보호하거나 보강하는 데 도움을 줄 수 있다. 만성 심부전 환자에 대한 연구에서, 높은 수준의 사회적 지지를 지닌 사람들은 치료계획에 대해 더 나은 약물치료, 행동 및 식이요법 순응도를 입증했다(Sayers, Riegel, Pawlowski, Coyne, & Samaha, 2008).

규정 준수에 대한 환자의 장벽을 파악하고 함께 협력하여 시간제한 옵션을 제안하는 것도 도움이 될 수 있다. 예를 들어 이완과 같은 것을 믿지 못하는 통증 환자에게 2주 동안 시도해 보도록 설득할 수 있으며, 효과가 없다면 그만둘 수 있다. 때로는 건강심리전문가가 내담자의 문제들을 해결하기 위한 직접적인 문제해결 접근법을 채택할 수 있다. 예를 들어 수많은 신체적 질환을 가진 78세의 여성 김 여사는, 복용할 약이 많아 잘못된 시간에 잘못된 약을 먹을까 봐 두려워서 투약 요법을 준수하지 않았다. 그녀는 약 복용을 모두 포기하기로 결정했다. 그녀의 건강심리전문가인 최 박사는 김 여사의 딸에게 지역 약국에서 값싼 월간/일간 알약 케이스를 구입하고 한 달에 한 번 딱 맞는 상자에 약을 주도록 했다. 이 간단한 조치는 상황을 바로잡기에 충분했다.

### (8) 의료절차에 대처하기

건강심리전문가는 환자가 의료절차에 직면할 때의 스트레스에 대처하도록 돕는 데 중요한 역할을 한다. 이러한 의료절차에는 수술, 예측 가능한 부작용(예: 화학요법), 고통스러운 물리치료 또는 뇌심부자극술 같은 좀 더 실험적인 방법의 수술이 포함될 수 있다. 이런 역할에서 건강심리전문가의 주요 의무는 내담자를 교육하고 의료절차에 대해 이해하기 쉽게 설명하고 내담자의 통제력과 편안함을 증가시키는 것이다. 많은 연구는 개입 전에 공감적 방식으로 행해지는 명확하고 상세한 의사소통의 이점을 연구했다. 예를 들어 이런 유형의 정보를 받는 방사선 치료 환자는 그렇지 않은 환자보다 수술 후 적응 및 치료가 더 잘 된다(Johnson, Lauver, & Nail, 1989). 또한, 전립선 검사와 같은 민감한 절차 또는 심장 수술과 같은 복잡한 절차의 단계를 설명하기 위해 사전 녹화된 비디오를 사용하는 것도 유익한 것으로 보인다(Mahler & Kulik, 1998; Taylor, 2010).

의사소통 최적화 이외에도 건강심리전문가들은 이완훈련 및 상황의 불쾌감에 대해 다른 방식으로 생각할 수 있도록 인지행동적 중재를 사용한다(Ludwick-Rosenthal & Neufeld, 1988). 예를 들어 화학요법을 시작하려는 50세의 암 환자인 명수를 생각해 보자. 그녀는 암을 진단받고 혼란스러웠고, 건강심리전문가가 화학요법에 대한 그녀 생각을 얘기하도록 했을 때 자기가 받을 화학요법에 대해 혼란스러워하며 눈물을 흘리며 말했다. “이 치료는 평생 계속될 것이다.” 그리고 “부작용은 너무 무서울 것이다. 나는 그것을 헤쳐 나갈 수 없을 것이다.” 건강심리전문가는 명수의 우려에 대해 동정심을 보였지만, 그녀가 화학요법에 대해 잘못 이해한 것을 수정할 필요가 있었다. 치료는 평생이 아닌 몇 개월 동안이며, 대부분 환자가 불쾌한 부작용을 경험하지만, 궁극적으로는 견딜 수 있다는 것이다. 또한, 건강심리전문가는 화학요법이 성공했을 때 그녀가 누릴 수 있는 건강 상태에 초점을 맞추도록 도왔다(그녀는 암이 조기에 발견되어 치료 가능성이 높았다). 건강심리전문가는 명수의 왜곡된 신념을 수정하고 긍정적인 결과의 가능성에 초점을 옮김으로써 화학요법 전 명수 씨의 심리적 안녕감뿐만 아니라 신체적으로도 이익을 얻을 수 있었다.

건강심리전문가들이 입원한 어린이들과 함께 일할 때 공통 목표는 분리 불안을 최소화하는 것이다. 부모가 방문이 금지된 시간대에 대학원생 또는 간호실습생 등이 자녀의 보호자가 되도록 '대리 부모'를 배정하는 것이 필요하다. 마찬가지로 건강심리전문가들은 아이가 위안이 될 수 있도록 집에서 담요나 인형을 가져올 수 있게 해 준다.

어떤 경우에 건강심리전문가는 의료진이 의료절차를 실행하기 전에 환자의 심리적 준비 상태를 평가해달라는 요청을 받을 수 있다. 이 과정에서 건강심리전문가들은 환자의 정신 상태로 인해 의학적 절차가 오히려 역효과를 낼 것 같은 환자를 가려낼 수 있다. 예를 들어 위장우회수술이 일상적으로 고려되고 있는 사람은 수술이 예정되기 전에 심리평가를 받는다. 한 연구에 따르면 위장우회수술 신청자의 약 3%가 수술받는 것이 심리적으로 부적절한 것으로 간주하였다. 특히 임상 면접을 포함한 포괄적인 평가 이후 이러한 사람들은 정신병이거나 인지기능의 제한으로 인해 고려 중인 절차를 완전히 이해하고 동의하지 못하는 것으로 나타났다(Pawlow, O'Neil, White, & Byrne, 2005).

건강심리전문가들이 일반적으로 심리적 적합성을 평가하는 또 다른 의료절차는 장기 기증이다. 의료계는 기증자나 수혜자 모두에게 끼칠 수 있는 모든 부정적 영향을 이해할 수 있는지, 기증자가 자기 선택의 심각성을 이해하는지를 확인해야 한다. 이 경우 기증자가 자기 스스로 결정을 내리고 친구나 가족의 압력을 받지 않도록 하는 것이 중요하다. 건강심리전문가는 이 중요한 서비스를 제공하기 위해 임상평가와 장기 기증의 의학적 심리적 영향에 대한 지식을 활용할 수 있다.

## 2. 임상신경심리학

### 1) 정의

신경심리학은 뇌와 행동의 관계에 대한 연구이다. 즉, 임상신경심리학은 중추신경계와 연관된 문제의 평가와 교정에 이러한 지식을 적용하는 것이다(Boake, 2008). 임상신경심리학은 신경학적 문제의 기능에 미치는 효과에 중점을 두는데, 윌리엄 증후군, 출생-관련 손상, 스포츠 사고나 차 사고에서 생기는 뇌손상, 뇌종양, 감염, 다발성 경화증, 뇌혈관 질환, 간질, 알츠하이머 질병이나 파킨슨병 같은 신경퇴행성 질환, 환경적 독소에 노출 영향, 화학치료의 영향 등의 문제를 포함한다(Cairns, 2004).

임상신경심리학은 미국에서 할스테드와 라이탄의 연구와 소련에서 루리아의 연구를 바탕으로 제2차 세계대전 이후에 발달되었다(Groth-Marnat, 2000). 생리심리학 훈련을 받은 할스테드는 신경학적 손상을 지닌 환자의 행동을 연구했다. 그는 지능검사가 학업에 초점을 맞춘 것에 불만을 갖고, 특정한 적응적 결함을 평가하는 검사를 개발했다(Broshek & Barth, 2000). 그의 경력에 더해서 라이탄은 뇌손상 환자와 장애가 없는 사람들 간에 이들 검사의 수행도를 비교하고, 손상 받은 뇌의 정확한 영역을 확인하기 위해 검사배터리의 유용성을 검토하는 수많은 연구를 실행했다(Broshek & Barth, 2000). 할스테드-라이탄 배터리(Halstead-Reitan battery)는 가장 광범위하게 조사된 신경심리검사이며 인지기능을 평가하는 유용한 도구로 폭넓게 사용되고 있다. 그러나 할스테드-라이탄 검사 또한 오류가 존재한다. 검사 실시에 필요한 시간, 연령, 교육, 성별에 따른 차이를 설명하는 데 실패했으며, 다양한 모집단에 대한 연구의 부족 등에 대한 비판이 있다(Broshek &

Barth, 2000). 루리아의 평가 접근은 환자의 강점과 약점의 프로파일을 산출하는 질적인 것이지만 실시나 채점에서 표준화하는 것이 쉽지 않다(Golden, Freshwater, & Vayalakkara, 2000). 현재 신경심리학 실제는 주의 깊은 기능분석으로 검사 사용을 보충하기 위해 2개의 전통을 통합하고 있다(Groth-Marnat, 2000).

### 2) 임상신경심리학자의 활동

임상신경심리학을 실습하기 위해 모든 임상심리전문가에게 요구되는 기초 지식에 덧붙여 정상적 뇌기능(신경해부학), 환경적 독소, 화학치료, 기분전환 약물이 뇌기능에 미치는 영향(약물학), 상해와 질병이 뇌에 미치는 영향(신경병리학) 등을 이해해야만 한다. 덧붙여 임상신경심리학자는 이들 한계에 적응하는 방법은 물론이고 신경심리학적 문제를 확인하는 평가 전략을 알고 있어야 한다.

임상신경심리학 훈련은 여러 방법으로 행해질 수 있다. 즉, 임상심리학의 일반 훈련, 임상신경심리학 박사과정에서 적은 수의 전문 프로그램, 박사 후 훈련 프로그램 등으로. 미국심리학회의 임상신경심리학 분과는 유능성의 명확한 증거로서 임상신경심리학의 미국 자격증 요건을 충족했는지를 확인한다. 영국심리학회의 신경심리학 분과 역시 전문가 실습지침을 개발했다. 신경심리학 분과의 멤버 중에서 기준을 충족한 공인임상심리학자는 임상신경심리학자로서 자격이 있는 것으로 간주된다(BPS, 2003).

임상신경심리학자는 발달단계 전반에 걸쳐 내담자와 함께하며 아동(Middleton, 2004)이나 노인(Morris, 2004)과 일하는 문제에서 민감해야 한다. 아동과 일하는 사람은 아동에 적합한 평가와 개입에 대한 지식이 필요하며 발달심리학의 강력한 배경을 가져야 한다. 노인을 평가하는 데 있어서 임상신경심리학자는 노화에 동반하는 신체적, 감각적 변화를 설명해야 하고 부가적으로 평가의 초점이 되는 인지 변화를 설명해야 한다(Lichtenberg, Murman, & Mellow, 2003).

임상심리학의 다른 영역과 마찬가지로 임상신경심리학은 최근까지도 확장되고 진화해 왔다(Hayman-Abello, Hayman-Abello, & Rourke, 2003). 위에서 봤듯이 초기 임상신경심리학은 병변의 소재를 찾기 위해 검사를 개발하였으며, 주로 진단 활동이었다. 신경심리평가는 관찰된 심리적 · 행동적 문제에 대한 기질적 근거가 있는지를 결정하는 데 사용되었고, 만일 그렇다면 뇌의 어떤 영역이 영향을 미쳤는지를 확인하는 데 사용되었다(Goldstein & McNeil, 2004). 오늘날 MRI나 fMRI와 같은 효과적인 영상기술의 개발로 뇌 기능의 정확한 성질을 확인하는 대안적 방법이 있다(Mellers, 2004). 이제 임상신경심리학은 뇌의 손상으로 생긴 인지적 · 정서적 · 심리사회적 · 행동적 문제점에 초점을 두는 것으로 확대되었다(Laatsch et al., 2007; Livingston et al., 2005; Wilson, 2008).

### (1) 평가

신경심리평가는 뇌기능장애로 생긴 기억, 추상적 추리, 문제해결, 공간능력, 정서적 문제를 검사한다(Groth-Marnet, 2000). 심리평가는 선별, 진단과 사례개념화, 예후, 치료설계와 계획, 치료 모니터링, 치료 평가를 위해 실행될 수 있다(Hunsley, Crabb, & Mash, 2004).

기질적 문제에 대한 선별은 일반 임상심리전문가가 실행할 수도 있는데, 선별 시 신경병리의 문제가 있다면 전체 신경심리평가를 받아야 한다. 신경심리평가가 필요한 부분은 진단, 예후, 치료계획, 법적 문제에 관련된 것이다. 임상신경심리학자의 수가 증가하는 것은 법정장면에서 사용되는 평가 때문이다(Boake, 2008). 진단에서의 논점은 내담자의 문제가 주로 신경학적인지 심리학적인지를 결정하는 것이다. 그런 평가를 하기 위해 임상신경심리학자는 신경병리학과 정신병리학을 이해해야만 한다.

신경심리학자는 환자의 예후를 예측해야 할 경우가 있다(Lemsky, 2000). 예를 들면 신경심리학자는 사람이 뇌 손상 이후에 일로 복귀할 수 있는지에 의문을 품을 수 있고, 만일 그렇다면 일하기 어려울 수 있는 업무의 유형을 확인해야 한다. 미래 기능의 예측은 환자의 발달 수준은 물론이고 신경병리학의 이해가 필요하다. 신경병리학의 몇 가지 형태는 진행성이므로 그 사람은 악화의 과정을 예상할 수 있다.

뇌의 충격에서 생기는 문제는 나이에 따라 서로 다른 증상을 유발할 수 있다. 가벼운 뇌진탕이 생긴 아동은 어른보다 증상이 거의 안 나타날 수 있다. 아동은 성인보다 몇 가지 유형의 손상으로부터 회복이 더 잘된다(Middleton, 2004). 뇌 손상 후 언어장애를 겪는 성인을 평가할 때 임상신경심리학자는 기능 회복 가능 범위를 예측한다. 유사한 손상을 가진 3세 아동을 평가할 때 아동이 손상이 없는 또래와 같은 속도로 언어를 습득할 것인지, 언어발달 지연이 예상되는지를 예측한다(Middleton, 2004). 치료와 재활을 계획하기 위해 신경심리평가를 할 때 임상신경심리학자는 특별한 손상을 가진 사람이 특별한 개입으로 이득을 볼 수 있다는 예측하기 위해 기억, 언어, 집행기능에서 정상적 과정에 중점을 둔다(Lemsky, 2000).

심리평가와 심리검사는 동의어가 아니다. 이와 마찬가지로 신경심리평가는 신경심리검사에 제한되지는 않지만, 포함하고 있다. 임상신경심리학자의 툴킷(toelkit)에는 평가 전략과 면접, WAIS-IV, 웩슬러 기억척도-IV, 웩슬러 개별성취검사-II와 같은 심리측정검사를 포함하는 평가도구가 들어 있다. 신경심리검사를 선택할 때 심리학자는 모든 유형의 심리검사에서 요구되는 핵심적 심리측정요소를 고려해야 한다. 즉, 표준화(자극, 실시, 채점), 신뢰도, 타당도, 규준 등이다. 신경심리검사의 수행도와 일상생활의 활동에서의 수행도 간에는 단순하게 대응되지 않는다(Goldstein & McNeil, 2004). 신경심리검사의 맥락은 실제로 어떤 유형의 결손을 가릴 수도 있다(Lemsky, 2000). 예를 들면 개인은 여러 방해가 있고 동시에 주의집중이 필요한 가정장면에서보다는 검사회기의 일대일의 단순하고 구조화된 환경에서 더 잘 수행할 수 있다. 그러므로 그 사람의 다양한 영역에서의 기능 상태를 결정하기 위해 그 사람의 기능을 잘 알고 있는 사람들이나 그 개인으로부터 자료를 모으는 것이 필수적이다.

특별검사의 점수를 해석하는 데 있어서 임상신경심리학자는 규준자료를 참고한다. 그러나 이러한 비교의 유용성은 규준집단의 적합성에 따라 다르다. 일부 널리 사용되는 검사는 나이 든 성인 규준을 가지고 있다. 예를 들면 WAIS-IV(Wechsler, 2008)는 70~90세 범위의 규준자료를 제공한다. 불행히도 일반적으로 사용되는 다른 신경심리검사는 작은 표집으로 규준을 만들었기 때문에 극단적 점수는 임상적으로 의미 있는 차이보다 더 많이 개인과 규준 표집 간에 차이를 보일 수 있다(Crawford, 2004). 신경심리검사의 규준들은 소수 집단을 대표하지 못하는 표집에 기반을 두었다는 것이 특히 염려되는 점이다(Boake, 2008).

### (2) 개입

뇌손상은 미국에서 한 해 약 백만 명의 아동에게 영향을 미친다(Laatsch et al., 2007). 이에 더해 노인 집단에서는 치매를 갖고 살아가는 사람이 점점 늘어나고 있다(Turner, 2003). 더구나 의학적 관리가 증진됨에 따라 많은 사람은 뇌졸중이나 심각한 뇌손상을 가지고 있지만 생존한다. 신경학적 문제를 가지고 살아가야 하는 도전에 직면한 사람들의 수가 증가함에 따라 효과적인 서비스를 제공할 필요가 있다(Wilson, 2004). 정신장애의 치료 역사와 비교하여, 신경인지 손상이 있는 사람에 대한 개입의 역사는 비교적 짧다.

치료계획에서 신경심리평가의 유용성에도 불구하고, 신경학적 문제를 가진 모든 환자에게 신경심리평가가 일괄적으로 적용되지는 않는다. 미국병원협회 안에서 실시하는 재활 프로그램을 조사한 연구(Stringer, 2003)에 의하면 대부분 환자는 65세 이하이고 뇌졸중이나 뇌손상으로 입원해 있었다. 이들 환자 대부분은 1~6개월 기간으로 개별화된 인지재활 서비스를 받았으며, 회기당 130달러를 지출했다. 이들 서비스는 언어치료자와 작업치료자가 실시했다. 이들 프로그램에 참여한 환자는 신경심리평가를 받지 않았다.

각 개인을 돕기 위해 다양한 전략을 사용하게 되는 인지재활의 여러 가지 이론적 모델은 신경학적 문제로 제기된 실제 생활의 문제를 다룬다(Lemsky, 2000). 재활은 사람들이 적합하게 기능할 수 있도록 설계된 환자와 서비스 제공자 간의 상호작용 과정이다. 세계보건기구의 용어를 사용하자면, 일부 개입은 환자에게 새로운 전략을 가르침으로써 손상을 극복하도록 설계되어 있고, 일부 개입은 환경을 수정하여 환자가 활동할 수 있도록 하거나, 보조 장치를 사용하거나, 사람이 참여할 수 있도록 사회적 · 심리적 · 물리적 장벽을 제거하여, 손상을 보완하도록 설계한다(Lemsky, 2000). 치료계획은 원하는 성과를 확인하기 위해 환자와 협동하여 수립한다. Wilson(2008)은 구체적이고(Specific), 측정가능하고(Measurable), 성취할 수 있고(Achievable), 현실적이며(Realistic), 적시성(Timely)이라는 다섯 가지 중요한 목표를 강조하기 위해 SMART라는 약어를 사용했다.

효과적 개입을 개발하는 것은 기억이나 학습과 같은 인지적 과정의 확실한 이해가 있어야 한다. 기억손상을 치료하는 데 있어 기억을 재훈련하려는 노력은 비효과적인 것으로 밝혀져 왔고, 목록, 달력, 전자수첩, 무선호출 수신기, 개인 전자 보조도구와 같은 외장 기억보조기가 널리 사용된다(Evans, 2004). 더 많아지는 개입 연구에서 광범위하게 이용 가능한 개입의 영향을 평가할 필요가 있다. 미국심리학회의 임상신경심리학 분과의 경험적 지지 프로그램 위원회(Committee on Empirically Supported Programs, COESP)는 주의력 문제에 사용되는 치료 문헌을 검토했다(Riccio & French, 2004). 치료 프로그램을 검토했을 때 치료 간 차이가 있다는 것을 방법론적으로 증명할 수 있는 적합한 연구는 실행되지 않았다. 이와 유사하게 이른 시기에 알츠하이머병에 걸린 사람들의 인지재활을 검토했을 때도 개별화된 인지재활 프로그램은 조기 알츠하이머병을 가진 사람에서 효과적이라는 경험적 증거는 아주 제한적이었다(Clare & Woods, 2004).

뇌 손상이 있는 아동을 위한 인지적 · 행동적 개입 연구를 체계적으로 검토(Laatsch et al., 2007)했을 때 높은 수준의 무선화된 통제시행과 많은 수의 참가자를 포함한 연구는 거의 없다는 것이 밝혀졌다. 그러나 그들은 후천적으로 뇌 손상을 당한 아동들이 기억과 주의력을 회복하기 위해 받는 서비스 실습지침을 정당화할 만한 충분한 증거를 가진 것으로 결론을 내렸으며, 또한 포괄적인 재활 서비스는 적극적 치료 제공자로서 가족 구성원이 포함되어야 한다는 결론을 내렸다. 이에 덧붙여 연구자들은 그런 손상을 치료하는 응급실에서 아동을 돌보는 보호자와 환자에게 뇌손상에 대한 정보 소책자를 제공하는 것이 유용하다는 예비적 증거를 발견했다. 신경학적 손상이나 질병에 관련된 장애를 다루는 사람들에게 가장 효과적인 프로그램을 확인하기 위해 신경심리 재활에 대한 연구가 더 많이 이루어져야 한다(Hunsley & Lee, 2010).

# 3. 법정심리학

## 1) 정의

한국심리학회에서는 법정심리학을 다음과 같이 정의하고 있다. 법정심리학은 심리학적 주제나 요인들과 관련된 법률의 시행이나 법정에서의 문제들을 연구하는 심리학의 한 분야이다. 구체적으로는 범죄자 진술의 범죄현장 목격자 증언 등이 포함되며 피의자나 피해자의 심리학적 정황을 통합적으로 분석하여 공정한 재판이 이루어질 수 있도록 돕는다. 즉, 심리학의 방법, 이론 및 개념들을 법률체계에 적용하는 학문이다. 법정심리학자는 과학적인 연구 능력과 법률에 대한 지식 그리고 인간의 정신상태에 대한 철저한 수련을 통해 피의자 혹은 피해자들 개인에게 숨겨진 심리학적 증거를 찾아내어 인권을 보호한다(한국심리학회 홈페이지, 2018).

법정심리학은 넓게 정의해서 법과 범죄 정의 체계에 심리학을 적용하는 것이다. 임상 심리학의 다른 전문 분야와 마찬가지로 법정심리학자는 예방, 평가, 치료 및 연구와 관련된 서비스에 참여한다. 법정심리학에서는 어떤 사고에서 보이는 상해에 대한 보험 청구를 하는 사람이 정확히 증상을 보고하는 것인지 꾀병인지를 평가해야 하고, 범죄행동의 출현을 예방하는 프로그램을 개발해야 하며, 사고나 학대의 피해자를 치료하는 이슈를 다루어야 한다. 어떤 서비스가 시작되기 전에 심리학자는 내담자에 대한 비밀보장의 한계를 설명해야 한다. 법정심리학자는 범죄 피해자, 범죄의 목격, 범죄자, 법적 논쟁, 경찰, 법정 등을 포함하여 많은 이해관계자에게 서비스를 제공한다. 정신과의사와 같은 다른 정신건강전문가도 역시 학교, 고용주나 이전 치료자로부터 보고서와 같은 부수적 자료의 검토나 면접 등의 법정 서비스를 제공한다. 심리검사 자료를 사용하는 전문가로서 심리학자는 전문가 의견을 제공하는 위치에 있다(Lally, 2003). 그들은 민사, 형사사건 법정에서 전문가 증언을 한다(Packer, 2008).

법정심리학자는 병원, 개인진료소, 법정진료소, 연방교도소, 지방교도소, 지방교정센터, 성인과 청소년을 위한 보안 캠프, 전문치료시설, 지역사회 보호관찰 및 가석방 사무소 및 원주민 치유시설과 같은 많은 장면에서 일하고 있다. 대부분의 심리학자는 심리학적 서비스를 제공하는 데 직접 관여하지만, 나머지는 정책 및 행정 분야에서 일하는 연구 중심 심리학자이다(Magaletta & Verdeyen, 2005). 교정시설에서 임상심리전문가의 업무 성질은 높은 투옥률, 과밀 감옥 그리고 심리학적 서비스의 제한된 자원에 의해 크게 영향을 받는다. 증거 기반의 임상 실제를 개발하려는 노력으로, 교정 장면에서 일하는 심리학자는 그들이 일하는 환경과 연관된 제한점을 재빨리 인식해야만 한다(Clements et al., 2007).

### 2) 법정심리학자의 활동

대부분의 법정심리학자는 임상심리학 박사학위를 가지고 있으며 법정심리학 현장 훈련을 받은 사람들이다. 그들은 위험을 평가하고 관리하는 전략을 숙지하고 있다. 게다가 아동과 일하는 사람들은 아동과 관련된 법률체계와 범죄 정의를 이해해야 한다. 교정시설에서의 훈련은 일부 임상심리학 프로그램과 다수의 임상 인턴십에서 받을 수 있다. 법정심리학 연구자는 임상심리학 분야의 훈련이 필요하지는 않다. 법정심리학의 미국 공인 자격은 법정심리학에서 상급의 능력을 갖췄다는 것을 말해준다.

법정심리학자의 활동 분야 범위는 매우 폭넓다. 모든 서비스를 하는 심리학자는 거의 없으며, 심리학적 서비스의 일부 영역을 제공하는 것으로 전문화되어 있다(예: 평가에 중점을 둔 업무이거나 범죄자의 치료를 제공하거나). 위에서 언급했듯이 법정심리학 분야에서 많은 심리학자는 교정체계에 고용되어 있다.

#### (1) 평가

Lally(2003)는 법정심리학 전문가들을 조사하여 여러 가지 유형의 평가에 적합한 심리평가 측정도구를 확인했다. 〈표 10-3〉은 폭력 위험을 평가하거나 재판받을 능력을 평가하는 데 추천되는 측정도구를 나열하고 있다.

〈표 10-3〉 법정 평가 검사에 대한 전문가의 선택

| | 폭력 위협 | 소송 능력 |
|---|---|---|
| 추천 | 정신병리 체크리스트-개정판 | WAIS<br>맥아더 능력 평가도구 |
| 수용 | MMPI-2<br>정신병리 체크리스트-선별 버전<br>공격 위험 평가 가이드<br>WAIS<br>성격평가검사(PAI) | MMPI-2<br>할스테드-라이탄<br>루리아-네브라스카<br>다학제 적합성 면접<br>성격평가검사(PAI) |
| 불수용 | 투사적 그림 그리기<br>TAT<br>문장 완성 검사<br>로르샤흐 검사<br>16PF | 투사적 그림 그리기<br>TAT<br>문장 완성 검사<br>로르샤흐 검사<br>16PF<br>MCMI II |

출처: Lally(2003).

범죄자 모집단을 위해 특별히 설계된 도구인 개정된 정신병리 체크리스트(Psychopathy Checklist-Revised; Hare, 1991)가 폭력 위험을 평가하는 데 가장 많이 추천되는 도구다. 이 도구는 반구조화된 면접과 생활사의 검토, 경찰/교도소 파일에서 수집한 정보를 사용한다. 조사에 응답한 법정심리학 전문가 대부분은 폭력 행동의 위험을 평가하거나 소송 능력을 결정하는 데 있어서 투사검사를 추천하지 않았다. 어린 공격자의 소송 능력을 평가하는 데 사용되는 도구에 대한 유사한 조사에서 다음과 같은 결과가 나타났다. ① 웩슬러 척도와 같은 지능검사는 청소년 법정 평가를 할 때 전문가들 대부분이 사용한다(82%). ② 조사 응답자의 반 정도(56%)는 MMPI-A를 사용한다고 보고했으며, ③ 매우 소수만이 로르샤흐 검사(16%), TAT(12%), 문장완성검사(10%)와 같은 투사검사를 사용한다고 보고했다(Ryba, Cooper, & Zapf, 2003).

규칙적 임상실제와 교정 체계 내의 임상실제 간의 중요한 유사점과 차이점이 있다. 예를 들면 다른 임상심리전문가와 같이 교정심리학자는 평가, 치료, 예방 활동을 할 때 증거 기반 전략을 사용해야 한다. 어떤 심리평가도 개인이나 사회의 안녕을 위한 심각한 결과를 초래할 수 있다. 그러나 교정 맥락에서 차이 중 하나는 평가는 공공 안전 이슈를 보통 포함하고 있다는 것이다. 특별히 한 개인이 폭력범죄행동에 다시 참여할 가능성에 초점을 맞추는 위험 평가라는 맥락에서 증거를 찾는다.

### (2) 개입

교정심리학은 단순히 교도소 수감자에게 임상적 적용을 하는 것은 아니다(Magaletta & Verdeyen, 2005). 예를 들면 교정심리학자에게 치료성과는 증상의 감소보다는 상습적 범행(recidivism, 교도소 출소 이후 범죄를 저지르는 것)으로 측정될 가능성이 있다. 따라서 프로그램은 전통적으로 범죄행동과 관련되지 않지만 공격자를 힘들게 하는 변인(예: 낮은 자존감)을 목표로 하기보다는 범죄행동의 위험성과 연관된 요인(예: 비행또래집단, 반사회적 태도, 분노, 충동 통제 등과 관련)을 목표로 해왔다(Dowden & Andrews, 2004). 예를 들면 그레그는 폭력행동의 전력이 있으며 신체폭행으로 구속되었다. 분노를 더 잘 통제할 수 있도록 돕는 것은 그를 위해서는 중요한 목표일 수 있지만, 그것은 교도소 생활할 때 다른 사람에게 위협을 가할 가능성을 감소시키는 것에 대해서는 비판적이다. 1970년대나 1980년대에 공격자 치료는 변화를 촉진할 기회가 거의 없었다. 그러나 위험요인을 목표로 하는 인지행동 프로그램의 도입으로 상황은 상당히 변화했다. 메타분석 시리즈는 공격자를 위한 CBT 개입의 유용성을 지지했다(Dowden & Andrews, 2004).

불행히도 이 영역에서 많은 성과 연구의 방법론적 질은 상당히 빈약하다. 무선화된 통제시행은 거의 없으며, 높은 탈락률 문제에 초점을 맞춘 전략의 사용은 일관성이 없다(Wormith et al., 2007). 문제해결, 사회기술 훈련, 인지 재구조화, 충동 통제를 포함하는 광범위한 인지행동적 개입에 대한 연구를 검토한 메타분석(Wilson, Bouffard, & MacKenzie, 2005)에서 방법론적으로 강력한 연구들은 적당한 효과 크기가 있다는 것이 밝혀졌다. 이 효과 크기를 재범률로 바꾸어 보면 치료를 받은 범죄자는 46%의 재범률을 보이지만, 치료받지 않은 범죄자의 재범률은 54%이다(Wilson et al., 2005). 그러나 모든 치료성과 연구와 같이 이들 프로그램의 효과성을 결정하기 위해 치료 프로그램에 대한 연구 효과를 검토하는 것이 중요하다.

치료 서비스를 제공하는 법정심리학자는 많은 도전에 직면한다. 내담자 자체로부터는 물론이고 서비스가 전달되는 맥락에서도 발생할 수 있다. 다우든과 앤드류스(Dowden & Andrews, 2004)는 효과적 치료의 전달에서 교정 직원의 실제를 고려하는 것이 중요하다는 것을 강조했다. 환경적 제약과 영향력의 상당한 효과(예: 장면의 제약, 직원 숙련도, 교정 장면에서 규범적 행동을 구성하는 것)는 임상심리전문가가 제공하는 정신건강서비스의 다른 유형과는 별도로 교정 분야에서의 임상 실제를 구성한다. 내담자 문제에 관하여 두드러진 관심은 치료 중단과 관련된 것이다. 예를 들면 워미스(Wormith, 2002)는 특히 치료 프로그램을 중단할 가능성이 있는 북미 원주민 혈통 범죄자를 위해 효과적인 프로그램을 개발하는 것이 중요하다는 것을 강조했다. 범죄자의 치료에서 "아무것도 작동하지 않는다."는 생각이 드러나면서 새로운 접근법은 그들의 생활에서 긍정적 변화를 위한 범죄자의 동기에 초점을 맞추게 되었고, 이는 단순한 위험 감소 모델 이상으로 발전하고 있다(Day, Gerace, Wilson, & Howells, 2008; Wormith et al., 2007).

## 참고문헌

김기태(2006). **위기개입론**. 3판. 대왕사.

김영환, 김지혜, 오상우, 이수정, 조은경, 홍상환(2006). **성격평가질문지-청소년용 실시요강**. 학지사.

김영환, 오상우, 홍상황, 박은영(2002). PAI 표준화 연구: 신뢰도와 타당도, **한국심리학회지: 임상, 20**, 311-329.

김재환, 오상우, 홍창희, 김지혜, 황순택, 문혜신, 정승아, 이장한, 정은경(2014). **임상심리검사의 이해**. 학지사.

염태호, 박영숙, 오경자, 김정규, 이영호(1992). **K-WAIS 실시요강**. 한국가이던스.

이현수(2000). **임상심리학**(제4전정판). 박영사.

이현수, 조옥귀, 현명호, 이장한(2012). **임상심리학**(제7전정판). 박영사.

전용신, 서봉연, 이창우(1963). **KWIS 실시요강**. 중앙적성연구소.

조옥귀, 문지혜(2016). **스마트한 심리검사와 평가**. 창지사.

황순택, 김지혜, 박광배, 최진영, 홍상황(2012). **한국 웩슬러 성인용 지능검사 4판**(K-WAIS-IV). 한국심리(주).

한국임상심리학회 홈페이지 2023년 12월 30일 접속, https://www.kcp.or.kr/new/index.asp

Achenbach, T. M., McConaughy, S. H., & Howell, C. T.(1987). Child/adolescent behavioral and emotional problems: Implications of cross-informant correlations for situational specificity. *Psychological Bulletin, 101*, 213-232.

Ackerman, S. J., Fowler, J. C., & Clemence, A. J.(2008). TAT and other performance-based assessment techniques. In R. P. Archer & S. R. Smith (Eds.), *Personality assessment* (pp. 337-378) New York: Routledge.

American Psychiatric Association(2013). *Diagnostic and Statistical Manual of Mental Disorders* (Fifth Edition) (DSM-5). Washington DC: American Psychiatric Publishing.

American Psychological Association Center for Workforce Studies.(2007). Doctorates awarded in 2005-2006: *Subfield by degree type*. Retrieved on August 7, 2008, from http://research.apa.org/ doctoraledll.html.

American Psychological Association Presidential Task Force on Evidence-Based Practice.

(2006). Evidence-based practice in psychology. *American Psychologist, 61*, 271-285.

Archer, R. P.(1997). MMPI-*A: Assessing adolescent psychopathology* (2nd ed.). Mahwah,, NJ: Lawrence Erlbaum.

Ayllon, T.(1963). Intensive treatment of psychotic behavior by stimulus satiation and food reinforcement. *Behaviour Research and Therapy, 1*, 53-62.

Ayllon, T., & Houghton, E.(1964). Modification of symptomatic verbal behavior of mental patient. *Behavior Research and Therapy, 2*, 87-97.

Bachrach, A. J., Erwin, W. J., & Mohr, J. P.(1965). The control of anorexia by operant conditioning techniques. In L. P. Ullman Sc L. Krasner (Eds.), *Case studies in behavior modification*. New York: Holt, Rinehart Sc Winston.

Baer, R. A., & Rinaldo, J. C.(2004). The Minnesota Multiphasic Personality Inventory-Adolescent (MMPI-A). In M. J. Hilsenroth & D. L. Segal (Eds.), *Comprehensive handbook of psychological assessment: Personality assessment* (Vol. 2, pp. 213-223). Hoboken, NJ: Wiley.

Barber, J. P., & Crits-Christoph, P.(1993). Advances in measures of Psychodynamic formulations. *Journal of Consulting and Clinical Psychology, 61*, 574-585.

Barber, J. P., Connolly, M. B., Crits-Christoph, P., Gladis, L., & Siqueland, L.(2000). Alliance predicts patients' outcome beyond in-treatment change in symptoms. *Journal of Consulting and Clinical Psychology, 68*, 1027-1032.

Barbotte, E., Guillemin, F., Chau, N., & the Lor-handicap Group.(2001). Prevalence of impairments, disabilities, handicaps and quality of life in the general population: A review of the literature. *Bulletin of the World Health Organization, 79*, 1047-1055.

Barez, M.,Blasco, X, Femandez-Castro, J., & Viladrich, C.(2009). Perceived control and psychological distress in women with breast cancer: A longitudinal study. *Journal of Behavioral Medicine, 32*, 187-196.

Barlow, D. H.(2004). Psychological treatments. *American Psychologist, 59*, 869-878.

Bauer, S., Lambert, M. J., & Nielsen, S. L.(2004). Clinical significance methods: A comparison of statistical techniques. *Journal of Personality Assessment, 82*, 60-70.

Beck, A. T.(1970). Cognitive therapy: Nature and relation to behavior therapy. *Behavior Therapy, 7*, 184 200.

Beck, A. T., Rush, A. J., Shaw, B., Sc Emery, G.(1979). *Cognitive therapy of depression*. New York: Guilford.

Beck, A. T., Ward, C. H., Mendelson, M., Mock, J. E., & Erbaugh, J.(1962). Reliability of psychiatric diagnosis: 2. A study of consistency of clinical judgments and ratings. *American Journal of Psychiatry, 119*, 351–357.

Beitman, B. D., & Manring, J.(2009). Theory and practice of psychotherapy integration. In G. 0. Gabbard (Ed.), *Textbook of psychotherapeutic treatments*(pp. 705–726). Washington, DC: American Psychiatric Publishing.

Belar, C. D.(2008). Clinical health psychology: A health care specialty in professional psychology. *Professional Psychology: Research and Practice, 39*, 229–233.

Bellak, L,& Abrams, D. M.(1997). The thematic apperception test, the children's apperception test, and the senior apperceptiontechnique in clinical use. (6eh ed). *Needham Heigts*, MA. US: Allyn & Bacon.

Bellak, L.(1993). *The TAT, CAT, and SAT in clinical use* (5th ed.). Needham Heights, MA: Allyn & Bacon.

Bellak, L.(1999). My perceptions of the Thematic Apperception Test in psychodiagnosis and psychotherapy. In L. Gieser & M. I. Stein (Eds.), Evocative images: *The Thematic Apperception Test and the art of projection*(pp. 133–141). Washington, DC: American Psychological Association.

Ben–Porath, W.S., & Butcher, J.N.(1986). Computers in personality assessment: A brief past, ebullient present and an expanding future. *Computers in Human Behaviour, 2*, 167–182.

Ben–Porath, Y. S., & Archer, R. P.(2008). The MMPI–2 and MMPI–A. In R. P. Archer & S. R. Smith (Eds.), *Personality assessment* (pp. 81–131). New York: Routledge.

Benton, S. A., Robertson, J. M., Tseng, W. C., Newton, F. B., & Benton, S. L.(2003). Changes in counseling center client problems across 13 years. *Professional Psychology: Research and Practice, 34*, 66–72.

Berman, P.S.(1997). *Case conceptualization and treatment planning*. Thousand Oaks, CA: Sage.

Bersoff,D.(1980). In house counsel seeks true "friend" of the court role for APA. *American Psychological Association Monitor, 11*, 13.

Beutler, L. E., Malik, M., Alimohamed, S., Harwood, T. M.,Talebi, H.,Noble,S.,etal.(2004). Therapist variables. In M. J. Lambert (Ed.), *Bergin and Garfield's handbook of psychotherapy and behavior change* (5th ed., pp. 227–306). New York: John Wiley & Sons.

Beutler, L. E., Rocco, F., Moleiro, C. M., &Talebi, H.(2002). Resistance. *Psychotherapy 38*, 431–442.

Bickman, L.(1996). A continuum of care: More is not always better. *American Psychologist, 51*, 689–701.

Blagys, M. D., & Hilsenroth, M. J.(2000). Distinctive features of short-term psychodynamic interpersonal psychotherapy: A review of the comparative psychotherapy process literature. *Clinical Psychology: Science and Practice, 7*, 167-188.

Blagys, M. D., & Hilsenroth, M. J.(2002). Distinctive activities of cognitive-behavioral therapy: A review of the comparative psychotherapy process literature. *Clinical Psychology Review, 22*, 671-706.

Blanton, H., & Jaccard, J.(2006). Arbitrary metrics in psychology. *American Psychologist, 61*, 27-41.

Blashfield, R. K., & Draguns, J. G.(1976). Evaluative criteria for psychiatric classification. *Journal of Abnormal Psychology, 85*(2), 140-150.

Blashfield, R. K.(1991). Models of psychiatric classification. In M. Hersen & S. M. Turner (Eds.), *Adult psychopathology and diagnosis* (2nd ed., pp. 3-22). New York: John Wiley & Sons.

Blount, A., Schoenbaum, M., Kathol, R., Rollman, B. L., Thomas, M., & O'Donohue, W., & Peek, C. J.(2007). The economics of behavioral health services in medical settings: A review of the evidence. *Professional Psychology; Research and Practice, 38*, 290-297.

Blumn, G. B.(1950). *The Blacky Pictures: A Technique for the exploration of personality dynamics*. New York: Psychological Corporation.

Boake, C. D.,(2008). Clinical neuropsychology. *Professional Psychology: Research and Practice, 39*, 234-239.

Bongers, I. L., Koot, H. M., van der Ende, J., Verhulst F. C.(2003). The normative development of child and adolescent problem behavior. *Journal of Abnormal Psychology, 112*(2), 179-92.

Boring, E. G.(1923). Intelligence as the tests test it. New Republic, 35-37.

Breau, L. M., McGrath, P. J., Camfield, C. S., & Finley, G. A.(2002). Psychometric properties of the noncommunicating children's pain checklist-revised. *Pain, 99*, 349-357.

Brody, N.(2000). History of theories and measurements of intelligence. In R. J. Sternberg(Ed.), *Handbook of intelligence* (pp. 16-33). Cambridge, UK: Cambridge University Press.

Bronfenbrenner, U.(1979). *The ecology of human development: Experiments by design and by nature*. Cambridge, Ma: Harvard University Press.

Broshek, D. K.,& Barth, J. T.(2000). The Halstead-Reitan Neuropsychological Battery. In G. Groth-Mamat (Ed.), *Neuropsychological assessment in clinical practice* (pp. 223-262). New York: Wiley.

Brosnan, L, Reynolds, S., & Moore, R. G.(2008). Self-evaluation of cognitive therapy performance: Do therapists know how competent they are? *Behavioural and Cognitive Psychotherapy, 36*, 581-587.

Brown, T. A., & Barlow D. H.(2005). Categorical vs dimensional classification of mental disorders in DSM-V and beyond. *Journal of Abnormal Psychology, 114*, 551-556.

Brown, D., Larkin, F., Sengupta, S., Romero-Ureclay, J. L., Ross, C. C., Gupta, N., & Das, M.(2014). Clozapine: An effective treatment for seriously violent and psychopathic men with antisocial personality disorder in a UK high-security hospital. *CNS Spectrums, 19*(5), 391-402.

Bruck, M., 62 Ceci, S.J.(2004). Forensic developmental psychology: Unveiling four scientific misconceptions. *Current Directions in Psychology, 13*, 229-232.

Bryant, R. A" Harvey, A. G" Dang, S. T., & Sackville, T.(1998). Assessing acute stress disorder: Psychometric properties of a structured clinical interview. *Psychological Assessment, 10*, 215-220.

Buck, J.(1948). The H-T-P test. *Journal of Clinical Psychology 4*, 151-159.

Burns, R. C, & Kaufman, S. H.(1972). Action, styles and symbols in kinetic family drawings (K-F-D). *An interpretation Manual*. New York: Brunner/Mazel.

Burns, R. C., & Kaufman, S. H.(1970). Kinetic family drawings(K-F-D) *An introduction to understanding children through kinetic drawings*. New York: Brunner/Mazel.

Butcher, J. N. & Han, K.(1995). Development of an MMPI-2 scale to assess the presentation of self in a superlative manner: The S scale. In J. N. Butcher & C. D. Spielberger (Eds.), *in Advances Personality assessment*(Vol 10, pp. 25-50). Hillsdale, NJ: Erlbaum.

Butcher, J. N.(2011). *A beginner's guide to the MMPI-2* (3rd ed.). Washington, DC: American Psychological Association.

Butcher, J. N., & Beutler, L. E.(2003), The MMPI-2. In L E Beutler & G. Groth-Marnat (Eds), *Integrative assessment of adult personality*(2nd ed., pp 157-191). New York: Guilford Press.

Butcher, J. N., & Mosch, S. C., Tsai, J., & Nezami, E.(2006). Cross-cultural applications of the MMPI-2. In J. N. Butcher(Ed.), *MMPI-2: A practitioner's guide*(pp. 505-537). Washington, DC: American Psychological Association.

Butcher, J. N., Mineka, S., & Hooley, J. M.(2007). *Abnormal psychology*(13th ed.). Boston: Pearson.

Butler, A. C., Chapman, J. E., Forman, E. M., & Beck, A. T.(2006). The empirical status of cognitive-behavioral therapy: A review of meta-analyses. *Clinical Psychology Review, 26*, 17-31.

Cairns, N. J.(2004). Neuroanatomy and neuropathology. In L. H. Goldstein & J. E. McNeil (Eds.), *Clinical neuropsychology: A practical guide to assessment and management for clinicians*(pp. 23-55). Chichester, UK: John Wiley 62 Sons.

Camara, W J., Nathan, J. S., & Puente, A. E.(2000). Psychological test usage Implications in professional psychology. *Professional Psychology: Research and Practice, 31*, 141-154.

Canivez, G. L., & Watkins, M. W(2010). Investigation of the factor structure of the Wechsler Adult Intelligence Scale_Fourth Edition (WAIS-IV): Exploratory and higher order factor analyses. *Psychological Assessment, 22*, 827-836.

Cashel, M. L.(2002). Child and adolescent psychological assessment: Current clinical practices and the impact of managed care. *Professional Psychology: Research and Practice, 33*, 446-453.

Castonguay, L. G., & Beutler, L. E. (2006). Common and unique principles of therapeutic change: What do we know and what do we need to know? In L. G. Castonguay & L. E. Beutler (Eds.), *Principles of therapeutic change that work* (pp. 353-369). New York: Oxford University Press.

Cattell, R. B.(1987). *Intelligence: Its structure growth and action*. North-Holland.

Center for Multicultural Human Services.(2006). Cross-cultural training. *Retrieved July 9*, 2006, from www.cmhsweb.org/ programs/training.html

Cepeda-Benito, A.(1993). Meta-analytical review of the efficacy of nicotine chewing gum in smoking treatment programs. *Journal of Consulting and Clinical Psychology, 61*, 822-830.

Chamberlain, P., & Smith, D. K.(2003). Antisocial behaviour in children and adolescents: The Oregon multidimensional forster care model. In A. E. Kazdin & J. R. Weisz (Eds.), *Evidence-based psychotherapies for children and adolescents* (pp. 282-300). New York: Guilford.

Chambers, C. T., Finley, G. A., McGrath, P. J., & Walsh, T. M.(2003). The parents' postoperative pain measure: replication and extension to 2-6-year old children. *Pain, 105*, 437-443.

Chambless, D. L., Baker, M. J., Baucom, D. H., Beutler, L., Calhoun, K. S., Crits-Christoph, P., et al.(1998). Update on empirically validated therapies, II. *The Clinical Psychologist, 51*, 3-16.

Cherry, D. K., Messenger, L. C., & Jacoby, A. M.(2000). An examination of training model outcomes in clinical psychology programs. *Professional Psychology: Research & Practice,*

*31*, 562–568.

Clare, L., & Woods, R. T.(2004). Cognitive training and cognitive rehabilitation for people with early stage Alzheimer's disease: A review. *Neuropsychological Rehabilitation, 14*, 385–401.

Clark, L., A., & Watson, D., & Reynolds, S.(1995). Diagnosis and classification of psychopathology: Challenges to the current system and future directions. *Annual Review of Psychology, 46*, 121–153.

Clarke, G. N., DeBar, L. L., & Lewinsohn, P. M.(2003). Cognitive–behavioral group treatment for adolescent depression. In A. E. Kazdin & J. R. Weisz (Eds.), *Evidence–based psychotherapies for children and adolescents*(pp. 120–134). New York: Guilford.

Clarkin, J. F., & Sr Levy, K. N.(2004). The influence of client variables on psychotherapy. In M. J. Lambert (Ed.), *Bergin and Garfield's handbook of psychotherapy and behavior change*(5th ed., pp. 194–226). New York: John Wiley & Sons.

Clements, C. B., Althouse, R., Ax, R. K., Magaletta, P. R., Fagan, T.J., & Wormith, J. S.(2007). Systemic issues and correctional outcomes: Expanding the scope of correctional psychology. *Criminal Justice and Behavior, 34*, 919–932.

Clinicians. In S. O. Lilienfeld & W T. O'Donohue (Eds.), *The great ideas of clinical science: 17 principles that every mental health professional should understand*(pp.77–92). New York: Routledge.

Coaley, K.(2010). An introduction to psychological assessment and psychometrics. Thousand Oaks, CA: sage.

Coalson, D. L.,Raiford, S. E., Saklofske, D. H., & Weiss, L. G.(2010). The WAIS–IV: Advanced in the assessment of intelligence. In L. G. Weiss, D. H. SakloComierfske, D. Coalson, & S. E. Raiford (Eds.), *WAIS–IV clinical use and interpretation: Scientist–practitioner perspectives*(pp. 3–24). London: Elsevier.

Cohen, J.(1992). A power primer. *Psychological Bulletin, 112*, 115–159.

Cohen, S., & Williamson, G.(1991). Stress and infectious disease in humans. *Psychological Bulletin, 109*, 5–24.

Coaley, K(2010). *An introduction to psychological assessment and psychometrics*. Thousand Oaks, CA: Sage.

Comer, R. J.(2016). *Fundamental of abnormal psychology*. 8th ed., Worth Publishers.

Comier, W. H., & Comier, L. S.(1979). *Interviewing strategies for helpers: A guide to assessment, treatment, and evaluation. Monterey*, CA: Brooks/Cole.

Cook, J. M., Schnurr, P. P., & Foa, E. B.(2004). Bridging the gap between post traumatic stress disorder research and clinical practice: The example of exposure therapy.

*Psychotherapy, 41*, 374–381.

Corey, G.(2009). *Theory and practice of counseling and psychotherapy*. 8th ed., Belmont, CA: Thomson.

Costa, E T., & Widiger, X A. (Eds.). (2001). *Personality disorders and the five–factor model of personality* (2nd ed.). Washington, DC: American Psychological Association.

Costa, P. T., & McCrae, R. R.(1992). *Revised NEO Personality Inventory* (NEO–Pl–R) *and NEO Five Factor Inventory* (NEO–FF):Professional manual. Odessa, FL: Psychological Assessment Resources.

Costa, P. T., & McCrae, R. R.(2008). The NEC inventories In R. P Archer & S. R. Smith (Eds.), *Personality assessment*(pp. 213–246). New York: Routledge.

Costa, P. T., & Widiger, T. A. (Eds.). (2001). *Personality disorders and the five–factor model of personality*(2nd ed.). Washington, DC: American Psychological Association.

Craighead, W. E.,Hart, A. B.,Craighead, L. W., & Ilardi, S.(2002). Psychosocial treatments for major depressive disorder. In P. E. Nathan Sc J. M. Gorman (Eds.), *A guide to treatments that work* (2nd ed., pp. 245–261). New York: Oxford University Press.

Crawford, J. R.(2004). Psychometric foundations of neuropsychological assessment. In L. H. Goldstein & J. E. McNeil (Eds.), *Clinical neuropsychology: A practical guide to assessment and management for clinicians* (pp. 121–140). Chichester, UK: John Wiley & Sons.

Creswell, J. D.,Welch, W T., Taylor, S. D., Sherman, D. K., Gruenewald, T. L.,& Mann, T.(2005), Affirmation of personal values buffers neuroendocrine and psychological stress responses. *Psychological Science, 16*, 846–851.

D'Zurilla,T. J., & Nezu, A. M.(1999). Problem–solving therapy: *A social competence approach to clinical intervention* (2nd ed.). New York: Springer.

D'Zurilla,T. J., Sc Goldfried, M. R.(1971). Problem solving and behaviour modification. *Journal of Abnormal Psychology, 75*, 101–126.

Dapcich–Miura, E., & Hovell, M. F.(1979). Contingency management of adherence to a complex medical regimen in elderly heart patient. *Behavior Therapy, 10*, 193–201.

David–Ferdon, C., & Kaslow, N. J.(2008). Evidence–based psychosocial treatments for child and adolescent depression. *Journal of Clinical Child and Adolescent Psychology, 37*, 62–104.

Davis, D. A., Mazmanian, P. E., Fordis, M, Van Harrison, R., Thorpe, K. E., & Perrier, L.(2006). Accuracy of physician self–assessment compared with observed measures of competence: A systematic review. *Journal of the American Medical Association, 296*, 1094–1102.

Day, A., Gerace, A., Wilson, C., & Howells, K.(2008). Promoting forgiveness in violent offenders: A more positive approach to offender rehabilitation? *Aggression and Violent Behavior, 13*, 195–200.

Di Nardo, P A., & Barlow, D. H.(1988). *Anxiety Disorders Interview Schedule–Revised (ADIS–R)*. Albany, NY: Graywlnd.

Dowden, C., & Andrews, D. A.(2004). The importance of staff practice in delivering effective correctional treatment: A meta–analytic review of core correctional practice. International Journal of Offender *Therapy and Comparative Criminology, 48*, 203–214.

Dunlap, K. (1928). A revision of the fundamental law of habit formation. *Science, 67*, 360–362.

Durand, V. M & Wang, M(2011). Clinical trials. In J. C. Thomas & M. Hersen (Eds.), *Understanding research in clinical and counseling psychology* (2nd ed., pp. 201–227). New York: Taylor & Francis.

Durand, V. M. & Barlow D. H.(2016). Essentials of abnormal Psychology. Wadsworth.

Durlak, J. A.(2003). Basic principles of meta–analysis In M. C. Roberts & S. S. Ilardi (Eds.), *Handbook of research methods in clinical psychology* (pp. 196–209). Malden, MA: Blackwell.

Eaton W.W. & Shao H. & Nestadt G. & Lee B. H. & Bienvenu O. J. & Zandi P.(2008). Population–Based Study of First Onset and Chronicity in Major Depressive Disorder. *Arch Gen Psychiatry*. 513–520.

Eells, T. D., Kendjelic, E. M., & Lucas, C. P.(1998). What's in a case formulation? Development and use of a content coding manual. *Journal of Psychotherapy Practice and Research, 7*, 144–153.

Eells, T.D.(Ed.).(2006). *Handbook of psychotherapy case formulation* (2nd ed.). New York: Guilford Press.

Egan, G.(1994). *The skilled helper* (5th ed.), Monterey, CA: Brooks/Cole.

Egan, G.(2002). *The skilled helper: A problem–management and opportunity development approach to helping* (7th ed.), Thomson Learning.

Elkin, I., Yamaguchi,J. L., Amkoff, D. B., Class, C. R., Sotsky, S. M., & Krupnick, J. L.(1999). "Patient–treatment fit" and early engagement in therapy. *Psychotherapy Research, 9*, 437–451.

Emmelkamp, P. M. G. (2004). Behavior therapy with adults. In M. L. Lambert (Ed.), *Bergin and Garfield's Handbook of psychotherapy and behavior change*(5th ed., pp. 393–446). New York: John Wiley & Sons.

Eriksen, K., & Kress, V. E.(2005). *Beyond the DSM story: Ethical quandaries, challenges, and best practices*. Thousand Oaks, CA: Sage.

Esposito, E., Wang, J. L., Adair, C. E., Williams, J. V., Dobson, K., Schopflocher, D., et al.(2007). Frequency and adequacy of depression treatment in a Canadian population sample. *Canadian Journal of Psychiatry, 52*, 780–789.

Evans, G. W.(2004). The environment of child poverty. *American Psychologist, 59*, 77–92.

Exner, J. E.(1974). *The Rorschach: A Comprehensive System*, Vol. 1. New York: Willey & Sons.

Eyberg, S. M., Nelson, M. M., & Boggs, S. R.(2008). Evidence-based psychosocial treatments for children and adolescents with disruptive behaviour. *Journal of Clinical Child and Adolescent Psychology, 37*, 215–237.

Eysenck, H. J.(1952). The effects of psychotherapy: An evaluation. *Journal of Consulting Psychology, 16*, 319–324.

Faragher, E., & Cooper, C.(1990). Type A stress prone behavior and breast cancer. *Psychological Medicine, 20*, 663–670.

Faust, D., & Ahern, D. C.(2012). Clinical judgment and prediction. In D. Faust (Ed.), *Coping with psychiatric and psychological testimony: Based on the original work by Jay Ziskin*(6th ed.) (pp. 147–208). New York: Oxford University Press.

Finn, S. E., & Tonsager, M. E.(1997). Information-gathering and therapeutic models of assessment: Complementary paradigms. *Psychological Assessment, 9*, 374–385.

First, M. B., Gibbon, M., Spitzer, R. L., Williams, J. B. W., & Benjamin, L. S.(1997). *User's guide for the structured clinical interview for DSM-IV Axis II personality disorders: Washington*, DC: American Psychiatric Press.

First, M. B., Spitzer, R. L., Gibbon M., & Williams, J. B. W.(1997c). *User's guide for the structured clinical interview for DSM-IV Axis I disorders: Clinician version*. Washington, DC: American Psychiatric Press.

Fowler, J. C., & Groat, M. D.(2008). Personality assessment using implicit (projective) methods. In M. Hersen & A. M. Gross (Eds.), *Handbook of clinical psychology*(Vol. 1, pp. 475–494) Hoboken, NJ: Wiley.

Foxx, R. M., & Robinott, A.(1979). Behavioral treatment of caffeinism: Reducing excessive coffee drinking. *Journal of Applied Behavior Analysis, 12*, 335–344.

Frances, A,(2013). The new somatic symptom disorder in DSM-5 risks mislabeling many people as mentally ill. BMJ: British Medical Journal, 346.

Frances, A. J. &, Nardo, J. M.(2013). ICD-11 should not repeat the mistakes made by

DSM–5. *British Journal of Psychiatry, 203*(1), 1 –2.

Frank, J. D.(1973). Persuasion and healing. Baltimore: Johns Hopkins University Press.

Frauenhoffer, D., Ross, M. J., Gfeller, J., Searight, H. R., & Piotrowski, C.(1998). Psychological test usage among licensed mental health practitioners: A multidisciplinary survey. *Journal of Psychological Practice, 4*, 28–33.

Freeman, K. A., & Eagle, R. F.(2011). Single–subject research designs. In J. C. Thomas & M. Hersen (Eds.), *Understanding research in clinical and counseling psychology*(2nd ed., pp. 129–154). New York: Taylor & Francis.

Fromm–Reichman, F.(1950). *Principles of Intensive Psychotherapy*, Chicago : University of Chicago Press.

Fulero, S. M.(1995). The Psychopathy Checklist Revised. In J. C. Conoley & J. C. Impara (Eds.), *Twelfth mental measurements yearbook*(pp. 453–454). Lincoln, NE: Buros Institute.

Garb, H. N.(1997). Race bias, social class bias, and gender bias in clinical judgment. *Clinical Psychology: Science and Practice, 4*, 99–120.

Garb, H. N.(2005). Clinical judgment and decision making. *Annual Review of clinical Psychology*, 167–189.

Gardner, H.(1983). *Frames of mind: The theory of multiple intelligences*. New York: Basic Books.

Gardner, H.(1998). Are there additional intelligences? The case for naturalist, spiritual and existential intelligences. In J. Kane (ed.), *Education, information and transformation*. 111–132. Englewood Cliffs, NJ: Prentice Hall.

Garfield, S. L.(1994). Eclecticism and integration in psychotherapy: Developments and issues. *Clinical Psychology: Science and Practice, 1*, 123–137.

Garske, J. P., & Anderson T.(2003). Toward a science of psychotherapy research: Present status and evaluation. In S. O. Lilienfeld, S. J. Lynn, & J. M. Lohr (Eds.), *Science and pseudoscience in clinical psychology* (pp. 145–175). New York: Guilford Press.

Gay, P. (Ed.).(1995). *The Freud reader*. New York: W. W. Norton.

Gillberg, C., Rastam, M.,& Wentz, E.(2001). The Asperger Syndrome (and high–functioning autism) Diagnostic Interview (ASDI): A preliminary study of a new structured clinical interview. *Autism, 5*, 57–66.

Glass, G. V., Willson, V. L, & Gottman, J. M.(1975). *Design and analysis o time–series experiments*. Boulder: University of Colorado Press.

Golden, C. J., Freshwater, S. M., & Vayalakkara, J.(2000). The Luria–Nebraska Neuropsychological Batter: In G. Groth–Mamat (Ed.), *Neuropsychological assessment in clinical practice*(pp. 263–289). New York: John Wiley & Sons.

Goldenberg, H.(1977). *Abnormal psychology: A social/community approach*. Monterey, CA: Brook/Cole.

Goldstein, G.(2008). Intellectual evaluation. In M. Hersen & A. M. Gross (Eds.), *Handbook of clinical psychology*(Vol. 1, pp. 395–421). Hoboken, NJ: Wiley.

Goldstein, G.(2011). Correlational methods. In J. C. Thomas & M. Hersen (Eds.), *Understanding research in clinical and counseling psychology* (2nd ed., pp. 181–199). Taylor & Francis.

Goldstein, L. H., & McNeil, J. E.(2004). General introduction: What is the relevance of neuropsychology for clinical psychology practice? In L. H. Goldstein &J. E. McNeil (Eds.), *Clinical neuropsychology: A practical guide to assessment and management for clinicians*(pp. 3–20). Chichester, UK: John Wiley & Sons.

Goodheart, C. D., & Rozensky, R. H.(2011). Psychotherapy patients: Health and medical conditions. In J. C. Norcross, G. R. Vandenbos, & D. K. Freedheim (Eds.), *History of psychotherapy: Continuity and change*(2nd ed., pp. 467–474). Washington, DC: Ame rican Psychological Association.

Goodenough, F. L.(1926). *Measurement of intelligence by drawing*. New York: Harcourt.

Gottchalk, L A.(1961). *Comparative psycholinguistic analysis of two psychotherapeutic interviews*. New York: International University Press.

Graham, J. R.(2012). *MMPI–2: Assessing personality and psychopathology*(5th ed.). New York: Oxford University Press.

Greenberg, L. S., Elliott, R., Watson, J. C., & Bohart, A. C.(2001). Empathy. *Psychotherapy, 38*, 380–384.

Greene, R. L., & Clopton, J. R.(2004). Minnesota Multiphasic Personality Inventory–2 (MMPI 2). In M. W. Maruish (Ed.), *The use of psychological testing for treatment planning and outcomes assessment*(3rd ed., Vol. 3, pp. 449–477). Mahwah, NJ: Erlbaum.

Greenhoot, A. F.(2003). Design and analysis of experimental and quasi–experimental investigations. In M. C. Roberts & S. S. Ilardi (Eds.), *Handbook of research methods in clinical psychology* (pp. 92–114). Malden, MA: Blackwell.

Griffin, D. W., Dunning, D., & Ross, L.(1990). The role of construal processes in overconfident predictions about the self and others. *Journal of Personality and Social Psychology, 59*, 1128–1139.

Groth–Mamat, G.(2003). *Handbook of psychological assessment*(4th ed.). Hoboken, NJ: John Wiley & Sons.

Groth–Marnat, G.(2000). Introduction to neuropsychological assessment. In G. Groth–Mamat (Ed.), *Neuropsychological assessment in clinical practice*(pp. 3–25). New York: John Wiley

& Sons.

Groth-Marnat, G.(2009). *Handbook of psychological assessment*(5th ed.). Hoboken, NJ:Wiley.

Groth-marnat, G., & Horvath, L. S.(2008). The psychological report: A review of current controversies. *Journal of Clinical Psychology. 62*, 73-81.

Grove, W. M., Zald, D. H., Lebow, B. S., Snitz, B. E.. & Nelson. C.(2000). Clinical versus mechanical prediction: A meta-analysis. *Psychological Assessment, 12*, 19-30.

Guerrero, C., & Palmero, F.(2010). Impact of defensive hostility in cardiovascular disease. *Behavioral Medicine, 36*, 77-84.

Guilford, L. P.(1981). Higher-order structure-of-intellect abilities. *Multivariate Behavioural Research, 16*, 411-435.

Haas, A. L., Munoz, R. E, Humfleet, G. L., Reus, V I., & Hall, S. M.(2004). Influences of mood, depression history, and treatment modality on outcomes in smoking cessation. *Journal of Consulting and Clinical Psychology, 72*, 563-570.

Hadjistavropoulos, H., & Williams, A. C.(2004). Psychological interventions and chronic pain. In T. Hadjistavropoulos & K. D. Craig (Eds.), *Pain: Psychological treatment perspectives* (pp. 271-301). Mahwah, NJ: Lawrence Erlbaum Associates.

Hafen, B., Karren, K., Frandsen, K.,& Smith, L.(1996). *Mind/body health: The effects of attitudes, emotions, and relationships*. Boston: Allyn & Bacon.

Halford, W. K., Keefer, E., & Osgarby, S. M.(2002). "How has the week been for you two?" Relation-ship satisfaction and hindsight memory biases in couples' reports of relationship events. *Cognitive Therapy and Research, 26*, 759-773.

Hall, R. V., & Fox, R. G.(1997). Changing-criterion design: An alternative applied behavior analysis procedure. In C. C. Etzel, J. M. LeBlanc & D. M. Baer (Eds.), *New developments in behavioral research: Theory, method, and application*. Hillsdale: Erlbaum.

Hammen, C., Shih, J. H., & Brennan, P. A.(2004). Intergenerational transmission of depression: Test of an interpersonal stress model in a community sample. *Journal of Consulting and Clinical Psychology, 72*, 511-522.

Hansen, N. B., Lambert, M. J., & Forman, E. M.(2002). The psychotherapy dose-response effect and its implications for treatment delivery services. *Clinical Psychology: Science and Practice, 9*, 329-343.

Hanson, R. K.(2005). Twenty years of progress in violence risk assessment. *Journal of Interpersonal Violence, 20*, 212-217.

Hansson, L., Stjernsward, S., & Svensson, B.(2014). Perceived and anticipated discrimination in people with mental illness–an interview study. *Nordic Journal of Psychiatry, 68*(2), 100–106.

Harding, T. P.(2007). Clinical decision–making: How prepared are we? *Training and Education in Professional Psychology, 1*, 95–104.

Hare, R. D.(1991). *The Hare Psychopathy Checklist–Revised*. Toronto, ON: Multi–Health Systems.

Hare, R. D., Clark, D., Grann, M., & Thornton, D.(2000). Psychopathy and the predictive validity of the PCL–R: an international perspective. *Behavioral Sciences and the Law, 18*, 623–645.

Harris, C.(2003). Editorial. *Psychological Bulletin, 129*, 3–9.

Harris, G. T., Rice, M. E., & Quinsey V. L.(1993). Violent recidivism of mentally disordered offenders. The development of a statistical prediction instrument. *Criminal Justice and Behavior, 20*, 315–335.

Hathaway, S. R.,(1958). A study of behavior : The clinical psychologist, *American Psychologist, 13*, 255–265.

Hayman–Abello, B. A., Hayman–Abello, S. E., & Rourke, B. P.(2003). Human neuropsychology in Canada: The 1990s (A review of research by Canadian neuropsychologists. *Canadian Psychology, 44*, 100–138.

Heiden, L. G, & Hersen, M.(1995). *Introduction to clinical psychology*. New York: Plenum Press.

Helbok, CM., Marinelli, R. P, & Walls, R. T.(2006). National survey of ethical practices across rural and urban communities. *Professional Psychology: Research and Practice, 37*, 36–44.

Henggler, S. W. & Lee, T.(2003). Multisystemic treatment of serious clinical problems. In A. E. Kazdin Sc J. R. Weisz (Eds.), *Evidence–based psychotherapies for children and adolescents*(pp. 301–324). New York: Guilford.

Henggler, S. W., Schoenwald, S. K., Borduin, C. M., Rowland, M. D.,& Cunningham, P. B.(1998). *Multisystemic treatment of antisocial behaviour in children and adolescents*. New York: Guilford.

Henry, B., Moffitt, T. E, Caspi, A., Langley, J.,&Silva, P. A.(1994). On the "Remembrance of Things Past". A longitudinal evaluation of the retrospective method. *Psychological Assessment, 6*, 92–101.

Henry, G. T.(1990). *Practical sampling. Newbury Park*, CA: Sage.

Highlen, P. S., & Hill, C. E.(1984). Factors affecting client change in counseling. In S. D. Brown & R. W. Lent (Eds.), *Handbook of counseling psychology*, New York: Wiley

Hill, C. E., & O'Brien, K. M.(1999). *Helping skills: Facilitating exploration, insight, and action*. American Psychological Association.

Hilsenroth, M. J., & Cromer, T. D.(2007). Clinician interventions related to alliance during the initial interview and psychological assessment. *Psychotherapy, 44*, 205–218.

Hinshaw, S. P, & Stier, A.(2008). Stigma as related to mental disorders. Annual & eview of Clinical Psychology, 4, 367–393.

Hiramoto, R., Solvason, H., Hsueh, C., Rogers, C., Demissie, S., Hiramoto, N., et al.(1999). Psychoneuroendocrine immunology: Perception of stress can alter body temperature and natural killer cell activity. *International Journal of Neuroscience, 98*, 95–129.

Hoffman, B.(1962). *The tyranny of testing*. New York: Crowell–collier.

Hoge, M. A., Tondora, J., & Stuart, G. W.(2003). Training in evidence–based practice. *Psychiatric Clinics of North America, 26*, 851–865.

Hollon, S. D., & Beck, A. T.(2004). Cognitive and cognitive behavioral therapies. In M. L. Lambert(Ed.), *Bergin and Garfield's Handbook of psychotherapy and behavior change*(5th ed., pp. 447–492). New York: John Wiley & Sons.

Holmbeck, G. N.(1997). Toward terminological conceptual, and statistical clarity in the study of mediators and moderators: Examples from the child–clinical and pediatric literatures. *Journal of Consulting and Clinical Psychology, 65*, 599–610.

Holt, R. R.(1999). Empiricism and the Thematic Apperception Test: Validity is the payoff. In L. Gieser & M. I. Stein (Eds.), *Evocative images: The Thematic Apperception Test and the art of projection*(pp. 99–105) Washington, DC: American Psychological Association.

Horvath, A. O.,Del Re, A. C.,Fluckiger, C., & Symonds, D.(2011). Alliance in individual psychotherapy. InJ. C. Norcross (Ed.), *Psychotherapy relationships that work: Evidence–based responsiveness*(2nd ed., pp. 25–69). New York: Oxford University Press.

Hull, C.(1943). *Principles of behavior: An introduction to behavior theory*. New York: Appleton–Century–Crofts.

Hulse, W. C.(1951). The Emotionally Disturbed Child Draw His Family. *The Quarterly Child Behavior, 3*, 152–174.

Hunsley, J., & Lee, C. M.(2010). Introduction to clinical psychology: *An evidence based approach* (2nd ed.). Mississauga, ON: John Wiley & Sons Canada.

Hunsley, J., & Lee, C. M., & Wood, J. M.(2003). Controversial and questionable assessment techniques. In S. O. Lilienfeld, S. J. Lynn, & J. M. Lohr (Eds.), *Science and pseudoscience in clinical psychology*(pp. 39–76). New York: Guilford Press.

Hunsley, J., & Mash, E. J.(2007). Evidence–based assessment. *Annual Review of Clinical Psychology, 3*,29–51.

Hunsley, J., & Mash, E. J. (Eds.).(2008). *A guide to assessments that work*. New York: Oxford University Press.

Hunsley, J., & Meyer, G. J.(2003). The incremental validity of psychological testing and assessment: Conceptual, methodological, and statistical issues. *Psychological Assessment, 15*, 446–455.

Hunsley, J., Crabb, R., & Mash, E. J.(2004). Evidence–based clinical assessment. *The Clinical Psychologist, 57*(3), 25–32.

Hunsley, J., Lee, C. M., & Wood, J.(2003). Controversial and questionable assessment techniques (pp. 39–76). In S. O. Lilienfeld, S. J. Lynn, & J. Lohr (Eds.), *Science and pseudoscience in clinical psychology*. New York: Guilford.

Hunsley, J., & Lee, C. M.(2010). *Introduction to clinical psychology: An evidence based approach* (2nd ed). Mississauga, ON: John Wiley & Sons Canada.

Hunsley, J., Lee, C. M., & Aubry, T.(1999). Who uses psychological services in Canada? *Canadian Psychology, 40*, 232–240.

Hutt, M. L.(1947). A clinical of 'consecutive' and 'adaptive' testing with the revised Stanford–Binet, *Journal of Consulting Psychology, 1947*, 11, 93–103.

Insel, T. R., & Lieberman, J. A.(2013). DSM–5 and RDoC: *Shared interests*. Retrieved from http:// www.nimh.nih.gov/news/science–news/2013.

Institute of Medicine.(2001). *Crossing the quality chasm: A new health system for the 21st century*. Washington, DC: National Academy Press.

Jacobson, E.(1938). *Progressive relaxation*. Chicago: University of Chicago Press.

Jacobson, N. S., & Truax, P.(1991). Clinical significance: A statistical approach to defining meaningful change in psychotherapy research. *Journal of Clinical and Consulting Psychology, 59*, 12–19.

Jason, L A. & Liotta, F. E.(1982). Reducing of cigarette smoking in a university cafeteria. *Journal of Applied Behavior Analysis, 15*, 573–577.

Jensen, A. & Sinah, S.(1993). Physical correlates of human intelligence. In P.A. Vernon (ed.) *Biological approaches to the study of human intelligence*. Norwood, NJ: Ablex.

Johnson, J., Lauver, D.,& Nail, L.(1989). Process of coping with radiation therapy. *Journal of Consulting and Clinical Psychology, 57*, 358–364.

Kalia, M.(2002). Assessing the economic impact of stress: The modern day hidden epidemic. *Metabolism, 51*, 49–53.

Kamen, C., Cosgrove, V., McKellar, J., Cronkite, R., & Moos, R.(2011). Family support and depressive symptoms: A 23-year follow-up. *Journal of Clinical Psychology, 67*, 215-223

Karney, B. R., Davila, J., Cohan, C. L., Sullivan, K. T., Johnson, M. D., & Bradbury, T. N.(1995). An empirical investigation of sampling strategies in marital research. *Journal of Marriage and the Family, 57*, 909-920.

Kazantzis, N., Busch, R., Ronan, K. R., & Merrick, P. L.(2007). Using homework assignments in psychotherapy: Differences by theoretical orientation and professional training? *Behavioural and Cognitive Psychotherapy, 35*, 121-128.

Kazantzis, N., Deane, F. P., & Ronan, K. R.(2000). Homework assignments in cognitive and behavioral therapy: A meta-analysis. *Clinical Psychology: Science and Practice, 7*, 189-202.

Kazantzis, N., Lampropoulos, G. K., & Deane, F. P.(2005). A national survey of practicing psychologists' use and attitudes toward homework in psychotherapy. *Journal of Consulting and Clinical Psychology, 73*, 742-748.

Kazdin, A. E.(1977). Assessing the clinical or applied significance of behavior change through social-validation. *Behavioral Assessment, 1*, 57-75.

Kazdin, A. E.(1981). Drawing valid inferences from case studies. *Journal of Clinical and Consulting Psychology, 49*, 183-192.

Kazdin, A. E.(1999). overview of research design issues in clinical psychology. In P. C. Kendall, J. N Butcher, & G. N. Holmbeck (Eds.), *Handbook of research methods in clinical psychology* (2nd ed., pp. 3-30). New York: John Wiley & Sons, Inc.

Kazdin, A. E.(2003). Psychotherapy for children and adolescents. *Annual Review of Psychology, 54*, 253-276.

Kazdin, A. E.(2004). Psychotherapy for children and adolescents. In M. L. Lambert (Ed.), *Bergin and Garfield's Handbook of psychotherapy and behavior change* (5th ed., 543-589). New York: John Wiley & Sons.

Kazdin, A. E.(2006). Arbitrary metrics: Implications for identifying evidence-based treatments. *American Psychologist, 61*, 42-49.

Kazdin, A. E.(2011). *Single-case research designs: Methods for clinical and applied settings* (2nd ed.). New York: Oxford University Press.

Kazdin, A. E., & Bass, D.(1989). Power to detect differences between alternative treatments in comparative psychotherapy outcome research. *Journal of Consulting and Clinical Psychology, 57*, 138-147.

Keefe, F., J., Abernethy, A. P., & Campbell, L. C.(2005). Psychological approaches to understanding and treating disease-related pain. *Annual Review of Psychology, 56*, 601-630.

Kendell, R., & Jablensky, A.(2003). Distinguishing between the validity and utility of psychiatric diagnoses. *American Journal of Psychiatry, 160*, 4–12.

Kendjelic, E. M., & Eells, T. D.(2007). Generic psychotherapy case formulation training improves formulation quality. *Psychotherapy, 44*, 66–77.

Kennedy, T.(1964). Treatment of chronic schizophrenia by behavior therapy: Case reports. *Behaviour Research and Therapy, 2*, 1–6.

Kettman, J. D. J., Schoen, E. G., Moel, J. E., Cochran, S. V., Greenberg, S. T., & Corkery, J. M.(2007). Increasing severity of psychopathology at counseling centers: A new look. Professional Psychology: Research and Practice, 38, 523–529.

Kim, N. S., & Ahn, W.(2002). Clinical psychologists' theory–based representations of mental disorders predict their diagnostic reasoning and memory. *Journal of Experimental Psychology: General, 131*, 451–476.

Klesges, R. C.,Sanchez, V. C., &c Stanton, A. L.(1982). Obtain employment in academia: The hiring process and characteristics of successful applicants. *Professional Psychology, 13*, 577–586.

Kline, P.(1993). *The Handbook of psychological testing*. London and New York, Routledge.

Korchin, S. J.(1976). *Modem clinical psychology*. New York: Basic.

Koukopoulos, A., & Sani, G.(2014). DSM–5 criteria for depression with mixed features: A farewell to mixed depression. *Acta Psychiatrica Scandinavica, 129*(1), 4–16.

Kraemer, H. C., Morgan, G. A., Leech, N. L., Gliner, J. A., Vaske, J. J., & Harmon, R. J.(2003). Measures of clinical significance. *Journal of the American Academy of Child Adolescent Psychiatry, 42*, 1524–1529.

Kraemer, H. C., Wilson, G. T., Fairburn, C. G., & Agras, W. S.(2002). Mediators and moderators of treatment effects in randomized clinical trials. *Archives of General Psychiatry, 59*, 877–883.

Kratochwill, T. R.(2007). Preparing school psychologists for evidence–based school practice: Lessons learned and challenges ahead. *American Psychologist, 62*, 829–843.

Krause, M. S., Lutz, W., & Saunders, S. M.(2007). Empirically certified treatments or therapists: The issue of separability. *Psychotherapy, 44*, 347 353.

Krishnamurthy, R., VandeCreek, L., Kaslow, N. J., Tazeau, Y. N., Miville, M. L., Kerns, R., et al.(2004). Achieving competency in psychological assessment: Directions for education and training. *Journal of Clinical Psychology, 60*, 725–739.

Laatsch, L., Harrington, D., Hotz, G., Marcantuono, J., Mozzoni, M. P., Walsh V., et al.(2007). An evidence-based review of cognitive and behavioral treatment studies in children with acquired brain injury. *Journal of Head Trauma Rehabilitation, 22*, 248-256.

Lacey, J. I.(1959). Psychophysiological approaches to the evaluation of psy-chotherapeutic process and outcome. In A. E. Rubinstein & M. B. Parloff (Eds.), *Research in psychotherapy*. Washington, DC: American Psychological Association.

Lafferty, P., Beutler, L. E., & Crago, M.(1989). Differences between more and less effective psychotherapists: A study of select therapist variables. *Journal of Consulting and Clinical Psychology, 57*, 76-70.

Lally, S. J.(2003). What tests are acceptable for use in forensic evaluations? *Professional Psychology: Research and Practice, 34*, 491-498.

Lambert, M. J.(2011). Psychotherapy research and its achievements. InJ. C. Norcross, G. R. Vandenbos, & D. K. Freedheim (Eds.), *History of psychotherapy: Continuity and change* (2nd ed., pp. 299-332). Washington, DC: American Psychological Association.

Lambert, M. J., & Ogles, B. M.(2004). The efficacy and effectiveness of psychotherapy. In M. J. Lambert (Ed.), *Bergin and Garfield's handbook of psychotherapy and behavior change* (5th ed., pp. 139-193). New York: Wiley.

Lane, C.(2013). The NIMH withdraws support for DSM-5. *Psychology Today*.

Langenbucher, J., & Nathan, P. E.(2006). Diagnosis and classification. In M. Hersen & J. C. Thomas (Eds.), *Comprehensive handbook of personality and psychopathology* (Vol. 2, pp. 3-20). Hoboken, NJ: Wiley.

Lazarus, A.(1964). Psychological procedural factors in desensitization therapy. *Behavior Research and Therapy, 2*, 65-70.

Lazarus, R., & Folkman, S.(1984). Coping and adaptation In W. D. Gentry (Ed.), *The handbook of behavioral medicine* (pp. 282-325). New York: Guilford Press.

Lebow, J.(2006). Research for the psychotherapist: From science to practice. New York: Routledge.

Lee, W., Bindman, J., Ford, T., Glozier, N., Moran, P., Stewart, R.,& Hotopf, M.(2007). Bias in psychia-tric case-control studies. *British Journal of Psychiatry, 190*, 204-209.

Lemsky, C. M.(2000). Neuropsychological assessment and treatment planning. In G. Groth-Marnat (Ed.), *Neuropsychological assessment in clinical practice* (pp. 535-574). New York: John Wiley & Sons.

Lennard, H. L. & Bernstein, A.(1960). *The anatomy of psychotherapy: Systems of communication and expectation*. New York: Columbia University Press.

Lesserman, J., Jackson, E., Petitto, J., Golden, R.,Silva, S., & Perkins,D.(1999). Progression to AIDS: The effects of stress, depressive symptoms, and social support. Psychosomatic Medicine, 61,397–406.

Leventhal, H., Weinman, J., Leventhal, E. A., & Phillips, L. A.(2008). Health psychology: The search for pathways between behaviour and health. *Annual Review of Clinical Psychology, 4*, 477–505.

Levy, S.(1959). Figure drawing as a projective test. In L. E. Apt & B. Bellak. *Projective psychology: Clinical approaches to the total personality*. New York Grove.

Lewak, R. W., & Hogan, R. S.(2003). Integrating and applying assessment information: Decision making, patient feedback, and consultation. In L. E. Beutler & G. Groth-Marnat (Eds.), *Integrative assessment of adult personality* (2nd ed., pp.356–397). New York: Guilford Press.

Lewinsohn, P. M.,& Clarke, G. N.(1999). Psychosocial treatments for adolescent depression. *Clinical Psychology Review, 19*, 329–342.

Lewinsohn, P. M.,Antonuccio, D. O.,Steinmetz, J. L.,& Teri, L.(1984). *The coping with depression course: A psychoeducational intervention for unipolar depression*. Eugene, OR: Castilia.

Lichtenberg, P. A., Murman, D. L., & Mellow, A. M.(2003). Integrated case studies. In P. A. Lichtenberg, D. L. Murman, & A. M. Mellow (Eds.), *Handbook of dementia* (pp. 403–412). New York: John Wiley & Sons.

Lichtenberger, E. O., & Kaufman, A. S.(2004). *Essentials of WPPSI–III assessment*. New York: Wiley.

Lichtenberger, E. O.,& Kaufman, A. S.(2009). *Essentials of WAIS–IV assessment*. Hoboken, NJ: Wiley.

Lilenfeld, L. R. R., Wonderlich, S., Riso, L. P, Crosby, R., & Mitchell, J.(2006). Eating disorders and personality: A methodological and empirical review. *Clinical Psychology Review 26*, 299–320.

Lilienfeld, S. O., Wood, J. M., & Grab, H. N.(2000). The scientific status of projective techniques. *Psychological Science in the Public Interest 1*, 27–66.

Lindzey,G.(1958). Thematic Apperception Test: The strategy of research. *Journal of Projective Techniques, 22*, 173–180.

Livingston, G., Johnston, K., Katona, C., Paton, J., Lyketsos, C.G., & Old Age Task Force of the World Federation of Biological Psychiatry.(2005). *American Journal of Psychiatry, 162*, 1996–2021.

Logel, C.,& Cohen, G. L.(2012). The role of the self in physical health: Testing the effect of a values-affirmation intervention on weight loss. *Psychological Science, 23*, 53-55.

London, P.(1964). *The modes and psychotherapy*. New York: Holt, Rinehart & Winston.

Lonnqvist, J. E., Verkasalo, M., Makinen, S., & Henriksson, M.(2009). High neuroticism at age 20 predicts history of mental disorders and low self-esteem at age 35. *Journal of Clinical Psychology, 65*, 781-790.

Luborsky, L.,Singer, J., & Luborsky, L.(1975). Comparative studies of psychotherapy. *Archives of General Psychiatry, 32*, 995-1008.

Ludwick-Rosenthal, R., & Neufeld, R.(1988). Stress management during noxious medical procedures: An evaluative review of outcome studies. *Psychological Bulletin, 104*, 326-342.

Lutz, W., Leon, S. C., Martinovich, Z., Lyons, J. S., & Stiles, W. B.(2007). Therapist effects in outpatient psychotherapy: A three-level growth curve approach. *Journal of Counseling Psychology, 54*, 32-39.

Lyons, J. S., & Howard, K. I.(1991). Main effects analysis in clinical research: Statistical guidelines for disaggregating treatment groups. *Journal of Consulting and Clinical Psychology, 59*, 745-748.

MacCallum, R. C., & Austin, J. T.(2000). Applications of structural equation modeling in psycho-logical research. *Annual Review of Psychology, 51*, 201-226.

Machover, K.(1949). *Personality projection in the drawing of the human figure: A method of personality investigation*. Illinois: Springfield.

Magaletta, P. R., & Verdeyen, V.(2005). Clinical practice in corrections: A conceptual framework. *Professional Psychology Research and Practice, 36*, 37-43.

Mahler, H., & KulikJ.(1998). Effects of preparatory videotapes on self-efficacy beliefs and recovery from coronary bypass surgery. *Annals of Behavioral Medicine, 20*, 39-46.

Maller, C., & Willliams, A.(2011). Ethical guidelines in research. In J. C. Thomas & M. Hersen (Eds.), *Understanding research in clinical and counseling psychology* (2nd ed., pp. 245-268). New York: Taylor & Francis.

Mariush, M. E.(2002). *Essentials of treatment planning*. New York: John Wilcy & Sons.

Marlatt, G., & Gordon, J.(1985). *Relapse preventions: Maintenance strategies in the treatment of addictive behaviors*. New York: Guilford Press.

Martin, L., Saperson, K., & Maddigan, B.(2003). Residency training: challenges and opportunities in preparing trainees for the 21st century. *Canadian Journal of Psychiatry, 48*, 225-231.

Maruish, M. E.(2008). The clinical interview. In R. P. Archer & S. R. Smith (Eds.), Personality assessment (pp. 37–80). New York: Routledge.

Mash, E. J., & Hunsley, J.(2007). Assessment of child and family disturbance: A developmentalsystems approach. In E. J. Mash & R. A. Barkley (Eds.), *Assessment of childhood disorders* (4th ed.,pp. 3–50). New York: Guilford.

Masten, A. S.(2001). Ordinary magic: Resilience processes in development. *American Psychologist, 56*(3), 227–238.

Matarazzo, J. D.(1965). The interview. In B. B. Wilman (Ed.), *Handbook of clinical psychology*. New York: McGraw–Hill.

Matarazzo, J. D.(1972). *Wechsler's measurement and appraisal of adult intelligence*. Baltimore: Williams Sc Wilkins.

McFall, R. M.(1991). Manifesto for a science of clinical psychology. *The Clinical Psychologist, 44*, 75–88.

McFall, R.M.(2006). Doctoral training in clinical psychology. *Annual Review of Clinical Psychology, 2*, 21–49.

McGrath, P. J., Finley, G. A., Ritchie, J., & Dowden, S. J.(2003). *Pain, pain, go away: Helping children with pain*. Halifax, NS: Dalhousie University.

McGrath, P.J., SrUnruh, A.(1999). The measurement and assessment of paediatric pain. In P. D. Wall & R. Melzack (Eds.), *Textbook of pain* (4th ed., pp. 371–384). London: Churchill Livingstone.

McLellan, F.(2003). Research by U.S. psychiatrists in danger of extinction. Expert committee recommends steps to strengthen research training in psychiatry residency. *Lancet, 362*, 1732.

Meehl, P. E.(1954). *Clinical versus statistical prediction: A theoretical analysis and a review of the evidence*. Minneapolis: University of Minnesota Press.

Meichenbaum, D.(1977). *Cognitive–behavior modification: An integrative approach*. New York: Plenum Press.

Meldman, M. J., McFarland, G., & Johnson, E.(1976). *The problem–oriented psychiatric index and treatment plans*. St. Louis : C.V. Mosby Co..

Mellers, J. D. C.(2004). Neurological investigations. In L. H. Goldstein & J. E. McNeil (Eds.), *Clinical neuropsychology: A practical guide to assessment and management for clinicians* (pp. 57–77). Chichester, UK: John Wiley & Sons.

Mellins, C., Gatz, M., & Baker, L.(1996). Children's methods of coping with stress: A twin study of genetic and environmental influences. *Journal of Childhood Psychology and Psychiatry, 37*, 721–730.

Mermelstein, R., Cohen, S., Lichtenstein, E., Baer, J., & Karmarck, T.(1986). Social support and smoking cessation and maintenance. *Journal of Consulting and Clinical Psychology, 54*, 447–453.

Meyer, B., Pilkonis, P. A., Krupnick, J. L., Egan, M. K., Simmens, S. J., & Sotsky, S. M.(2002). Treatment expectancies, patient alliance, and outcome: Further analyses from the National Institute of Mental Health Treatment of Depression Collaborative Research Program. *Journal of Consulting and Clinical Psychology, 70*, 1051–1055.

Meyer, G. J.(2004). The reliability and validity of the Rorschach and Thematic Apperception Test (TAT) compared to other psychological and medical procedures: An analysis of systematically gathered evidence. In M. J. Hilsenroth & D. L. Segal (Eds.), *Comprehensive handbook of psychological assessment: Personality assessment* (Vol. 2, pp. 315–342). Hoboken, NJ: Wiley.

Meyer, G. J., & Viglione, D. J.(2008). An introduction to Rorschach assessment. In R. P. Archer & S. R. Smith (Eds.), *Personality assessment* (pp. 281–336). New York: Routledge.

Mezulis, A. H., Abramson, L. Y., Hyde, J. S., & Hankin, B. L.(2004). Is there a universal positivity bias in attributions? A meta–analytic review of individual, developmental, and cultural differences in the self–serving attributional bias. *Psychological Bulletin, 130*, 711–747.

Middleton, J. A.(2004). Clinical neuropsychological assessment of children. In L. H. Goldstein & J. E. McNeil (Eds.), *Clinical neuropsychology: A practical guide to assessment and management for clinicians* (pp. 275–300). Chichester, UK: John Wiley & Sons.

Migler, B., & Wolpe, J.(1967). Automated self–desensitization: A case report. *Behaviour Research and Therapy, 5*, 133–135.

Miller, D J., & Thelen, M. H.(1986). Knowledge ar beliefs about confidentiality in psychotherapy. *Professional Psychology: Research and Practice, 17*, 15–19.

Millon, T.(1991). MCMI–1H: Manual Minneapolis, MN: National Computer Systems.

Mojtabai, R., & Olfson, M.(2008). National trends in psychotherapy by office–based psychiatrists. *Archives of General Psychiatry, 65*, 962–970.

Monahan, J.(1981). *Predicting violent behavior. An assessment of clinical techniques*. Beverly Hills, CA: Sage.

Moretti, R. J., & Rossini, E. D.(2004). The Thematic Apperception Test (TAT). In M. J. Hilsenroth & D. L. Segal (Eds.), *Comprehensive handbook of psychological assessment: Personality assessment* (Vol. 2, pp. 356–371). Hoboken, NU: Wiley.

Morey, L. C.(1991). *Personality Assessment Inventory manual*. Odessa, FL: Psychological Assessment Resources.

Morgan, C. D., & Murray, H. A.(1935). A method for investigating fantasies: The Thematic Apperception Test. *Archives of Neurology and Psychiatry, 34*, 289–306.

Morley, S., & Adams, M.(1989). Some simple statistical tests for exploring single-case time-series data. *British Journal of Clinical Psychology, 28*, 1–18.

Morris, R. G.(2004). Neuropsychology of older adults. In L. H. Goldstein & J. E. McNeil (Eds.), *Clinical neuropsychology: A practical guide to assessment and management for clinicians* (pp. 301–318). Chichester, UK: John Wiley & Sons.

Morrison, J.(2008). *The first interview* (3rd ed.). New York: Guilford Press.

Moyer, K. H., & Gross, A.(2011). Group designs. In J. C. Thomas & M. Hersen (Eds.), *Understanding research in clinical and counseling psychology* (2nd ed., pp. 155–179). New York: Taylor & Francis.

Mullen, E. J., & Streiner, D. L.(2004). The evidence for and against evidence based practice. *Brief Treatment and Crisis Intervention, 4*, 111–121.

Mumma, G. H.(1998). Improving cognitive case formulation and treatment planning in clinical practice and research. *Journal of Cognitive Psychotherapy, 12*, 251–274.

Murray, H. A.(1943). *Thematic Apperception Test: Manual Cambridge*, MA: Harvard University Press.

Myers, L. L., & Thyer, B. A.(1997). Should social work clients have the right to effective treatment? *Social Work, 42*, 288–297.

Nathan, P. E., & Gorman, J. M.(2007). *A guide to treatments that work* (3rd ed.). New York: Oxford University Press.

National Association of Social Workers.(2008). Social work profession. *Retrieved on June 19, 2008* from www.socialworkers.org.

National Opinion Research Center.(2007). Doctorate recipients from United States universities: Summary report 2006. *Retrieved on May 27, 2008*, from http://www.norc.org.

Naugle, A. E., & Maher, S.(2003). Modeling and behavioral rehearsal. In W. O' Donohue, J. E. Fisher, & S. C. Hayes (Eds.), *Cognitive behavior therapy: Applying empirically supported techniques in your practice*. New York: John Wiley & Sons.

Niaura, R., & Abrams, D. B.(2002). Smoking cessation progress, priorities and prospectus *Journal of Consulting and Clinical Psychology, 70*, 494–509.

Nichols, D. S.(2011) *Essentials of MMPI–2 assessment*. New York: John Wiley & Sons.

Norcross, J. C (Ed)(2002). *Psychotherapy relationships that work: Therapist contributions and responsiveness to patients*. London: Oxford University Press.

Norcross, J. C., & Karpiak, C. P., & Santoro, S. O.(2005). Clinical psychologists across the years: The Division of Clinical Psychology from 1960–2003. *Journal of Clinical Psychology, 61*, 1467–1483.

Norcross, J. C., & Krebs, P. M., & Prochaska, J. O.(2011). Stages of change. *Journal of Clinical Psychology, 67*, 143–154.

Norcross, J. C., & Lambert, M. J.(2011a). Evidence–based therapy relationships. In J. C. Norcross (Ed.), *Psychotherapy relationships that work: Evidence–based responsiveness* (2nd ed.,pp. 3–21). New York: Oxford University Press.

Norcross, J. C., & Lambert, M. J.(2011b). Psychotherapy relationships that work II. *Psychotherapy, 48*, 4–8.

Norcross, J. C., & Ne'vman, C. E(1992). Psychotherapy integration: Setting the context. In J. C. Norcross & M. R. Goldfried (Eds.), *Handbook of psychotherapy integration* (pp. 3–45). New York: Basic Books.

Norcross, J. C., & Wampold, B. E.(2011a). Evidence–based therapy relationships: Research conclusions and clinical practices. In j. C. Norcross (Ed.), *Psychotherapy relationships that work: Evidence–based responsiveness* (2nd ed., pp. 423–430). New York: Oxford University Press.

Norcross, J. C., Castle, P. H., Sayette, M. A., SrMayne, T. J.(2004). The Psy.D.: Heterogenity in practitioner training. *Professional Psychology: Research and Practice, 35*, 412–419.

Norcross. J. C., Sayette, M. A., Mayne, T. J., Karg, R. S., & Turkson, M. A.(1998). Selecting a doctoral program in professional psychology: Some comparisons among Ph.D. counseling, Ph.D. clinical, and Psy.D. clinical psychology programs. *Professional Psychology: Research and Practice, 29*, 609–614.

O'Brien, W. H., & Tabaczynski, T.(2007). Unstructured interviewing. In M. Hersen & J. C. Thomas (Eds.), *Handbook of clinical interviewing with children* (pp. 16–29). Thousand Oaks, CA: Sage.

O'Brien, W. H.(1995). Inaccuracies in the estimation of functional relationships using self–monitoring data. *Journal of Behavior Therapy and Experimental Psychiatry, 26*, 351–357.

Orlinsky, D. E.(2010). Foreword. In B. L. Duncan, S. D. Miller, B. E. Wampold, & M. A. Hubble (Eds.), *The heart and soul of change: Delivering what works in therapy* (2nd ed., pp. 19–25). Washington, DC: American Psychological Association.

Orlinsky, D. E., Ronnestad, M. H., & Willutzki, U.(2004). Fifty years of psychotherapy process-outcome research: Continuity and change. In M. J. Lambert (Ed.), *Bergen and Garfield's handbook of psychotherapy and behavior change* (5th ed., pp. 307-389). New York: John Wiley & Sons.

Packer, I. K.(2008). Specialized practice in forensic psychology: Opportunities and obstacles. *Professional Psychology: Research and Practice, 39*, 245-249.

Palmiter, D. J.(2004). A survey of the assessment practices of child and adolescent clinicians. *American Journal of Orthopsychiatry, 74*, 122-128.

Parker, G.,Roy, K., & Eyers, K.(2003). Cognitive behavior therapy for depression? Choose horses for courses. *The American Journal of Psychiatry, 160*, 825-834.

Patsopoulos, N. A., Analatos, A. A., & Ioannidis, J. P. A.(2005). Relative citation impact of various study designs in the health sciences. *Journal of the American Medical Association, 293*, 2362-2366.

Patterson, G. R.(1982). *Coercive family process*. Eugene, OR: Castalia.

Patterson, G. R.(2005). The next generation of PMTO models. *The Behavior Therapist, 28*, 27-33.

Pawlow, L., & O'Neil, P, & White, M., & Byrne, T.(2005). Findings and outcomes of psychological evaluations of gastric bypass applicants. *Surgery for Obesity and Related Diseases, 1*, 523-529.

Persons, J. B.(1989), *Cognitive therapy in practice: A case formulation approach*. New York: Norton.

Persons, J. B., Davidson, J., & Tompkins, M. A.(2001). *Essential components of cognitive-behavior therapy for depression*. Washington, DC: American Psychological Association.

Persons, J. B.,& Bertagnolli, A.(1999), Inter-rater reliability of cognitive-behavioral case formulations of depression: A replication. *Cognitive Therapy & Research, 23*, 271-283.

Peterson, R., McHolland, J., Bent, R., David-Russell, E., Edwall, G., Polite, K., Singer, D., & Strieker, G.(1991). *The core curriculum in professional psychology*. Washington, DC: American Psychological Association.

Petry, N. M., Tennen, H., & Affleck, G.(2000). Stalking the elusive client variable in psychotherapy research. In C. R. Snyder & R. E. Ingram (Eds.), *Handbook of psychological change: Psychotherapy processes & practices for the 21st century* (pp. 88-108). New York: John Wiley & Sons.

Phillips, E. E.(1991). George Washington University's international data on psychotherapy delivery systems: Modeling new approaches to the study of therapy. In L. E. Beutler & M. Crago (Eds.), *Psychotherapy research: An international review of programmatic studies* (pp. 263-

273). Washington, DC: American Psychological Association.

Photos, V. I., Michel, B. D., & Nock, M. K.(2008). Single-case research. In M. Handbook of clinical psychology (Vol. 1, pp. 224-245). Hoboken, NJ: Wiley.

Piotrowski, C., Belter, R. W., & Keller, J. W. (1998). The impact of "managed care" on the practice of psychological testing: Preliminary findings. *Journal of Personality Assessment, 70*, 441-447.

Pittner, M., Houston, B.,& Spiridigliozzi, G.(1983). Control over stress, type A behavior pattern, and response to stress. *Journal of Personality and Social Psychology, 44*, 627-637.

Plous, S., & Zimbardo, P. G.(1986). Attributional biases among clinicians: A comparison of psycho-analysts and behavior therapists. *Journal of Consulting and Clinical Psychology, 54*, 568-570.

Polich, J. & Martin, S.(1992). P300, cognitive capability, and personality A correlational study of university undergraduates. *Personality and Individual Differences, 13*, 533-543.

Pomerantz, A. M.(2014). *Clinical Psychology*. SAGE Publications, Inc.

Poole, G., Hunt Matheson, D., & Cox, D. N.(2005). *The psychology of health and health care: A Canadian Perspective* (2nd-ed). Toronto, ON: Pearson, Prentice-Hall.

Premack, D.(1959). Toward empirical behavior laws: I. Positive reinforcement. *Psychological Review, 66*, 219-233.

Price, J. M., Chamberlain, P., Landsverk, J., Reid, J. B., Leve, L. D., & Laurent, H.(2008). Effects of foster parent training intervention on placement changers of children in forster care. *Child Maltreatment, 13*, 64-75.

Prochaska, J. O., & Norcross, J. C.(2010). *Systems of psychotherapy: A transtheoretical analysis* (7th ed.). Belmont, CA: Brooks/Cole.

Raiford, S. E., Coalson, D. L., Saklofske, D. H., & Weiss, L. G.(2010). Practical issues in WAIS-IV administration and scoring. In L. G. Weiss, D. H. Saklofske, D. Coalson, & S. E. Raiford (Eds.), *WAIS-IV clinical use and interpretation: Scientist-practitioner perspectives* (pp. 25-60). London: Elsevier.

Raimy, V. C. (Ed.).(1950). *Training in clinical psychology*. New York: Prentice-Hall.

Regier, D. A., Narrow, W. E., Kuhl, E. A., & Kupfer, D. J. (Eds.). (2011). *The conceptual evolution of DSM-5*. Arlington, VA: American Psychiatric Publishing.

Rhebergen, D., & Graham, R.(2014). The rela-belling of dysthymic disorder to persistent depres-sive disorder in DSM-5: Old wine in new bottles? *Current Opinion in Psychiatry, 27*(1), 27-31.

Riccio, C. A., & French, C. L.(2004). The status of empirical support for treatments of attention deficits. *The Clinical Neuropsychologist, 18*, 528–558.

Ridley, C. R., & Kelly, S. M.(2006). Multicultural considerations in case formulation. In T. D. Eells (Ed.), *Handbook of psychotherapy case formulation* (2nd ed., pp. 33–64). New York: Guilford Press.

Risley, T. R.(1970). Behavior modification: An experimental–therapeutic endeavor. In L. A. Hamerlynck, P. O. Davadson, & L. E. Acker (Eds.), *Behavior modification and ideal mental heath services*. Calgary: University of Calgary.

Robiner, W. N.(2006). The mental health professions: Workforce supply and demand issues, and challenges. *Clinical Psychology Review, 26*, 600–625.

Rogers, C.(1997). *Carl Rogers on personal power: Inner strength and its revolutionary impact*. New York: Delacorte Press.

Rose, T., Kaser–Boyd, N., & Maloney, M. P.(2001). *Essentials of Rorschach assessment*. New York: Wiley.

Rosenzweig, S.(1936). Some implicit common factors in diverse methods of psychotherapy. American *Journal of Orthopsychiatry, 6*, 422–425.

Rothbaum, B. O., & Schwartz, A. C.(2002). Exposure therapy for posttraumatic stress disorder. American *Journal of Psychotherapy, 56*, 59–75.

Rotter, J. B.(1954). *Social learning and clinical psychology*. Englewood Cliffs, NJ: Prentice Hall.

Rumstein–McKean, O., & Hunsley, J.(2001). Inter–personal and family functioning of female survivors of childhood sexual abuse. *Clinical Psychology Review, 21*, 471–490.

Ryan, J. J., & Schnakenberg–Ott, S. D.(2003), Scor–ing reliability on the Wechsler Adult Intelligence Scale–Third Edition (WAIS–III). *Assessment, 10*, 151–159.

Ryba, N. L., Cooper, V. G., & Zapf, P. A.(2003). Juvenile competence to stand trial evaluations: A survey of current practices and test usage among psychologists. *Professional Psychology: Research and Practice, 34*, 499–507.

Sackett, D. L., Rosenberg, W. M., Gray, J. A., Haynes, R. B., & Richardson, W. S.(1996). Evidence–based medicine: What it is and what it is n't. *British Medical Journal, 312*, 71–72.

Satter, J. M.(2001). *Assessment of children*(3rded.). san Diego, CA: jerome sattler.

Saunders, S. M.(1993). Applicants' experience of the process of seeking therapy. *Psychotherapy, 30*, 554–564.

Sayers, S. X, Riegel, B., Pawlowski, S., Coyne, J. C., & Samaha, E E(2008). Social support and self–care of patients with heart failure. *Annals of Behavioral Medicine, 35*, 70–79.

Schachter, S.(1966). Interaction of cognitive and physiological determinants of emotional state. In C. Spielberger (Ed.), *Anxiety and Behavior*. New York: Academic.

Scheier, M., & Bridges, M.(1995). Person variables and health: Personality predispositions and acute psychological states as shared determinants for disease. *Psychosomatic Medicine, 57*, 255-268.

Schneiderman, N., & Siegel, S. D.(2007). Mental and physical health influence each other. In S. O. Lilienfeld & W T. O'Donohue (Eds.), *The great ideas of clinical science: 17 principles that every mental health professional should understand* (pp. 329-346). New York: Routledge.

Schneiderman, N., Ironson, G., & Siegel, S. D.(2005). Stress and health: Psychological, behavioral and biological determinants. *Annual Review of Clinical Psychology, 1*, 607-628.

Schoenberg, M. R., Lange, R. T., Saklofske, D. H.(2007). A proposed method to estimate premorbid Full Scale Intelligence Quotient (FSIA) for the Canadian Wechsler Intelligence Scale for Children-Fourth Edition (WISC-IV) using demographic and combined estimation procedures. *Journal of Clinical and Experimental Neuropsychology, 29*, 867-878.

Scotti, J. R., Morris, T. L., Stacom, E. E., & Cohen, S. H.(2011). Validity: Controlling and balancing interrelated threats. In J. C. Thomas & M. Hersen (Eds.), *Understanding research in clinical and counseling psychology* (2nd ed., pp. 87-125). New York: Taylor & Francis.

Seligman M. E. P(1995). The effectiveness of psychotherapy: The Consumer Reports survey. *American Psychologist, 50*, 965-974.

Seligman, L. D.(2011). **상담 및 심리치료의 이론** [Theories of counseling and psychotherapy; Systems, strategies, and skills (2nd ed.)]. (정남운,서경현,신희천,김영혜,박경환 역). 서울: 학지사. (원전은 2006에 출판).

Seligman, L. D.,Goza, A. B., & Ollendick, T. H.(2004). Treatment of depression in children and adolescents. In P. M. Barrett & T. H. Ollendick (Eds.), *Internationals that work with children and adolescents: Prevention and treatment* (pp. 301-328). New York: John Wiley & Sons.

Selwood, A., Thorgrimsen, L., & Orrell, M.(2005). Quality of life in dementia-a one year follow-up study. *International Journal of Geriatric Psychiatry, 20*, 232-237.

Shea, S.(1991). Practical use of DSM-III-R. In M. Hersen & S. M. Turner (Eds.), *Adult psychopathology and diagnosis* (2nd ed., pp. 23-43). New York: John Wiley & Sons.

Sherbourne, C., Hays, R., Ordway, L.,DiMatteo, M., & Kravitz, R.(1992). Antecedents of adherence to medical recommendations: Results from the medical outcomes study.

*Journal of Behavioral Medicine, 15*, 447–468.

Sherman, D. K., & Cohen, G. L.(2006). The psychology of self–defense: Self–affirmation theory. In M. P. Zanna (Ed.), *Advances in experimental social psychology* (Vol. 38, pp. 183–242). San Diego, CA: Academic Press.

Sherry, A., Dahlen, E., & Holaday, M.(2004). The use of sentence completion tests with adults. In M. J. Hilsenroth & D. L. Segal (Eds.), *Comprehensive handbook of psychological assessment: personality assessment* (Vol. 2, pp. 372–386). Hoboken, NJ: Wiley.

Smith, M. L., Glass, G. V., & Miller, T. I.(1980). *The benefits of psychotherapy*. Baltimore: Johns Hopkins University Press.

Smith, P M., Reilly, K. R., Houston Miller, N., DeBusk, R. F.,& Taylor, C. B.(2002). Application of a nurse–managed inpatient smoking cessation program. *Nicotine Tobacco Research, 4*, 211–222.

Smith, G. T., & McCarthy, D. M.(1995). Methodological Considerations in the Refinement of Clinical Assessment Instruments. *Psychological Assessment, 7*(3), 300–308.

Smith, T. W., Nealey, J. B., & Hamann, H. A.(2000). Health psychology. In C. R. Snyder & R. E. Ingram (Eds.), *Handbook of psychological change: Psychotherapy processes and practices for the 21st century* (pp. 562–590). New York: John Wiley & Sons.

Sommers–Flanagan, J., & Sommers–Flanagan, R.(2003). *Clinical interviewing* (3rd ed). New York: John Wiley & Sons.

Sommers–Flanagan, J., & Sommers–Flanagan, R.(2009). *Clinical interviewing* (4th ed.). Hoboken, NJ: Wiley.

Spearman, C. E.(1904). 'General intelligence' objectively determined and measured. *American Journal of Psychology, 15*, 201–293.

Spearman, C.(1927). *The abilities of man*. New York: Macmillan.

Spinhoven, P., Giesen–Bloo, J., van Dyck, R., Kooiman, K., & Amtz, A.(2007). The therapeutic alliance in schema–focused therapy and transference–focused psychotherapy for border line personality disorder. *Journal of Consulting and Clinical Psychology, 75*, 104–115.

Spokas, M. E., Rodebaugh, T. L., & Heimburg, R. G.(2008). Treatment research. In M. Hersen & A. M. Gross (Eds.), *Handbook of clinical psychology* (Vol. 1 pp. 300–338). Hoboken, NJ: Wiley.

State. In C. Spielberger.(1966), *Anxiety and behavior*. New York. Academic.

Steenbarger, B. N.(1994). Duration and outcome in psychotherapy: An integrative review. *Professional Psychology: Research and Practice, 25*, 111–119.

Sternberg. R. J.(1985). *Beyond IQ: A triarchic theory of human intelligence*. New York: Cambridge University Press.

Sternberg, R. J.(1988). *The triarchic mind: A new theory of human intelligence*. New York: Cambridge University Press

Stone, A. A., Schwartz, J. E., Neale, J. M, Shiffman, S., Marco, C. A., Hickcox, M., et al.(1998). A comparison of coping assessed by ecological momentary assessment and retrospective recall. *Journal of Personality and Social Psychology, 74*, L670–1680.

Streiner, D. L.(2003). Being inconsistent about consistency: When coefficient alpha does and doesn't matter. *Journal of Personality Assessment, 80*, 217–222.

Strieker, G.(2010). *Psychotherapy integration*. Washington, DC: American Psychological Association.

Strupp, H. H.(1996), The tripartite model and the Consumer Reports study. *American Psychologist, 51*, 1017–1024.

Strupp, H. H., & Binder, J.(1984). *Psychotherapy in a new key*. New York: Basic Books.

Strupp, H. H., & Hadley S. W.(1977). A tripartite model of mental health and therapeutic outcomes: With special reference to negative effects in psychotherapy. *American Psychologist, 32*, 187–196.

Stuber, J. P., Rocha, A., Christian, A., & Link, B. G.(2014). Conceptions of mental illness: Attitudes of mental health professionals and the general public. *Psychiatric Services, 65*(4), 490–497.

Teyber, E., & McClure, F.(2000). Therapist variables. In C. R. Snyder & R. E. Ingram (Eds.), *Handbook of psychological change: Psychotherapy processes and practices for the 21st century* (pp. 62–87). New York: John Wiley & Sons.

The British Psychological SocietyJoin.(2003). From https://www.bps.org.uk/

Thurstone, L. L.(1938). Primary mental abilities. Chicago: University of Chicago Press.

Thorndike, E. L., Terman, L. M., Freeman, F. N, Calvin, S. S., Pentler, R., Ruml, B. & Pressey S. L.(1921). Intelligence and its measurement: A symposium. *Journal of Educational Psychology, 12*, 123–147.

Tompkins, M.A.(1999). Using a case formulation to manage treatment nonresponse. *Journal of Cognitive Psychotherapy, 13*, 317–330.

Torrey, E. E.(1986). *Witch doctors and psychiatrists: The common roots of psychotherapy and its future*. New York: Perennial Library.

Truax, P, & Thomas, J. C.(2003). Effectiveness versus efficacy studies: Issues, designs, and methodologies. In J. C. Thomas & M. Hersen (Eds.), *Understanding research in clinical and counseling psychology* (pp. 342–378). Mahwah, NJ: Lawrence Erlbaum.

Trull, T. J.(2005). Dimensional models of personality disorder: Coverage and cutoffs. *Journal of Personality Disorders, 19*, 262–282.

Trull, X. J., & Durrett, C. A.(2005). Categorical and dimensional models of personality disorder. *Annual Review of Clinical Psychology, 1*, 355–380.

Trull, T. J. & Prinstien, M. J.(2013). *The Science and Practice of Clinical Psychology*. 8th ed., Wadsworth.

Tryon, G. S.(2000). Doctoral training issues in school and clinical child psychology. *Professional Psychology: Research and Practice, 31*, 85–87.

Turk, D. C., & Burwinkle, T. M.(2005). Clinical outcomes, cost–effectiveness and the role of psychology in treatment of chronic pain sufferers. *Professional Psychology: Research and Practice: 36*, 602–610.

Turk, D. C., & Okifuji, A.(2002). Psychological factors in chronic pain: Evolution and revolution. *Journal of Consulting and Clinical Psychology, 70*, 678–690.

Turner, R. J., & Lloyd, D. A.(2004). Stress burden and the lifetime incidence of psychiatric disorders in young adults. *Archives of General Psychiatry, 61*, 481–488.

Turner, R. S.(2003). Neurologic aspects of Alzheimer's disease. In P. A. Lichtenberg, D. Murman, & A. M. Mellow (Eds.), *Handbook of dementia* (pp. 1–24). New York: John Wiley & Sons.

VandenBos, G. R.(2007). *APA dictionary of psychology*. Washington, DC: American Psychological Association.

Vernon, P. E.(1963). *Personality assessment*. London: Methuen.

Vickrey, B. G., Samuels, M. A., & Ropper, A. H.(2010). How neurologists think: A cognitive psychology perspective on missed diagnoses. *Annals of Neurology, 67*(4), 425–433.

Waehler, C. A., Kalodner, C. R., Wampold, B. E., & Lichtenberg, J. W.(2000). Empirically supported treatments (ESTs) in perspective: Implications for counseling psychology training. *The Counseling Psychologist, 28*, 657–671.

Wakefield, J. C.(1992). The concept of mental disorder: On the boundary between biological facts and social values. *American Psychologist, 47*, 373–388.

Wakeham, G.(1928). Query on a revision of the fundamental law of habit formation. *Science,*

*68*, 135–136.

Wampold, B. E.(2001). *The great psychotherapy debate: Models, methods, and findings*. Mahwah, NJ: Lawrence Erlbaum.

Wampold, B. E.(2010a). *The basics of psychotherapy: An introduction to theory and practice*.Washington, DC: American Psychological Association.

Wampold, B. E.(2010b). The research evidence for the common factors model: A historically situated perspective. In B. L. Duncan, S. D. Miller, B. E. Wampold, & M. A. Hubble (Eds.), *The heart and soul of change: Delivering what works in therapy*(2nd ed., pp. 49–81). Washington, DC: American Psychological Association.

Wampold, B. E., & Brown, G. S.(2005). Estimating variability in outcomes attributable to therapists: A naturalistic study of outcomes in managed care. *Journal of Consulting and Clinical Psychology, 73*, 914–923.

Wampold, B. E., Mondin, G. W., Moody, M., Stich, F., Benson, K., & Ahn, H.(1997). A meta-analysis of outcome studies comparing bona fide psychotherapies: Empirically, "All must have prizes. *Psychological Bulletin, 122*, 203–215.

Watanabe, N., Hunot, V.,Omori, I. M.,Churchill, K, Sc Furukawa, T.(2007). Psychotherapy for depression among children and adolescents: A systematic review. *Acta Rsychiatricia Scandanavica, 116*, 84–95.

Watkins, C. E., Campbell, V. L., Nieberding, R., & Hallmark, R.(1995). Contemporary practice of psychological assessment by clinical psychologists. *Professional Psychology: Research and Practice, 26*, 54–60.

Watson, J. B., & Raymer, R.(1920). Conditioned emotional reactions. *Journal of Experimental Psychology, 3*, 1–14.

Wechsler, D.(2008). *Wechsler Adult Intelligence Scale*(4th ed.). San Antonio, TX: Pearson Education, Inc.

Weiss, L. G.,Saklofske, D. H., Coalson, D. L.,& Raiford, S. E.(2010). Theoretical, empirical, and clinical foundations of the WAIS-IV index scores. In L. G. Weiss, D. H. Saklofske, D. Coalson, & S. E. Raiford (Eds.), *WAIS-IV clinical use and interpretation: Scientist-practitioner perspectives* (pp. 61–94). London: Elsevier.

Weissmark, M. S., & Giacomo, D. A.(1998). *Doing psychotherapy effectively*. Chicago: University of Chicago Press.

Weisz, J. R., McCarty, C. A., & Valeri, S. M.(2006). Effect of psychotherapy for depression in children and adolescents: A meta-analysis. *Psychological Bulletin, 132*, 132-149.

Wakefield, J. C.(2015). DSM-5, psychiatric epidemiology and the false positives problem. *Epidemiology and Psychiatric Sciences, 24*(3), 188-196.

Westen, D., & Weinberger, J.(2004). When clinical description becomes statistical prediction. *American Psychologist, 59*, 595-613.

Whaley, A. L., & Davis, K. E.(2007). Cultural competence and evidence-based practice in mental health services: A complementary perspective. *American Psychologist, 62*, 563-574.

WHO(2002). *The World Health Report 2002: Reducing risks, promoting healthy life*. World Health Organization. Geneva.

Widiger, T.(2004). Looking ahead to DSM-V. *The Clinical Psychologist, 57*, 8-24.

Widiger, T. A., & Trull, T. J.(2007). Plate tectonics in the classification of personality disorder: Shifting to a dimensional model. *American Psychologist, 62*, 71-83.

Widiger, T., Sc Sankis, L.(2000). Adult psychopathology: Issues and controversy. *Annual Review of Psychology, 57*, 377-404.

Wilkinson, L., & the Task Force on Statistical Inference.(1999). Statistical methods in psychology journals: Guidelines and explanations. *American Psychologist, 54*, 594-604.

Wilson, B.(2008). Neuropsychological rehabilitation. *Annual Review of Clinical Psychology, 1*, 141-162.

Wilson, B. A.(2004). Theoretical approaches to cognitive rehabilitation. In L. H. Goldstein & J. E. McNeil (Eds.), *Clinical neuropsychology: A practical guide to assessment and management for clinicians* (pp. 345-366). Chichester, UK: John Wiley & Sons.

Wilson, D. B., Bouffard, L. A., & Mackenzie, D. L.(2005). A quantitative review of structured, group-oriented, cognitive-behavioral programs for offenders. *Criminal Justice and Behavior, 32*, 172-204.

Wise, E. A.(2004). Methods for analyzing psychotherapy outcomes: A review of clinical significance, reliable change, and recommendations for future directions. *Journal of Personality Assessment, 82*, 50-59.

Wittson, C. L. & Hunt, W. A.(1951). The predictive value of the brief psychiatric interview. *American Journal of Psychiatry, 107*, 582-585.

Wolpe, J.(1958). *Psychotherapy by reciprocal inhibition*. Stanford, CA: Stanford University Press.

Wood J. M., Garb, H. N.,& Nezworski, M. T.(2007). Psychometrics: Better measurement makes better clinicians. In S. O. Lilienfeld & W. T. ODonohue(Eds.), *The great ideas of clinical science: 17 principles that every mental health professional should understand*(pp. 77-92). New

York: Routledge.

Wood, J. M., Gard, H. N., Lilienfeld, S. O., & Nezworski, M. T.(2002). Clinical assessment. *Annual Review of Psychology, 53*, 519–543.

Wood, J. M., Lilienfeld, S. O., Nezworski, M. T., Garb, H. N., Allen, K. H., & Wildermuth J. L.(2010). Validity of Rorschach Inkblot scores for discriminating psychopath from nonpsychopaths in forensic populations: *A meta-analysis Psychological Assessment, 22*, 336–349.

Wood, J. M., Nezworski, M. T., & Garb, H. N.(2003). what's right with the Rorschach? *The Scientific Review of Mental Health Practice, 2*, 142–146.

Wormith, J. S.(2002). Offender treatment attrition and its relationship with risk, responsivity, and recidivism. *Criminal Justice and Behavior, 29*, 447–471.

Wormith, J. S., Althouse, R., Simpson, M., Reitzel, L. R., Fagan, T. J., & Morgan, R. D.(2007). The rehabilitation and reintegration of offenders. *Criminal Justice and Behavior, 34*, 879–892.

Wubbolding, R.(1987). Professional ethics: Handling suicidal threats in the counseling session. *Journal of Reality Therapy, 7*(1), 12–15.

Zhu, J., & Weiss, L.(2005). The Wechsler scales. In D. P. Flanagan & P. L. Harrison (Eds.), *Contemporary intellectual assessment: Theories, tests, and issues* (2nd ed.,pp. 297–324). New York: Guilford Press.

# 찾아보기

ㅇ

ㅈ



ㅊ



ㅋ



ㅌ

# 저자 소개


## 조옥귀 chopsy76@naver.com

중앙대학교 문리과대학 심리학과 졸업
중앙대학교 대학원 심리학과 석사(임상심리학 전공)
중앙대학교 대학원 심리학과 박사(임상 및 상담심리학 전공)

**현재** 스마트한 심리상담연구소 소장
창원보호관찰소 상담위원
정신건강 임상심리사 1급(보건복지부)
임상심리전문가, 건강심리전문가, 범죄심리전문가(한국심리학회)
현실치료 국제상급강사(미국 WGI)
경남대학교 문과대학 심리학과 교수 역임


**저서 및 역서**

섭식특성과 기질(1998, 공역). 경남대출판부.
임상심리학 7판(2012, 공저). 박영사.
성격심리학(2013, 공역). 시그마프레스.
스마트한 임상심리학(2018). 시그마프레스.
스마트한 청소년심리와 상담(2020, 공저). 창지사.
스마트한 심리검사와 평가 2판(2021, 공저). 창지사.


## 문지혜 thewayua09@kyungnam.ac.kr

부산대학교 사회과학대학 심리학과 졸업
부산대학교 대학원 심리학과 석사(동기 및 정서 전공)
경북대학교 대학원 심리학과 박사(상담심리학 전공)

**현재** 경남대학교 교육대학원 상담심리 전공 교수


**저서 및 역서**

성격심리학(2011, 공역). Cengage Learning.
심리상담과 치료의 이론과 실제(2013, 공역). 박영사.
스마트한 청소년심리와 상담(2020, 공저). 창지사.
스마트한 심리검사와 평가 2판(2021, 공저). 창지사.

# 임상심리학

초판 1쇄 인쇄 2024년 7월 18일
초판 1쇄 발행 2024년 7월 26일

지 은 이 | 조옥귀 · 문지혜
펴 낸 이 | 김기섭
편 집 인 | 오선율
펴 낸 곳 | 창지사 www.changjisa.com
08589 서울시 금천구 가산디지털 1로 83 파트너스타워 1차 9층
전화 (02)719-2211~3
팩스 (02)701-9386
등 록 | 1977년 4월 28일 · 제1-421호



ISBN 978-89-426-1887-3 (93180)

값 23,000원